国家補償法の研究 I
その実践的理論

阿部泰隆

国家補償法の研究 I

その実践的理論

信山社

はしがき

1 今般，国家賠償責任及び損失補償責任について，2冊の論文集を刊行する。本書『国家補償法の研究Ⅰ その実践的理論』と姉妹書『国家補償法の研究Ⅱ 行政の危険防止責任』である。

本書は，国家賠償，損失補償，その谷間に関して，救済の合理的な充実を求めて，理論的な工夫をした論文を収録している。特に，賠償は粘られ損・殴られ損，補償は粘り得・ごね得になりやすいので，公平かつ適切な補償となるように工夫した。国家賠償は金のある国家を狙うとして批判的な向きもあるが，現実は，悲惨な被害を受けてから後手後手で争うしかない被害者にとって，いぜん，あまりにも不利・不公平である。日本の制度では，賠償法が行き過ぎなどということはありえないことを認識すべきである（筆者は懲罰的賠償制度が欲しい）。

全体として，理論の改善を工夫しているだけではなく，それも実務に役立つように，実践的な理論のつもりである。

国家補償法の全体については，上記の点を含めて，『国家補償法』，『行政法解釈学 Ⅱ』，『行政法再入門 下〔第2版〕』において解説したので併せて参照していただきたい。

2 第1部は国家賠償と損失補償の接点を扱う。

国家賠償法と損失補償法を合わせて国家補償法という理論となることは，古色蒼然とした従前の行政法を一貫して批判した，尊敬すべき今村成和先生（元北大学長）の『国家補償法』（有斐閣法律学全集）以来の学界の共有財産である。しかし，それは共通する面もあれば異質の面も残り，さらに，このいずれにも当たらない国家補償の谷間の救済も必要である。冒頭に，第1部第1章「賠償と補償の接点」を考察する総括的な論考を掲載した次第である。

第1部第2章「治外法権者による不法行為と国の補償責任」は，治外法権を有する外交官の不法行為（主に交通事故）による被害者の救済について，国家が外交官に治外法権を与えるウィーン条約を批准することで，被害者の賠償請求権を公共のために剝奪したものと理論構成して，憲法29条3項から補償請求権を導いたものである。

第1部第3章「企業誘致政策の廃止と自治体の賠償責任」も補償と賠償の間の問題である。

　第1部第4章「予防接種禍をめぐる国の補償責任」も，国家賠償では救済されず，特別に制定された予防接種法の救済が不備であることから，それを克服するために，財産権の侵害に補償されるのであれば，命の強制収用のような事案では，もちろん補償すべきだという「勿論解釈」を提案し，かなりの下級審で採用されたが，平成4年の東京高裁判決で，過失を極度に緩めて国家賠償責任を認めることにより，とりあえず不要となったものである。理論構成として有効であったし，過失責任をいくら緩めても救済されない事案もあるところから，なお，理論的だけではなく，実務的にも有用性は残っていると考えるものである。

　破壊消防に関する消防法29条3項は適法な取壊しの場合の補償を規定しているが，違法な取壊しにはなおさら補償を与えるべく，賠償と補償の谷間を考察した（第1部第5章）。

　3　第2部では国家賠償法の解釈論を扱う。

　抗告訴訟と国家賠償における違法性が同じかどうかという問題について，最初に同一説を広範に展開して，以後の論争の基本を作ったのが，第2部第1章である。尊敬すべき遠藤博也先生の説をおそれながら批判したのが，今もって，心の傷となっている。

　国家賠償訴訟では，違法性を証明しても，公務員に過失はなかったとして，挫折することが多い。しかし，それでは，切り捨て御免，治外法権並になる。国家無責任の法理と結果的には変わりはない。個人の賠償責任とは異なって，国家作用が適切に作動していなかったのであるから，国家責任を認めるべきであり，第2章は公務員の過失を組織過失と解すべきことを主張している。

　筆者はさらに進んで，賠償では，仮執行宣言並みに無過失責任，せめて民事の仮処分並みに過失を推定せよというのが最近の私見である。本書には収録していないが，『行政法再入門 下〔第2版〕』277—278頁，『行政の組織的腐敗と行政訴訟最貧国』115〜116頁に記載したので，実務でぜひ参考にしていただきたい。

　いわゆるたぬきの森事件では，法解釈の過失が争われたが，判決は行政のごまかしを許し，何ら落ち度のない被害業者を治外法権の下に置くという愚行を犯した。これでは行政の許認可を信頼して投資をすることはハイリスクであり，

資本主義国家は崩壊する。筆者は今もって怒り心頭である。今後このようなことがないように収録した（第2部第3章，書下ろし）。

窓口公務員の不勉強，ずさんな説明には腹立つことが多い。秦野市地下水条例事件には怒り心頭である。従前は，違法というほどではないという判例が多かったが，近時は公務員の説明・教示義務違反を認める判例が増えている（第2部第4章）。

裁判官，検察官，国会議員の国会発言の過失と国家賠償責任については，重大な過失でも何ら責任なしとなっている。それはあまりにもずさんであり，いきすぎであるとして，過失の推定とまではいかないが，工夫している。それが本書第2部第5章である。

第6章では，消火栓上の駐車違反車の窓ガラスを消火のため割った場合，補償不要説を主張している。

消防の消火ミス（再燃火災）は国家賠償法1条の問題であるのに，4条を誤読して，失火責任法を適用した最高裁判決の誤りは，筆者の指摘（第2部7章）にもかかわらず，学界でもいまだ是正されないのは遺憾である。

国に対する仮執行宣言を得た原告が中央郵便局の現金を差し押さえるという現実について理論的な考察をしたのが第2部第8章である。今はほとんど問題にならないが，仮執行の実態調査，公法と私法，国に対する強制執行といった，理論的に難解な問題を解明したつもりである。

4 　第3部「損失補償法」では，実態分析により，しばしば生ずる過大補償，過小補償をなくすべく，法制度的な提案をした。

5 　判例研究はまとめて『国家補償法 Ⅱ』に収録した。

6 　本書に収録された論文は，時期的にはかなり古いものもあるが，その後の重要な動きに気がついたものについては，【追記】の形式でコメントし，現在の状況との関係がわかるようにした。しかし，意外と変わっておらず，現在でも通用する主張が普通だと思う。

7 　それぞれ書き方も異なっている。判例の引用のしかたや，西暦，和暦，割り注，別注を統一することに意味はないと思うので，不統一はご寛恕いただきたい。

拙著は，書名だけで引用するなど簡略化したところがある。官庁名も中央各庁再編で変っているが，元のままとする。

内容面では重複は否めないが，論文集であるので，ご寛恕頂きたい。

8　本書が成るについても，毎度のことながら，信山社社長袖山貴氏，稲葉文子さんに多大なるご苦労をかけ，ご配慮いただいた。初校については，板垣勝彦（横浜国大），比山節男（元白鳳大），山崎栄一（関西大）の諸君にこれまたお世話になった。厚く感謝する次第である。

　2019 迎春

阿　部　泰　隆

初 出 一 覧

第1部　国家賠償法と損失補償法の接点

第1章　「賠償と補償の間 ── 両者の異同と国家補償の谷間を埋める試みについて ──」法曹時報37巻6号1～66頁（1985年）

第2章　「治外法権者による不法行為と国の補償責任」末川博先生追悼論集『法と権利4』民商法雑誌第78巻．臨時増刊号185～206頁（1978年）

第3章　「企業誘致政策の廃止と自治体の賠償責任」法学セミナー315号36～43頁（1981年）

第4章　「予防接種禍をめぐる国の補償責任」判例タイムズ604号7～22頁（1986年）

第5章　「破壊消防と結果責任」自治実務セミナー24巻2号44～45頁（1985年）

第2部　国家賠償法

第1章　「抗告訴訟判決の国家賠償訴訟に対する既判力」判例タイムズ525号15～33頁（1984年）

補遺　「国家賠償訴訟における違法と抗告訴訟における違法の異同」『行政法の争点（新版）』（1990年）

第2章　「一般の公務員の法令解釈に関する職務上の義務違反（過失又は違法性）の判例分析と組織過失への移行の提唱」自治実務セミナー53巻10号（2014年）8頁以下

第3章　「安全認定の誤りと法解釈の過失など，いわゆるたぬきの森事件」（書下ろし）

第4章　「公務員の説明・情報提供義務」判例地方自治379号55～57頁（2014年）

第5章　「裁判と国家賠償」ジュリスト993号69～78頁（1992年）

第6章　「消火のための破壊と損失補償 ── 消火栓上の駐車違反車の場合 ──」法学セミナー431号（1991年）68～71頁

第7章　「4条解釈の誤り，消防の消火ミス等と失火責任法の適用・国家賠償責任」判例評論308号（＝判例時報1123号）164～168頁，同309号（＝判例時報1126号）164～168頁（1984年）

第8章　「国・地方公共団体に対する強制執行，特に仮執行について」法曹時報42巻8号1～66頁（1990年）

第 3 部　損失補償法
　第 1 章　「過大補償防止の法システムと上乗せ補償の提案 —— 適正補償のための解釈論及び立法論 ——」小高剛編著『損失補償の理論と実際』（住宅新報社，1997 年）61-107 頁
　第 2 章　「過小補償対策」同上

凡　例

著書（単独著）

本文では出版社，出版年を原則として省略する。

 1　『フランス行政訴訟論』（有斐閣，1971 年）
 2　『行政救済の実効性』（弘文堂，1985 年）
 3　『事例解説行政法』（日本評論社，1987 年）
 4　『行政裁量と行政救済』（三省堂，1987 年）
 5　『国家補償法』（有斐閣，1988 年）
 6　『国土開発と環境保全』（日本評論社，1989 年）
 7　『行政法の解釈』（信山社，1990 年）
 8　『行政訴訟改革論』（有斐閣，1993 年）
 9　『政策法務からの提言』（日本評論社，1993 年）
10　『大震災の法と政策』（日本評論社，1995 年）
11　『政策法学の基本指針』（弘文堂，1996 年）
12　『行政の法システム上［新版］』（有斐閣，1997 年）
  （初版，1992 年，補遺 1998 年）
13　『行政の法システム下［新版］』（有斐閣，1997 年）
  （初版，1992 年，補遺 1998 年）
14　『〈論争・提案〉情報公開』（日本評論社，1997 年）
15　『行政の法システム入門』（放送大学教育振興会，1998 年）
16　『政策法学と自治条例』（信山社，1999 年）
17　『定期借家のかしこい貸し方・借り方』（信山社，2000 年）
18　『こんな法律はいらない』（東洋経済新報社，2000 年
19　『やわらか頭の法政策』（信山社，2001 年）
20　『内部告発（ホイッスルブロウァー）の法的設計』
  （信山社，2003 年）
21　『政策法学講座』（第一法規，2003 年）
22　『行政訴訟要件論』（弘文堂，2003 年）
23　『行政書士の未来像』（信山社，2004 年）
24　『行政法の解釈 (2)』（信山社，2005 年）
25　『やわらか頭の法戦略』（第一法規，2006 年）
26　『対行政の企業法務戦略』（中央経済社，2007 年）
27　『行政法解釈学Ⅰ』（有斐閣，2008 年）
28　『行政法解釈学Ⅱ』（有斐閣，2009 年）
29　『行政法の進路』（中大出版部，2010 年）
30　『最高裁不受理事件の諸相Ⅱ』（信山社，2011 年）
31　『行政書士の業務　その拡大と限界』（信山社，2012 年 11 月）（23 の改訂版）
32　『市長破産』（信山社，2013 年）

33 『行政法再入門　上　第2版』（信山社，2016年）（初版，2015年）
34 『行政法再入門　下　第2版』（信山社，2016年）（初版，2015年）
35 『住民訴訟の理論と実務，改革の提案』（信山社，2015年）
36 『ひと味違う法学入門』◇法律学イロハカルタ付き◇（信山社，2016年）
37 『行政の組織的腐敗と行政訴訟最貧国：放置国家を克服する司法改革を』（現代人文社，2016年）
38 『行政法の解釈（3）』（信山社，2016年）
39 『廃棄物法制の研究』（信山社，2017年）
40 『環境法総論と自然・海浜環境』（信山社，2017年）
41 『まちづくりと法』（信山社，2017年）
42 『地方自治法制の工夫：一歩前進を！』（信山社，2018年）
43 『日本列島「法」改造論：政策法学講座続々』（第一法規，2018年）
44 『国家補償法の研究2　行政の危険防止責任』（信山社，2019年近刊）

論文は，http://www.eonet.ne.jp/~greatdragon/articles.html に掲載
阿部泰隆論文は阿部と引用する。
　法令，判例の引用は，一般的な方法による。

目　次

はしがき

第1部　国家賠償法と損失補償法の接点 ―――3

第1章　賠償と補償の間 ―― 両者の異同と国家補償の谷間を埋める試みについて ――（1985年）………5
- I　本稿の課題 …………………………5
- II　賠償か補償か ―― 最近の事例を素材に …………12
- III　塡補額の異同 …………………………39
- IV　その他の異同 …………………………51
- V　結　び …………………………57

第2章　治外法権者による不法行為と国の補償責任（1978年）………59
- I　治外法権者の不法行為と本稿の課題 …………59
- II　従来の判例学説 ―― 国家補償責任否定説 …………65
- III　私見 ―― 国家補償責任肯定説 …………67
- IV　結　び …………………………77

第3章　企業誘致政策の廃止と自治体の賠償責任（1981年）………79
- I　問題の所在 ―― 公共政策の変更と行政の賠償責任 …………79
- II　最高裁判決の内容 …………………………82
- III　法的保護を与える判断基準 …………………………85
- IV　行政の賠(補)償責任の根拠 …………………………90
- V　本件の具体的検討 …………………………90
- VI　両当事者のとるべきであった措置 …………………………92

第4章　予防接種禍をめぐる国の補償責任（1986年）………93
- I　はじめに …………………………93
- II　国の責任の法的根拠 …………………………96
- III　予防接種法との関係 ―― 上積みの可能性 …………117
- IV　抗告訴訟の留保？ …………………………128

第5章　破壊消防と結果責任（賠償と補償の接近）（1985年）………135

第2部　国家賠償法　　　　　　　　　　　　　　　　　　　　　　141

第1章　抗告訴訟判決の国家賠償訴訟に対する既判力――違法性の相対化論と水俣病認定遅延国家賠償判決の考察を兼ねて――

（1984年）　……………………………………………………… 143
- I　はじめに　…………………………………………………… 143
- II　取消訴訟本案判決の国家賠償訴訟に対する既判力 ……… 144
- III　不作為違法確認訴訟判決の国家賠償訴訟に対する既判力 …… 166
- IV　既判力の主観的範囲 ……………………………………… 174

〈第1章　補遺〉国家賠償訴訟における違法と抗告訴訟における違法の異同（1990年）……………………………………… 178

第2章　一般の公務員の法令解釈に関する職務上の義務違反（過失又は違法性）の判例分析と組織過失への移行の提唱（2014年）… 189
- I　最高裁の先例における判断基準 …………………………… 189
- II　判例分析 …………………………………………………… 190
- III　組織過失の考え方から過失判断をより柔軟に ………… 194

第3章　安全認定の誤りと法解釈の過失など，いわゆるたぬきの森事件 ………………………………………………………… 197
- I　本稿の要点 ………………………………………………… 197
- II　国家賠償請求が認容されるべきこと ……………………… 202
- III　予備的請求：原告の損失補償請求が認められること（争点(5)）（原判決40頁以下）…………………………………… 219
- IV　結論，請求が認容されるべきこと ……………………… 229
- V　『驚くべき控訴審判決』――東京高裁第11民事部平成26年9月24日判決 ……………………………………………… 230

第4章　公務員の説明・情報提供義務（2014年）………………… 235
- I　問題の所在 ………………………………………………… 235
- II　国家賠償責任肯定判例 …………………………………… 236
- III　否定例 …………………………………………………… 251
- IV　まとめ，公務員の説明義務・情報提供義務（教示義務）の根拠，範囲 ……………………………………………… 258

目　次

第5章　裁判と国家賠償（1992年） ……………………………………261
　Ⅰ　はじめに ……………………………………………………………261
　Ⅱ　最高裁判例 —— 違法性極度限定型 ……………………………261
　Ⅲ　敗訴判決攻撃型の場合 —— 上訴・再審専管説 ………………263
　Ⅳ　逆転勝訴確定判決根拠型の場合の判例 …………………………266
　Ⅴ　刑事裁判における逆転無罪判決後の国家賠償 …………………269
　Ⅵ　民事事件における原判決取消後の国家賠償 ……………………273
　Ⅶ　その他 ………………………………………………………………275

第6章　消火のための破壊と損失補償 —— 消火栓上の駐車違反車の場合 ——（1991年） ………………………………………………281
　Ⅰ　窓ガラス割って車両移動 …………………………………………281
　Ⅱ　要補償説 —— 消防法29条3項説 ………………………………281
　Ⅲ　消防法29条3項の射程範囲 ………………………………………282
　Ⅳ　私見 —— 消防法3条説 …………………………………………284
　Ⅴ　蛇　　足 ……………………………………………………………285
　Ⅵ　関連問題 ……………………………………………………………287

第7章　4条解釈の誤り，消防の消火ミス等と失火責任法の適用・国家賠償責任（1984年） …………………………………………289
　Ⅰ　はじめに ……………………………………………………………289
　Ⅱ　従来の学説・判例 …………………………………………………291
　Ⅲ　国賠法4条の趣旨 —— 適用否定説 ……………………………295
　Ⅳ　「公権力の行使」の意義と従来の実例への適用 ………………300
　Ⅴ　過失と重過失 ………………………………………………………304
　Ⅵ　行政の危険防止責任の観点 ………………………………………305
　Ⅶ　結　　び ……………………………………………………………310

第8章　国・地方公共団体に対する強制執行，特に仮執行について（1990年） ………………………………………………………313
　Ⅰ　問題の所在 …………………………………………………………313
　Ⅱ　従来の学説の問題点 ………………………………………………318
　Ⅲ　行政財産・普通財産・物品への強制執行 ………………………325
　Ⅳ　郵便局の現金に対する仮執行 ……………………………………332
　Ⅴ　むすび ………………………………………………………………364

xv

第3部　損失補償法 ── 適正補償のための解釈論及び立法論 ──　　365

第1章　過大補償防止の法システムと上乗せ補償の提案
　　　── 適正補償のための解釈論及び立法論 ──（1997年）………367
　　Ⅰ　はじめに………367
　　Ⅱ　過大（最大限）補償の心理………368
　　Ⅲ　農地などの宅地見込地域としての評価………368
　　Ⅳ　補償金アップの手段としての営業補償………376
　　Ⅴ　事業中止の場合の先行補償の返還条項の提案………378
　　Ⅵ　裏の手口………380
　　Ⅶ　環境整備事業の高額さ………381
　　Ⅷ　土地区画整理法違反建築物の移転補償………382
　　Ⅸ　法令違反建築物の除却の効率化………383
　　Ⅹ　借家権の評価………384
　　Ⅺ　古屋の補償………393
　　Ⅻ　ドイツ流のゴネ得排除方式からの示唆………395
　　ⅩⅢ　上乗せ補償 ── ゴネ損方式の提案………398

第2章　過小補償対策（1997年）………401
　　Ⅰ　事情判決の場合はゴネ得の反対の権力横暴………401
　　Ⅱ　補償の機能しない土地利用の制限………403
　　Ⅲ　法令改善費の補償………404

事項索引（409）

判例索引（411）

国家補償法の研究 I

その実践的理論

◆ 第1部 ◆
国家賠償法と損失補償法の接点

第 1 章　賠償と補償の間
―― 両者の異同と国家補償の谷間を埋める試みについて ――

(1985 年)

◆ I　本稿の課題

1　伝統的・典型的差異

　国家賠償（以下，単に賠償と略すことがある）と損失補償（以下，単に補償と略すことがある）はもともとは範疇的に別個の制度である。前者は公務員の有責・違法行為又は公物営造物の設置管理の瑕疵によって発生した損害を塡補する制度であるのに対し，後者は適法行為によって特定個人に発生させた特別の犠牲を全体の負担において調整する制度とされている。

　この両者は典型的な事例を見れば明らかに異なる。たとえば，警察官が警職法 7 条の要件をみたさないピストル発射により人を死傷させた場合，法定の要件を満した営業許可申請が拒否された場合，道路上の障害物のため通行車両が転覆して死亡事故が発生した場合などが国家賠償の例である。他方，土地収用の際の土地・建物・移転料・営業利益の補償，埋立ての際の漁業権に対する補償，行政財産の使用許可の撤回に際し与えられる金銭塡補，文化財保護法上の現状変更許可の拒否に際し与えられる不許可補償などが損失補償の例である。

　民事関係では適法行為による損失補償は一般には見られないが，隣地立入権，囲繞地通行権，水流地の所有者の堰設置権，付合，加工と償金の支払い（民法 209・212・222・242～248 条，追記，現在民法の文言は変っている）はその例といえるし，日照被害に対して差止めに代わる補償[1]を認めるとすれば，原因行為が違法か適法かの評論の実益はなくなるので，違法行為による損失補償に近

---

(1) この問題については，徳本鎮「公害の私法的救済」戒能通孝編『公害法の研究』（日本評論社，昭和 45 年）117 頁以下，徳本「公害の差止と差止に代わる補償」『企業の不法行為責任の研究』（一粒社，昭和 49 年）151 頁以下，「判例にみられる日照妨害の法理」同書 229 頁，好美清光「日照権の法的構造（中）」ジュリスト 493 号（昭和 46 年）109～111 頁，沢井裕『公害差止の法理』（日本評論社，昭和 51 年）115，120，141 頁，同『公害の私法的研究』（一粒社，昭和 44 年）31，156 頁，浅野直人「Damages in lieu of Injunction（差止に代る損害賠償）について」福岡大学創立 40 周年記念論文集法学編 19 巻 2・3 号（昭和 49 年）335 頁参照。

くなる。

　賠償と補償の間には現行法上一般に次のような差があるとされてきた（次頁表参照）。

　まず賠償は有責違法行為ないし瑕疵ある公物営造物の設置管理と相当因果関係にある損害を賠償させる制度で，通常生ずる損害のほか，予見可能であれば特別事情による損害も賠償されるし，実損のほか，逸失利益，慰謝料，弁護士費用も賠償範囲である。損害賠償の方法としては金銭賠償が原則（民法722条）であるが，例外的には原状回復も認められる（民法723条，鉱業法111条，不正競争防止法1条の2第3項，著作権法115条）。

　違法行為は本来金を払ってもなすことは許されないもので，その予防なり継続阻止のために民事上の差止訴訟なり公権力の行使に対するいわゆる無名抗告訴訟としての差止訴訟[2]が認められることがある。ただ，違法行為がなされ，損害が発生してしまったら，原状回復が可能である例外的事例を除いて損害を金銭で填補するしかないというにとどまる。被害者に過失があるときは賠償額を軽減する過失相殺（民法722条2項，鉱業法113条），不法行為によって発生した債務の賠償義務者からの相殺禁止（民法509条）の規定がある。損益相殺は一般に認められている。消滅時効は損害及び加害者を知った時から3年，さもなければ20年である（民法724条）。なお，違法行為をした公務員個人の対外的責任については，国賠法上は一般に否定説が多いが，肯定説もある[3]。民法上は肯定されている。

　これに対して，補償は適法行為による特別の犠牲を全体の負担において調整する制度である。法律が侵害を適法に授権し，意図しているのであるから，法的非難の対象にはならず，原因行為の差止めを求めることはできない場合である。それにより特別の犠牲を被った者がいればその者は補償について法律に根拠がない場合でも直接憲法29条3項を根拠に正当な補償を求めることができ

---

(2)　これについて，学説判例を一応全般的に整理検討したものとして，拙稿「公権力の行使と差止訴訟」判タ534，535，537号（昭和59年）『行政訴訟改革論』，村井正「予防的訴訟」『現代行政法大系5』（有斐閣，昭和59年）。差止訴訟は平成17年より行訴法で法定された。

(3)　この点に関する詳細な文献として，真柄久雄「公務員の不法行為責任」『現代行政法大系6』（有斐閣，昭和58年）177頁以下。『追記』阿部『行政法再入門〔第2版〕』236頁。

(4)　この点については，後述Ⅳ6。

賠償と補償の比較表

	賠(補)償範囲	賠(補)償方法	過失相殺	相殺		時効	公務員の個人責任
賠償	通常生ずる損害＋特別損害実損，逸失利益，慰謝料，弁護士費用	金銭賠償の原則，例外的に原状回復	一般的に認める	不法行為による債務との相殺禁止	損益相殺許容	損害及び加害者を知って3年，知らなければ20年	国賠法上は争いあり，否定説多し。(民法上は肯定)。故意・重過失の場合，国・公共団体から求償される。
補償	正当な補償，通常生ずる損害のみ。逸失利益，慰謝料，弁護士費用は？	金銭補償の原則，現物補償の方法あり	なし	開発利益との相殺禁止。ただし，土地収用法90条のみ。		10年，土地収用法93条では1年	なし

る⁽⁴⁾にとどまる。正当な補償の範囲については一般に通常生ずる損害に限られるし，後述する通り逸失利益や慰謝料は含まれないとする説が多い。金銭補償のほか，替地の賦与，耕地・宅地の造成，工事・移転の代行という現物補償の方法（土地収用法82〜87条）がある。相殺の点では，土地収用法90条は同一土地所有者に属する土地の一部を収用する場合において残地の開発利益との相殺を禁止している。ただし，これらは土地収用についてのみ置かれている規定であって，補償一般に通ずる制度ではない。たとえば，土地区画整理では開発利益と減歩による土地の提供とが相殺されるという建前である。被補償者が損害発生に寄与することもないから，過失相殺の適用もない。消滅時効は一般原則（民法167条）通り10年である。ただし，いわゆるみぞかき補償（土地収用法93条）の時効は1年である。公務員個人責任はありえない。

2　接近の指摘

このようにこの二つの制度の間には大きな差がある。しかし，これはいずれも損害なり損失を原則として金銭により塡補するものであるところから，共通項も少なくない。そこで，かねて両制度の接近なり統一的把握の必要性が指摘されてきた。

たとえば，田中二郎は次のように説明していた。すなわち，賠償と補償は従来性質上異なる制度で，異なる理論に基づいて発展してきた。前者は個人的道

義的責任主義を基礎原理として構成されたのに,後者は社会的公平負担主義の実現を基礎理念とした。しかし,今日,少なくともその基礎理念においてこうした意味での対立は認めがたい。むしろ,両者が双方から接近し,いずれの場合にも,公平負担の見地から,被害者の損害の補塡に重点を置いて問題を解決しなければならない事情に立ち至っている。この両者を含めて統一的に理解しようとするのが最近の傾向といえよう。その意味で,この両者を含めて国家補償と呼んでよい[5],と。

　国家賠償と損失補償を合わせて国家補償とするこの命名は田中が編集委員として関与した有斐閣の法律学全集『国家補償法』(今村成和著,昭和32年)に用いられ[6],その後,下山瑛二『国家補償法』(筑摩書房,昭和48年),遠藤博也『国家補償法上・中』(青林書院新社,昭和56年,昭和58年)の両大著に踏襲されて,一般に定着しているところである。

　藤田宙靖は賠償と補償の両制度の接近が判例上,立怯上,学説上みられることを指摘し,その原因として,被害者救済の要請と沿革的理由をあげ,今後の展望を試みている[7]。その内容はのちに個々に紹介する。

　雄川一郎は両者のどちらともいえない,あるいはそのどちらとも考えることができる場合があるとして,のちにⅡ3で述べる工場誘致政策変更事件や大阪空港訴訟などを例としてあげている[8]。

3　国家補償の谷間を埋める努力

　田中が賠償と補償の統一的把握を提唱した理由は,賠償と補償の制度によっては必ずしも十分にカバーされなかった結果責任又は危険責任を含めて理論体系的に再構成しようとする点にあった[9]。国家補償のいわゆる谷間を埋める

---

[5]　田中二郎『新版行政法上巻全訂第2版』弘文堂,昭和49年) 201頁。本文に述べたことが田中年来の主張であることは,その『行政上の損害賠償及び損失補償』(酒井書店,昭和29年) 208頁以下,244頁に同旨の主張がすでに戦前から述べられていることにより知りうる。

[6]　その事情につき,詳しくは,今村成和「田中先生の国家補償論」ジュリスト767号(昭和57年) 60〜61頁。

[7]　藤田宙靖「国家賠償責任と損失補償責任の接近について」日本弁護士連合会昭和57年度特別研修叢書383頁以下。

[8]　雄川一郎「国家補償総説」『現代行政法大系6』(有斐閣,昭和58年) 10〜12頁。

[9]　田中・前注(5)『新版行政法上』201頁注(2)。

この作業については，しかし，田中自身は手をつけなかった。

今村[10]は結果責任に基づく国家補償として，①適法行為に基づいて不法な結果を生ぜしめた場合（刑事補償法における不当拘留に対する補償），②違法行為に基づいて不法な結果を生ぜしめた場合（刑事補償における誤判賠償），③原因行為の適法性のいかんを問わない場合（独仏における危険責任）があるとされ，また，結果責任を認めている立法例と結果責任を認むべき場合を概観している。ここでは，予防接種事故につき憲法13，25条を根拠に国の責任を導き出すことも不可能ではないとか，独，仏法にならって，「勇敢に，立法をまたずして危険責任を認むべきことを，強く主張すべきである」という注目すべき記述がある。しかし，それ以上の詳しい展開はない。

そのほか，国家補償の谷間を埋めようとする重要な学説を瞥見する。

山田準次郎は損失補償は適法行為に対する補償ではなく，公益上の必要による特別犠牲に対する補償であるとし，違法無過失行為についても一般的に損失補償を認めるべきであるとしている[11]。

古崎慶長も無過失違法行為については，西ドイツで発達した犠牲補償制度を導入し，憲法29条3項によって，損失補償請求ができるとしたいとしていた[12]。

雄川は一部合理的な範囲で無過失責任の領域を拡張すべき理由のあることは何人も否定し得まいとして，立法論のほか，解釈論として，右の山田説にみるような公法上の損失補償の法理の拡張や，国家賠償法の適用要件の緩和の方法を詳しく指摘している[13]。

西埜章は，無過失責任の損失補償的構成を説く山田説に対して，国家行為の適法・違法の区別を曖昧にし，違法性の問題を単なる補償問題に化してしまう

---

[10] 今村成和『国家補償法』（有斐閣，昭和32年）3，128〜134頁。
[11] 山田準次郎「損失補償と無過失責任」公法研究25号（昭和38年）119頁以下，同「行政行為未確定執行の責任」公法研究27号（昭和40年）226頁以下，同『国の無過失責任の研究』（有斐閣，昭和43年）。なお，この書物の古崎慶長書評（同『国家賠償法研究』（日本評論社，昭和60年）265頁）は，この山田著はその主張をわが国の実定法秩序のなかで展開する部分がないので説得力を欠くとしている。
[12] 古崎慶長『国家賠償法』（有斐閣，昭和46年）168〜169頁。
[13] 雄川一郎「行政上の無過失責任」（我妻栄先生還暦記念）『損害賠償責任の研究（下）』（有斐閣，昭和40年）238頁以下＝『行政の法理』（有斐閣，昭和61年）361頁以下。

第1部　国家賠償法と損失補償法の接点

危険性があると批判し，公法上の補償体系を，賠償と補償のほかに公法上の危険責任の3つに分類すべきものと主張している(14)。

下山・前掲書も「特殊な国家補償（結果責任にもとづく国家補償を含む）」として国家補償の谷間の問題を検討している(15)。

神谷昭はフランスにおける危険責任の理論および国家責任の一元化の傾向は損害賠償と損失補償の区別をもはや不可能とし，この両者を一体化しつつあることを指摘した。危険責任が認められる場合，過失の有無を問わず，また行為の違法・適法の別をも特別に問題にしないことになろう(16)というのである(17)。

4　本稿の課題

以上に紹介した従来の学説をみると，次のような問題点を感ずる。

第1に，賠償と補償が接近したとか，その統一的把握の必要というが，今村著でも下山著でも，賠償と補償は別々に考察され，統一的には把握されていない。この制度は基本的にはいぜん統一的考察を受けつけない別個の制度であり，その接近・相対化の主張は一面的ではなかろうか(18)。

---

(14) 西埜章『公法上の危険責任論』（東洋館出版社，昭和50年）284頁以下。さらに，同「西ドイツ国家責任法体系における公法上の危険責任について」公法研究42号（昭和55年）参照。

(15) 下山瑛二『国家補償法』（筑摩書房，昭和48年）431頁以下。

(16) 神谷昭『フランス行政法の研究』（有斐閣，昭和40年）419頁。

(17) 本文では日本法の解釈論にかかわる文献を紹介したが，外国法の紹介として参考になるものをあげておく。秋山義昭「ドイツにおける国の無過失責任論（1）～（5）」北大法学論集25巻1，3号，26巻2号，28巻3号，31巻1号（昭和49～55年），同「法治国家的国家責任論」（今村成和教授退官記念）『公法と経済法の諸問題上』（有斐閣，昭和56年）323頁以下，宇賀克也「ドイツ国家責任法の理論史的分析」(1)～(4・完)」法協99巻4～7号（昭和57年）＝同『国家責任法の分析』（有斐閣，昭和63年）所収。広岡隆「フランスの市町村の公役務協力者に対する災害補償責任」自治研究55巻3，4号（昭和54年），同「フランスにおける『公役務の一時協力者の理論』」前掲『公法と経済法の諸問題上』347頁以下，同「フランスにおける行政上の無過失責任の最近の動向」（杉村敏正先生還暦記念）『現代行政と法の支配』（有斐閣，昭和53年）275頁以下，兼子仁「行政上の危険に基づく無過失責任」ジュリスト・フランス判例百選（昭和44年）60頁，近藤昭三「公土木の概念とその責任法理」前掲フランス判例百選57頁，小幡純子「フランスにおける公土木の損害（dommages de travaux publics）(1)～(3)」法協101巻4～6号（昭和59年），同「フランスにおける道路の設置・管理の瑕疵をめぐる判例の一考察」法律時報57巻3号（昭和60年）101頁以下＝『国家賠償責任の再構成』（弘文堂，2015年）所収。滝沢正『フランス行政法の理論』（有斐閣，昭和59年）102頁以下。

第2に，統一的考察の場となっているのは田中説の指摘によれば結果責任の場面である。ここでは責任の成立要件とかその理論的根拠について賠償の法理とか補償の法理が応用されており，賠償と補償は一応接近しているといってもよい。しかし，両者のいずれがいずれにどのように接近しているのか，このほかに両者が接近している領域はないのか，両者が接近している領域はまとまったものといえるのかといった疑問がある。結果責任はまとまりのない雑多なもので，統一的把握の対象とはなりにくいと指摘されているところである[19]。

　第3に，こうして賠償や補償の法理を応用して結果責任などを基礎づけたとしても，賠償範囲，過失相殺，時効等々については賠償と補償の法理のいずれを応用すべきか。賠償と補償はどこまで統一的に把握されるのか。この問題はまだほんの少ししか論じられていないと思われる。

　こうした問題を考える素材は前記の諸学説が引用するものや後に詳述する予防接種禍判決をはじめとして最近少なくないところである。本稿は最近の事例を素材にして右の問題について若干の考察を試みるものである。最初にⅡで最近の事例を考察し，次にⅢ，Ⅳで両者の異同を考察することにする。このテーマでは，本来ならば税法上の差[20]とか，補償・賠償と社会保障の関係，立法による賠償の補償化なども論ずべきであったが，都合により省くことにした。

　結論的にいって，賠償と補償は接近したとか統一的に把握されるというだけではやや単純すぎる。両者はいぜん基本的に別個の制度であるが，若干の場面において複雑に交錯し，合理的な整理が求められているといえよう。本稿は不十分であるが，今後の議論の発展のための契機となれば幸いである。

　なお，本稿のテーマは民法と行政法が交錯する領域に属する。行政法を専攻

---

(18)　西埜章「国家賠償法1条の理念」法政理論15巻2号（昭和58年）は違法な公権力の行使は法律による行政の原理に反し，すでにそれ故に帰責事由たりうるのであり，適法行為に基づく損失補償とは截然と区別されねばならないとして，損害賠償と損失補償の相対化に批判的な立場をとっている。

(19)　遠藤博也『国家補償法上』（青林書院新社，昭和56年）14頁。

(20)　ちなみに，税法上は，たとえば，「損害保険契約に基づき支払を受ける保険金及び損害賠償請求権（これらに類するものを含む。）で，心身に加えられた損害又は突発的な事故により資産に加えられた損害に基因して取得するものその他政令で定めるもの」には所得税を課さない（所得税法9条1項21号）とされている。そこで，日照や騒音被害について人格権を侵害され，精神的苦痛を被ったとすると非課税で，地価低落を理由とすると課税されるとか，種々の差が生ずる。これが合理的かどうかを整理検討することも必要な作業である。

する筆者にとって，とくに民法関係の考察と文献渉猟に不十分な点があるかと思われるが，広くご教示をお願いする。

◆ II 賠償か補償か ── 最近の事例を素材に

1 野犬幼児咬殺事件

(1) 論　点

千葉県野犬幼児咬殺事件の控訴審判決（東京高判昭和52・11・17判時875号17頁）は，野犬に咬まれて死亡した幼児の両親が提起した国家賠償訴訟において，野犬を捕獲する権限の不行使を違法として請求を認容した。この判決は，その理由中において，行政権限の行使そのものの合法，違法ではなく，その不行使によって生じた損害の賠償責任が問題となっていることから，損害賠償制度の理念に適合した独自の評価が要求されるとして，権限の不行使を違法とする判断を正当化しようとしている。これは抗告訴訟においては違法とならないものも国家賠償訴訟では違法となることがありうるといういわゆる違法性の相対化論である。

これについて藤田は，行政の法律適合性という問題をこえた次元でなお損害の公平な分担ということを理念として展開されるのはむしろ損失補償である，現代の国家賠償制度の損失補償制度への接近ということが肯定的な方向において承認されている，と指摘した[(21)]。

(2) 私　見

この点について筆者は若干の意見をもっている。

第1に，上記の判決の説く違法性の相対化論自体になお十分な根拠があるようには思えない。というのは，上記のケースでは抗告訴訟は現実には提起されておらず（提起することも可能ではなく），国家賠償訴訟のみが提起されていた

---

(21)　藤田・前注(7)論文392頁。

(22)　拙稿「抗告訴訟判決の国家賠償訴訟に対する既判力」判タ525号（昭和59年）15頁以下＝本書第2部第1章。これに対し，遠藤博也「行政法における法の多元的構造について」（田中二郎先生追悼論文集）『公法の課題』（有斐閣，昭和60年）115頁に簡単な反論がある。また，右拙稿執筆当時気づかなかったが，法務省訟務局関係者による座談会（訟月30巻1号別冊，昭和59年）では水俣病認定遅延国家賠償判決を素材に，抗告訴訟における違法性の判断が国賠訴訟におけるそれと同じかどうかについて議論されている。西埜章「国家賠償法における違法性をめぐる諸問題」法政理論17巻4号（昭和60年）も抗告訴訟と国賠訴訟における違法性は同じであるとし，相対的違法性説を批判する。

第 1 章　賠償と補償の間

のであるから，相対化されているかどうか，比較すべき 2 つの違法性がそもそも存在しないからである。むしろ，常識的に考えれば，同一時点における同一行為に関しては抗告訴訟と国家賠償訴訟では違法性は一般には同じと考えるべきであろう(22)。

　第 2 に，本判決のいうように抗告訴訟（が適用されるとして）において違法とされないものが国家賠償訴訟では違法と評価されるとすれば，その違法は少なくとも伝統的意味における違法であろうか。すなわち，野犬を捕まえるのは無理だが，野犬に咬まれて死者がでた段階では賠償法上違法とすると，筆者なりに理解すれば，それは危険な状態の発生自体は法的には許容されているが，それによる損害を被害者の負担とすることが公平観念上許されないということであり，一種の危険責任である。したがって，本判決は国家賠償法を危険責任的ないし結果責任的に理解して活用したことになる。

　そこで問題は国賠法 1 条に基づく国家賠償責任を危険責任的に解釈することが許されるかということである。行政が国民に対し一方的に権力をふるう場合は行政活動のなかにはじめから被害発生の危険が内在しているのであるから，危険責任を認めよという主張は成り立ちやすいが，野犬の例では危険が行政活動に内在しているのでなく，自然界に存する危険を行政が国民のために防止する責任がある（行政の危険防止（管理）責任）かということが問題となっているにすぎないので，危険責任を認める方向に解釈するのは難しい。

　筆者としてはこうした事案において国家賠償責任を認めるのは，行政の危険防止（管理）責任について一般に裁量収縮論として定式化されているように，やはり行政が危険を具体的に予見でき，かつ，結果を回避でき，しかも，行政の権限発動がなければ国民は危険を回避できない場合に限られる(23)と思う。右の野犬事件についてみると，裁判所は国家賠償責任を肯定する根拠として，咬死事件後に野犬を一掃できたことをあげているが，事件後の対策は人柱行政

---

(23)　裁量収縮論については，文献の所在も含めて，拙稿「行政の危険防止責任（下）」判時 886〔判評 233〕号（昭和 53 年）127 頁以下，「行政の危険防止責任その後（1）」判時 1001〔＝判評 269〕号（昭和 56 年）140 頁以下，「労働基準監督権限の不行使，消防学校の教育体制不備等と国家賠償責任」判時 1076〔＝判評 293〕号（昭和 58 年）164 頁以下。いずれも『行政の危険防止責任』所収。最近のものに，原田尚彦「裁量権収縮論」法学教室 54 号（昭和 60 年）70 頁以下，淡路剛久「公害・環境問題と法理論（その 3）」ジュリスト 835 号（昭和 60 年）124 頁以下。

(人が死んではじめて行政が後手後手に対策を講ずること)といわれるように焦点も合っているのでやりやすいが、事前なら県下のどこから手をつけていいかわからないので、ほかならぬ被害発生地点の野犬を一掃すべきだったということには必ずしもならない。結果回避の可能性があるとは直ちにはいい難いのである。したがって、筆者は本判決の理由づけだけでは行政が野犬を事前に一掃しなかった不作為を違法とまではいい難いと思う。

ところで、犯罪被害者に対する救済制度としては、警察の犯罪防止懈怠に違法・有責性が認められる国家賠償と、そうでない場合について昭和56年から創設された犯罪被害者等給付金支給制度があるが、このような理解に立てば、本判決は野犬被害について本の犯罪被害者等給付金支給制度に近い災害補償制度を創設したように思われる。この判決が賠償額を過失相殺により6分の1に大幅減額したのをみても、この理解は妥当と思われる[(24)]。

第3に、補償とは伝統的理解では公共のための特別の犠牲であるが、野犬を捕獲しなかったことは「公共のため」とはいえないし、収用に際して与えられる「正当な補償」も、収用の前後において被収用者の財産に増減なからしめる額であるとされているが、6分の1にもおよぶ過失相殺による減額は正当な補償とはいえまい。そうすると、この事件を賠償の(損失)補償への接近と解するのは必ずしも適切とは思えない。賠償の(災害)補償への接近ととらえた方がより適切である。

> 【追記】 大阪の野犬咬殺事件については『国家補償法の研究 II 行政の危険防止責任』第5部第1章も参照。

2 高知落石事故
(1) 判　　決

いわゆる高知落石事故判決は、1級国道を通行中の車が道路上方の山地から落下した岩石の直撃を受けて発生した死亡事故に関して、国賠法2条1項の賠

[(24)] 拙稿「行政の危険防止責任(下)」130頁＝『国家補償法の研究 II 行政の危険防止責任』第4部第1章所収。秋山義昭〈評釈〉判時893〔＝判評235〕号(昭和53年)127頁も、本文の判決は、野犬による死亡事故発生という事実から結果的に知事の権限行使の作為義務を認めてしまっているのであって、考え方としては、国家賠償というよりはむしろ災害補償ないし被害者救済的発想に近づいているとされている。さらに、遠藤・前注(19)46, 409〜410頁も同方向の意見。

償責任は無過失責任であるとし，予算制約論を排斥したことで，リーディング・ケースとなっている（最判昭和45・8・20民集24巻9号1268頁）。

国賠法2条1項にいう営造物の設置管理の瑕疵とは，本判決によれば，営造物が通常有すべき安全性を欠いていることをいい，過失の有無を問わないわけであるが，判決文をさらにみると，この道路では，いつなんどき落石や崩土が起こるかもしれないのに，道路管理者は「落石注意」の標識を立てるなどをしただけで，道路に防護柵または防護覆を設置し，あるいは山側に金網を張るとか，常時山地斜面部分を調査して，落下しそうな岩石があるときはこれを除去し，崩土の起こるおそれのあるときは事前に通行止めをする等の措置をとったことがないことを通行の安全性を欠く根拠としている。そして，防護柵の設置等が予算上不可能との道路管理者側の主張に対しては，「本件道路における防護柵を設置するとした場合，その費用が多額にのぼり，……予算措置に困却するであろうことは推察できるが，それにより直ちに道路の瑕疵によって生じた損害に対する賠償責任を免れうるものと考えることはできない」として，いわゆる予算制約論を排斥した[25]わけである。

(2) 私　見

この判決の趣旨は筆者にはわかりにくいが，こうした事案では筆者は次のような筋道で考えるべきものと思う。

まず，安全設備を設置管理する費用が尨大でなければ，それを設置管理しないことには瑕疵がある。それが尨大であれば，その設置義務はないが，次に道路の通行禁止の措置をとるべきかどうかという管理体制の問題となる。そして，ある程度以上の危険が予想される場合には通行禁止措置をとる義務があるが，危険がそれ以下の場合には，万一の危険がありえても，道路として交通の用に供するほかはない。そこで，右の通行禁止措置をとるべきものと判断される事案で通行禁止をしなかった場合には道路管理者の義務違反（義務違反説）ともいえるし，通常の安全性を欠く（客観説）ともいえる。これに対して，危険度が通行禁止をすべきほど高くないが，通行中運悪く落石事故に遭ったというケースでは，道路管理者の義務違反はない。客観説でいう通常の安全性も欠けることはないといえよう。そうしたケースでもなお瑕疵を認めるとしたら，それは違法を理由とする責任というより，危険なものを適法に利用させることに

---

[25] この点については遠藤博也『国家補償法中』（青林書院，昭和59年）514頁参照。

よって生ずる損害を広く国民の負担に分散する危険責任といえる。

この事件の場合通行禁止措置をとるべきところこれを怠ったものとみられるほどの事情があるかどうかはこの判決の判示だけではわかりにくい。ただ，この判決の調査官鈴木重信は「少しでも崩土，落石等の危険のある道路については，その危険の生じうる可能性のあるときは，全面通行禁止にした方が(26)」（傍点阿部）と述べている。この立場では右の事件でも通行禁止措置をとるべきところ怠ったもので，違法性が認められることになろう。しかし，筆者は，少しでも危険があれば全面通行禁止にするなどといっていたのでは道路としての役割は果しえないと思う。しかるに，この事件では通行禁止すべきほどの事情があったとは証明されていない。それにもかかわらず，行政の責任を認めるとしたら，筆者は前記の危険責任の法理であると思う。結局，この判決は賠償の名において危険責任を認めたともいえそうである(27)。

国賠法2条の瑕疵の意義については周知のように客観説と義務違反説（ないし義務違反的構成）の間に争いがあるが，筆者はこうした事案で重要なのは，そうした理論構成もさることながら，どのような状況のもとで，安全対策に要する予算がどの程度を越える場合に安全策を講ずる責任がないのか，どの程度危険であれば賠償責任が成り立つのか，それは通常の違法性を理由とする責任か危険責任か，実定法上明文の根拠をもたない危険責任を，瑕疵を根拠とする国家賠償責任のなかにもぐり込ませることは解釈上許されるのか，という点にある(28)と思う。そして，危険責任の場合の賠償額は通常の瑕疵ある場合と同

---

(26) 鈴木重信〈解説〉最高裁判例解説民事篇昭和45年度317～318頁。
(27) 小幡・前注(17)の法律時報論文によると，フランスでは公道上への落石・地崩れにより道路利用者に生じた事故損害については，従来いわゆる「維持の欠缺」(défaut d'entretien)が責任要件として要求され，「通常の維持」に欠けた場合に行政の責任が発生するとされてきた。そして，落石事故については維持の欠缺を否定する判例が少なくなかった。これにたいし，1973年のダロー判決は維持の欠缺がなくても，それ自身利用者に対し事業主体たる国の責任を成立させる性質を有する「例外的に危険な工作物」にあたるとの理論により国の責任を認めた。これは通常いう不法行為に対する損害賠償ではなく，むしろ損失補償的性格を帯びている。わが国では道路の落石事故に関し，「維持の欠缺」に類似した「設置・管理の瑕疵」の理論構成がとられているが，その瑕疵認定の実態は，「例外的に危険な工作物」の理論を適用した場合にかなり近いと。まことにその通りであると思う。ただ，わが国の判例は「瑕疵」という明文規定に拘束されているので，フランスの判例のように正面から危険責任の法理を導入することはできないのであろう。なお，上記の「例外的に危険な工作物の理論」は損失補償というより危険責任と思う。

じかどうかも重要な問題である。
　しかし，上記判決は私見のような角度から考察していないため，参考になる材料を提供しているとはいえない。

3　工場誘致政策変更事件
(1)　最　判
　沖縄のある村がいったん工場を誘致しながら，工場が建設される頃になってこれを断ったため，工場側から積極損害の賠償を求められた事件で，最高裁は工場誘致政策の変更は一般に自由としつつ，特定の者に対する個別的・具体的勧告・勧誘を伴うもので，かつ，その活動が相当長期にわたる当該施策の継続を前提としてはじめてこれに投入する資金又は労力に相応する効果を生ずる場合には施策に対する信頼に法的保護を与えるとの一般論のもとに次のように判示した（最判昭和56・1・27民集35巻1号35頁）。
　①　企業が自治体の協力の継続を信じて少なからぬ資金を投下したが，②　自治体の協力拒否によって工場建設が不可能となって，企業に多額の積極的損害が発生した以上，③　協力拒否への政策変更がやむをえない客観的事情に基づくものでなく，かつ右損害を補償するなどの代償的措置を講ずることなく実施された場合には，「信頼関係を不当に破壊する行為として違法性を帯び，」自治体側に不法行為責任を生ぜしめる。

(2)　諸　説
　この事件は不法行為と損失補償のいずれで解決すべきか，見解の分かれるところである。学説上損失補償説が有力である。
　まず，雄川一郎[29]はこうした施策の変更による工場建設の拒否を通常の意味での不法行為とすることはかなり困難で，この訴えの実質は損失補償請求と

---

(28)　なお，事故率の高い道路（昨年の加古川バイパス連続追突焼死事件を想起されたい）の事故は運転手のミスのみに起因するものではなく，運転手のミスをさそう道路構造等にも起因するのであるから，こうした道路を設計したことなりこれを閉鎖しないで通行の用に供したことに瑕疵はないのかという問題があると思う。道路としての安全水準をどこに置くかという問題ではあるが，道路管理者として通常手の施しようのない落石事故について瑕疵が認められるなら，道路の安全設計は道路管理者の本来の責任領域に属するから，他の道路と比べて事故率が著しく高い道路を設計し，供用していることは，それだけで，瑕疵といえるのではなかろうか。

(29)　雄川・前注(13)10〜11頁。

見る方があたっているとされ，上記の③以下の部分はこのことを暗示するものではないであろうかと疑問を投げかけられる。

原田尚彦(30)は公益を理由とした授益的行政処分の撤回に伴う補償が適法行為に基づく損失補償と解されていることなどとのバランスを考えると，政策変更に伴う信頼利益の補塡の問題は不法行為責任でなく，損失補償の問題であると解される。その実定法上の根拠としては，財産侵害を伴う自治体の計画（政策）変更を収用類似の侵害行為と解して，憲法29条3項を拡大解釈することが考えられているようである。そして，政策変更にあたっては事前の賠償がなければ違法というものではなく，進出企業に投下資本の収奪に対する損失補償の請求権が認められればそれで十分とされる。

本判決の趣旨について加茂調査官(31)は次の解説をしている。本件において行政上の施策の変更そのものを抑止する請求が許されないとすれば，施策の変更そのものは適法であって，工場が有するのは損失補償請求権ではないかと考えられるが，それを憲法29条3項から直接導き出すのは困難であろうし，西ドイツにおけるように収用補償の判例による拡張解釈の実績や伝統的な犠牲補償請求権の思想のないわが国でいきなり収用類似の侵害に対する損失補償請求権を認めることができるかどうかも問題である。むしろ行政主体側の行動の背信性に着目し，熊本地裁玉名支部判決（後述4判決）のように，損失補償等の適当な代償措置なしに施策を変更するのは違法であるとして，施策変更そのものは適法になしうる余地を残すとともに私企業側の救済を図る，という法解釈の方法の方が無難であるようにも思われる。代償措置を講じないことによって違法性が生ずるということはとりもなおさず代償措置の請求権を認めることではないのか，それならば直接補償請求権を肯定した方が簡明ではないかという批判も考えられるが，ここで考えられている代償措置は，必ずしも金銭補償に限るものではなく，要するに，行政主体側の信義則違反を生ぜしめない程度の，損害の防止・軽減のための諸措置をひろく包含するものであって，直接に請求の対象となるような具体性を帯びたものではないと解すべきであろうと。

(3) 私　見

---

(30) 原田尚彦「企業誘致政策の変更と信頼の保護」ジュリスト737号（昭和56年）19～20頁。なお，保木本一郎「行政活動の変更と補償」『現代行政法大系6』（有斐閣，昭和58年）252～253頁もほぼ同旨。
(31) 加茂紀久男（解説）法曹時報37巻2号（昭和60年）147頁。

思うに，適法行為か不法行為かは法律上することを許されているか否かによって区別される。たとえば，授益的行政行為の撤回は，それが公益上の理由による場合には，実定法の規定によるか，解釈によるかはともかくとして許容されている。被処分者はその取消しを求めることはできない。その代わりに補償が認められている。これに反し，同じく授益的行政行為の撤回でも，公益上の理由なしになされた場合には，被処分者はその取消しと賠償を求めることができる。ではこの事件は原田のいうように授益的行政行為の適法な撤回に近いものと解釈しうるであろうか。

一般的には，村が工場誘致政策を変更することは自由であるが，それに伴って，工場の期待や信頼を破壊してもよいという法規範は存在しない。しかも，この事件の場合は公益上の理由があって，企業の信頼を反古にせざるをえないといった事情があったわけではない。村長選で，環境保全派が勝ったというだけである。環境保全のためなら，公害防止条例を制定するなどして，公害が発生しない範囲で企業活動を認めればすむことで，企業の進出を全面的に拒否してその信頼を反古にするのは行き過ぎである。したがって，この事件においては企業の信頼を反古にすることは代償措置の有無にかかわらず，それ自体違法であると評価すべきである。結局，本件は公益上の理由による行政行為の撤回とは違い，公益上の理由なしに行政行為を撤回した場合に近いのである。したがって，工場に与えられるべきは補償ではなく，賠償である。

次に，行政施策の変更そのものを抑止する請求が許されないなら，施策の変更そのものは適法とみるべきではないかとの論点（左記の加茂説参照）がある。しかし，一般論としては，違法行為についても抑止することはできず，たんに金銭賠償を求めるしかない場合はある。婚約不履行はその例であるし，後述する新幹線公害訴訟では差止めは認められないにしても賠償は認められている。したがって，施策の変更を抑止できないからといって，それが適法行為になるとはかぎらない。

さらに，事前に代償措置を講じなければ違法というこの判決の論理は事前に代償措置を講ずれば適法ということに帰着する。しかし，侵害行為に際し事前に補償がなされなかったからとて，補償請求権が賠償請求権に転化するもので

---

(32) 原田・前注(30)20頁，さらに，前田達明〈批評〉民商88巻1号（昭和58年）94頁（同『不法行為法理論の展開』（成文堂，昭和59年）に収録）も同方向。

はない(32)から，この発想は奇異に感ずるが，議論する実益はあまりなさそうに思える。

　たとえば，婚約を一方的に破棄し，事前に慰謝料を持参しても，婚約破棄自体は適法にはなりえない。解約手付を倍返しして契約を適法に解除するのとは違うのである。ただ，婚約破棄は違法でも，結婚を求めることはできないから，それを適法行為とみることと結果において変わりはない。

　もう一つの例をあげると，新幹線が沿線住民に公害をまき散らす構造で建設されたのち，沿線住民の家に移転補償の提供を申し出ても，公害が適法になるわけではあるまい。なお，これに応じて移転してもらえば，新幹線の走行は適法になるので，事前に補償すれば加害行為も適法になるともいえるが，この例では被害者がいなくなっただけともいえる。

　工場誘致政策の変更についても，代償措置を講ずれば損害は生じないから，右の変更は違法だが損害賠償は不要というか，代償措置ある変更だから適法というかは金銭塡補の関係では結果に影響を与えない。したがって，工場誘致政策の変更は工場との関係でそもそも違法なのか，事前の代償措置がないから違法なのかはそう意味のある議論とも思えない。

　ただ，最高裁が代償措置なければ違法という論法をとったのは，加茂によると施策変更そのものは適法になしうる余地を残すためであるが，筆者は前述のように公害反対を理由とするなら公害防止対策を講ずればよいので，工場の進出そのものを拒否する理由はないから，施策変更そのものも違法とみるのが合理的と考える(33)。

　なお，このように考えると，この事件の原告は村の協力の継続，工場誘致政策の変更の抑止を求めることができるのではないかという問題がある。工場建設に対し村のなす協力は有形無形の種々のものがあろうが，この事件では工場にとって必要な水利権の設定についての村の同意がその協力の核心をなすようである(34)。そこで，村が水利権の設定について協力を拒否するなら，当該工場としては本来なら水利権の設定について訴求する道があってよいと考え

---

(33) 西埜・前注(22)21頁も，特定企業に対する誘致政策の変更はそれ自体信義則に反し，違法であるとしている。

(34) 加茂・前注(31)144，149頁。

(35) なお，当時の法律制度ははっきりしない。前注(31)の加茂解説のほか，拙稿「企業誘致政策の廃止と自治体の賠償責任」法学セミナー315号（昭和56年）42～43頁＝本書第1部第3章参照。

る(35)。

(4) その他の論点

なお，原田は政策変更を違法な不法行為とすると，自治体が特定企業とのしがらみから政策変更しづらくなることを懸念し，こうした配慮から自治体の政策が硬直化すると，住民による行政の民主的統制の有効性が失われ，適当でない結果となろうとする(36)。

しかし，政策変更はそれ自体違法になるわけではなく，自治体が個別的・具体的な勧告をし，かつ相手方が相当長期にわたる当該施策の継続を前提として資金や労力を投入する場合にはじめて信頼保護の問題が生ずることはこの判例の明言するところである。したがって，自治体が企業に対し個別的・具体的な勧誘をしないかぎり，自治体の政策が硬直化するものではない。問題は自治体がすでに個別的・具体的な勧誘をしている場合である。こうした場合には，住民の民主的統制の機会が失われても，信頼保護に価値を認めるしかないのではなかろうか。さもないと，自治体はウソつきでもよいことになりかねない。むしろ，いったんした個別・具体的な勧誘を反古にすることは違法であることを自治体当局者と住民に認識させ，軽率に個別・具体的な勧誘をさせないよう，あるいは信頼保護に反しない範囲で政策変更するよう警告する方が筋ではあるまいか。

さらに，原田は損失補償説の実益として得べかりし利益の補償を含まないことをあげているが，これについてはⅢで後述する。

附言するに，小早川光郎は本件は損失補償の法理が適用される典型的な場合ではないし，施策変更に際して自治体が企業のために果すべき義務を果さなかったことを理由とする損害賠償の方が事案に即しているとする。前田達明は結論的に不法行為と構成している(37)。

4　公営団地計画廃止事件
(1)　判　　決

ある市が約1500戸に及ぶ風呂のつかない住宅団地の計画をたて，その団地内に公衆浴場の建設を必要としていた。Xがこの計画の確実性を確かめたうえ

---

(36)　原田・前注(30)19頁，保木本・前注(30)251頁も原田説と同旨。
(37)　小早川光郎〈評釈〉法協99巻11号（昭和57年）1753頁。前田・前注(32)批評。

で，市から土地を購入して，浴場を建築しつつあったところ，その団地の計画は中止された。

裁判所（熊本地玉名支判昭和44・4・30判時574号60頁）は，市がその団地計画の廃止は絶対ないとXに確言して右浴場建設工事を続行させたという事情のもとで，Xの浴場建設を徒労に帰せしめるような団地計画の廃止の挙に出るということは，これによってXの被る不利益を防止し，もしくはその損害を賠償することを条件としてはじめて許容されるべきものであり，しからざるかぎり該行為は違法となるとした。

また，この判決は，市とXの間には「協助・互恵の信頼関係が成立」していたのであるから，この関係に基づきXの有する利益は保護に値する。そこで，裁判所は市がその行政施策の必要に基づき団地建設を廃止することは適法であるが，Xに対する関係では故意により違法に他人の利益を侵害するものとして不法行為（仮に典型的な不法行為でないとしても，すくなくともいわゆる適法行為による不法行為）を構成するとした。

(2) 私　　見

この判決について若干コメントする。この事件では市とXの間には「協助・互恵の信頼関係が成立」していたというのであるから，市がこれを破壊することは違法である。しかし，団地計画の続行はXとの関係だけでなく，広く財政状況その他諸般の事情を考慮して市当局が決すべき政策的裁量に属する。したがって，Xは団地計画の続行を求める権利を有しない。前述の工場誘致政策変更事件では裁判所は当該工場は誘致政策それ自体の存続を求める権利を有しないという立場のようであるから，この判決と同旨に帰着する。ただ，筆者の立場では，工場誘致政策の変更は違法であり，当該工場主は建築確認や水利権許可を求めて出訴すれば勝訴もありうると考えるので，これと，そもそも団地計画廃止の取消しを求めえない団地計画廃止事件とは事情を異にすると考える[38]。

このように団地計画の廃止そのものは適法だが，浴場業者との関係では違法となるとするこうした特殊な局面を本判決は適法行為による不法行為という表現[39]で説明している。これはそれなりにあたってはいるが，同じ相手に対し

---

(38) 西埜・前注(22)23頁注(5)は，団地計画廃止事件についても工場誘致政策変更事件についてと同様に相対的違法性論に反対しているようであるが，筆者はこの前者については相対的違法性論が成り立つと考えている。

て適法な行為が同時に不法行為になるという自己矛盾的な概念と誤解されるという難点がある。むしろ，違法性の有無は相手によって異なるという相対的違法行為(40)として理解した方がよさそうである。

　他方，このケースを適法行為による損失補償で説明できるだろうか。工場誘致政策変更事件でも同様の問題があったが，筆者は環境保全のためなら公害防止措置をとればよいので，企業の進出を一切拒否するのは行過ぎで違法と評価したところである。しかし，公営団地計画廃止事件では，団地計画の廃止はやむをえないし，団地計画を廃止しつつ，公衆浴場の経営を可能にする方法はない。そうすると，公衆浴場が経営できないことは団地計画廃止という適法行為の必然的な結果であるともいえる。これは適法行為による損失補償の論理でもあろう(41)。

　このように，このケースでは，Xとの信頼関係の破壊の面に注目すれば不法行為となり，団地計画の廃止が適法である面に注目すれば損失補償でも説明できる。説明の違いは着眼点の違いに由来する。このケースでは，団地計画の続行を求める権利がないのであるから，あとの金銭塡補の根拠が補償か賠償かを論じてもあまり実益はなさそうである。

　なお，この判決は代償措置を講ずれば団地計画の廃止も適法になるという論理を用いている。これは工場誘致政策変更事件の最高裁判決にも採用されているところである。最高裁がこの論理を用いたのは前述したように施策変更そのものは適法になしうる余地を残すためということであったが，団地計画廃止事件ではその廃止自体は適法とみるしかないもので，このような特殊の論理を用いなければ団地計画の廃止が違法になるというものではない。そうとすれば，この事件では団地計画の廃止は適法だが，Xに対しては信頼関係の破壊を理由に不法行為とみるか，適法行為に基づく損失補償とみる方が簡明のように思う。

5　空港・新幹線公害
(1)　2条の瑕疵

---

(39)　末弘厳太郎『民法雑記帳（下巻）』（日本評論新社，昭和26年）279頁以下で用いられている表現。
(40)　遠藤・前注(19)173頁，拙稿・前注(22)19頁参照。
(41)　藤田・前注(7)393頁はこの判決は損失補償を認めるべきところに国家賠償を認めたとしている。

第 1 部　国家賠償法と損失補償法の接点

　空港の供用や新幹線の走行が周辺住民に及ぼす公害（騒音，振動，排気ガス等）は国家賠償法 2 条の瑕疵の角度からとらえるというのが最近の判例である。
　大阪空港訴訟最高裁判決（最大判昭和 56・12・16 判時 1025 号 39 頁）は国賠法 2 条にいう瑕疵とは安全性の欠如，すなわち他人に危害を及ぼす危険性のある状態をいい，これは営造物を構成する物的施設自体に存する物理的・外形的な欠陥ないし不備によって生じた場合のほか，営造物が供用目的に沿って利用されることとの関連において第三者に対して生じるものを含むとした。これはその原審（大阪高判昭和 50・11・27 判時 797 号 36 頁），名古屋新幹線訴訟一審判決（名古屋地判昭和 55・9・11 判時 976 号 420 頁）以来採用されている立場であり，厚木基地訴訟一審判決（横浜地判昭和 57・10・20 判時 1056 号 26，146 頁）でも受けつがれている。なお，横田基地公害訴訟一審判決（東京地八王子支判昭和 56・7・13 判時 1008 号 19，53 頁）では損害賠償はいわゆる民事特別法（日本国とアメリカ合衆国との間の相互協力及び安全保障条約第 6 条に基づく施設及び区域並びに日本国における合衆国軍隊の地位に関する協定の実施に伴う民事特別法）に基づいて認められ，国賠法 2 条は根拠とされていない。
　そして，本最高裁判決は，空港供用行為が第三者に対する関係で違法な権利侵害ないし法益侵害となるかどうかを判断するに当たっては，侵害行為の態様と侵害の程度，被侵害利益の性質と内容，侵害行為のもつ公共性ないし公益上の必要性の内容と程度等を比較するほか，侵害行為の開始とその後の継続の経過及び状況，その間にとられた被害の防止に関する措置の有無及びその内容，効果等の事情をも考慮し，これらを総合的に考察して決すべきであるとしている。
　名古屋新幹線訴訟一審判決も国賠法 2 条 1 項の瑕疵の有無は受忍限度と相関的に判断すべしとして利益衡量論をとるが，注目すべきことは，公共性は，差止訴訟においては衡量要素であるのに対し，損害賠償訴訟では受忍限度の判断に影響しないとしていることである。

(2)　損失補償的構成

　これに対し，I 2 で紹介した雄川説は，本最高裁判決の利益の比較衡量の仕方は損失補償の要件である特別の犠牲の存否の認定の考え方と基本的には異なるところはないとし，また，本判決中，結局公共的利益の実現は周辺住民という限られた一部少数者の特別の犠牲の上でのみ可能であって，そこに看過することのできない不公平が存するという部分をとらえて，この論理はまさしく損

失補償の論理であると評価している。

　また，アメリカ法では航空機騒音を理由とするニューサンス法のもとでは損害賠償は土地・家屋の値下り分に限られているということであるが，わが国でも同様の解決をすべきものとの意見(42)がある。その理由としては，人格権とか精神的慰謝料では主観的すぎる，財産の市場価値の低下なら客観的・公平に算定できるといったことがあげられている。法的構成は飛行機の飛行を地役権の設定すなわち公用収用と解して土地所有者に対して補償するというものである。借家人は移転の自由が認められる以上補償されなくともやむをえないとのことである。

(3) 違法行為か適法行為か

　それでは，公共事業が第三者に及ぼす公害は適法行為か違法行為か。これが補償か賠償かを考えるにあたり第1に考察されるべき論点である。

　名古屋新幹線訴訟一審判決は賠償請求を認めるとともに，理論的には差止めがありうるとしつつ，公共性等との利益衡量の結果差止請求を棄却している。ここに賠償違法と差止違法のズレがみられる(43)わけであるが，金銭塡補のレベルでは明らかに賠償の論理によっており，新幹線公害を適法行為とはみてい

---

(42) 綿貫芳源「国及び公共団体の損害賠償責任の再検討」公法研究42号（昭和55年）166頁，同「アメリカにおける航空機騒音に関する訴訟」判時729号（昭和49年）142頁，同「公共性」判時976号（昭和55年）21頁，同「差止請求・損害賠償請求の適法性」判時1008号（昭和56年）8頁。高原賢治『財産権と損失補償』（有斐閣，昭和53年）195頁以下。

　なお，アメリカの航空機騒音については，後掲注(48)の論文のほか，加藤一郎編『外国の公害法上』（岩波書店，昭和53年）中の野村好弘論文参照。

(43) 拙稿「新幹線訴訟と土地利用・総合交通政策」ジュリスト728号（昭和55年）54頁以下＝『国土開発と環境保全』119頁以下。賠償違法と差止違法の関係については，筆者は違法性段階説をとらず，一元的に把握すべきものと思うが，既成事実が発生した場合にはその除去を求めることはできず賠償しか認められないことがあり，結果としては差止違法と賠償違法の間にズレが生じて，違法性段階説と同じようなことになる。また，新幹線や空港のような大規模施設の公害の場合には差止めを認めるためには相当数の被害者が存在し，移転補償や防音・防振工事では満足な被害防止策とならない（この点については本文(5)で述べる）ことが必要であろう。被害人口が少数の場合はその者は賠償こそ求めうるものの，差止めは求めえないと思う。こう考えると，名古屋新幹線訴訟において論じられた全線波及論すなわち係争地区での減速判決が他に及ぶという議論には根拠はない。大阪空港訴訟でも被害世帯数があまりに多い（拙著『行政救済の実効性』（弘文堂，昭和60年）85，94頁）からこそ差止請求を認めよとの議論が説得力を持ったのである。

ない。

　他方，大阪国際空港最高裁判決は民事差止訴訟を不適法却下し，「行政訴訟はともかく」として，その適法性については明言を避けている。最高裁はあるいは差止訴訟は民事訴訟であれ，行政訴訟であれ，一切認めない趣旨かもしれない。かりにそうとすれば，「受忍せよ，そして代償を求めよ」ということになり，不合理である。かりにそうでないとすればその旨明言するべきであったと思う。そこで，筆者は右判決に賛成できない[44]。前記厚木基地公害訴訟一審判決は差止請求が許されなくとも，損害賠償請求の道があることを理由に原告らの裁判を受ける権利は奪われないと説いたが，これには「語るに落ちた」という厳しい批判[45]があるぐらいである。

　他方，最高裁判決を正当化するとすれば，国営空港により周辺住民に公害を及ぼす行為はそれ自体としては適法と見るしかない。そして，そのうえで住民の被る不利益は特別の犠牲として公平負担の見地から補償すべきことになる。最高裁が法文の根拠としては国賠法2条を用いつつ，雄川の指摘にみるように実質的な理論展開としては補償の論理を用いているのも，このように考えれば理解できる。

　そこで，問題は空港が住民に被害を及ぼすのを適法視しうるかにあるが，国営空港といえども，周辺住民に受忍限度を越える被害を発生させてよいといった法理は存在しないから，簡単には適法視しえないであろう[46]。

　最高裁もそこまで踏み切れなかったからこそ，損害の填補のレベルでも，国賠法を根拠にしているのであるとともに，差止訴訟を却下しつつ，行政訴訟を

---

(44)　拙著『行政救済の実効性』前注(43)第2章四，〔追記〕コメント(1)に詳しい。なお，大阪空港訴訟最高裁判決の加茂紀久男調査官〈解説〉法曹時報37巻1号（昭和60年）261頁は差止めを求めえず，損害賠償しか請求できないとすれば，それは憲法32条に抵触するか，単なる立法政策の当否の問題にとどまるかという問題があるとしつつ，この点はもとより本判決のふれるところではないとしている。事実はその通りであるが，筆者は多数意見もこの問題についてまともに判断を下すべきであったと思う。右判決の伊藤補足意見は航空会社に対する免許，認可の取消訴訟の道があるとしているが，それに説得力がないことについては，同・拙著79頁参照。

(45)　今村成和「差止・音量規制請求にかかる訴の適法性」判時1056号（昭和57年）5頁。

(46)　原田尚彦「夜間飛行差止却下判決の論理と問題点」ジュリスト761号（昭和57年）35頁，西埜章「国家賠償法2条の解釈」判時1056号（昭和57年）15頁参照。なお，加藤一郎「大阪空港大法廷判決の問題点」ジュリスト761号（昭和57年）12頁。

不適法と明言もしなかったのであろう。
　また，最高裁判決自身も国賠法2条の瑕疵の有無の判定にあたって前記のように利益衡量論をとっており，必ずしも補償の論理で一貫しているわけではない。
　横田基地訴訟一審判決（判時1008号53頁2段）は，新安保条約に高度の公益性があるからとて，その理由のみで全体の利益のために一部の者の犠牲を放任しうるがごときことは衡平の観念に照らして許されないから民事特別法は被害者に金銭賠償請求の法的根拠を付与していると述べ，補償の論理を用いているが，結局は慰謝料請求の当否を単に被害の内容・程度のみによって判断することは相当でなく，侵害行為の態様と公益性，被害の軽減防止のためにとられた措置などにつき検討し，被害が受忍限度を越えているか否かが検討されなければならないとして，賠償の論理を用いている。
　厚木基地訴訟一審判決（判時1056号130，144頁）も，補償の論理を用いているが，結局は賠償法理によっている。

(4) 収用的構成

　次に，アメリカで空港騒音を収用（taking）的に構成していることはどこまで参考になるだろうか。
　アメリカでは人口密度も低く，代替地が近くに求められる。そこで，土地・家屋の価格低下分の補償と従前の土地・家屋の売却代金とで，被害発生前の住居とほぼ同一条件の住居を求めうる事情にある。こうした国では右の地価等の低落補償は一応完全な補償になるであろう。しかし，わが国では人口密度が高く，空地も少ないから，地価等の低落補償金で公害発生前と同一条件の土地を取得することは困難である。というのは，わが国では移転する場合一般に遠くに行かざるを得ないので，転職，所得の減少，通勤・通学の時間・費用の増加，近隣との人間関係の断絶などさまざまな不利益を被るが，これらが補償されなければ完全な補償とはいえないからである[47]。また，日本のように地価が高く，その上昇の激しい国では，空港騒音が直ちに地価低落に結びつかず，そのため騒音公害にさらされても何の補償もえられないことになりかねない[48]。したがって，わが国では空港や新幹線の騒音被害賠償を収用補償として構成することは妥当ではない。

---

(47) 岩田規久男「補償の経済学的分析」季刊環境研究44号（昭和58年）93頁以下。

さらに，アメリカで，空港騒音について財産権を収用することになるから正当な補償を払えといういわゆる逆収用（inverse condemnation）の理論が認められたのは，連邦の機関や官吏を相手に不法行為訴訟を提起することが認められるようになる（Federal Tort Claims Act, 連邦不法行為請求法）前だったので，救済を根拠づける「ことば構成」としてこの理論が必要であったためといわれる[49]。しかも，カリフォルニア州ではニューサンスに基づく身体的被害の賠償請求を認める判例もでている[50]のであって，アメリカの逆収用補償理論が太平洋を越えて通用する程普遍的なものではあるまい[51]。

(5) 実質的判断基準

次に空港騒音や新幹線騒音・振動が第三者に及ぼす公害を賠償＝違法のレベルで把えるのと，損失補償＝適法のレベルで把えるのとでは賠償や補償をするかどうかに関して実質的な判断基準は異なるかどうかを考える。

損害賠償のレベルでは上記の判決にみる通り受忍限度論による利益の比較衡量が通説判例となっており，実に多様な要素が考慮されている。

これに対し損失補償の要否については，抽象的論議が交されている。たとえ

---

(48) 藤田勝利「アメリカの状況からみた大阪空港訴訟大法廷判決」判時1025号（昭和57年）36頁，アメリカでも本文に述べたようなことがおきることにつき，運輸経済研究センター『空港周辺立地規制に関する比較法制度』（昭和51年）7〜8頁（高橋一修執筆）。

(49) 前注(48)5頁以下（高橋執筆）。さらに，高橋一修〈解説〉英米判例百選（昭和53年）I 88頁参照。

(50) 前注(48)9頁（高橋執筆），藤田勝利・前注(48)論文36頁。

(51) なお，筆者は日照被害についてならば，人格権等の侵害を理由とする損害賠償よりも，地価低落分の補償なり賠償の方が合理的ではないかと考えている。その理由としては，同一区域内の宅地でも，道路が南側にある方は道路が北側にあるのと比べて（筆者の経験では）地価は少なくとも1割は高く取引され，東南の角地ならもっと高く取引されるが，それは主に日照通風に関する利益の地価への反映とみられること，この地価低落分は比較的客観的公平に算定しやすいこと，日照被害は新幹線公害や空港公害と異なり，被害者が同時にたくさん出るものでもないので，被害者としては，地価低落分の補償と土地売却代で，従前地と同条件の土地を近隣に求めることも可能なことなどが考えられる。もっとも，そのためには新規の土地家屋を求めるために不動産屋に払う手数料，譲渡所得税，移転費用の補償があわせて必要だともいえよう。この私見は持家が日照権を侵害された場合を念頭に置くものであるが，借家が日照権を侵害された場合には，地価低落説では家主が賃料の損失分を，借家人は賃料相当分の借家ではなくなったとして賃料の高すぎる分を加害者に別々に請求したり，借家人が家主に賃料の減額を請求するなど，やや複雑な事態が発生しよう。

ば，代表的な説を借りると，田中二郎(52)は侵害行為が一般的か（形式的基準）及び本質的に強度か（実質的基準）で決するとする。

　今村成和(53)は実質的基準を重視して，次のように言う。(イ)財産権の剥奪又は当該財産権の本来の効用の発揮を妨げることとなるような侵害については，権利者の側に，これを受忍すべき理由がある場合でない限り，当然に補償を要する。(ロ)この程度に至らない財産権行使の規制については，(a)当該財産権の存在が，社会的共同生活との調和を保ってゆくために必要とされるものである場合には，財産権に内在する社会的拘束の表われとして補償を要しないと解すべく……，(b)他の特定の公益目的のために，当該財産権の本来の社会的効用とは無関係に，偶然に課せられる制限であるときは補償を要する。

　もしこの説を空港騒音に適用するとしたら，被害が深刻であることを前提とすると，社会的拘束の範囲内とはいえないから，(ロ)(a)にはあたらない。結局，財産権の本来の効用を妨げるとして(イ)にあたるか，それとも，空港騒音は航空輸送という他の特定の公益目的のために，周辺の財産権の本来の社会的効用とは無関係に偶然に課せられる負担とみて，(ロ)(b)にあたるともいえる。

　こうして賠償と補償とで実質的な判断にどれだけの違いがあるのか，筆者には目下のところわからない。ただ，2点ほど指摘しておく。

　第1に公共性の役割である。補償においては公共性があることが前提とされているから，公共性があれば補償しないという論理は成り立たない。ただ社会的受忍の範囲内であれば補償しないというのみである。損害賠償訴訟でも，名古屋新幹線一審判決は公共性を考慮しないので，補償と同様である。しかし，大阪空港最高裁判決は公共性を賠償阻害事由として用いているので，補償とは違ってくる。この判決は補償の論理を用いているが，一貫していないというべきである。

　厚木基地公害訴訟一審判決（判時1056号129～130頁，さらに，144頁）は飛行場の設置・管理行為の違法性の判断について受忍限度論を採用し，考慮すべき要素として本件飛行場の重要性と適地性をあげているので，それは違法性の成立を阻害する要因として作用するように見えるが，飛行場の公共性は国民全体の利益であるから周辺少数住民に特別の犠牲を強いることがあるとすれば衡

---

(52)　田中・前注(5)『新版行政法上』214頁。
(53)　今村成和『損失補償制度の研究』（有斐閣，昭和42年）21，31頁。

平の原則に照らして是正されねばならないと，一転して補償の論理を用いている。一貫している判決という気はしない。

　思うに，公共性があるからとて，他人に被害を及ぼして，金銭填補もしなくてよいとはいい難い。むしろ，公共性があるなら，みんなの利益において特定人に犠牲を強いる結果となるので，利益を受ける者が賠償費用を負担するのが公平であろう[54]。したがって，公共性は賠償しない根拠とはならない。この点では賠償と補償の論理は接近すべきものといえる。

　ただ，問題は，工場騒音のような全くの私的な加害行為と，新幹線や空港のような公共施設による加害行為とで，騒音被害が同じ（音の種類なり性質が異なるので，簡単に同じとはいえないが）と仮定した場合に，受忍限度なり財産権内在的制約の範囲に違いがでるかということにある。工場騒音なら受忍できない程度の騒音でも公共施設から発するものであるならば受忍すべきだとか，社会共同生活上必要な社会的拘束の表われと把えるとすれば，公共性が考慮されたことになる。この点の結論はともかくとして，この問題に関する考え方は賠償＝受忍限度論をとるか，補償＝財産権内在的制約論をとるか，論理構成の違いはあるとしても，実質的な判断に違いがあるようには見えない。この点でも賠償と補償は接近すべきもののように思われる。

　他面，公共性は名古屋新幹線一審判決の認めるように差止め阻害要因と見られやすい。筆者は差止違法と賠償違法とで違法性が当然に異なるとは思わないが，既成事実が発生した後に原状回復を求めるのと単に金銭填補を求めるのでは差が生ずると思う[55]。

　このように考えると，賠償と補償との間にどれだけ差があるかは不明であるが，これと差止めとの差は厳然として残るということである。

　第2に，障害防止対策等被害回避の可能性の役割をとりあげる。賠償の論理ではこれが斟酌されている。しかし，空港や新幹線の公害対策として行なわれている移転補償や防音・防振工事は被害回復のために十分な方法ではない。このことは移転補償については前述したし，防音・防振工事も，すべての部屋が静穏になるように完全になされるわけではないし，いったん防音・防振工事を受けると，もはや移転補償の対象とならないとか，一定時点以降の居住者は対

---

(54)　浜田宏一「空港訴訟と公共性の概念」ジュリスト761号（昭和57年）23頁。
(55)　拙稿・前注(43)論文。

象外になるという制約があるから、被害者からみると不十分である(56)。そうすると、移転補償や防音・防振工事の制度があるからといって、それを利用しないで（利用できないで）、被害を受けている間の損害の賠償を求めることは排斥される筋合ではない。防音・防振工事を受けた場合でも、なお残る被害について賠償請求をなしうることは当然である。

　他方、補償の論理で考えると、移転補償や防音・防振工事は一種の現物補償である。起業者なり加害者が少なくとも不十分な現物補償を提供したときそれを断わって、金銭補償を求めるのは被害者の自由であると思われるので、被害防止のため上述のような措置を提供したことは被害者の補償請求を拒否する理由にならない。

　このように考えると、賠償においても補償においても障害防止対策という制度の存在は当然に考慮されるべきでないことになる。この点でも賠償と補償の間に差は生じてこない。

(6) 実損の違い

　賠償的構成と補償的構成では実損額には差が生じよう。前者では人格権侵害による損害、後者では地価等の低落分が塡補されるが、両者は必ずしも一致しないからである。

6 事業損失の補償化

　公共事業により第三者にもたらされるいわゆる事業損失はもともと不法行為と見るべきであろう(57)が、公共事業を行なう以上、現在の技術ではある程度不可避である。空港や新幹線の公害のほか、道路公害、道路や軌道の高架化によるテレビの受信障害や日照障害がそうである。

　そこで、ある程度の被害は公共のためにやむをえないものとして、差止請求を認めない代わりに、補償なり賠償を払うという制度を置く(58)ことが考えられる。大阪空港最高裁判決はこうした制度を解釈論により、少なくとも結果としては創出したことになるが、いわゆる第三者に対するみぞかき補償（土地収用法93条、道路法70条、海岸法19条）や残地の工事費の補償（土地収用法75

---

(56)　川上五郎「公共用飛行場周辺における環境対策」、山元啓太郎「新幹線鉄道の環境保全対策について」ともに季刊環境研究26号（昭和54年）、小高剛「空港騒音をめぐる行政上の問題点」ジュリスト559号（昭和49年）58頁以下参照。

(57)　この法制度については、小高・前注(56)論文59頁。

条）はこうした制度を明文化したものと理解される。

　このことは賠償と補償の互換性を示すとまではいえないが，賠償が立法政策によって補償に転化することを示すといえる。

　この場合，不法行為を補償制度にとり込む意味はさしあたり収用委員会の権限となること，起業者側からは補償として支払いをすることが許容されることである。ただ，一般的には補償は収用委員会を通さずとも，直接憲法29条3項に基づき裁判上請求できる（Ⅳ6で後述）ので，被害者側の救済の有無の観点から重要なのは補償＝適法行為とすれば差止訴訟が働かないことである。

　みぞかき補償，残地工事費補償以外の事業損失については補償とする規定はない(59)が，前記のように公共性との比較衡量の結果差止請求が棄却される場合においては残るのは金銭塡補だけとなる。それは補償とみようと賠償とみようと，起業者が応じないかぎり，結局裁判上請求するしかないことには変わりはない。ここでは補償か賠償かでどれだけ違うかもはっきりしない。賠償とすると，加害者の故意過失を要するが，事業損失は通常必然的に発生するものであるから，事業を行う以上これを予見しているはずであって，故意過失の存在は一般的には定型的に認められよう。この点で，故意過失を要しない補償との差は少ない。事業損失を違法行為とみるか，適法だが補償を要するとみるかは実質的な差はほとんどない観念的な事柄とも思われる。

　ちなみに，フランス法では，わが国でいうみぞかき補償その他公共土木事業に伴って生ずる事業損失は公土木責任法における恒久的損害（dommages de travaux publics）として把えられているようである。これはオーリュウの説に

---

(58) ちなみに，綿貫芳源「国家責任の法理についての疑問」（田中二郎先生追悼論文集）『公法の課題』（有斐閣，昭和60年）662頁は，正当な補償の範囲の決定が困難であるとして，損失補償を内容とする事案では国家賠償法の適用はないとし，その解決を国会の特別立法に委ねるか，その第1次的判断を行政委員会の決定によることとし，最終的判断を裁判所によるとする方法を提言している。この提言自体には直ちには賛成しえないが，本文の説明と関連のある説である。

(59) 土地収用法74条の定める残地補償は収用損失を定めたものとする説のほか，残地に生ずる事業損失を補償の対象としたものとみる説もある（小高剛『土地収用法』（第一法規，昭和55年）408頁の解説参照）。後者の説によれば残地補償は事業損失の立法化といえる。空港や新幹線の公害対策としてとられているいわゆる障害防止対策は完全な補償とはいえないものなので，これがあるからといって，公害の違法性を阻却することにはならない。したがって，これらはみぞかき補償とは異質である。本文Ⅱ5(5)の最後の部分参照。

よれば「不動産について公の工作物が接近したことによって発生し，この不動産の永続的な価値下落を導く，例外的性格の相隣妨害」ということであり，責任成立の要件は，①不動産の価値の永続的下落，②公の工作物より直接的に生じた物質的損害，③損害の例外的性格の3つということである。行政側のフォート（faute）等の帰責事由を要しない[60]。ここで注目すべきは補償か賠償かといった議論をせずに損害に対して金銭塡補を認めていることである。

もっとも，日本法に戻って，補償と構成すると，公共事業のために財産権に特別の犠牲を課したことを理由とし，賠償とすると，財産権や人格権を侵害することを知りつつ公共事業を行ない損害を加えたことを理由とするので，賠償額に差がでてくることがあるのは5(6)で述べた通りである。

7　破壊消防と結果責任的解釈

消防法29条は消火・延焼防止・人命救助のために建物を破壊することを認めている。そして，消火・延焼防止・人命救助のために火災が発生せんとし，又は発生した消防対象物を取り毀す場合（29条1項）と延焼防止のためやむをえないと認めるため延焼の虞のある消防対象物を取り毀す場合（29条2項）には補償を要しないが，消防・延焼防止・人命救助のため緊急の必要があるため，「火災が発生せんとし，又は発生した」又は「延焼の虞のある」消防対象物以外の消防対象物を破壊する場合には補償が認められている（29条3項）。そうすると，消防署長が延焼の虞があると判断して取り毀したが，結果として延焼しなかったときは，右の条文にあてはめると，そもそも右の3項の要件をみたさないから補償の対象とはならず，右の2項の公権力の行使に違法があったものとして，国家賠償法1条1項によりその点に過失があるときのみ賠償されることになる。

しかし，そうすると，同じく建物を破壊された場合において，消防署長が延焼の虞がないと最初から判断していた場合には補償が与えられるのに，署長が延焼の虞があると誤って判断した場合にはその判断に過失がないとして賠償が否定されることが生ずる。これは不均衡であり，適法行為による破壊について補償するなら，違法行為による破壊にも補償すべきことになる。したがって，

---

(60) 前注(17)の小幡論文，磯部力「フランスの公土木責任法」『土地問題双書23』（有斐閣，昭和61年）。

29条3項は適法行為による損失補償の規定であるにとどまらず，適法違法を問わず破壊消防によって生じた損失を補塡する結果責任規定と読むことができよう(61)。

ここに賠償と補償が接近というより合体した一例を見ることができる。

8 予防接種事故

(1) 論 点

天然痘予防のための種痘の副作用による後遺障害は100万件に20～30件の割合で発生したといわれるが，国はこうした副作用を防止する方法を有しないまま，天然痘のまん延から社会を防衛するためとして，国民に種痘の予防接種を義務づけてきた(62)。予防接種をした医師に禁忌者の識別判断を誤った過失が認められず，痘苗の使用にも同様に過失がないことを前提として考察する。この場合には国家賠償法の適用はないし，他方，財産権が侵害されたわけではないので，憲法29条3項の直接の適用はない。いわば国家補償の谷間といえる。もっとも，種痘により後遺症を被った者なり死亡した者に対しては昭和51年に改正された予防接種法により救済措置が講じられることになったが，これは不十分といわれる。そこで，その被害者は予防接種を強制ないし勧奨した国に対して，賠償なり補償の法理により，上記救済措置以上の金銭的塡補を求めることができるかという問題が生ずる。

(2) 判 例

これに関し，昭和59年に相反する2つの地裁判決が出された。

東京地裁昭和59年5月18日判決（判時1118号28頁＝判タ527号165頁）はこれを肯定した。すなわち，一般社会を伝染病から集団的に防衛するためになされた予防接種により，その生命・身体について特別の犠牲を強いられた各被

---

(61) 原田尚彦「即時強制にともなう補償の特質」時の法令502号（昭和39年）44頁，阿部＝森本宏「消防法29条と破壊消防」近代消防昭和59年9月号124頁以下（全国加除法令出版から『消防行政の法律問題』という単行本として出版），拙稿「破壊消防と結果責任」自治実務セミナー24巻2号（昭和60年）44頁等。この問題に関する唯一の最高裁判例（昭和47・5・30民集26巻4号851頁）については右の阿部＝森本論文参照。

(62) 種痘は日本では昭和51年に廃止されたが，WHOが天然痘根絶宣言を発したのは昭和55年である。北村敬「WHOによる天然痘根絶宣言とその文化史的意義」ジュリスト708号（昭和55年）88頁。

第 1 章　賠償と補償の間

害児とその両親に対し，その犠牲による損失を，これら個人の者のみの負担に帰せしめてしまうことは憲法 13，14，25 条の法の精神に反するので，かかる損失は本件被害児らの特別犠牲によって，一方では利益を受けている国民全体，即ちそれを代表する被告国が負担すべきである。そして，憲法 13 条後段，25 条 1 項の規定の趣旨に照らせば，財産上特別の犠牲が課せられた場合と生命・身体に対し特別の犠牲が課せられた場合とで，後者の方を不利に扱うことが許されるとする合理的理由は全くない。したがって，生命・身体に対し特別の犠牲が課せられた場合に，憲法 29 条 3 項を類推適用し，かかる犠牲を強いられた者は上記規定に基づき直接国に対し正当な補償を請求することができる。

予防接種被害に対する救済制度による補償額が憲法 29 条 3 項による正当な補償額に達しないかぎり，その差額についてなお補償請求をなしうるのは当然であると。

これに対し，高松地裁昭和 59 年 4 月 10 日判決（判時 1118 号 163 頁＝判タ 521 号 264 頁）は反対の解釈をとっていた。すなわち，財産権に対する侵害と生命身体に対する侵害は質的に異なるものであって，前者の補償に関する規定や解釈を直ちに後者についての補償に類推することはできない，補償されるべき具体的内容が憲法 29 条 3 項から直接明らかになるものではなく，他方予防接種に関する救済制度が確立したのは予防接種に伴う健康被害を受けた者に対し，国家補償的見地からできるかぎりの補償を与えようとするものであると解され，上記救済制度以外のあるいはそれを上回る損失補償請求を許さない趣旨であると。

上記の東京地裁判決は国家補償の谷間を埋める新しい手法を解釈論により導入したものであり，高松地裁判決はこれを拒否したものである。

(3)　救済のための種々の理論

予防接種事故被害者を救済するための解釈論としては不法行為法上の過失の緩和，結果責任法理の拡張，危険責任，損失補償の類推適用ないし勿論解釈などがある。

フランス法では公役務の過失を認めるのが判例である[63]が，予防接種事故がなぜ公役務の過失にあたるかが審らかではない。

---

(63)　更田義彦「フランスにおける予防接種禍に対する国の賠償責任」判タ 539 号（昭和 60 年）84 頁以下。フランスの判例は理由づけが簡単なためもあって，右の論文に紹介されているかぎりでは，予防接種事故を公役務の過失とする理由は説明されていない。

わが国法上では，被接種者の健康状態を確認し，痘苗としてはこれ以上安全なものを創りえず，しかも天然痘予防の必要があることを前提とするかぎり，予防接種をした公務員に過失を認めるのは無理[64]と思う。

　西ドイツには犠牲補償請求権（Aufopferungsanspruch）という特有の法理があり，国家の高権的行為によって非財産的利益（生命・健康・身体・個人的自由その他の人格権）が侵害され，関係者が公共の利益のために特別の犠牲を被ったとみられる場合にはいわゆる犠牲補償が認められている。これはプロイセン一般国法74条，75条に由来する慣習法として西ドイツで妥当し，判例の認めるところであり，1953年の連邦通常裁判所判決は予防接種事故について犠牲補償請求権を認めるに至った[65]。

　わが国でも，この法理の影響を受けて，予防接種事故について無過失責任を導入しようとする説[66]があった。その根拠としては憲法13，25，29条などがあげられている。しかし，解釈論としてはこれは無理とする説[67]もある。

(4) 東京地裁判決の評価

　右の東京地裁判決は西ドイツの犠牲補償の法理を日本国憲法に照らして理論構成したものといってよい。

　この判決は無過失責任を認めたわけであるが，国家賠償法が過失責任主義をとっているにもかかわらず，無過失責任を認める理論的根拠については，危険責任とか収用類似の侵害とかいわれる。国家は予防接種事故の危険にもかかわらず社会防衛のため国民を危険にさらしたのであるから，その危険が発現したときは国家が責任を負うべきである。国家は国民の生命・身体を尊重し，生存を保障する責任を負うのであるから，国家活動がこの責任に反する結果を生じた以上，平等原則により損害を全国民の負担に転嫁すべきものである。このよ

---

(64) 過失を認めることも可能との説もある。〈研究会〉「予防接種ワクチン禍訴訟東京地裁判決の検討」判タ539号（昭和60年）70頁以下。滝沢正「予防接種事故と損害の塡補」判タ530号（昭和59年）14頁。

(65) 唄孝一「予防接種にもとづく障害の補償——西ドイツの場合」法時43巻7号（昭和46年）129頁以下，山田・前注(11)173頁以下，西埜・前注(14)217頁以下など。

(66) 山田・前注(11)は無過失責任を解釈論としても主張する説である。今村説については，本文のⅠ3で紹介したほか，『人権と裁判』（北海道大学図書刊行会，昭和48年）229頁以下参照。さらに，古崎・前注(52)，原田尚彦『行政法要論〈全訂版〉』（学陽書房，昭和59年）251頁参照。

(67) 成田頼明「予防接種健康被害救済制度の法的性格について」（田上穣治先生喜寿記念）『公法の基本問題』（有斐閣，昭和59年）478頁。

うに考えると，憲法13，14，25条だけで補償なり賠償なりをするのに十分な根拠となるようにも思われるが，憲法29条3項をも根拠とすべきかという問題がある。収用は意図された侵害であるが，予防接種事故は意図された侵害ではないので，これを収用の法理で理解するのは無理であり，憲法29条3項を根拠とすべきではないという意見[68]もある。

しかし，右の東京地裁判決は，生命・身体の意図的侵害を容認したのではなく，したがって，金を払えば生命・身体を侵害することも許容されると述べているのではなく，単に，財産権侵害に補償がなされるのなら，本来侵害してはならない生命・身体が結果として侵害された場合には勿論補償なり賠償なりをすることが必要だ（勿論解釈）というにすぎないものと思われる。そうとすれば，この判決は，損失補償の法理をそのまま適用したものではなく，憲法13，14，25条プラス29条との均衡論により新しい国家補償の法理を創造したものというべきである。筆者はこの判決をこのように善解のうえ賛成する。

この新しい国家補償の法理においては，原因たる予防接種が違法か適法かはそう大きな問題ではない。予防接種事故は予防接種法が予定していないことであるから，それが発生すれば結果としては違法と把えることもできるし，あるいは予防接種は伝染病に対する社会防衛という公共目的達成のために国民に強制する適法行為ともいえる[69]。いずれの論理もそれなりに成り立ちうるし，いずれにせよ，賠償なり補償を認める以上，たいした問題ではないからである。

ここに賠償と補償が接近したともみられるが，両者の谷間に新しい制度が形成されたともいえよう。

右の東京地裁判決の論理を承認するならば，予防接種事故被害者に対する賠（補）償額は憲法から導かれるものであって，予防接種法の定める金額に限定されるべきものではないことになる。どのような救済制度を設けて運用するかは国の立法政策の問題[70]とはいえないのである。その具体的な金額についてはⅢ 2(4)，3(4)で述べる。

---

[68] 前注(64)の滝沢論文16頁，西埜章「予防接種判決と損失補償」ジュリスト820号（昭和59年）36頁参照。これに対して，塩野宏「賠償と補償の谷間」法学教室47号（昭和59年）30頁は，損失補償説が一番実定法に近いとし，予防接種という法制度の執行過程に随伴する公共のための特別の犠牲とみることができるとしている。

[69] 西埜章「予防接種事故補償の性質」行政法の争点（昭和55年）184頁，成田・前注(67)論文453頁以下参照。

次に，現行の予防接種健康被害補償制度に鑑み，被害者は処分に対する抗告訴訟によって救済の不十分さの是正を求めるのが筋で，直接請求することは手続的に問題があるとの指摘(71)もある。しかし，予防接種被害の認定や給付が行政処分であるかどうかもさだかでない（予防接種法16条と公害健康被害補償法4，106条を比べよ）し，しかも争点は政令で定める給付額が憲法違反かという，処分庁に第1次的判断権を留保する必要のない事柄であるから，右の説のように救済ルールを抗告訴訟に限定すべきではあるまい。

(5) 東京地判の応用可能性

この新しい国家補償はどこまで一般化できるか。少なくとも無過失責任を一般的に導入するものではない。行政行為の未確定執行が結果として違法であったときは無過失責任を導入すべきものと考える(72)が，それはこの判決の射程範囲外であろう。

この判決は公権力による生命・身体の侵害についてのみ新しい救済制度を創造したものであり，一般化するにしてもさし当りは生命・身体侵害に限定されるであろう。

そこで，誤判(73)や外国人の退去強制にもこの判決の法理を応用できるかが問題となる。次のような理論構成が考えられよう。たとえば，誤判のため長期間拘禁され，又は死刑になった場合，国家権力が個人の生命・自由を剥奪したわけである。それは真犯人処罰という公共の利益を実現するための刑事司法権の発動の結果生じた特別の犠牲ともみることができる。国家が財産を侵害するときさえ補償するのであるから，こうした生命・自由の侵害という特別の犠牲を放置することは許されない。つまり，刑事司法権を発動すれば，誰かは無実なのにもかかわらず生命・自由を害されるという結果を生ずることは予想され

---

(70) 古崎慶長〈解説〉季刊実務民事法8（昭和60年）195頁。これは前注(12)を改説したのか？　さらに，前注(64)の滝沢論文。

(71) 新美育文「予防接種事故と国・自治体の責任」判タ546号（昭和60年）14頁。

(72) 山田・前注(11)。拙著・前注(43)第5章7（220頁以下）。【追記】現在の私見は，『行政法再入門下　第2版』277〜8頁。

(73) 参考になるものとして，高田卓爾『刑事補償法』（有斐閣，昭和38年）28頁のガロー説。なお，刑事補償につき，横山晃一郎「刑事補償——法の沿革と運用の問題点」法律時報31巻12号（昭和34年）95頁以下（同『憲法と刑事訴訟法の交錯』（成文堂，昭和52年）に所収）。さらに，高田昭正「無罪事件と国家賠償」ジュリスト822号（昭和59年）39頁。

るのに，犯罪防止と制裁のために刑事司法権の発動が認められてきたのは，誰かが悪魔のくじをひくことはわかっているのに社会防衛のために種痘を強制してきたのと似ているから，誤判の場合も種痘禍と同じく憲法13，14，25，29条3項により補償の対象とされるべきである。そうすると，刑事補償法との関係が問題となるが，同法は損害の立証を要せず（あるいは刑務所に入っていたためにかえって衣食住にありついた者に対しても）最低限の補償をする制度である。現実に同法所定以上の損害を立証した者には新しい国家補償制度により補償される。なお，真犯人の身代りとなった者や犯人と疑われるだけの行動をした者あるいは弁護士の立証活動の不十分のため有罪になった者については過失相殺により補償額を減額できる。

外国人の退去強制を即時に執行したが，結果としては退去強制事由に該当しないケースでも同様のことがいえそうである。

しかし，こうした理論構成が成り立ちうるかどうかはなお検討を要するところであろう。誤判は防ぎうるのに防がなかったものであり，種痘禍は防げないのに種痘を強制したという違いを指摘する向きもあろう。新しい問題として，ここでは提出するにとどめる。

【追記】　予防接種禍についてはその後詳しく考察したのが第4章論文である。

Ⅲ　塡補額の異同

1　問題の所在

賠償と補償の間では積極損害額に差を生じうることはすでに述べた。このほか，損害賠償では積極損害に加えて，逸失利益や慰謝料を請求できるのに対し，損失補償ではこうした請求はできないとの見解[74]が従来少なからずみられた。

無過失違法行為についてももともとは憲法29条3項により損失補償を認めようとしていた古崎説も，それは「補償であるから，相当な額の補償で足りる点

---

[74] 雄川・前注(13)論文240頁は得べかりし利益の賠償は補償の法理によるかぎりかなり困難とする。精神的損失が損失補償の対象となるかにつき，下山・前注(15)412頁以下など。秋山・前注(17)論文(3)北大法学論集28巻3号37頁では，西ドイツでは，収用の場合と収用類似の侵害を理由とする損失補償の範囲は得べかりし利益も含めた完全なものではなく，実体の喪失分すなわち相当な補償にとどまるが，営業利益の減収分は補償されると説明している。さらに，西埜・前注(68)論文。

で，完全な賠償とは異なる」としている[75]。

しかし，逸失利益や慰謝料が塡補範囲に含まれるかどうかは補償か賠償かではなく，主に侵害される権利の性質によって決まる問題であると思う。したがって，補償か賠償かはこのかぎりではそれほど重要な問題ではない。ただし，補償か賠償かで塡補額に差のある場合もないではない。これを以下に説明しよう。

2　逸失利益
(1)　補償の場合の逸失利益の補償

まず補償の場合も逸失利益の補償が認められている。漁業権消滅の場合には収益（漁業粗収入から漁業経営費（自家労働の評価額を含む）を控除した額をいう）を資本還元（年利8％という[76]）した額を基準として補償されるから，収益は未来永劫補償されることになっている（公共用地の取得に伴う損失補償基準要綱17条）。もっとも，漁業権補償は農業者に対する農地の買収補償に近いから，逸失利益補償とみることに疑問があるかも知れない。しかし，土地の取得等に伴い営業や農業を廃止しなければならないときは，未来永劫ではないが，転業に通常必要とする期間中の従前の収益ないし所得相当額を補償する制度がある（同31条，34条）。これはまさに逸失利益の補償である。しかも，これは土地収用法88条の通常生ずる損失の補償に属するとされている。

なお，土地利用規制に対する補償の考え方としては，原田[77]のあげるところでは地価低落説，積極的な実損塡補説のほか，相当因果関係説がある。この最後の説では逸失利益も相当因果関係の認められる範囲では補償対象となるという。原田はこの説をとらないけれども，この説も成り立ちうるとすれば，逸失利益が補償と相容れないわけではないことがわかろう。

(2)　賠償の場合の逸失利益の算定方法

他方，賠償だからとて，逸失利益が永久に塡補されるとはかぎらない。たとえば，店舗を買って薬局を経営しようとしたが，衛生基準をみたさないという理由で不許可になったとする。この場合衛生施設を改善すれば許可になろう。しかし，実はこの薬局はもともと衛生基準をみたしていたという場合には，違

---

(75)　古崎・前注(12)。
(76)　三宅豊博「損失補償基準」『現代行政法大系6』（有斐閣，昭和58年）356頁。
(77)　原田尚彦「公用制限における補償基準」公法研究29号（昭和42年）177頁。

法な不許可処分に応じて衛生施設を改善するために要する費用と開業遅延期間中の得べかりし利益が相当因果関係にある損害である。被処分者が不許可処分に応じて営業をあきらめ、代わりに得べかりし利益の賠償を求めるのは、働かないで収益をあげることに帰し不合理であるから、認められるべきではない。せいぜい、この薬局の経営をあきらめ、他の商売に転業するのに通常必要とする期間の収益の賠償のみが認められるべきであろう。これは土地収用における転業補償と同一のことに帰着する。

ところで、薬事法に距離制限制度があった当時においても、「土地の収用その他これに類する理由」により従前の店舗を他の場所に移転しなければならない場合には距離制限制度の適用がないとされていた。既設の薬局が土地区画整理事業のため移転を余儀なくされ、移転先で薬局の許可申請をしたところ、知事はこのケースでは距離制限の例外事由には当たらないとして、上記申請を不許可にした事例がある。裁判所は反対に、このケースでは距離制限の適用はないとして、上記不許可処分を取り消し、この判決は確定した。そこで、被処分者が国家賠償を請求したところ、裁判所は本件申請が許可されていれば、申請人は不許可処分のあった日から不許可処分の取消判決が確定した日までの約6年の間薬局を経営し、利益をあげることができたのに、上記不許可処分により右得べかりし利益を喪失したものと認められるから、得べかりし利益の喪失による損害は不許可処分と相当因果関係があるとして、国家賠償請求を認めた（大阪高判昭和55・1・31判時964号64頁）。

この判決をどう評価すべきであるか。当時薬局の開業には距離制限制度があったために、申請人はその申請が距離制限の例外事由に当たらないとして不許可になれば他に開業できる場所を捜すことは容易ではなかったと一応推測される。そうとすれば、この事件に限っては、不許可処分後相当の期間は逸失利益の賠償を認めるべきであるが、果して6年もの長期間の逸失利益を賠償すべきかは議論の余地があるように思う。

なお、この得べかりし利益から薬局経営の代わりに得た勤労所得（あるいは平均賃金相当額）を控除して賠償額を算定すべきは当然であり、本判決の認めるところである。

(3) **工場誘致政策変更事件と公営団地計画廃止事件での逸失利益の補償の考え方**

工場誘致政策変更事件や公営団地計画廃止事件では逸失利益の塡補をすべき

であろうか。これを否定する結論を導き出すためにこの問題をわざわざ不法行為ではなく損失補償として把握すべきものとする学説(78)もある。しかし，不法行為と構成しても逸失利益の賠償は原則として不要であろう。工場誘致政策変更事件では賠償を認める根拠は信頼保護であるが，そうした観点から賠償の対象となるのは信頼利益に限られ，履行利益は賠償されない。そして，この事件では実損＝積極損害が信頼利益にあたり，逸失利益＝消極損害は履行利益にあたるから，この事件では逸失利益の賠償は認められるべきでは(79)ない(80)。あるいは，行政施策への私人の信頼が保護されるべきであるとしても，将来得べかりし利益がその施策の変更によって失われたにとどまる場合には，それは私企業経済体制のもとで企業者が負担すべき危険のなかに原則として含めてよい(81)ともいえる。

　私見によると，この事件では進出しようとした企業は投下した資本を回収して，他に投資することにより利益を得ることが可能なので，その企業に未来永劫逸失利益を賠(補)償する必要はない。さもないと，その企業が二重に利得して不合理である。しかし，信頼が破壊されたため，他に資本を投下して営業するまでの期間収益をあげえないことが生ずる。ちょうど，土地収用の場合における転業補償と同じ問題があるのである。そこで，このケースでは，実損プラス転業補償が賠償なり補償の最大値である。進出しようとする企業に過失があればこの額は減額される。

　このように考えると，このケースを賠償とみるか補償とみるかは填補額と直接関係のない議論である(82)。

　なお，工場誘致政策変更事件の最高裁判決自体は積極的損害を補償するなど

---

(78)　原田・前注(30)論文19頁，さらに，保木本・前注(30)論文251頁，綿貫芳源「工場建設についての協力の約束を破棄した村の賠償責任（下）」法律のひろば34巻5号（昭和56年）58頁。

(79)　前田・前注(32)論文97～98頁。

(80)　ちなみに，フランスでも，行政の確約不履行から生ずる責任範囲は行政の確約がなければ生じなかったであろう損害に限られ，得べかりし利益は含まれないということである。久保茂樹「誘導措置と行政賠償責任」法学論叢114巻4号（昭和59年）84頁。

(81)　小早川・前注(37)論文1754頁。ただし，この論文は行政主体による加害行為の違法性が特に強い場合には消極的損害だけでも不法行為責任を生ずるとしている。

(82)　拙稿・前注(43)36頁以下において賠償か補償かを論じなかったのは1つには本文のような理由による。

の代償措置を講ずることなく施策を変更するのは違法としつつ，その補償される損害がなぜ積極的なものに限定されるかについて説明していない。この加茂調査官解説[83]では，行政施策変更に伴う行政主体の責任が施策の可変性と私企業の信頼の保護との調和点として認められるものであるとすると，原則的には施策継続の請求権まで認めるのは困難であり，また行政主体の責任は積極的損害についてのみ認めるのが妥当と考えられるが，施策の変更を直ちに（私企業に対する関係で）違法とするのでなく，積極的損害に対してとられるべき代償的措置の欠如を媒介項として不法行為の成立を認めることは，損害賠償の範囲を積極的損害に限定する点でも意義を有するとしている。

　これも一つの説明ではあろうが，不法行為の成立を積極損害に対してとられるべき代償措置の欠如を媒介項として認めるかどうかが先決問題であり，その証明がないと思う。

(4) 予防接種事故における塡補額

　予防接種事故に関する前記東京地裁判決は，この事件においては損失補償における正当な補償の算定は通常の事件の損害額の算定と同様の方法によるものと解して，逸失利益，介護費，弁護士費用，慰謝料を認めている。これに対しては，補償の論理を用いつつ，塡補額についてのみ賠償の論理に頼るのはおかしくないかといった疑問もありそうである。

　しかし，もともとこの事件は国家が意図的に侵害したケースではないから本来の補償の事件ではないのであって，むしろ危険責任の事例とみるべきである。そして，危険責任は損失補償よりは国家賠償に近い面がある。ただ，裁判所は危険責任を認める実定法上の根拠に乏しいために，憲法29条3項の類推解釈という手法により収用の論理を借りたにすぎない。そうとすれば，塡補額については賠償の論理を借りるのが素直と思われる。

　しかも，このケースを人間の生命・身体の収用と解したと仮定するとしても，勤労活動に従事して収入を得る人間の生命を強制的に取得する以上，その収入を補償しなければ正当な補償にならないのは自明の理である。したがって，逸失利益を塡補すべきかどうかは収用と構成するかどうかによるのではなく，侵害される権利が利益を生むものかどうかによるのである。

　なお，無過失責任を認める場合には，代わりに賠償額を減額するという制度

---

[83]　加茂・前注(31)147頁。

もありうる。たとえば，1982年に施行された西ドイツの国家責任法（ただし，1982年10月19日連邦憲法裁判所判決により失効[84]）2条は，公権力主体は第三者に対して負う公法上の義務に違反して損害を発生させたときはそれを金銭賠償しなければならないが，公権力の行使に際してその状況により要請される注意を払っても義務違反を避けえなかったであろうときは金銭賠償は行われないとしつつ，基本権を違法に侵害した場合や技術的措置の故障の場合には無過失責任としている。他方，塡補されるべき損害は逸失利益や非財産的損害を含むのが原則であるが，基本権侵害と技術的措置の故障の場合にはこの原則の適用はないと定められている。この法律の草案段階では一般的に無過失責任を導入するものとしつつ，軽過失と無過失の場合には賠償額を縮減するとしていた[85]。西ドイツの犠牲補償請求権の制度でも従来逸失利益や慰謝料を含まないと解されていたようである[86]。

そこで，解釈論として，直接憲法に基づいて無過失責任を導入する場合にも，その塡補額は必ずしも違法有責行為の賠償責任の場合と同じくする必要はないのではないか，そうすると，その額は確定しにくいという問題がある。予防接種によって生じた健康被害に対する救済制度を立案する作業過程において，適法行為に基づく損失補償を基本とする制度という考え方に対して，収用のように予め損失が予想される場合と異なって，偶然的に損害が生ずることの多い予防接種事故の場合に，塡補されるべき「正当な補償」の範囲が必ずしも明確ではないという論議があったといわれる[87]のもここに記しておいてよいであろう。前記高松地裁判決も同様のことを述べている。古崎慶長も適法行為による補償額と違法行為による賠償額が同じになるはずがない[88]とされる。

しかし，生命・身体被害の場合に逸失利益の補償をしなければ補償額があまりに低額となることは自明であるし，予防接種事故に対する国の責任は立法政策の問題ではなく，前述のように憲法から導かれるものである。さらにそれは

---

(84) この法律は1981年のBGBl, I. 553。この関係の文献は，拙著・前注(43)第8章注(7)。

(85) プ・ダクトグロウ「西ドイツ国家責任法の改革について」自治研究51巻7号（昭和50年）30頁（拙訳）。宇賀克也『国家責任法の分析』（有斐閣，昭和63年）220頁以下。

(86) 前注(1)。西埜・前注(68)論文38頁。

(87) 成田・前注(67)論文454頁，さらに滝沢・前注(64)論文17頁参照。

(88) 古崎・前注(70)解説195頁。

単なる無過失責任とは異なり，高度に危険性を帯びている行政活動の結果として生じている責任である。こうした事情を考えると，予防接種事故の場合に過失責任の場合と比べて賠償範囲を減額すべきような事情も認めにくいと思う。賠償との間で差をつけるとすればせいぜい次に述べる慰謝料ぐらいであろう。もちろん，一般の無過失責任の場合には賠償額を多少減額する立法政策も必ずしも不合理ではないであろう。

3　慰　謝　料
(1)　慰謝料は賠償か補償かでは決まらない

精神的損害に対する慰謝料も，賠償なら認められ，補償なら認められないというものではないと解すべきである。従来，精神的損害の塡補が賠償なら認められ，補償なら認められないかのごとくいわれてきたのは正しくなく，実は賠償の場合中心となるのが人身被害であるため慰謝料が認められやすく，補償の場合中心となるのが財産被害であるため慰謝料は認められにくいというのが本当であって，慰謝料が認められるかどうかは主に侵害される権利の性質によるものと考えられる。もっとも，賠償の場合は侵害行為が違法であるためそれだけくやしさを増し，慰謝料を認めやすいという側面がないではないし，財産権の侵害についても，その適法違法を問わず，慰謝料を認めるべき場合もある。問題は賠償か補償かで簡単に割り切れるわけではない。以下，具体的に説明しよう。

(2)　公営団地計画廃止事件，慰謝料認めず

たとえば前述した公営団地計画廃止事件判決では賠償的法理をとったが実損の賠償を認めたのみで，精神的損害の賠償については次のように述べて，原則として否定している。すなわち，「財産的利益の侵害を受けた場合，一般的には原状回復または財産的損害の賠償を受けることによって精神的苦痛も同時に慰謝されるものと考えられるので，かかる場合において財産的損害の賠償に加えてさらに精神的損害の賠償を求めうるためには該侵害の方法が著しく反道徳的であったり，被害者に著しい精神的打撃を与えることを目的として加害した場合等被害者に経済的な利害打算を超えた忿懣・屈辱の念をいだかせる場合もしくは侵害された財産権等が被害者にとって特別の主観的・精神的な価値を有し，そのため単に財産的損害の賠償を受けるだけでは到底償い得ないほど甚大な精神的苦痛を被ったと認めるべき特別の事情（しかして加害者にかかる特別事

情の存在についての予見またはその可能性の存することを必要とする）がなければならないものと解するのが相当である（東京高判昭和41・12・22判時474号20頁，注釈民法19巻196頁等参照）」。

結局，違法に信頼関係が破壊されたことを理由とする賠償請求は認められなかった。財産権侵害の場合には慰謝料は一般に認められないが，例外的には認められるとする上記判例の考え方は通説[89]と考えられる。

(3) 生活権補償の動き

しかし，逆に補償制度のなかで慰謝料を認める動きも強まっている。たとえば，土地収用のようにもともとは財産権を対象とする補償制度でも，村全体の水没・移転ということになればいわゆるふるさと補償とか生活権補償とかを認めるべきであるとの主張[90]が強く，公共用地の取得に伴う損失補償基準要綱45条も少数残存者補償を認めている。昭和48年の水源地域対策特別措置法[91]も地元に手厚い補償制度を置いている[92]。これらのなかには実質的にみて精神損害に対する慰謝料にあたるものもかなり含まれているはずである。

(4) 予防接種事故の場合

予防接種事故に関する東京地裁判決は前記のように慰謝料を認めている。収用の論理を用いつつ，慰謝料を認めるのはおかしくないかという疑問[93]もありそうであるが，すでに述べたようにこの場合収用の論理は借り物で，実体は危険責任であろうし，侵害されているのは生命・身体であるから，これ以上にくやしいものはないのであって，日照侵害に慰謝料請求が認められていることとの均衡上も，この場合にこそ慰謝料を認めるべきであり，右判決は少なくと

---

(89) 『注釈民法(19)』（有斐閣，昭和40年）194～195頁（植林弘執筆），加藤一郎『不法行為』（有斐閣，昭和32年）230頁，田中康久「慰謝料額の算定」『現代損害賠償法講座7』（日本評論社，昭和49年）279頁。校正時に参照しえた後藤勇「生命・身体の侵害を伴わない債務不履行」判タ552号（昭和60年）は判例を網羅的に検討している。

(90) 高原・前注(42)158頁以下，今村・前注(53)153頁以下，松本仁「精神的損失・事業損失・生活損償」民商83巻1号（昭和55年）73頁以下，華山謙「公共事業の施行と補償」『現代行政法大系6』（有斐閣，昭和58年）319頁以下。

(91) 小堺英雄「水源地域対策特別措置法の制定」自治研究50巻1号（昭和49年）参照。

(92) この問題について参考になるものに，遠藤博也「公共施設周辺地域整備法について」北大法学論集31巻3・4号下巻（昭和56年）1619頁以下。＝同『行政過程論・計画行政法』（信山社，2011年）337頁以下。

(93) 滝沢・前注(64)論文17頁，塩野・前注(68)論文31頁，判時1118号31頁コメント，新美・前注(71)論文15頁参照。

も結論的には正当であろう(94)。なお，前述のように西ドイツの犠牲補償請求権の制度のもとでは慰謝料請求は認められないというが，それは恐らくは歴史的に発展した制度の制約によるものであって，一般理論とすべきものではないような気がする(95)。

　次に，同じ予防接種事故でも，国家賠償法の過失責任主義による場合と，危険責任なり収用類推法理による場合とで，慰謝料の金額に差をつけなくてよいのかという問題がある。同じ被害でも，加害者の過失に起因する場合と加害者に過失がない場合とではくやしさが違い，慰謝料に差があってもいいのではないかということである。後者は「悪魔のくじ」を引いたという運の悪さによるものであるが，前者は全くの人為的ミスなので，防ごうと思えば防げたわけであり，それが防げなかったのはなんとしてもくやしいと思う。

　ところが，前記東京地裁判決の事案では被害児2名の請求については種痘の規定量以上の過量接種及び禁止されている複数同時接種をした点について担当医師等の過失が認められて，国家賠償責任が認容されたが，その認容した損害額は，過失が認められない代わりに憲法29条3項の類推適用により損失補償が認められたその他の被害児に対する補償額と全く同様とされている。慰謝料も同じということのようである。果して妥当であるか，検討を要するように思う。

　もっとも，わが国ではただでさえ慰謝料が安いから，右のような疑問は無過失事故の事例における慰謝料をますます切り下げる機能を果すのではないかとの批判も生じえよう。筆者としては無過失事故であろうと，被害者としては深刻な肉体的・精神的打撃を受けているのであって，相当の慰謝料が支給されるべきである(96)が，事故が加害者の過失に起因する場合はそれにプラス・アルファされるべきであるということである。さらに制裁的慰謝料論(97)が成り立つ場合にはこのプラス・アルファはもっと大きくなろう。

---

(94)　結論的には，西埜・前注(68)論文39頁と同旨。
(95)　宇賀・前注(17)論文(4)法協99巻7号971頁以下，F.Ossenbühl, Staatshaftungsrecht, 3, Aufl., 1983, S. 85 f. 参照。
(96)　前注(64)研究会77頁の大野正男発言は，損害賠償といい，損失補償といっても本件では紙一重なので，それで何千万円も違うのは不条理であると指摘している。賛成である。
(97)　これについては，さしあたり，後藤孝典『現代損害賠償論』（日本評論社，昭和57年）187頁以下，淡路剛久『不法行為法における権利保障と損害の評価（有斐閣，昭

第1部　国家賠償法と損失補償法の接点

(5) 事業損失の場合

　空港，新幹線その他の事業損失を考えてみる。地主がアメリカ流に地価低落分の補償を求めるとすれば，それは財産的な損害の塡補請求であるから，慰謝料は認められないのが原則である。これに対し，地主であれ借家人であれ，居住者としての立場で，騒音，振動，大気汚染，日照阻害，通風阻害，テレビ受信阻害などの被害を訴え，あわせてこれによる精神的苦痛や生活妨害の賠償を求めた場合には慰謝料が認められる。

　このように事業損失の場合にも慰謝料が認められるかどうかは被侵害利益の性質によるというべきである。事業損失を違法―賠償と構成するか，適法―補償の問題と構成するかによって違いが生ずるというわけではない。

4　財産侵害の場合

　次に角度を変えて，同じ財産が違法行為により侵害される場合と，適法行為により収用されたり処分されたりする場合とを比べてみよう。たとえば，商売している土地建物を違法に詐取されたとか，違法に公売された場合と収用された場合，行政財産の使用許可が公益上の理由なしに違法に撤回された場合と公益上の理由があって撤回された場合，土地収用裁決が違法ではあるが，収用地がすでに公共用地として使用されているため事情判決（行訴法31条）がなされる場合と適法に土地が収用される場合などが比較の素材となる。

　いずれも財産上の損害に変わりはないのが原則であろうが，特別事情による損害も，不法行為法上は予見可能であれば賠償範囲に入る。慰謝料に違法行為の抑止機能をもたせる立場にたてば，違法行為に対する賠償額はその分大きくなる。適法行為に対する補償と違法行為に対する賠償の額が同じではおかしいという前述（Ⅲ1部分）の立場では，前者の賠償額を相当補償とし，完全賠償とすべきではないとみられる。

　しかし，私見ではともに完全賠償でなければ憲法29条の正当な補償や損害賠償制度の要請をみたさないと思う。補償と賠償の額に差をつけるには，右の

和59年）92頁以下，128頁以下，146頁以下，楠本安雄『人身損害賠償論』（日本評論社，昭和59年）307頁以下，中井美雄「クロロキン薬害判決における損害論」判時1044号（昭和57年）3頁以下，森島昭夫「不法行為法の目的ないし機能(2)」法学教室56号（昭和60年）。なお，東京地判昭和57・2・1判時1044号19頁（クロロキン薬害訴訟一審判決）は制裁的慰謝料論を採用しなかった。

説とは逆に，両者ともに完全賠償にしたうえで，違法行為については賠償に抑止的・制裁的機能をもたせるためにも，被害者の被害感情を慰謝するためにも，プラス・アルファの慰謝料を認めるのが合理的と思う。今後の検討課題として問題を提起しておきたい。

なお，事情判決がなされる場合には，収用物件返還請求権が金銭債権に転化するのはこの判決によるものであるから，賠償額を算定する基準時はもとの収用裁決時でなく，事情判決確定時となる[98]。

みぞかき補償，残地工事費用補償は本来不法行為である事業損失を立法的に損失補償化したものと思われることは前述したが，この制度で補償されるのは工事費だけである（土地収用法75，93条）。そこで，公共事業のため，通路，みぞ，かき等を新改築する必要が発生してから，工事完成までの間，生活上被る不便，営業上の損失，工事中の騒音・振動による損害は補償されない。したがって，これらの損害は事業損失一般の問題として損害賠償の対象になる。この例では補償額と賠償額の間で，財産権を対象とする場合でも差が生じているが，この差は補償と賠償の間の理論的な差というよりも，土地収用法の定め方によるものである。

Ⅱ7で述べた破壊消防の制度では延焼の虞のない建物についても消火・延焼防止・人命救助のため緊急の必要があるとき処分することを認める代わりに時価によりその損失を補償することにしている。他方，延焼の虞のない建物を延焼の虞があると誤って処分した場合には消防署長に過失があるときは国家賠償が認められるし，過失がないときも消防法29条3項を準用して結果責任を認めるべきことは前述した。

ここで破壊された建物が営業用建物であったり賃貸住宅であって，利益をあげているとしよう。損害賠償法では建物の時価のほか逸失利益の賠償を求めることができる。もちろん逸失利益を未来永劫にわたって認めることが不合理なことはⅢ2で述べたところであるが，賠償金を得て従前同様の営業収入を得るに至るまでの通常必要な期間は逸失利益の賠償を認めるべきであろう。これに対し，消防法29条3項により適法に取り毀される場合には補償の対象は時価に限られ，時価とはそのときどきにおいて一般の取引に際し用いられる価格をいう[99]とされているので，逸失利益の補償を求めることはできないことにな

---

(98) 拙著・前注(43)第8章3注(51)該当部分の本文，311頁。

りそうである。ここに補償と賠償の差を見出すことも可能であろう。

しかし，もしその建物が土地収用法により収用されるとすると，建物の時価のほかに転業に要する通常の期間の営業補償がなされる。そうしてはじめて憲法29条3項にいう正当な補償といえるのである。そうすると，消防法29条3項に基づいて処分された建物についても営業損失の補償を認めなければ違憲と考えるべきである。

この解釈上の要請をみたす方法としては，1つには消防法29条3項にいう「時価」を土地収用法88条等の通常生ずる損失と同義に解し，営業損失の補償も含めることであり，他の1つには，被害者たる建物所有者は消防法29条3項にいう時価分について，直接憲法29条3項に基づき営業損失の補償を求めることができると解することである。

防火対象物の改修等の命令が違法として取り消された場合に認められる時価補償（消防法6条3項）にも同様の問題がある。

5 差止めに代わる賠償（補償）の上積み

新幹線公害訴訟前記名古屋地裁判決，同高裁昭和60年4月12日判決は差止違法と賠償違法を区別し，前者を否定し，後者のみを認めた。これでは，「受忍せよ，そして賠償を求めよ」ということになりかねない面はあるが，私見では，今日では新幹線の供用という既成事実をくつがえすことは公共の利益に反するので困難であるため，賠償法上違法なものを差止法上適法と扱うというにとどまる。とすれば，ここに事情判決の発想（行訴法31条）を応用することができるはずである。これについては論じたことがある[100]ので詳論は省くが，新幹線公害訴訟では，本来加害行為は違法なので差し止められるべきであるが，公共性のために差止めを認めないのであるから，被害者側からいえば，本来有する差止請求権が剥奪されたことになる。こういう差止めに代わる賠（補）償の場合には，賠（補）償額が差止めの可能な場合と同じなのは不公平であり，それにプラス・アルファを認めるべきではなかろうか。新しい考え方として問題を提起しておく。私見のように事情判決の手法を応用して，とりあえず新幹線

---

(99) 消防庁予防救急課＝危険物規制課編『新訂消防法解説』（全国加除法令出版，昭和56年）60頁。

(100) 拙稿・前注(43)『行政救済の実効性』。

走行違法判決を下し，ついで，和解を試みる場合には，被告がプラス・アルファの賠(補)償を提供しないと差止判決を下すという運用を図ることができるので，結果としては，右の考え方を実践することができる。

◆ Ⅳ　その他の異同

補償か賠償かにより違ってくる可能性があるものとしては，塡補額のほかに時効，過失相殺，相殺禁止，弁護士費用の賠償，危険への責任，公務員への求償，憲法に基づく直接請求，訴訟法上の交錯などを指摘することができる。しかし，いずれも十分な検討をするだけの素材に欠けるし，紙幅も予定を大幅に越えたので，簡単な考察にとどめる。

1　消滅時効

もともと賠償と補償とで消滅時効の制度が異なることは冒頭に述べたところである。たとえば，名古屋新幹線訴訟一審判決は，新幹線公害を継続的不法行為と把え，「日々発生した損害の消滅時効は日々進行する」として，本訴提起の3年以前の慰謝料は時効により消滅したと判断した（判時976号425頁）。厚木基地公害訴訟一審判決もほぼ同様である（判時1056号148頁）。なお，継続的不法行為の消滅時効についてはこうした逐次進行説が通説となっている[101]。

これに対し，新幹線や空港の公害に対する救済をアメリカ流に補償と理論構成すれば，その消滅時効期間は10年となろう。

ここで，賠償と補償の額がどれだけ違うかは必ずしも明らかではない。生活妨害を理由とするか，地価等低落を理由とするかで差が出ることは認められるが，賠償請求と補償請求とは実質的にはかなり重複することは否めない。消滅時効期間に差のあることは合理的だろうか。

土地収用法93条のみぞかき補償の時効期間は1年の短期である。1年すぎてから工事費の賠償請求をしたらどうなるか。もともとみぞかき補償の制度は本来不法行為である事業損失を補償制度にとり込んだもので，その趣旨は争い

---

(101)　石外克喜「消滅時効の起算点」判時1056号（昭和57年）16頁以下，浅野直人「不法行為による消滅時効の起算点」民法の争点（昭和53年）345頁，森島昭夫「損害論(7)」法学教室48号（昭和59年）74頁。ただし，今日では継続的不法行為の場合不法行為が終了したときから時効が進行するなど，新しい説が唱えられている。右の諸論文参照。

があれば収用委員会が補償額を算定することと，差止訴訟を許さない点にあるのではないかと思われるが，1年経過したら賠償請求も許さない趣旨を含むのかどうか，検討を要することであろう。

　予防接種事故に関する東京地裁判決は，前述したように被害児2名につき医師の過失を認めて，国家賠償責任を肯定した。そこで，国はその者について不法行為法上の3年の消滅時効を援用した。ただし，本判決は，時効の起算点である民法724条の加害者を知りたる時とは加害行為が不法行為（公務員の過失行為に起因する違法行為）であることを知った時であるとし，本件では原告がそのことを知ってから本訴提起まで3年経過していないとして，時効の抗弁を排斥した。他方，憲法29条3項による損失補償請求に対しては国は時効を援用していない。

　そこで，この事件ではいずれにせよ時効は完成していないので，結論に変わりはないが，理論的には，賠償請求は時効にかかっているのに対し，損失補償請求は時効にかかっていないというケースが生ずるわけである。

2　相　殺

　過失相殺はもともと賠償法上の制度である。そこで，工場誘致政策変更事件や公営団地計画廃止事件を賠償の問題ととらえると過失相殺の適用があるのに，補償の問題ととらえると過失相殺できなくなるともいえるが，それも奇妙である。進出する企業や風呂業者にも落度があったとすれば，賠償であれ補償であれ，填補額が削られてもよさそうである。

　土地収用法90条は開発利益と収用補償との相殺を禁止しているが，これは必ずしも世界的に普遍的な原則ではなく，フランスでは事業の施行が残地の価格を増大させる場合にはこの増加額は，不当利得の法理に基づき，残地補償の額と相殺されることになっているという[102]。

---

(102)　池川敏雄「フランスにおける損失補償の法理」公法研究42号（昭和55年）212頁。

(103)　岨野悌介「弁護士費用の損害賠償」『新・実務民事訴訟講座4』（日本評論社，昭和57年）103頁以下，小倉顕〈解説〉『最高裁判例解説民事篇昭和44年度(上)』167頁以下，下森定「弁護士費用の損害賠償請求」法学セミナー358号（昭和59年）60頁，篠原弘志「弁護士費用の賠償請求」『民法の争点』（昭和53年）316頁，小泉博嗣「債

3 弁護士費用の賠償(103)

弁護士費用を損害賠償として請求できることは判例の認めるところであるが,それは一般には不法行為訴訟に限られており,債務不履行訴訟にどこまで適用されるかはなお争いがあるところである。しかし,安全配慮義務違反や医療過誤＝診療契約違反を理由に損害賠償請求を認容する場合には同時に弁護士費用の賠償請求を認容することが多い。そもそも弁護士費用は事案の難易,請求額,認容された額その他諸般の事情を斟酌して相当と認められる額の範囲で認められる(最判昭和44・2・27民集23巻2号441頁)ものであるから,不法行為的構成をとらないというだけで認められないというものではない。また,債務不履行の場合に弁護士費用の賠償請求が認められにくい理由としては,取引法関係については当事者間に通常信頼関係が生じ,自主的な話合いによる解決を期待しやすく,したがって弁護士費用の賠償の必要度も低いとか,債務不履行にあってはその原因たる債権債務の発生に関して権利者自ら関与しているので,その結果債務不履行の事態が生じ,弁護士を依頼しなければならなくなっても,それは自ら播いた種を刈りとるためのものにすぎないのに対し,不法行為にあっては自己の意思と無関係に被害を受けて債権者の地位に立たざるを得なくなったもので,もっぱら他人の播いた種を刈りとるために弁護士に依頼しなければならなくなったという違いがあるとか説明されている(104)。

適法行為による損失補償という理論構成をした場合は,この説明では不法行為の方に近い。そうすると,一般の債務不履行の場合に弁護士費用の賠償が認められるかどうかはともかくとして,少なくとも補償か賠償かが争われるケースにおいては,補償的構成をとっても,その実体は賠償に近いのであるから,一般論としては,弁護士費用の賠償が認められるべきであろう。

4 危険への接近

危険への接近の法理は賠償と補償とでどう違うか。大阪空港最高裁判決は住民の側が特に公害問題を利用しようとするごとき意図をもって接近した場合でなくとも,危険の存在を認識しながらあえてそれによる被害を容認していた場

務不履行と弁護士費用の賠償」判タ452号(昭和56年)47頁以下,山本矩夫「債務不履行と弁護士費用の賠償」判タ466号(昭和57年)49頁以下参照。
(104) 岨野・前注(103)論文126頁。
(105) 拙稿・前注(43)論文59頁。

第1部　国家賠償法と損失補償法の接点

合にも、いわゆる危険への接近の法理により加害者の免責を認めるべきであるとする。筆者自身はこの法理に疑問を持ってはいる[105]が、最高裁のいうようにその被害が騒音による精神的苦痛ないし生活妨害のごときもので、直接生命・身体にかかわるものではないという前提で考えるならば、危険に接近したのは本人の選択の結果であって、空港の責任ではなく、空港が賠償すべき相手は公害のため土地を安く譲渡したり賃貸せざるをえなかった旧土地所有者ないし地主ではないか、という見方も成り立つと思う。

　補償的発想で考えると、空港騒音によりすでに特別の犠牲を強いられている地域にあとから来ても、なんら新たな特別の犠牲を課せられたことにならないともいえる。少なくとも財産権については、騒音により低下した価格で入手したのだから、そうである。問題は精神的苦痛や生活妨害であるが、それも財産権の制限に還元できるとするのが補償的発想であるから同様となろう。

　このように考えると、危険への接近の点では補償と賠償の間に大きな差はでてこないであろう。

5　公務員への求償

　国家賠償法では国又は公共団体は加害行為をした公務員に故意又は重過失があれば求償できるし、公の営造物の設置管理の瑕疵により賠償責任を負った国又は公共団体は他に損害の原因について責めに任ずべき者に対して求償できる。これに対して、損失補償については求償の規定はない。予防接種事故においては、医師は公務を委託されているから、上にいう公務員にあたる。

　そこで、たとえば、予防接種事故が医師の重大な過失によって生じたにもかかわらず、被害者が専ら憲法29条3項に基づいて補償請求した場合、敗訴した国は医師に対して求償することができないのか、できないとすると、被告国の求償権の有無が賠償的構成と補償的構成のいずれをとるかという専ら原告側の法律構成に左右されて不合理ではないかといった問題が生ずる。それとも、補償的構成で敗訴した国が医師を被告に、実は当該事件は賠償的構成でも国が敗訴するケースであったことと医師の重過失を改めて証明すれば求償しうるの

---

[106]　なお、この問題については、棟居快行「ボン基本法14条3項（公用収用）におけるJunktimklauselの一考察」『現代国家と憲法の原理』（有斐閣、昭和58年）603頁以下参照。

であろうか。実際上は医師の故意・重過失が認められる例は少ないであろうが，理論的には問題となろう。ただし，上の事情は補償的構成そのものを認めるべきでないとする理由にはならない。

6 憲法に基づく直接請求

一般に，収用なり公用制限によって被る損失については，補償を認める実定法規がなくとも直接憲法29条3項を根拠に補償を求めることができるとされている（請求権発生説[106]）最高裁ではこの理論を認めた判例はあるが，傍論（最判昭和43・11・27刑集22巻12号1402頁，最判昭和50・3・13判時771号37頁）であったり，特別の犠牲を課していないとして請求棄却したもの（最判昭和57・2・5判時1036号70頁）があるだけである。もっとも，下級審では右の理論に基づいて補償請求を認めた例（東京高判昭和44・3・27高民集22巻1号181頁）があるが，その事件の最高裁（昭和49・2・5民集28巻1号1頁）では憲法を持ち出さずとも実定法の解釈で補償を認めることができるとしている。

前記予防接種事故に関する東京地裁判決は収用の類推解釈により直接憲法に基づいて損失の補償を求めうるとの解釈をとったうえ，予防接種法の定める給付とその損失額との差額の請求を認めた。

これに対し，国家賠償の場合は憲法17条が「法律の定めるところにより」とし，それを受けて国家賠償法やそれに優先する特別法が制定されている関係上，これら法律の定める場合以外は賠償請求は認められないということになろう。賠償を著しく制限する法律がある場合に，補償的構成との違いが生ずるのである。たとえば，郵便法68条は書留と代金引換以外の取扱いをした郵便物の事故については国の責任を認めていない。そこで，郵便局員に故意又は重過失がある場合でも国の免責を認める判例（東京高判昭和55・6・23判時973号94頁）がある。

しかし，私法上の約款が故意・重過失の免責を定めることは公序良俗に反し無効とされること，賠償を制限するのは安価・公平な郵便サービスを確保するためであるが，故意又は重過失行為を免責しなければこの目的が達成できない

---

(107) 『基本法コンメンタール新版憲法』（別冊法学セミナー30号，日本評論社，昭和52年）85頁（高田敏執筆）は，立法が憲法17条の保障する権利の現実化・具体化を怠るとすれば，また，法律によって賠償責任の排除を定めることも違憲となろうとされる。

ものではないことを考えると，故意又は重過失行為をも免責することは，国家賠償制度を創設することを立法者に求めている憲法の授権の範囲を越えると思われる(107)。この立場によれば，補償的構成と賠償的構成の差は縮まろう。

> 【追記】 最大判平成14年9月11日（民集56巻7号1439頁）は，軽過失を免責する郵便法の違憲判決を下し，郵便法50条3項で対応された。

7 訴訟法上の交錯

賠償的構成と補償的構成とがともに可能な場合，両者の関係はどうなるか。

予防接種事故では賠償請求と補償請求が選択的に併合されていた。実務で妥当している旧訴訟物理論によるものであろう。そうすると，これまで，賠償請求訴訟を提起して，無過失を理由に請求棄却されていたケースにおいては，あらためて補償請求訴訟を提起しうることになる。

新幹線や空港の公害については従来人格権などの侵害を理由に居住者が損害賠償を求めて，認容されてきた。では，こんどはその勝訴した居住者が土地・家屋の所有者として，あるいは勝訴した居住者の住む土地・家屋の所有者が，その資格において，土地・家屋の値下りを理由に，アメリカ型の逆収用の法理を用いて補償請求したらどうなるか。これはさきの損害賠償請求と請求原因を異にするから認めなければならないようであるが，さきの損害賠償訴訟の認容額が，土地・家屋の値下りをも考慮して決定されている面はないのか，かりにそうとすると，賠償請求と補償請求をともに認めるとすると一部二重払いということにはならないか，といった問題が生じえよう。もっとも，さきの損害賠償判決が過去の損害のみを対象としたのか，将来請求も認容したのかでも違ってこよう。

また，土地・家屋所有者がその値下りを理由に補償を得たのちに，当該土地・家屋を譲受した者が再び公害補償を求めたとすると，加害者はこれを拒否することはできるのか。さきの補償は権利の収用だとして譲受人に対抗するためにはそのための公示制度が必要ではないか(108)。二重払いを拒否する理屈としては，のちの請求が賠償請求であれば危険への接近論でも用いるのか，のちの請求が補償請求であれば公害で値下りしている土地・家屋を買った者に損失

---

(108) 雄川一郎「公共事業と環境問題管見」自治研究50巻5号（昭和49年）111頁。

はないとでもいうのか，合理的な結論を導く解決策がないではなかろうが，理論的にはいろいろ問題のあるところであろう。類似の問題は日照・テレビ・電波などの被害補償でも生じえよう。

◆ V 結　び

補償と賠償の関係は今日単に接近したのでなく複雑に入り乱れているが，現行法は両者の関係を必ずしも十分に整理していない。両者の共通領域も少なからずある。立法的にも解釈的にも全体として統一的体系的把握が必要である。

> 【追記】　本稿に先立ち，「土地法における賠償と補償の交錯」土地問題双書23号（有斐閣，1986年3月）45〜60頁（土地法学会　1984年10月），計16頁を報告したが，内容的に重複するので，掲載しない。

第2章　治外法権者による不法行為と国の補償責任

(1978年)

◆ I　治外法権者の不法行為と本稿の課題

1　はじめに

　外交官は交通事故など不法行為を犯しても治外法権を有しているため，法律上なんらの責任を負わない。これについて国際法上一応の議論はあるが，いずれも役に立たない。この外交官を受け入れた接受国の政府も，この被害者になんらの救済の手を差し伸べない。したがって，外交官の不法行為により被害を受けた者は，封建時代に領主の刀の試し切りにあえなく最後をとげた無辜の人民と同じように，ただただ加害者を呪い，化けて出るしか道はないのである。国家無責任の法理が妥当していた時代ならいざ知らず，基本的人権を最大限に尊重する現代法治国家においてこのような蛮行が許されるとは全くもって驚くばかりである。これを黙視して，わが国を法治国家とか，裁判を受ける権利が保障されているということはできまい。そこで，本稿では，治外法権者の不法行為について被害者に救済の道を開くべく解釈論，立法論を展開することにした。ただ，筆者の専攻の関係上，国際法上の解決策は瞥見するにとどめ，国内法，特に，国の損失補償責任について考察をすすめることにする。「法と権利」という，末川博先生追悼論集のテーマとしてもふさわしいことと信ずる。末川先生のご活躍をしのび，ご冥福を祈る次第である。

　なお，本稿中，これまでの各種事例や国際法上の問題については，波多野里望氏[1]その他の論文[2]によるところが大きいが，それは本稿のオリジナリティを損なうものではない。なぜならば，本稿の力点は，これらの諸氏の論文

---

(1)　波多野里望「交通事故と外交特権——アヤトリ事件を契機として」(ジュリスト318号10-23頁，昭和40年)——以下論文①として引用，同「『殴られ損』事件」判例解説 (ジュリスト昭和49年度重要判例解説217-219頁，昭和50年)——以下，論文②として引用。

(2)　広部和也「治外法権者による不法行為と国の賠償責任」(ジュリスト561号113-115頁，昭和49年)——以下，論文③として引用，匿名ABC「外交官の特権と自動車事故」(時の法令527号28-31頁，昭和40年)——以下論文④として引用。

をふまえて，先に進め，治外法権者の不法行為については，国が被害者に対して損失補償責任を負うべきことを解釈論および立法論として主張することにあるが，このような見解は，筆者の知るところ，論文としてははじめてではないかと思われるからである。

2 治外法権と治外法権者

外交官の治外法権はもともと国際慣習法として確立していたものであるが，今日では，わが国も加入している「外交関係に関するウィーン条約」(昭和39・6・26 条約 14 号，発効は昭和 39・7・8，昭和 39 外務省告示 91 号，以下ウィーン条約と略称)により定められている。この条約 31 条によると，外交官は，接受国の刑事裁判権からの免除を当然に享有するほかに，特定の例外的訴訟を除き，民事裁判権および行政裁判権からの免除も享有する。そこで，外交官は，自動車事故などで他人に身体上，財産上の損害を加え，それについて故意または過失があった場合でも，刑事責任はおろか民事責任も全然問われないのである。しかも，このことは外交官が職務執行中であると否とを問わないのである。さらに，外交官の身体は不可侵で，いかなる方法によっても抑留し又は拘禁されない(同条約 29 条)し，その個人的住居は，使節団の公館と同様の不可侵および保護を享有する(同 30 条 1 項)から，外交官の身柄を拘束して取り調べたり家宅捜査することもできない。また，外交官を証人として召喚するわけにもいかない(31 条 2 項)のである。

外交使節団の構成員には使節団の長，外交職員，事務及び技術職員並びに役務職員があるが，上にいう外交官とは，このうち，使節団の長および外交職員をいう。

しかし，上にみた外交特権を有する者はこの外交使節団の長および外交職員に限られない。外交官の家族の構成員でその世帯に属する者は，接受国の国民でない場合には，外交官と同じ特権および免除を享有するし，使節団の事務及び技術職員並びにその家族の構成員でその世帯に属する者は，接受国の国民でない場合又は接受国に通常居住していない場合も同様である。ただし，この後者の場合には，接受国の民事裁判権および行政裁判権からの免除は，その者が公の任務の範囲外で行った行為には及ばない。使節団の役務職員であって，接受国の国民でない者又は接受国に通常居住していない者は，その公の任務の遂行にあたって行った行為について裁判権からの免除を享有する(同 37 条 1-3

項)。

このように，裁判権の免除を受ける者の範囲は，外交官そのもののほかに，相当広く及んでいるのである。

3 治外法権者の不法行為と救済の実態

治外法権者が犯す不法行為で，通常問題になるのは交通事故であると考えられる。のちにⅡ1で述べるいわゆる「殴られ損」事件のような単純な不法行為事件は例外であろう。そこで，日本における外交ナンバー自動車とその事故率，救済の実態について，数値はやや古いが，波多野氏の論文[3]によってみると，大要次のようである。外交官の車のプレートは青地に白字でかかれるので「青ナンバー」と呼ばれる。この青ナンバー車は，昭和39年3月10日現在で全国で1162台（筆者が外務省儀典官室に問い合せたところによると昭和52年12月現在で約1430台）であるが，その大部分は東京に集中している。この青ナンバー車の事故発生率は昭和37〜39年当時で，平均して年に15％，つまり，青ナンバー車100台のうち15台が1年間に1件の事故を惹起している。

他方，一般車の事故発生率は昭和37年に年間10％強であったのが昭和39年には8.1％まで下がっている。したがって，昭和39年の東京での青ナンバー車の事故発生率は一般車の事故発生率のほぼ2倍に及んでいるのである。この事故率は高いといわねばならない。そして，青ナンバー車の事故が多い最大の原因は，特権享有者の運転の粗暴さにあると断定して大きな間違いはないとのことである。外国においても外交官の運転の粗暴さには目にあまるものがあるようで，ヨーロッパでは，外交官用の車のナンバー・プレートの頭に外交団（Corps diplomatique）をあらわすCDの2字がついているが，イギリス人はこれをCareless driverないしCrazy driverと読み，大陸ではchauffeur dangereuxと称するのだそうである。

筆者の推測では，日本における青ナンバー車の事故率が高い原因は，運転の粗暴さだけでなく，治外法権者の大部分が日本語でかかれた標識を読めないこと，日本と西欧では交通ルールが異なること，特に，日本とイギリス以外の西欧諸国では左ハンドルであるし，また，西欧では，特定の標識や信号がないかぎり，右側にみえる車が優先権をもつので，十字路，丁字路に来ると，専ら右

---

(3) 論文① 16-20頁。

側だけみて走るなど，日本と事情が異なること，などにあると思われる。

では，こうした危険な，または狂気じみた特権享有者の粗暴な運転の犠牲になった者その他治外法権者の不法行為の犠牲者には，十分な救済が与えられているであろうか。

外交特権はあくまで特権であるから，派遣国は外交官の裁判管轄権からの免除を放棄することができる（ウィーン条約32条1項）。そして，外交特権が放棄されれば，被害者は加害者たる治外法権者を被告に民事訴訟を提起でき，その救済の道が開けるわけである。そこで，ウィーン条約を可決したウィーン会議では，特に交通事故を念頭において，民事裁判権の免除を放棄するよう，または免除が放棄されないとすれば民事請求権の正当な解決をもたらすことに最善の努力をするようにとの勧告が賛成多数で可決されているのである(4)。しかし，戦後わが国で訴訟になった例をみると，それは傷害事件1件，交通事故3件であるが，いずれにおいても，治外法権が放棄された例はないということである。ちなみに，外国で治外法権を享有する日本人が交通事故その他の事件をおこして訴訟になった場合に日本政府が応訴（＝特権放棄）した例もないとのことである(5)。

そこで，治外法権による不法行為の被害者にはほとんど救済が与えられていないと推測される。もっとも，治外法権者がおこす不法行為の大部分は交通事故であるから，外交官が保険に入れば，被害者救済は一応図りうるわけであって，本稿のような大議論（？）をする実益は少ないわけである。そこで，外交官の交通事故保険加入状況をみるに，外交官の車の登録について陸運局に代って権限を有している外務省儀典官室では，青ナンバー発行の条件として，強制保険（自賠責）および，対物200万円の任意保険の加入を要求しているとのことである。したがって，人身事故についていえば，1500万円（当時）をこえる損害については保険がかけられているとはかぎらないわけである。

こうした外交官の交通事故のほとんどは示談で片づくそうである(6)。その真相は把握しがたいが，恐らくは，完全に円満に話しあいがついているのでなく，被害者は加害者に対して法律上責任を追及する道がないために，通常は強

---

(4) 論文① 11-12頁。
(5) 論文② 218-9頁。
(6) 論文① 10頁。加藤一郎＝木宮高彦『新自動車事故の法律相談』（有斐閣，昭和45年）459頁。

制保険などの涙金で示談に応じざるをえないということではないか，少なくとも，外交官特権がないとすればもっと高額の賠償金をとれるはずではないか，と推測される。すなわち，加害者が特権を享有しない者であれば，その者が任意保険に加入していなくとも，被害者は全損害につき債務名義を得て賠償請求できる場合があるはずで，被害者は，治外法権のためにその損害賠償請求権の相当部分を放棄せざるをえないのではないかと推測される。したがって，治外法権のために被害者の救済が相当程度制約されることは確かであると思われる。

4 国際法上の対策

治外法権はもともと国際法上の特権であるから，この特権のもたらす弊害対策も，第1には国際法上のレベルにおいて行われるのが望ましいことはいうまでもない。

まず第1に考えられるのは外交特権の制限である。もともと，治外法権は国際慣習法として成立したものであり，国家無責任の法理の妥当していた時代なら切り捨て御免も許されたであろうが，裁判を受ける権利も基本的人権も最大限に保障している現憲法のもとでは，これが国内の慣習なら，たちどころに公序良俗違反として違法とされる（法例2条，【追記】現行法では，法の適用に関する通則法3条）代物である。したがって，今日では，治外法権者による不法行為の防止と被害者救済の要請に調和するよう，治外法権を制限すべきものと思われる。また，治外法権を制限したとしても，交通事故の民事責任に関していえば，一般人並に保険を目いっぱいつければ良いのであるから，治外法権の実質的な制限ともいえない。派遣国が保険料分だけ在外手当を増額すれば良いのである。しかも，このように，世界各国が外交官の交通事故については保険を最大限付せば，お互いに，自国内における外国の外交官の交通事故による被害については十全の経済的救済が図られることになるので，国庫財政の見地よりみても，交通事故によって発生すべき社会保障費を節約できる筋合であって，在外手当の増額分が直ちに国庫負担の増加につらなるわけではないのである。そこで，1961年のウィーン会議では，外交特権をせめて交通事故に関してだけでも制限すべく，いくつかの提案がなされたが，これらはいずれも，特権亡者のために否定されてしまったとのことである[7]。

---

(7) 論文①22頁，論文④29頁。

次に，加害者たる外交官をその派遣国の裁判所に訴える方法が考えられるが，それは派遣国の国内法の定めによることで，国外での不法行為について本国が裁判管轄権を認めなかったり，また，管轄裁判所の定めがなかったりして，救済の道が開かれていないこともあるようである[8]。

派遣国自身を派遣国の裁判所に訴えることができるかどうかも派遣国の国内法の定めによることで，問題は似たようなところにある[9]。接受国から派遣国に対して国際請求を提起する方法にも種々難点があるうえ，かりにそれが成功しても，被害者の救済に役立つとは限らないようである[10]。

このように，国際法のレベルでは，目下のところ，被害者救済に実効的に寄与する解決策は見出されていないのが現状である。

5　本稿の課題

このように，治外法権者の不法行為について国際法上の救済方法がないとなれば，接受国政府にその損害の塡補を求めうる方法はないかと考えるのが自然である。ところが，従来の学説判例は，次に，Ⅱでみるように，この点について，きわめて冷淡で，解釈論としてはもちろん，立法論としても，接受国による国家補償を認めないのが普通である。これでは，我々特権を享有しない者は毎日不安でたまらない。外交ナンバーの車には気をつけろ，という話もあるが，気をつけてすむようならはじめから事故を回避できるのであるから，これでは冗談にもならない。車は「走る凶器」とか「走る棺桶」といわれるが，この言葉が最もふさわしいのはまさに外交官の車である。

いささか，個人的レベルで考えると，もし，筆者が万が一外交特権享有者の不法行為により死亡したり半身不随になったりして，現在の学説判例のもとで，満足な保障も得られぬ事態を想定すると，不安にかられてどうしようもない気持ちになる。そして，こうした被害にあってからでは，国家補償責任を根拠づけるだけの頭（？）の方も破壊されているであろうから，ここでは，転ばぬ先の杖として，元気なうちに一文を草した次第である。万一筆者が治外法権者の不法行為により被害にあったときは，国に対して補償責任を追及すること，そ

---

(8)　論文① 13-14 頁。
(9)　論文① 14 頁。
(10)　論文① 15-6 頁。

の根拠は本論文に記してあることをここに遺言し，裁判官・代理人には筆者の理論をより説得力あらしめるよう発展させることを希望しておく。

　こういうと，世人は，往々にして，それは取り越し苦労だ，外交官の車などめったにないから，事故にあえば運命だと思ってあきらめろ，という。しかし，例がそう多くないから無視しうるという議論には賛成できない。いくらか話はずれるが，現に，冤罪で死刑になる者は，数からいえばめったにないことなのであるが，人の生命は全地球より重しとして，そのような者が1人でも発生すれば，死刑制度の存廃にかかわる大問題になるのである。ところが，外交特権者の車にひかれて犬死する者の数は無実の罪で死刑になる者の数よりはるかに多いことは恐らく疑いのない事実であろうと思われる。現に前記の通り約10年前の統計で1162台の15％すなわち174台の青ナンバー車が1年に1回事故をおこしているのである。この中には死亡事故も相当あると推定されよう。世の中から不正義を追放することは法律学の重大な使命の1つである。若干大げさな表現を用いることが許されるとすると，封建領主の刀の試し切りにも比すべき蛮行の犠牲者に救済の道を開かずして，法律学は使命を果したといえるであろうか。

◆ II　従来の判例学説——国家補償責任否定説

1　判　例

　(1)　治外法権者の不法行為による損害の塡補を日本国に対し裁判により請求した事件としては，いわゆるアヤトリ事件と，「殴られ損」事件が知られている。

　(2)　前者はマレーシア大使館の2等書記官アヤトリの起こした死亡事故事件である。当初，遺族，加害者アヤトリ，保険会社の3者間の話し合いで示談が成立しかけていたのに，アヤトリが示談に応ずるのをやめ勝手に帰国した。そこで，遺族側は外務大臣に対し，アヤトリから500万円の損害賠償を取り立てるべしとの外交行動請求の訴えを提起し，さらに，日本国に対し，国家賠償法に基づく損害賠償請求の訴えを提起したが，保険会社が1万ドル支払うということで和解が成立したため，この国家賠償請求訴訟について裁判所の判断は示されなかった[11]。

---

(11)　論文②219頁。

(3) 「殴られ損」事件とは，昭和30年に在日アメリカ大使館所属警備員から顔面を強打されて欠歯等の怪我をしたタクシー運転手が，慰謝料，治療費，逸失利益等1000万円弱の賠償を求めて国を被告に出訴した事件である。原告は，その警備員は治外法権の特権を享有するものであるから，その者の不法行為によって生じた原告の損害は，被告国においてこれを賠償すべきである，と主張した。しかし，裁判所は，次の通り，ごく簡単な理由でこの主張を一蹴した。すなわち，

「原告主張のごとく，右警備官らが治外法権の特権を享有する者であったとしても，その者のなした不正行為に対する責任を訴訟をもって追及することは，その者の本国裁判所においてなすべきところであって（かかる権利行使が実際には極めて容易でないところであるけれども），およそ日本国内において治外法権者がなした不法行為によって生じた損害は，被告がその被害者に対して賠償をなすべき責任を負うとする法理はなく，また原告は右のほかには被告が右責任を負うべきであるとする理由についてなんら主張するところでないから，本訴請求は爾余の点の判断を尽すまでもなく，結局，主張自体理由がない[12]。」

この判決は「『接受国政府は，同国に滞在する外交特権享有者の加害行為に対して代位責任を負うものではない』ということ——それ自体は確立した国際慣習法としてほとんど自明のことではあるが——を明示した，最初の判例である」とされている[13]。

2 学説——国家補償責任否定説

(1) 本判決の判例時報コメントは，「接受国に対し直接賠償責任を訴求しうる実定法規（たとえば国賠法等）がなく，確立された国際司法慣習もないからには，本判決の結論はやむをえない」とする。

(2) 時の法令誌の匿名論文「法令の話題[14]」は，「要するに，外交官などの特権というものは，確立された国際法規であって，いかに自動車事故によって被害を受けた者の立場からいうと切捨て御免的な印象を受けるにしても，これをとやかくいうことはできない。問題は，そういう事故が起った場合に，これを特権とか，法律とかいわずに，妥当な方向で解決することであり，それが

---

(12) 東京地判昭48・2・14判時702号82頁。
(13) 論文②219頁。
(14) 論文④。

ためには，派遣国の公館当局の誠意も必要であるが，わが外務省当局の努力も必要だということであろう」と述べている。内閣法制局の高官であると推定される匿名氏ほどの人物が，「とやかくいうことはできない」などという程度の法感覚で，なんら前向きの検討をしないことに，筆者は唖然とするものである。

(3) 波多野氏も接受国が国家補償責任を負うことについて否定的であり，しかも，立法論としても疑問を示されている。その内容はⅢで私見を述べる際に紹介することにする。

(4) 広部和也氏[15]も，上記「殴られ損」事件の評釈において，この判旨を，解釈論としては一応妥当としている。ただ，同氏は，不法行為の救済措置に関する外務省当局の怠慢や著しい不手際があるときは，国家賠償責任が成り立つとし，さらに，外交特権を賦与することの反面として国民に通常以上の義務を強いる立場にある国は何らかの救済措置を講ずべきではないか等，前向きの見解を述べられている。しかし，氏は国際法学者である関係もあってか，それ以上の理論的追究は行われていない。

◆ Ⅲ　私見——国家補償責任肯定説

1　立法論

(1) 立法論としても，本来は，外交特権を認めるウィーン条約を修正する条約を提案すべきであるが，それが前記のように実現しない以上，国内法のレベルでの立法論を考えざるをえない。

その立法論としては，日本国は，日本国で治外法権を認められている外国の外交官を日本の国家公務員とみなし，この治外法権者の不法行為については，国が被害者に対し第1次的に直接責任を負うものとし，国は被害者に賠償金を支払ったときは，加害者である治外法権者に求償権を有するものと定めるべきである。そして，外交特権は本国裁判所においてまで裁判管轄権の免除を認めるものではないから，日本政府は場合によっては加害者の本国裁判所で加害者に求償することになるわけであるが，在外公館にはそのような訴訟活動をする権限と義務を課す方向で検討されるべきであろう。

(2) こういう立法をすべき根拠は次の点にある。すなわち，被害者は本来加害者に対し日本国において民事訴訟を提起し損害賠償を請求する権利がある

---

(15)　論文③。

のに，国は日本に在住する外国の外交官に対しては，かつては，国際慣習法，今日では，ウィーン条約により，民事裁判管轄権の免除をみとめた結果，この国民の権利の実現を妨げたものとみられてもやむをえないのであるから，その代償措置を講ずるのは，基本的人権の尊重を国政の最大の課題とする現憲法のもとでは当然の要請であるということである。

(3) さらに，国家無責任の法理が一般的に放棄された今日では，外交特権という制度がないとすれば，各国とも，本来は，自国の外交官が任地で犯した不法行為について，国家賠償責任なり使用者責任なりを負わなければならないはずであるのに，国際社会が相互に外交特権を認めあっている結果，各国とも，この本来負うべき責任を免れているのである。すなわち，外交特権なる美名に隠れて，実は，専ら被害者の犠牲において国家財政が得をしているだけなのである。とすれば，国家が自国の外交官が任地で犯した不法行為について本来負うべき責任を負わない以上，代りに，外国の外交官が自国において犯した不法行為について責任を負うのが筋である。

(4) 類似の立法としては，日本国とアメリカ合衆国との間の相互協力及び安全保障条約第6条に基づく施設及び区域並びに日本国における合衆国軍隊の地位に関する協定の実施に伴う民事特別法（昭和27法律121号，以下，民事特別法と略称する）がある。まず，日本国とアメリカ合衆国との間の相互協力及び安全保障条約第6条に基づく施設及び区域並びに日本国における合衆国軍隊の地位に関する協定（昭和35条約7号）18条5号は次のように定めている。

「公務執行中の合衆国軍隊の構成員若しくは被用者の作為若しくは不作為又は合衆国軍隊が法律上責任を有するその他の作為，不作為若しくは事故で，日本国において日本政府以外の第三者に損害を与えたものから生ずる請求権……は，日本国が次の規定に従って処理する。(a) 請求は，日本国の自衛隊の行動から生ずる請求権に関する日本国の法令に従って，提起し，審査し，かつ，解決し，又は裁判する。……」

前記民事特別法1条はこの協定をうけて次のように定めている。

「日本国とアメリカ合衆国との間の相互協力及び安全保障条約に基き日本国内にあるアメリカ合衆国の陸軍，海軍又は空軍（以下「合衆国軍隊」という）の構成員又は被用者が，その職務を行うについて日本国内において違法に他人に損害を加えたときは，国の公務員又は被用者がその職務を行うについて違法に他人に損害を加えた場合の例により，国がその損害を賠償する責に任ずる。」

第 2 章　治外法権者による不法行為と国の補償責任

　このように，合衆国軍隊はその公務執行中の違法行為について直接賠償責任を負担しないが，その代りに，日本国が右の違法行為による賠償責任を負担するのである。そして，右民事特別法が国家賠償法 1 条と同様の定め方をしていることからいえるように，合衆国軍隊は，その不法行為責任との関係では，日本国の公務員と同視されているといってよいのである。この規定の適用例として行政判例集成に登載されているものでは，駐留米軍構成員による自動車事故（横浜地小田原支判昭和 39・12・22 訟月 11 巻 2 号 259 頁），米国海軍の掃海艇の衝突事故（大阪地判昭和 38・3・20 訟月 15 巻 3 号 265 頁），駐留軍被用者がアメリカ合衆国軍隊の軍用車を職務上運転して発生させた人身事故（東京地判昭和 46・3・2 訟月 17 巻 928 頁）などがあり，いずれも国の責任が認められている。

　このように，日本国が駐留米軍に日本国民に対する不法行為責任を免除するならば，日本国がこれに代って直接に国家賠償責任を負うのは当然の理であり，国がその旨の法制を整備するのは当然の責務である。外国の外交官が日本で犯した不法行為についてはなぜ同様の考え方が成立しないのであろうか。

　(5)　さらに最近では犯罪被害者にも国家補償を認めよとの声が強く，立法化にふみ切っている国も多いし，わが国でもそのような方向にある[16]。これとの均衡を考えると，犯罪被害補償というのは，警察が積極的に犯人を逃した場合でなく，単に消極的に犯罪を防止しそこなっただけの場合に，被害者に国民の税金である程度の補償をしようというものであるのに，本稿で問題とする治外法権者による不法行為の場合には，本来なら被害者が加害者を日本国の裁判所に訴えて損害賠償を請求できるはずのところ，国が当該加害者に民事裁判権免除を認めて，積極的に加害者を逃してやるのであるから，なおさら，国家による補償が認めらるべきであろう。

　(6)　次に，治外法権者による不法行為について日本国政府による国家補償責任を認めることについて，立法論としてでも反対する説をとりあげ，私見の立場から反論を加えておこう。

　第 1 に，治外法権者の不正行為については，前記「殴られ損」事件判決のように，その本国の裁判所に出訴すべきであるとの考え方がありうる。しかし，その本国でこのような訴訟を許すかどうかは前記の通り，その本国法によることで，あまり期待できないことであるうえに，そもそも，日本国民たる被害者

---

[16]　大谷実＝宮沢浩一編『犯罪被害者補償制度』（成文堂，昭和 51 年）参照。

第 1 部　国家賠償法と損失補償法の接点

は本来なら日本国の裁判所において救済を求める権利（憲法 32 条の裁判を受ける権利）があるのに，日本国がウィーン条約を批准して外交特権を承認することにより，被害者のこの権利を剥奪したのであるから，国の方が被害者に対して第 1 次的に賠償責任を負担したうえで，加害者に対して求償するのが筋で，国はその場合に加害者の本国裁判所へも出訴すべきことになるだろう。加害者の本国裁判所への出訴は経済的にも法技術的にも容易なことではないが，そのためにこそ在外公館があるのである。在外公館でさえ容易でないことを自国の庶民に孤立無援でやらせて，自らは外交特権の相互保証のうえにあぐらをかく態度は許されないであろう。

　次に，ウィーン条約は，国民の権利をあらたに放棄したものではなく，従来の国際慣習法を確認したにすぎないから，同条約を批准したからといって，直ちに，外交特権のために救済されえない損害を補填すべき義務が政府にあると説くのはいささか無理であろう，との反論がある[17]。確かにそのような説があればそれは無理な説明であろう。

　しかし，筆者の説はそのような理論構成をとるものではない。筆者にとっては，外交特権がウィーン条約によって根拠づけられるか国際慣習法によって根拠づけられるかはどうでもよいことで，いずれにせよ，日本国内においては，外交特権者を被告とする訴状については，裁判所は被告が裁判管轄権免除の放棄をするかどうかを審査し，放棄しないとなればこの訴えを却下することからわかるように，外交特権が国内法として通用していることに筆者は注目しているのである。すなわち，外交特権が承認されているという事実は，法律によって国民の裁判を受ける権利および損害賠償請求権を剥奪したと同視されるべきなのである。とすると，国に責任を負わせるだけの理由があるのではないか。

　第 3 に，「もし，国民の権利が国際慣習法によって制約されるすべての場合に，国家はそれに対して補償措置をとらねばならないという説があるとすれば，それは，もはや暴論に近いといわざるをえない。けだし，右の主張を認めれば，国家は膨大な財政的裏づけがないかぎり，国際社会の一員たりえないことになるからである」という説がある[18]。しかし，あげ足をとるようであるが，国民の権利が国際慣習法によって制約されるすべての場合に——それがどんな場

---

(17)　論文① 14 頁。
(18)　論文① 14 頁。

合か筆者にはよくわからないが——国家に補償責任を認める説があるとは常識的には考えられない。けだし，国内法においても，財産権に内在する社会的拘束に基づく損失は補償の対象とならないとされているからである。のみならず，国家が治外法権者の不法行為により被害者に尨大な補償を負担することになるとしても，国家は代りに自国の外交官が任地で犯した不法行為について責任を免れているから，それは本来負担すべきものを負担するにすぎず，別に過大な負担をするわけではない。のみならず，外交官の不法行為といっても，通常は交通事故であるから，国家が予期せぬ損害賠償責任を回避したければ，外国の外交官の車に任意保険をつけさせ，保険料を負担してやるか，あるいは，それに相当する金額を積み立てておけばよいのである。この保険料ないしそれに相当する金額は「尨大な財政負担」といえる程のものではあるまいし，かりに尨大な財政負担であるとしても，日本国はそれに見合うだけ，外国において保険料を免れていること前述の通りであるから，そのような負担はやむをえないものであろう。

第4に，「接受国の補償義務をうたうことによって後顧の憂いがいっそう少なくなった外交官は，かえって運転が粗暴になり，ますます特権・免除の上にあぐらをかくおそれはないか。もし，ありとすれば，民事責任については特権放棄を勧告したウィーン外交会議の意図にも反する結果となるのではないか[19]」との意見が出されている。

しかし，これも疑問の多い見解である。まず，すでにみたように，民事責任について裁判管轄権免除の特権が放棄された例がないというのであるから，こうした守られたことのない勧告の意図に反する結果となることにどれだけの意味があろうか。少なくともこれは重視するに値しない。

次に，接受国が補償責任を負えば，外交官はますます特権のうえにあぐらをかく恐れがあるという点は，まさにその通りである。しかし，だからといって，それは接受国の補償責任を否定する論拠としては薄弱である。というのは，駐留米軍の違法行為について日本国の賠償責任を定めた前記民事特別法や公務員の違法行為について国・公共団体の賠償責任を定めた国家賠償法についても同様のことがいえるのに，これらの場合には，それにもかかわらず被害者救済の見地から国家補償責任が認められているからである。さらに，右のような議論

---

(19) 論文① 22 頁。

をすれば，一般人の場合でも，保険に加入すれば事故をおこしても責任を免れるから無謀な運転をしがちであるので保険制度を認めるべきではない，という議論につながりやすいと思うが，それが不合理なことは自明であろう。したがって，国に責任を認めるべきであり，そのうえで，国が責任を負っても，加害者が安心しないよう，加害者に対する責任追及の道を考えるのが本来のあるべき筋であろう。そこで，筆者は，日本国は加害者たる外交官に対し求償権を行使すべきである，と提案しているのである。

第5に，一国だけが政府の補償義務を法制化した場合，他国とのバランスを失するとか，そこで，この補償規定の適用を，いわゆる「相互主義」にかからしめると，諸国が足なみを揃えて同様の立法措置を講じないかぎり，日本人たる被害者も救済されないことになり，せっかくの補償規定が死文化するとか，かりに，諸国で同旨の補償立法が実現されたと仮定しても，国家間のバランスをとることは，かならずしも容易ではない，といった難点が指摘される[20]。確かにそれはその通りであろう。

しかし，どんな立法措置にも重箱のすみをほじくればいくらでもあらはでてくるものである。問題は大局的にみてこうした難点が立法措置をとるメリットを大幅に減殺するかどうかである。そして，右の程度の難点は普通の国内立法にもよくみられるところで，決定的な難点であるとは筆者には思われない。むしろ大事なことは，このように，国家補償立法について考えるあらを探し出して足をひっぱることではなく，国家責任立法の必要性を承認するならば，その難点をなんとか別の形で解決するよう前向きの姿勢でのぞむことであろう。

第6に，治外法権者の不法行為についてだけ国家補償責任を認めると，治外法権を有しない外国人の不法行為の犠牲者と均衡を失するとの議論があるいはあるかも知れない。けだし，加害者がたまたま治外法権者であればかえって救済され，加害者が外国の民間人であれば，その者の逃亡や無資力のため救済されないことがあるからである。

しかし，このように，国家補償責任を認めると，国家補償の適用対象外の事例と，ある意味で不均衡が生ずることは，すでに，公権力の有責違法な行使により生ずる損害について国家賠償責任を認めている現行法のもとでも起きることであって，国家補償責任の立法化に対する反論として理由のあるものではな

---

[20] 論文① 22頁。

い。現在でも国家賠償法2条による公物営造物の設置管理の瑕疵は容易に認定されるので，「どうせころぶなら市道でころばにゃ損，私道ではころぶな」という話があるぐらいであるが，これもやむをえないとされているのである。のみならず，国家は治外法権者に特別に特権を賦与しているのであるから，その不法行為について国家が代って責任を負うだけの理由があるのであって，民間人による不法行為とは明らかに区別されるべきである。さらに，同じく均衡論を展開するにしても，この仮定の議論のように，被害者切り捨ての方向へ均衡させるべきでなく，被害者救済の方向で均衡を保つように考えるべきである。

(7) 筆者としては，日本国がとるべき態度は，まず世界に先がけて，治外法権者の不法行為について国家補償法を制定し，諸外国もこれに見ならうよう国際世論を喚起するか，これを契機に，外交特権の制限の方向へと国際世論を誘導することにあると思われるがどうであろうか。

(8) なお，わが国でこの国家補償法を制定する場合には，当面は被害者が日本国民である場合についてのみ認めるものとし，外国人（日本在住の外国人で治外法権者の不法行為の被害を受けた者）にも日本国が補償責任を負うのは，相互保証主義の原則により，その外国人の本国において，日本人が治外法権者の被害をうけた場合にその本国が補償責任を負うとする制度を採用している場合にかぎるものとすべきであろう。

(9) さらに，日本政府に対する損害賠償請求のほかに，加害者である治外法権者に対する損害賠償請求をも被害者に認めるべきかどうかは1個の問題である。これは国家賠償法において被害者に国家賠償請求権のほかに公務員個人に対する損害賠償請求権をも認めるべきかどうかという，国家賠償法でよく論じられる問題とパラレルの問題である。この問題自体にはここでは深く立ち入る余裕はないが，これを積極に解するならば，外務大臣には，被害者救済のために加害者および加害者の派遣国と交渉し，被害者の権利の実現に誠実に協力する義務を課すべきである。また，前記（Ⅰ3）のウィーン会議の勧告の趣旨にもそうものである。アヤトリ事件では外務省職員が被害者の遺族に暴言を吐いたといわれ，また，在外公館の不親切さのために苦汁をなめる者の多いこの国ではとくにこのことがあてはまるといえよう。

2 解　釈　論

(1) 本来は立法による明確な規律が望ましいが，立法による解釈が図られ

るまでに発生する犠牲者のために，現行法の解釈論を呈示する必要がある。

(2) 現行法の解釈論として，治外法権者の不法行為による損害について日本国の補償責任を認めえないとする説の論拠は，現行法にこれを認める直接の規定がないことである。前記「殴られ損」事件判決や波多野氏の論文[21]がそうである。

(3) 確かに，国家賠償法にはそのような規定はない。また，同法のもとになっている憲法17条をかりにプログラム規定でなく直接に適用される法と解するにしても，この憲法17条が「何人も，公務員の不正行為により，損害を受けたときは，法律の定めるところにより，国又は公共団体に，その賠償を求めることができる」と定め，公務員の不正行為であること，法律の定めによることを要求している以上は，この憲法の規定から，治外法権者の不法行為について日本国の賠償責任を導くのは容易であるとは思えない（もっとも，筆者には不可能とは思えないが）。

(4) しかし，現行法上規定がないというのは誤りで，適切な規定がある。それが憲法29条3項「私有財産は，正当な補償の下に，これを公共のために用ひることができる」である。外交官に治外法権を認める条約を日本国内で法律と同様に通用させることには公共性があると一応いってよかろうが，その反面として，外交官の不法行為の被害者は損害賠償請求権という私有財産権が剥奪されるのである。しかも，これは財産権の本質的制約であって，とうていその内在的な社会的拘束の範囲内にとどまるものではない。とすれば，外交官に治外法権を認めたことは，私有財産を公共のために用いた場合にあたり，いわゆる適法行為による損失補償の一種として，憲法29条3項により正当な補償の支払義務を生ずるものである。なお，損失補償を根拠づける個々の法律の規定がなくとも憲法29条3項から直接に国民の損失補償請求権を導くことができるかどうかについては以前は争いがあったが，今日では，最高裁判例（最判43・11・27刑集22巻12号1402頁）が傍論においてこれを認め，東京高判昭和44年3月27日（高民集22巻1号181頁，判時553号26頁）が正面から承認しているところである。

(5) もとより，このような解釈は憲法29条3項の元来予想するところではない。しかし，国家賠償と損失補償の間にあってなんらの救済の手もさしのべ

---

(21) 論文①15頁。

られていない国家補償の谷間をうめるべく，諸外国の判例学説が公法上の損失補償の法理の拡張に努力してきたばかりでなく，わが国でも同様の発想ができないわけではないことはすでに明らかにされているところである[22]。この私見もこの公法上の損失補償の法理拡張の方向をすすめたものである。

　(6)　なお，このように，被害者の救済を公法上の損失補償の法理によるときは，その補償も正当な補償であって，必ずしも損害の全部が補償され得るとは限らない。例えば，得べかりし利益の賠償は，補償の法理による限りかなり困難であろう，という説がある[23]。この立場でいえば，慰謝料も同様に正当な補償の範囲内には入りにくいと思われる。確かに，このことは一般論としては言えることかも知れない。しかし，一般の損失補償の場合においても，たとえば，土地等の収用のため通常営業の継続が不能となると認められるときは転業に通常必要とする期間（2年以内）中の従前の営業利益相当額すなわち，得べかりし利益は補償されることになっている[24]のであって，逸失利益の補償は損失補償制度になじまないというわけのものではない，事柄の性質によることと思われる。そして，本稿の対象である治外法権者の不法行為と国の補償責任の場合についていえば，被害者は，本来なら，逸失利益や慰謝料を含めた全損害について加害者に対し賠償請求権を有するのに，国が外交特権を認めることによりこれを剥奪したのであるから，被害者の有するはずであるこの損害賠償請求権が完全に満足されることなくして，正当な補償をしたとは到底いえないと思われる。

　(7)　しかも，(4)で提出した私見の解釈論は全くの独自説でなく，在外資産の没収と国家補償責任に関する判例学説の中に，類似の立場が看取されるところである。すなわち，最高裁判所[25]は，平和条約14条により邦人の在外資産を賠償に充当したことにより，その所有者に生じた，在外資産の喪失という損害は，本条約が締結された当時わが国がおかれていた特殊異例な状況に照らし，また，同条約がイタリア平和条約等に見られるような補償に関する規定を欠くことに鑑み，敗戦という事実に基づいて生じた一種の戦争損害とみるほか

---

(22)　雄川一郎「行政上の無過失責任」我妻栄先生還暦記念『損害賠償の研究（下）』（有斐閣，昭和40年）238頁＝雄川『行政の法理』（有斐閣，1986年）。
(23)　雄川・前注（22）論文。
(24)　下山瑛二『国家補償法』（筑摩書房，昭和48年）403頁。
(25)　最判昭43・11・27民集22巻12号2808頁。

第1部　国家賠償法と損失補償法の接点

なく，これに対する補償は憲法 29 条 3 項の全く予想しないところであって，この損害に対しては同条項の適用の余地はないとしている。さらに，昭和 20 年から 22 年にかけて占領中の連合軍兵士によって殺害された者の遺族が，その有する損害賠償ないし慰謝料請求権が平和条約 19 条により放棄されたので，国は憲法 29 条 3 項によりその損失補償をする責任があるとして出訴した事件において，同じく最高裁判所[26]は，上記の判例を引用し，この平和条約 19 条による請求権は在外資産に対する権利とその対象を異にするものとはいえ，その請求権の発生した当時わが国におかれていた状況，平和条約の締結にあたりこれが放棄されるに至った経緯および同条約の規定の体裁を考え合せれば，その放棄に対する補償が憲法 29 条 3 項の予想外にあったものとする点においては，在外資産におけると差異あるものとは認め難く，所論請求権の放棄による損害に対しては，憲法 29 条 3 項に基づいて国にその補償を求めることはできない，と判示した。要するに，この最高裁判例は，平和条約の締結により，在外資産や連合国軍兵士の不法行為より生じた損害賠償請求権を喪失したことは，一種の戦争損害であるから憲法 29 条 3 項による補償の対象とならないとしているのであって，これが戦争損害でなければ憲法 29 条 3 項による補償の対象となる趣旨を含んでいると考えられる。

そして，本稿の対象である治外法権者の不法行為による損害は，まさに平和なこの平時の日本において日常的に発生しているものであって，到底戦争損害とはいえないことは明らかである。とすれば，最高裁の立場にたって考えると，本稿でみた私見の解釈論は積極的に根拠づけられると考えてよいであろう。

のみならず，上記の判例について学説上強い批判がある。特に，後者の判例の事案では，占領軍兵士による不法行為が問題となっているから，その「実質は，むしろ平時における市民的権利の侵害と同質のものとみてよいのであって，立法措置が講じられない限り，『完全な補償』を基準とした補償請求を認めることに，別段の障害はない。従って，憲法に基づく直接の請求も，認めて然るべきものとなる[27]」との今村成和の説がある。本稿の対象である治外法権者の不法行為も平時における市民的権利の侵害を内容とするものであるから，この説の立場では，本稿と同様，憲法 29 条 3 項による国の損失補償を認めて然

---

(26) 最判昭 44・7・4 民集 23 巻 8 号 1321 頁。
(27) 今村成和『現代の行政と行政法の理論』（有斐閣，昭和 47 年）373 頁。

第 2 章　治外法権者による不法行為と国の補償責任

るべきものと考えられる。

　(8)　前記Ⅱ 1 の「殴られ損」事件判決は，これら最高裁判決や今村説が公表されたあとに下されたものであるのに，裁判所は前記(7)の論点についてなんらの考慮を払うことなく原告の主張を一蹴している。これは本人訴訟（判例集によるとそのようにみえる）だからといって軽くあしらったのでなければ幸いである。

◆ Ⅳ　む　す　び

　本稿でくりかえし主張したように，外交特権は現代社会では過去の遺物として制限さるべきであるから，まずわが国が率先して国際世論を喚起するとともに，国内的にも，外務省のみならず，法務省，警察庁，総理府（交通安全対策室）など関係省庁は一致団結して，治外法権者の不正行為の防止と被害者救済のための法制の整備に努力してほしいと希望する。

　本稿は直接には，治外法権者の不法行為について国が補償責任を負うべきことを主張しているが，かりにそれが実現しなくても，その代りに，外交官の車には常に日本において最高額の任意保険をかけさせるという取扱いが確立するならば，それでも，本稿の目的の半分は達成されうるものと考えている。

第3章　企業誘致政策の廃止と自治体の賠償責任

（1981年）

◆ I　問題の所在──公共政策の変更と行政の賠償責任

1　各種の行政手法による誘導

　国・公共団体は法令・計画・行政行為・補助金・事実上の勧告・示唆・協力・警告など種々の手法を駆使して個人や企業の行動を放任し，または制御・誘導しようとする。反面，我々個人や企業はこうした各種の手法に表現された公共政策を一つの判断基準として種々の活動を行う。

　たとえば，受験生は予め公表された入学試験要領に沿って受験対策を講じ，学生は大学のカリキュラム，取得すべき単位数の定めに応じて勉強計画を立てる。かつての早場米奨励金制度の下では農家は米を早い時期に刈り取れるよう努力した。米価が保障されることが農家が米づくりに専念する一重要動機である。住居地域には庶民が住居を求め，工業地域や準工業地域には工場が移転する。過疎町村は各種地元優遇措置を期待して原発誘致に心が動く。関西新空港建設にあたっては関連公共投資を期待して賛成する自治体や企業がある。工場誘致奨励金や固定資産税非課税，埋立地廉価分譲，関連公共施設整備の特典が企業立地の一動機となる。補助金や隠れたる補助金といわれる租税特別措置による減税が私人や企業の行動を誘導するきわめて有効な手法であることは周知の通りである。財形貯蓄や住宅積立郵便貯金も好条件により資金を集める。団地計画で住みよい街づくりの構想を見て庶民は入居を希望し，商店等も立地を望む。国鉄が複線化されるというので，自治体は大規模な団地計画をたてる，など。

2　政策変更への対応

　こうした公共政策が未来永劫あるいは当初予定された期限ないし完了まで維持されるならば，それを信頼して行動した者との関係で特別の問題を生ずることはないのであるが，現実には，それは，政権の交替，社会状勢の変化，当初の施策の誤りないし見通しの誤りなどの理由により，しばしば変更される。そ

うすると，こうした公共政策を信頼して行動した者は損害を被る場合があるが，通常は経過措置を定めたり，既得の権利を侵害しないよう配慮される[1]。

たとえば，特定空港周辺航空機騒音対策特別措置法によると，成田空港についてWECPNL（荷重等価平均感覚騒音レベル）80以上の区域（航空機騒音障害防止特別地区）では住宅等の建築が禁止されることになったが，代りに既存の宅地等については損失補償，土地の買入れ，移転補償が用意されている。

共通一次のような入試制度の大改革は数年前から予告され，国公立大学の授業料値上げや単位数増加は既に入学ないし進学している者には適用しない扱いが普通であろう。沖縄の本土復帰にあたっては沖縄の弁護士に本土の弁護士資格を与えるための特例法が制定された（沖縄の弁護士資格者等に対する本邦の弁護士資格等の付与に関する特別措置法，昭和45年，法33）。市街化区域と市街化調整区域の線引きにより既成宅地が住宅建設を禁止されている市街化調整区域に指定された場合は，その時の所有者が6ヵ月以内に届け出れば5年以内は開発行為をすることができる（都市計画法34条13号，同令30条）。建築基準法上過去には適法であったが，法令の改正や法令に基づくたとえば用途地域の変更により違法になる建物も法律不遡及の原則により保護される（建基法3条2項，既存不適格建築物）。市街地開発事業等予定区域，市街地開発事業又は都市施設に関する都市計画に定められた区域が変更されたため，区域外となった土地所有者又は関係人に対してはこれにより被った損失を補償し（都市計画法52条の5，57条の6），土地収用法上の事業認定が失効したため損失をこうむった者にも補償する（同法92条）ことになっている。後述する釧路市の工場増設奨励金廃止事件でも「改正前の条例の規定により，昭和40年度を初年度として奨励金の交付の対象となるもの」については従前の例によるものとしている。

---

(1) なお，西ドイツでは土地の許容されていた利用方法が廃止・変更されたため土地について著しい価値の減少が発生する場合や地区詳細計画（Bebauungsplan，わが国で昭和55年に追加された都市計画法12条の4と建築基準法68条の2以下により導入された地区計画のもととなった制度）が存続すると正当に信頼して建築の準備をしたところ計画が変更，補充，廃止された場合に相当な金銭補償を与える規定があり（連邦建設法44条，39条），本文で後述する計画保障請求権の立法例とされている（なお，これについては，フェルスター＝成田頼明訳「ドイツ連邦共和国都市建設法における計画損失に対する補償」自治研究50巻11号がある）。本文であげた例も日本版計画保障請求権の立法例といえよう。

3 想定外の政策変更

しかし、こうした公共政策の変更にあたりそれを信頼した者をどの範囲で保護しなければならないかという法理論は、これまで十分に確立されていない。むしろ、特別の規定がないかぎり、単に政策の問題と見られているふしもある。そこで、現実には公共政策を信頼した者に不測の不利益を与えることがある。マンション用地として購入した土地のある地域がマンションの建てられない第1種住居地域に指定されたり、市の工場追い出し政策に従い郊外の準工業地域へ移転したところ、住宅が張りついてきたためそこも住居地域に指定されて工場が事実上再移転を余儀なくされるとか、早場米奨励金をあてに米作りに努力したところ、収穫直前にその制度が廃止され、工場を増設して奨励金を申請してから奨励金が廃止され、公営住宅団地の完成を期待して公衆浴場を建設したところ団地計画が廃止されるなどがその例である。期限付の租税特別措置が期限前に廃止されたり、住宅積立郵便貯金につき一定年間積み立てていざ借りる段になって予算不足で貸せないことになったり、公務員の退職手当が法改正により減額され、予定通りの退職金をもらえなくなったり、市営地下鉄が開通するというので市から土地を購入し工場を建設したが地下鉄ができないことになれば同様である。

4 問題の所在

しかし、そうした損失に対し常に補償するべきものではない。たとえば、大学移転により大学周辺の麻雀屋が閑古鳥の鳴く有様となってもやむをえまい。ここに、国・公共団体は、いかなる法的根拠に基づいてどのような要件の下に、損害を被った者に賠償ないし補償する義務を負うか、という問題が生ずる。

なお、これはもともと適法な施策に対する信頼保護等の問題であって、違法な指導や表明（たとえば、地方税法上の課税物件を非課税と通知[2]、風致地区でも建てられるガソリンスタンドを建てられない様指導[3]）に対する信頼保護の問題とは異なる。後者では法治行政と信頼保護の調和が問題となるので、ここでの問題と区別される。

---

(2) 東京高判昭和41・6・6行集16巻6号607頁。
(3) 京都地判昭和47・7・14判時691号57頁。

第 1 部　国家賠償法と損失補償法の接点

5　本稿の課題

この問題は西ドイツでは Plangewährleistungsanspruch（計画担保請求権—手島，計画保証請求権——乙部，計画保障請求権——遠藤[(4)]）として学説上論じられ，かなりの判例もあるところであるが，わが国でも近時これに関し下級審段階でいくつか判例が登場し，学問上の研究も進みつつある。

ところで，去る昭和 56 年 1 月 27 日の最高裁判決（以下，本件という，民集 35 巻 1 号 35 頁）は，自治体の企業誘致政策が首長の交代で変更され，誘致企業の進出が不可能になった場合には，自治体は信頼保護の原則に基づき原則として賠償責任を負う，との判断を示し，この計画保障請求権の問題に新判例をつけ加えた。

この判決は詳細で，今後の計画保障請求権のあり方に大きな影響を与える重要判例というべきであるが，問題点もなくはない。また，他の事件への応用可能性にも考察すべきところが多い。そこで，ここに計画保障請求権の観点からこの判決を検討することにした。

◆ II　最高裁判決の内容

1　事 実 関 係

最高裁の要約するところでは，原審の確定した事実関係は大要次の通りである。

(1)　X は，Y 村内に製紙工場（以下「本件工場」という）の建設を計画し，昭和 45 年 11 月に当時の Y 村長訴外 A に対し右工場の誘致及び Y 所有地を工場敷地として X に譲渡することを陳情した。これに対し，A は，本件工場を誘致し右工場敷地の一部として村有地を X に譲渡する旨の Y 村議会の議決を経由したうえ，昭和 46 年 3 月，X に対し右工場建設に協力することを言明した。

(2)　そこで，X は，A らの協力のもとに Y 村内に工場敷地を選定したうえ，当時河川を管理していた米国民政府に対し工場操業に必要な水利権設定の申請

[(4)]　手島孝「計画担保責任論」ジュリスト 637，639〜641，643 号（1977 年）＝『計画担保責任論』（有斐閣，1988 年），乙部哲郎「国家計画の変更と信頼保護」神戸学院法学 6 巻 3 号（1976 年）＝『行政上の確約の法理』（日本評論社，1988 年），遠藤博也『計画行政法』（学陽書房，1976 年）。なお，本稿では計画保障請求権の語を用いる。ここで「計画」保障請求権と呼ばれているが，保障の対象となるのは行政法学上の計画に止まらず，広く法律，条例，契約，補助金，行政指導など公行政全般に及ぶ。

を行うため，右申請に対するYの同意書を得た。

(3) Xは，昭和46年8月から47年12月にかけて本件工場敷地の一部として予定された村有地の耕作者らに土地明渡しに対する補償料を支払い，更に本件工場に備え付ける機械設備の発注の準備を進めていたが，Aは，これを了承していたばかりでなく，引き続き工場建設に協力する意向を示し，その速やかな推進を希望し，かねてのXとの約定に基づき，沖縄振興開発金融公庫に対し，Xが機械設備発注のために必要としている融資を促進されたい旨の依頼文書を送付した。同じ頃，Xは右機械設備を発注し，更に前記工場敷地の整地工事を完了した。

(4) ところが，昭和48年1月初めにAに代わってY村長に就任したBは，本件工場設置に反対する工場予定地周辺の住民の支持を得て当選したものであるところから，本件工場建設に反対する意向を固め，Xが沖縄県建築基準法施行細則2条1項の規定に基づきB村長のもとに提出した本件工場の建築確認申請書を同条2項の規定に反しその名宛人たる沖縄県の建築主事に送付することなく，Xに対し，工場予定地周辺の住民が工場建設に反対していること，村議会の本件工場誘致の議決後に社会情勢が急変したこと，本件工場の建設は将来付近地域の開発に支障をもたらすおそれがあること，本件工場予定地の上流に農業用ダムの建設計画があることを理由として，同年3月29日付で右建築確認申請に不同意である旨の通知をした。

(5) Xは，このようにして本件工場建設に対するYの協力が得られなくなった結果，右工場の建設ないし操業は不可能となったので，やむなくこれを断念した。

Xは，以上のような事実関係に基づき，Yの所為はXとの間に形成された信頼関係を不当に破るものであるとして，Yに対し，前記機械設備の発注により支払義務を負担することとなった代金相当額等その被った積極的損害（元本額5574万5614円）の賠償を求めた。

これに対し，原判決は，本件工場建設に対するYの積極的な協力は住民の福祉増進を目的とし，住民意思に副うことを前提とするものであるから，A村長らによる企業誘致の方針が村民によって批判され，批判勢力の支持するB村長が選出された以上，XはYの協力を期待すべきではなく，Yの協力拒否を違法ということはできないとして，右請求を排斥した第一審判決を維持した。

第 1 部　国家賠償法と損失補償法の接点

2　判旨（破棄差戻）

　地方公共団体の施策を住民の意思に基づいて行うべきものとするいわゆる住民自治の原則は地方公共団体の組織及び運営に関する基本原則であり，また，地方公共団体のような行政主体が一定内容の将来にわたって継続すべき施策を決定した場合でも，右施策が社会情勢の変動等に伴って変更されることがあることはもとより当然であって，地方公共団体は原則として右決定に拘束されるものではない。しかし，右決定が，単に一定内容の継続的な施策を定めるにとどまらず，特定の者に対して右施策に適合する特定内容の活動をすることを促す個別的，具体的な勧告ないし勧誘を伴うものであり，かつ，その活動が相当長期にわたる当該施策の継続を前提としてはじめてこれに投入する資金又は労力に相応する効果を生じうる性質のものである場合には，右特定の者は，右施策が右活動の基盤として維持されるものと信頼し，これを前提として右の活動ないしその準備活動に入るのが通常である。このような状況のもとでは，たとえ右勧告ないし勧誘に基づいてその者と当該地方公共団体との間に右施策の維持を内容とする契約が締結されたものとは認められない場合であっても，右のように密接な交渉を持つに至った当事者間の関係を規律すべき信義衡平の原則に照らし，その施策にあたってはかかる信頼に対して法的保護が与えられなければならないものというべきである。すなわち，右施策が変更されることにより，前記の勧告等に動機づけられて前記のような活動に入った者がその信頼に反して所期の活動を妨げられ，社会観念上看過することのできない程度の積極的損害を被る場合に，地方公共団体において右損害を補償するなどの代償的措置を講ずることなく施策を変更することは，それがやむをえない客観的事情によるのでない限り，当事者間に形成された信頼関係を不当に破壊するものとして違法性を帯び，地方公共団体の不法行為責任を生ぜしめるものといわなければならない。そして，前記住民自治の原則も，地方公共団体が住民の意思に基づいて行動する場合にはその行動になんらの法的責任も伴わないということを意味するものではないから，地方公共団体の施策決定の基盤をなす政治情勢の変化をもってただちに前記のやむをえない客観的事情にあたるものとし，前記のような相手方の信頼を保護しないことが許されるものと解すべきではない。

　これを本件についてみるのに，前記事実関係に照らせば，A村長は，村議会の賛成のもとにXに対し本件工場建設に全面的に協力することを言明したのみならず，その後退任までの 2 年近くの間終始一貫して本件工場の建設を促

し，これに積極的に協力していたものであり，Xは，これによって右工場の建設及び操業開始につきYの協力を得られるものと信じ，工場敷地の確保・整備，機械設備の発注等を行ったものであって，右はYにおいても予想し，期待するところであったといわなければならない。また，本件工場の建設が相当長期にわたる操業を予定して行われ，少なからぬ資金の投入を伴うものであることは，その性質上明らかである。このような状況のもとにおいて，Yの協力拒否により，本件工場の建設がこれに着手したばかりの段階で不可能となったのであるから，その結果としてXに多額の積極的損害が生じたとすれば，右協力拒否がやむをえない客観的事情に基づくものであるか，又は右損害を解消せしめるようなんらかの措置が講じられるのでない限り，右協力拒否はXに対する違法な加害行為たることを免れず，Yに対しこれと相当因果関係に立つ損害としての積極的損害の賠償を求めるXの請求は正当として認容すべきものといわなければならない。

以上によれば，前記の理由によって，Yが前言をひるがえし本件工場建設に対する協力を拒否したことの違法を原因とする本訴請求を排斥した原判決は法令の解釈適用を誤ったものというべく，右違法は判決に影響を及ぼすことが明らかであるから，その余の論旨について判断するまでもなく，原判決中右請求に関する部分は破棄を免れない。右請求については，Yの本件工場建設に対する協力拒否がやむをえない事情に基づくものであるかどうか，右協力拒否と本件工場の建設ないし操業の不能との因果関係の有無，Xに生じた損害の程度等の点につき更に審理を尽くす必要があると認められるので，本件のうち右請求に関する部分を原審に差し戻すこととする。（アンダーライン阿部）

◆ Ⅲ　法的保護を与える判断基準

1　考 え 方

公共政策の変更と行政の賠償責任というテーマでは政策変更の自由ないし不可避性と信頼保護の間をどのように調和させるかが問題となる。右判決は，これにつき，施策の変更の自由の原則と，個別的具体的な勧告・勧誘（第1の基準）および相当長期にわたる当該施策の継続を前提とする活動（第2の基準）という2要件の下で法的保護を考えるという解答を出した。

一般論としては，公共政策の変更は不可避であり，我々もそれを予測して行動すべきであるから，政策への信頼は単なる期待にすぎず，法的保護に値する

ものではないが，本判決の掲げる2要件をみたす場合は行政主体と国民一般の関係に止まらず，相手方に政策の存続に対する強い期待が生じ，それを無視することができなくなるであろう。そして，本件の具体的事実関係においてこの基準がみたされていることも判旨（「これを本件についてみるのに」以下の部分）の通りであろう。その意味でこの判決の基準は一応妥当のように見える。学説上も，計画の存続につき特定私人が有した利益が法的保護に値するためには，当該私人が①原計画の存在に決定的に動機づけられ，②計画協力的態様で，③財産的価値ないし労力を現実に投下したことを要する，との説が有力に提示されている(5)が，それも基本的には同様の立場であろう。

そして，原判決が，企業誘致批判派が村長に選出された以上，誘致企業は村の協力を期待すべきではなく，その協力拒否は違法ではないとの民意優先の解釈を示した点につき，本判決は，住民の自治にも法的責任を伴うとして，これを覆したが，これも，もともと村が信義則により拘束されていることを前提とすれば（この点はⅤで後述），妥当と思われる。村が前村長時代にせよ，Ｘに協力の確約をすればそれは単に村長の確約ではなく村の確約であるから，村長が交代しても村はさきの確約に拘束される。村長の交代は村の内部関係にすぎない。首長の交代ごとに村が約束を反古にできるなら住民無責任の法理があることになり，村を信用する者はいなくなる。ちょうど，自民党が大敗し安保反対の政権が誕生しても，安保は日本国とアメリカの約束であって，自民党政権とアメリカとの約束ではないから，その期限前に一方的に廃棄できないのと似たようなものであろう。

2 他の事例の検討
(1) 公営団地計画廃止事件

しかし，この判決の立場が他のすべての計画保障請求権上の問題にそっくり適用できるかは疑問がないではない。右判決の立場を先例等に適用して，その当否を検討してみよう。

公営住宅団地計画予定地に公衆浴場を建設したところ，団地計画が廃止されたため浴場が経営不能に陥った例がある。この浴場建設は，裁判所によると，市の公営住宅法上の義務を実質的に肩替りし，その団地建設の一端を担ったも

---

(5) 手島・前注(4)ジュリスト643号136頁。さらに，乙部・前注(4)489頁参照。

のであり，市はこれを利用した関係にあった。浴場主の有する利益は寄与に対する反対給付的な意味をもつものとして法律的な保護に値する利益にまで高められたので，かかる利益を何らかの代償措置を講ずることなく一方的に奪うことは信義則・公序良俗・禁反言の法理に反し違法である，という[6]。この事件では，市は団地内の浴場予定地を浴場以外の目的に使用しないよう用途制限して払い下げ，浴場主に対し開業時期を指定し，法令の基準に適合するよう指導し，団地建設計画の変更についての危惧についても「間違いなく建つ」と答えて浴場主を安心させたというのであるから，本判決にいう信義則を認める第1の要件「特定の者に対して右施策に適合する特定内容の活動基準をすることを促す個別的，具体的な勧告ないし勧誘を伴うもの」の要件を充すといえる。そして，この浴場経営は団地建設計画が廃止されれば成り立たないのであるから，この事件は右判決の第2の基準「その活動が相当長期にわたる当該施策の継続を前提としてはじめてこれに投入する資金又は労力に相応する効果を生じる性質のものである場合」を充たす。このようにして，この浴場主の賠償請求を認めた判決は本判決によっても正当化されるということができる。この結論は妥当と思われる。

(2) 工場誘致奨励金遡及廃止事件

次に，工場の新設又は増設があった場合一定の範囲内で奨励金を交付することができる，と定める工場誘致条例の下で工場を増設して事業を開始し奨励金の交付を申請したのちになって，増設に対する奨励金が廃止された例がある（釧路市工場誘致条例改正事件）。一審判決はこの改正条例が公布施行される前に工場の増設を完了している者についても経過規定により奨励金を交付すべきか否かは立法政策の問題に過ぎず，この条例にはそういう規定はない[7]とし，二審判決は奨励金は工場を増設した企業に対して何らの反対給付なく一方的に交付される多分に恩恵的な給付であるから奨励金の交付を受けられるであろうとの期待は事実上の期待に止まり，未だ具体的権利発生に先立ち法的保護の対象となりうる地位にはあたらない，とした[8][9]。今村成和はこれに先立って右の二審判決と同様の見解を一審の評釈で公にしていたが[10]，他方，遠藤博

---

(6) 熊本地玉名支判昭和44・4・30判時574号60頁。
(7) 釧路地判昭和43・3・19判時516号11頁。
(8) 札幌高判昭和44・4・16判時554号15頁。

也は，工場の新増設それ自体は企業経営上の理由に基づくものにすぎないが，他の場所にではなく，他ならぬ釧路市内において新増設をした理由が，そこで約束された優遇措置を企業の計算にとり入れた結果であるとしたならば，信義則違反の問題が生じうる余地があるとか，条例の適用対象たる企業の規模や条例の目的たる企業誘致の性質上，具体的に特定の企業に対する市当局の誘致工作等の働きかけが存するならば，場合によっては，事実上公法上の契約に類する事情の存在が認められなくてはならないこともありうる，と疑問を投げている(11)。筆者にも二審判決の考え方では，市は工場を奨励金で釣って，工場が増設されると，「釣ったサカナにエサをやるバカはいない」と言うように聞こえ，いかにも行き過ぎであり，遠藤説の提起する疑問はあたっているように思える。

3 個別的具体的勧誘は必要か
(1) 工場誘致奨励金遡及廃止事件

この事件に本判決の基準を適用してみると，果して市から企業に対し工場増設のために個別的，具体的な勧告なり勧誘があったか，工場増設が相当長期にわたる奨励金の継続を前提としてはじめてこれに投入する資金又は労力に相応する効果を生じうる性質のものであるかどうかが問題となる。この後者の基準は奨励金が工場増設にとって重要な動機なら保護に値し，附随的なものならば保護に値しないという基準と結果的に同旨に帰着するとも考えられ，上記の遠藤説もほぼ同旨の見解で妥当と思われる。

これに対し，この個別的具体的な勧誘という基準は果して必要であるか，筆者には疑問に思われる。本判決の事案では，工場の進出にあたっては自治体の

---

(9) ちなみに，田中二郎＝雄川一郎編『行政法演習Ⅰ』（有斐閣，1963年，新版，1975年）の問題〔23〕（田中二郎執筆）は「固定資産税の免除に関する違約と相手方の有する救済手段」というテーマを扱い，一見すると本文の工場誘致条例廃止事件に似ているが，この例は工場完成の日から3年間固定資産税を免除する旨の指定がいったんなされたあとで工場完成後取り消されたとするものであって，これはすでになされた行政処分の取消（撤回）に対する信義則の観点からの制限の問題である。これはまだ奨励金交付決定がなされていない本文の例よりは相手方を保護する必要性ははるかに大きく，計画保障請求権の理論を必要としないものである。

(10) 今村成和・判評116号120頁。

(11) 遠藤・前注(4)236頁，同・ジュリスト433号39頁。

各方面にわたる個別具体的な協力を必要としていたと推察されるが，そうとすれば単なる一般的な工場歓迎といった施策だけでは工場は進出しないわけである。そういう事案では右の基準は妥当するであろう。

しかし，この工場誘致奨励金廃止の事案では，自治体としては，条例を制定しさえすれば，とりたてて個別具体的な勧告をしなくとも，魚釣りにたとえれば，すでにマキエをし，ハリにエサをつけていることに変りはなく，工場誘引効果にさして違いはない。そうした事案では，自治体が個別具体的な勧誘さえしなければ，企業が条例の規定をみて奨励金を計算に入れて工場増設したときに条例を廃止して，釣った魚にエサをやるバカはいない，とうそぶいていられるというのは不合理ではなかろうか。このように考えると，本件判決の法的保護を与える基準のうち第1の具体的個別勧誘という基準は必ずしも一般化できないと思われる。

(2) 米価の時期別格差の廃止

同様のことは，生産者米価の決定に際し従来認められていた時期別格差金を廃止した事件にもあてはまるであろう[12]。この事件では従来13年間も米の早期出荷に対し時期別格差金が交付されていたので，農家はそれを信頼して早場米を植栽するなど特別の投資をしてきたが，その制度が収穫直前の8月に廃止されたのである。こうした時期別格差金という制度は個々の農家への個別具体的な勧誘を伴わなくとも単に制度として存在するだけで十分な勧誘効果があることは工場誘致奨励金と同じである。それがたまたま具体的な勧誘がないからとて収穫直前に廃止されてもやむをえないといえるだろうか。

なお，手島もこの事件の判例評釈[13]で，こうした国家計画への信頼にもとづく期待的利益ないし地位は，少なくともこのように経済的利益を内容とする場合，財産権の一種として憲法29条の保護を受けるとする。ただ，私見では，農家が早場米を供出するためにどれだけ余分の労力と資力を投下するかが解明されなければ，この事件が本判決の第2の基準に適合するかは不明と思われる。

(3) そ の 他

このほかに，試験制度を急に大幅変更し受験生に予測できない重大な不利益を与えるとか，期限付の租税特別措置が期限前に廃止されるとすれば，もとも

---

(12) 東京高判昭和50・12・23判時805号55頁。
(13) 手島・判評214号127頁。

とそれは一般的な施策で個別的な勧告を伴わなくとも，それを信頼した者に重大な不利益を与えるので，計画保障請求権が成り立つのではないかとの疑問がある(14)。そうとすれば，本件判旨の法的保護を与える基準の前者の方がどこまで一般的に適用されるべきかは問題であろう。

◆ Ⅳ　行政の賠(補)償責任の根拠

　計画保障請求権の法的根拠として考えられるのは法的安定説，契約説，信頼保護説，信義誠実・公序良俗・禁反言説，財産権説である(15)。本判決は信頼保護説を採用した。本件の事案ではＹ村の協力の約束が契約といえるか，協力拒否が財産権を侵害するといえるかに疑問がないわけではない様にも思われるので，信頼保護説が一応無難であろうと思われるが，前記公営団地廃止事件では契約説(16)が，米価時期別格差金廃止事件(17)では財産権説が提唱されているように，事案によって種々なる法律構成が可能である。これはいずれか一つの説しか成り立たないというものではなく，事案によって成り立つ説も異なるし，同時に複数の説が成り立つこともあると考えられる。事案にそくした分析が必要であり，本判決は計画保障請求権の法的根拠を信頼保護の原則に限定したと見られるべきものではない。

◆ Ⅴ　本件の具体的検討

　本判決の一般論を本件の具体的事実に適用して検討すると，いくつかの疑問が生ずる。

　(1)　本判決はＹの協力拒否により工場の建設が不可能となったと原審の事実認定を要約しているが，その協力拒否の内容としては建築確認申請への不同

---

(14)　乙部・前注(4)495頁参照。ちなみに，西ドイツでは，冷凍肉輸入規制緩和を少なくとも1933年末まで存続する旨の法律が制定されたので，関係業界が関係投資に踏み切り大規模な冷凍肉輸入に着手したところ，予定より早く輸入規制が復活した事件で，1933年のライヒ大審院判決は国家の責任を否定したが，この事案は，今日では，収用的侵害ということで被害輸入業者たちの請求は承認されるであろうといわれる（手島・前注(4)ジュリスト640号115頁）。

(15)　手島・前注(4)ジュリスト643号125～126頁に詳しい。さらに乙部・前注(4)482頁以下。

(16)　好美清光「評釈」判評136号135頁。

(17)　手島「評釈」判評214号127頁。

意のみがあげられている。しかし，Yが建築確認に同意しなかったからといって工場建設が不可能になるのだろうか。またこれは信義則の問題であろうか。

YのB村長がXの建築確認申請書を沖縄県の建築主事に送付せずこれに不同意である旨通知した点では，もしそれが適法であればXはYの非協力と関係なく工場を建設できない。Yが協力を確約したといって，違法な建築まで看過することを約束したわけではないからである。逆にBの扱いが違法ならば，一審判決[18]の認定によると，Xは同村長を経由せず直接に沖縄県建築主事に建築確認申請をすることができるのであるから，XはY村の非協力にもかかわらず，工場を建設できるのである。この点では法治行政だけで片がつき，Yの協力に対するXの信頼は問題とならない。したがって，本判決がこの問題を信頼保護の問題と把握したのは妥当とは思えない。なお，B村長の申請書送付義務違反は一審判決によると違法であるが，私見によればそれにより生ずる損害はXの工場操業不能ではなく，単に県建築主事に申請書を提出し直さねばならないことによる追加的出費のみである。この問題についてはXが上告理由書を法定期限内に提出しなかったので最高裁の判断はなかった。

(2) 本判決はYの協力拒否を信頼保護の原則違反とみているが，そう判定するためにはYのなすべき協力の内容がある程度具体的かつ明確である必要がある。単なる協力の約束だけでは具体的内容はないに等しい。建築確認は法律に従って行うべきことで，協力の約束に左右されないことは右述の通りである。しかし，それ以外にはYのなすべき協力の内容は判決文からは読みとれない。

この点，一審では，Xが工場操業を断念しなければならなかった理由は，工場操業後に必要な河川の使用等に関するYの協力を期待できないことにあることが認定されている。米軍施政下における河川の使用に関する法制度は目下判明しないが，これが建築確認同様覊束行為であれば法治行政の問題で，信頼保護の問題ではない。これが裁量行為であれば逆に協力の約束は信頼保護の問題となろうが，この点は適切に争われなかったためか，裁判所が正面からとりあげるところとなっていない。

(3) 村の協力約束でも，工場建設の際の敷地の払下げ，道路・水道等関連公

―――――――――
[18] 那覇地判昭和50・10・1判時815号79頁。なお，この控訴審判決（福岡高那覇支判昭和51・10・8――法セミ編集部を通じて入手）も一審判決とほぼ同旨である。

共施設の整備を約しつつ履行しない場合，そのために工場が経営できない事態を生ずれば，前記公営住宅団地計画廃止事件と同様，信頼保護の原則に反するであろう。これに反し，村が工場誘致から公害工場反対に施策を転換しても，それは村の自由である。工場誘致に協力を約束したからといって，公害工場まで歓迎する約束をしたわけではないからである。工場誘致・協力宣言後に公害防止条例を制定し，または厳しく改正しても同様であろう。この場合には工場は村の協力なくとも自ら適法に操業開始にこぎつけることができるのであって，団地計画が廃止されたら経営的に全く成り立たなくなる前記公営住宅団地廃止事件における公衆浴場とは全く異なるのである。Xらの請求を棄却した一，二審判決の真意は必ずしもはかりがたいが，上記の点に鑑みると，その結論の方が妥当であった可能性がある。

(4) 本判決は「やむを得ない客観的事情」による場合は補償なしに施策変更できるとしているが，それはどんな場合かは判決文からは読みとれない。X会社に信義に反する行為があったり，公害工場であることが判明するような場合をいうのであろうか。

◆ Ⅵ 両当事者のとるべきであった措置

　判決文から推察するに，必ずしも明らかでないが，両当事者の行動には性急なところがあったように見える。Y村としてはXに対する非協力政策への転換の理由が公害反対にあるなら，Xに対し建築確認を一切拒否し工場建設を全面阻止しようとするのは行き過ぎであり，公害防止条例により厳しく監視するなどすれば，条例制定権の限界はあっても，ある程度の対応を図れたのではなかろうか。逆に，Xとしても，Yの非協力に出あったら直ちに工場建設を放棄することなく，建築確認を訴求してでも適法に工場新設を求めるべきであったろうと考えられる。

第4章　予防接種禍をめぐる国の補償責任

(1986年)

◆ I　はじめに

　天然痘の予防のための種痘その他の予防接種（予防接種の種類については予防接種法2条2項）の副作用により被接種者が死亡し，または障害の状態になった場合に裁判上どのような救済が認められるかについては，意見が分かれ，判例も対立している。もともとは，国は責任を否定する態度であったが，被害の重大さに直面して，まず，閣議了解による救済措置（昭和45年），ついで，予防接種法の改正による救済措置（昭和52年施行）がとられた。しかし，それを不十分とする被害者は各地で集団訴訟を提起し，第1に，厚生大臣や担当者の過失を理由とする損害賠償責任，第2に，過失が認められない場合に，損害賠償とは別の国の責任を追及し，予防接種法による救済との差額の支払いを求めてきた。

　この問題については，過失責任の判断の仕方も重要であるが，一般理論として，より興味を惹き，また解決の困難なものは，第2の問題である。すでに，3つの対立する判決が出ている。後述の考察の便宜のため，ここで簡単にその要点を紹介しておく。

　第1に，まず，**東京地裁昭和59年5月18日判決**（判タ527号165頁，判時1118号28頁）は，一般社会を伝染病から集団的に防衛するためになされた予防接種により，その生命・身体について特別の犠牲を強いられた各被害児およびその両親に対し，右犠牲による損失をこれら個人の者のみの負担に帰せしめてしまうことは，憲法13条，14条，25条の法の精神に反するということができ，かかる損失は，本件被害児らの特別の犠牲によって，一方では利益を受けている国民全体，つまり国が負担すべきであるとしている。そのうえで，財産権について特別の犠牲を強いられた場合には，損失補償を認める規定がなくとも憲法29条3項を根拠に補償請求することができるという判例を指摘したあと，憲法13条後段，25条1項の趣旨に照らせば，財産上特別の犠牲が課せられた場合と生命・身体に対し特別の犠牲が課せられた場合とで，後者のほうを不利

に扱うことは許されないとし，最後に，生命・身体に対して特別の犠牲が課せられた場合においても，憲法29条3項を類推適用し，かかる犠牲を強いられた者は，憲法29条3項に基づき，国に対し正当な補償を請求することができる，と解した。この判決は，根拠は憲法13条，14条，25条であるが，さらに29条3項の類推適用を認め，予防接種法を上回る補償を認めた点に特色がある。

第2に，**高松地裁昭和59年4月10日判決**（判タ521号264頁，判時1118号163頁）は，原告の主張を，種痘により種痘後脳炎という特別の犠牲を受けた者に対しては憲法29条3項によりその損失を補償すべきであると捉え，これに対して，財産権に対する侵害と生命・身体に対する侵害は質的に異なるものであって，財産権の補償に関する規定や解釈を直ちに生命・身体の侵害についての補償に類推することはできないと反論する。次に，何らかの補償がなされるべきであるとしても，その具体的内容は憲法から直接明らかになるものではないとし，予防接種に対する救済制度が確立したことから，予防接種に伴う健康被害を受けた者に対して，国家補償的見地からできる限りの補償を与えようとするものであると解され，上記救済制度以外あるいはそれを上回る損失補償請求を許さない趣旨であるというべきである，とした。つまりこれは，東京地裁判決とは逆に，憲法29条3項の類推適用を否定し，また，予防接種法を上回る補償請求は許されないとしたのである。根拠条文として憲法13条，14条，25条の検討がなされていないのも特色である。

第3に，**名古屋地裁昭和60年10月31日判決**（判タ573号10頁，判時1175号1頁）は，憲法29条3項は人の身体・健康に関する被害につき類推適用することに合理性があるとは認めがたいとし，憲法25条1項から直接補償を求めることができるとしつつ，結局，予防接種救済制度を上回る損失補償請求はできないとした（以下，これらの判決は所在地名で記す）。

筆者は，この東京地裁と高松地裁の判決が出た時点で，すでに「賠償と補償の間」という論文[1]を発表して（これを以下，「**拙稿**」と称する），この問題についても簡単な論評をし，東京地裁の判決は，損失補償の法理をそのまま適用したものではなく，憲法13条，14条，25条プラス29条との均衡論により新し

---

(1) 阿部泰隆「賠償と補償の間」法曹時報37巻6号1446頁以下（昭和60年6月）＝本書，第1部第1章以下「拙稿」と称する。

第4章　予防接種禍をめぐる国の補償責任

い国家補償の法理を創造したものというべきであるとし，この判決をこのように善解して賛成し，高松地裁の判決に反対した。そして，予防接種被害者に対する賠（補）償額は憲法から導かれるもので，立法政策に委ねられるものではないし，その救済ルールを予防接種法による認定や給付の取消訴訟に限定する理由もなく，憲法から導かれる補償額と予防接種法の定める額との差額を直接訴訟で請求できるとした。

　しかし，その後，名古屋地裁判決は，前記のようにこれと異なる判断をしているし，若干の論評も見られる(2)ので，この機会に，主に名古屋地裁の判決を中心に検討を加え，私見を深化させたい。上記の「拙稿」は関連する問題についていろいろ検討しているので併せて御参照いただければ幸いである。

　なお，ここで，この問題に対する解釈態度について触れておきたい。国家の金銭填補責任（国家補償責任(3)）には，典型的なものとしては，国家の違法・有責な活動を理由とする損害賠償と，適法な財産権剥奪・制限に基づく損失補償があるが，予防接種事故は，この典型的な類型には当てはまらない，いわゆる国家補償の谷間である。こうした事故は，憲法も予想していないので，直接適用される規定はないのが当然である。そこで，どの規定を根拠とするにせよ，解釈論として，従来の発想にはない考え方を提示せざるをえない。そこで，そ

---

(2)　文献は右記の「拙稿」に詳しく引用しておいたが，その後の文献も含め，特にこの問題に関係する論文を挙げておく。引用はゴシック体で示した著者名のみで行う（順不同）。敬称は略す。**今村**成和「予防接種事故と国家補償」ジュリ855号，**原田**尚彦①「東京地裁判決解説」ジュリ重要判例解説昭和59年度，同②「名古屋地裁判決解説」法教66号，**西埜**章①「予防接種判決と損失補償」ジュリ820号，同②「損害賠償と損失補償の相対化についての批判的考察」判評318, 319号＝判時1154号, 1157号, 岡本博志「東京地裁判決評釈」北九州大学法政論集12巻3・4号（昭和60年3月），**芝池**義一「演習」法教66号，**滝沢**正①「予防接種事故と損害の填補」判タ530号，同②「名古屋地裁判決評釈」判評329号＝判時1190号，**成田**頼明①「予防接種事故の法的責任とその被害者救済」ジュリ406号，同②「予防接種健康被害救済制度の法的性格について」『公法の基本問題』（有斐閣，昭和59年），**新美**育文「予防接種事故と国・自治体の責任」判タ546号，**古崎**慶長「予防接種による被害と憲法29条3項の類推適用」季刊実務民事法8号，**塩野**宏「賠償と補償の谷間」法教47号（塩野＝原田『行政法散歩』（有斐閣，昭和60年）所収），渡辺賢「解説」法セミ363号，山田幸彦「公害弁連レポート名古屋予防接種判決の検討」法時58巻1号，**加藤**雅信ほか〈研究会〉予防接種ワクチン禍訴訟東京地裁判決の検討」判タ539号，田中舘照橘「東京地裁判決解説」法令解説資料総覧41号。

(3)　本稿で補償というとき，典型的な損失補償の意味のほか，国家補償の谷間の金銭填補をも含めることになる。

れに対して，解釈論としては無理ではないかとか，お互いに自分の解釈が勝っているという意見が示されるのであるが，問題は，些細な規定解釈上の齟齬をどうするかということではなく，基本的には何が正義か，憲法が予防接種事故の被害救済を立法者の裁量として満足しているかどうか，憲法は何を求めているか，という憲法全体の精神から判断すべきである。

塩野宏は注(2)論文で，西ドイツ，フランスは予防接種禍の救済をまず判例により認めてきたが，それぞれの国の手法は異なり，前者は犠牲補償の観念，フランスでは危険責任や公役務作用の瑕疵といった，いわば有り合わせの法制度を活用して救済を図った点に注意する必要がある，と指摘した。

要するに，これらの国では，救済は必要だが，解釈論としては，それぞれの国にある既存の法理論を活用することになり，柔軟な法解釈が必要になっていると認識されているということであろうと推測する。わが国でも，結論的に救済するという観点から既存の法理論や制度を柔軟に活用するべきで，その際，多少の不適切さは，無視するしかないことを学ぶべきであろう。

論点は上記の判決紹介から予想されるように，予防接種禍に対する国の責任の憲法上の根拠は何か，特に財産権の補償に関する憲法29条3項はいかに位置づけられるか（Ⅱ），次に，予防接種法の給付額を上回る請求は許されるか（Ⅲ），という点にある。また，ここに示されてはいないが，直接，民事訴訟で給付を求めることができるのか，抗告訴訟によるべきではないか（Ⅳ），といった論点を提示するものもある。以下，これらの論点ごとに検討する。

◆ Ⅱ 国の責任の法的根拠

1 私　見

国の責任の法的根拠については，憲法13条，14条，25条，29条が考えられる。上記の3判決のうち，高松地裁判決は，憲法29条にのみ言及し，他の条文には触れていないので，十分に検討したとはいえない。これに対し，東京地裁判決と名古屋地裁判決はこれらの条文を考慮しつつ，かなり異なる結論を出している。以下，まず，私見を述べ，次に学説・判例を検討する。

(1) 予防接種事故の特質と責任の根拠

㋐　予防接種は，国民を伝染病から守るという公共のためになされるものであるが，一定の割合（100万件に20～30件と聞く）で副作用による被害が発生する。これは現代医学では避けられない。国は予防接種を推進する以上，誰か

に（いわば悪魔のくじ引のように）副作用被害が発生することは予見できるのであるが，それが誰であるかは予見できず，それでも国民を伝染病から守るために予防接種を国民に勧奨なり強制するほかはない。一般の不法行為の場合には，被害の発生が予見されれば，侵害を抑止すればよいし，そうすることが可能であるが，予防接種の場合には，国としては予防接種を廃止して，国民を伝染病の蔓延に曝すほうが被害が大きいので，予防接種を廃止するわけにはいかない（もちろん，伝染病の恐れより副作用の脅威のほうが大きいときに，予防接種を廃止しなければ違法である——その側面は国家賠償訴訟で争われている——が，ここでは，そういう場合でないと仮定する）。国は予防接種による被害とそれをしない場合の伝染病による被害を比較して，後者のほうが大きいと判断して，予防接種を選択したわけである。

　これを別言すると，国は伝染病の蔓延を防止するために，誰かに犠牲が生ずることを承知で，予防接種を積極的に推進してきたのであるから，予防接種禍の被害者は，伝染病の蔓延防止という公共の福祉の実現のために必然的にその幸福追求の権利，生命・身体の自由を奪われ，犠牲となったと評価される。予防接種という制度は犠牲者を出すことを意図するものではないにしても，犠牲者は公共のために受忍限度を明らかに超える特別の犠牲を被っているといえるのである。

　㋑　これは憲法上いかに評価されるか。憲法13条は，生命・自由および幸福追求の権利は……最大の尊重を必要とすると定めるから，逆に，国家が個人のこれらの権利を侵害してはならないことは明白である。また，憲法25条1項は，国民に健康で文化的な最低限度の生活が営めるよう積極的に保障しているから，逆に国家が国民の健康で文化的な生活を営む権利を侵害することがあってはならないのは当然である。予防接種禍は，国家が直接手を下して生じさせたわけではないが，それでも，国家の施策の結果必然的に生じたものであるから，国家が多数の幸福のために少数者のこれらの権利・自由を侵害したに等しいといえる。

　他方，憲法は財産権も同様に保障している（29条1項）が，それは正当な補償の下に公共のために用いることができる（29条3項）として，それを公共のために用いた場合には正当な補償を要するとしている。上記の予防接種禍は，社会防衛という公共のために，被害者の生命・身体・健康を剥奪したといえるから，憲法29条3項が適用されるのと類似の地盤にある。ただ，憲法は，生

命等についてはそれを保障する規定を置くだけで、それを侵害した場合に正当な補償をする規定を置いていない。

こうした憲法の下で、解釈すると、予防接種禍の被害者は憲法の明文の規定では直接には保護されていない。

そこで、憲法から被害者救済を導くことができるかという問題が生じ、冒頭に紹介したように判例が分かれているのである。

㈦　しかし、憲法に直接保護する規定がなければ保護しないというとすれば、それは、特に規定がなければ、国民は国家との関係で何の権利もなかった明治憲法時代の発想である。憲法制定者がすべての場合を予想して規定を作ることができるはずはなく、また、国の責任について、主権免責の法理を放棄した今日の憲法の下では、規定の欠缺を充塡する体系的解釈が必要である。

そして、現憲法が財産の剝奪については補償の規定を置きつつ、生命の剝奪について補償の規定を置いていないのは、生命等については正当な補償をしたところで、公共のために剝奪することが許されないからにすぎない。逆に生命等が、いわば公共のために剝奪されたに等しい状況である場合には、生命は財産より重いとしているはずの憲法の下では、財産権に対する以上の補償があって然るべきであり、それについて補償を要しないと憲法が考えているとは信じられない。その点について規定がないのは、一般にはそういう事例がないから気づかなかったにすぎない。さらに、予防接種を受けた者の間で、多数の者が免疫を受けて幸福に暮せる蔭で少数の者が犠牲となったのであるから、後者を同等に扱い、後者の犠牲を全体の負担において調整することは憲法14条の要請するところでもある。

そこで、筆者は、この場合、憲法29条3項の適用ではなく、財産権の剝奪さえ補償されるのであるから、憲法13条、25条で保護されている生命・身体の剝奪に補償しないのはあまりに不均衡という**勿論解釈**を採るのである。そして、これは東京地裁判決とほぼ同旨であるとして、筆者はそれに賛成する。

この私見で注意すべきは、損失補償説ではなく、損失補償との比較による勿論解釈であることである。発想は西ドイツの犠牲補償請求権的なものであるが、それを日本国の憲法に照らして再構成したものである。この西ドイツの理論については、紹介も多い[4]ので、省略する。したがって、損失補償のメルクマ

---

(4)　沢井裕「西ドイツにおける犠牲補償の展開」関大法学論集12巻4・5号（昭和38

ールがそのまま当てはまらないのは当然である。

この点で，学説には憲法29条3項類推適用説があるとともに，そうした類推は無理であるという批判もあるのは後述のとおりであるが，筆者は，生命・健康・身体の被害に財産権の補償の規定を類推するのでなく，財産権が侵害されたとき補償されるなら，生命・健康・身体が同様に公共のために用いられたに等しい状況では，もちろんであるという，いわば，「いわんやをや」という発想を採るのである。

(2) 私見の補強
この説についていくつか疑問もあると思われるので，敷衍して説明する。

(ア) 侵害の意図の要否
一般には，収用—損失補償の特徴として，意図された侵害という要件を挙げる。これに対して，予防接種は，生命・健康を犠牲にすることを意図しているわけではない点で，典型的な収用の特徴がそのまま当てはまるものではない。そこで，これを理由に，憲法29条3項から勿論解釈をすることはできないとの説（滝沢①）がある。しかし，意図するにせよ，結果としてであるにせよ，公共のために人を犠牲にしてしまった場合に，その損失を填補する責任が国にあるかどうかという平面では，被害の填補が問題になるのであるから，その被害の発生が意図的なものか，結果的なものであるかは特に重要なものではなく，その点で異なると解するだけの実質的な理由はない。しかも，この場合の被害は，意欲はされないが，まったくの結果的なものではなく，制度的に予想され，あえて容認されているものなのである。

たとえば，アメリカでは，航空機騒音まで収用と構成されて（「拙稿」1438，1440頁〔＝本書27頁〕），補償をする根拠とされる。これは意図された侵害ではなく，日本でなら，通常は賠償の問題と構成されるのであるが，補償という構成も可能であることを示すものである。

ここで諸外国の国家補償責任を検討する余裕はないが，雄川一郎のきわめて優れた論文によると，外国では損失補償も，典型的なものに限定されることなく，拡張されていく傾向にあり，そこで，賠償の法理と接近してくるのであっ

年），同「西ドイツにおける国家補償序説」関大法学論集12巻1号（昭和38年），山田準次郎『国の無過失責任の研究』（有斐閣，昭和43年）173頁以下，西埜章『公法上の危険責任論』（東洋館出版社，昭和50年）217頁以下，唄孝一「予防接種に基づく障害の補償」法時43巻7号参照。

て(5)，補償を典型的な収用に限定する理由はなくなっている。

今村・75 頁も，「特別の犠牲」の語は国家補償の重い扉を開ける 1 つのキーワードになっているのであって，「特別の犠牲」とは，財産権の意図的な侵害に限られるとか，偶然の事故である予防接種禍は「特別の犠牲」とはいえないという類の論は，この語を正解したものではないとする。

(イ) 適法行為か否か

予防接種は，接種それ自体は，禁忌者に接種するとか，事故防止のルールに違反しない限り，適法である。しかし，生じた接種禍は不法である。したがって，これは典型的な収用の事案ではないので，収用の規定を活用して補償を認めることに違和感をもつ立場もあるのであるが，雄川一郎の研究(6)によると，諸外国の法理に照らすと，侵害行為の適法性が本質的前提となるとは考えられないのであって，わが国のみ別異の制度を採っていると解さなければならない理由はないのである。補償の本質的な前提は，公益目的を達成するための行為によって損失を受けたということであって，その行為の適法性は，補償の本質的な前提要件ではなくなるのである。

(ウ) 人間は牛馬以下か？

憲法は財産権を保護する。そこで，家畜伝染病予防法は家畜の伝染病予防のため家畜に予防注射等をした結果，家畜が死亡したら，その動物の評価額全額を補償するとしている（58 条 1 項 4 号）。植物防疫法は植物に有害な動植物を駆除し，および蔓延を防止するため当該植物の消毒・除去・廃棄等を命ずることができ，それにより損失を受けた者に通常生ずる損失を補償するとしている（20 条 1 項）。これは，公共の利益のために財産権を犠牲に供したのであるから補償を要するという考えに基づくものであると思われる。

これに対して，人間が予防接種の犠牲となった場合には，人間は財産ではないという理由で補償は不要といえるのであろうか。これこそ，人間は牛馬にも劣る扱いを受けることになり，およそ憲法の採る考え方とは思われない。やはり，財産—牛馬，植物—に対して補償がある以上，人間に対しては，明文の規定がなくとも補償を要すると解するのが憲法の体系的合理的な解釈であると信ずる。

---

(5) 雄川一郎「行政上の無過失責任」我妻栄先生還暦記念『損害賠償責任の研究(下)』（有斐閣，昭和 40 年）＝雄川『行政の法理』（有斐閣，昭和 61 年）所収に詳しい。
(6) 雄川・前掲論文 240 頁。なお，前注(1)「拙稿」も参照。

㈐　西ドイツの犠牲補償請求権との比較

　西ドイツでは，予防接種事故の被害者に対する救済は，伝統的な犠牲補償請求権の法理を拡張する形で1953年の連邦通常裁判所の判決により認められた。ここで注意すべき点が2点ある。

　第1に，西ドイツでも，収用と犠牲補償請求権とは別であって，前者は財産権に対する補償の根拠であるのに対して，後者は非財産的利益（生命，健康，自由，名誉）に対する高権的侵害の補償の根拠であることである[7]。したがって，西ドイツにおいても，予防接種事故に対する救済は，収用の規定の適用によってしているわけではなく，それとは別の制度によっているのである。

　わが国で憲法29条3項を活用しようとする議論では，西ドイツ法が参考にされているが，その議論がもし憲法29条3項を直接適用しようとするものであるとすれば（高松地裁判決や名古屋地裁判決は原告の主張をそのように解しているように思われる），少なくとも西ドイツでは通用していない立場であろう。しかし，それは，本来はそうではなく，西ドイツでは，非財産的法益の高権的侵害に対しては，収用とは別個の，しかし，財産権に関する収用に対応する犠牲補償請求権の制度で救済してきたのであるから，わが国でも，非財産的法益の侵害について，収用とは別個であるが，収用に対応する救済制度を憲法から導くことはできないかという点を問題としていると思われる。そして，その際に，憲法29条3項の類推や勿論解釈を主張するものであると思われる。

　第2に，しかし，犠牲補償は収用と全く別個のドイツ特有の制度という程のものではない。両者は成田・②461頁によると，プロイセンの一般国法に遡り，特別犠牲に対する公法上の損失補償という共通の制度である。したがって，犠牲補償は収用と類似の位置にあり，勿論解釈をする地盤があるのである。

㈑　被害が稀？

　予防接種事故は稀で，そうした危険は国民がみな負担するものであるから，特別の犠牲にあたらないという説があると聞く。文献でも，事故は稀であると強調するのをよく見る。たしかに，事故が発生する前の時点で考えると，事故の確率が低ければ，危険とはいえない。飛行機事故がその適例である。そこで，予防接種をする時点では，国民に特別の犠牲を強要するものではないともいえよう。しかし，事故が発生した時点で考えると，事故の確率が低いなどという

---

[7]　F. *Ossenbühl*, Staatshaftungsrecht, 3. Aufl., 1983, S. 80.

ことは無意味であって、現に生命・身体・健康を害されているのであるから、これが特別の犠牲でなくて、何が特別の犠牲になるのであろうか。

(カ) 勧奨接種でも国の責任はあるのか

予防接種法は昭和51年改正までは接種率を確保するため、予防接種を受けることを義務づけ、違反には罰金を科すこととしていた。右の改正で、緊急の場合の臨時の予防接種以外には罰則を科さないこととした。しかし、右改正前もインフルエンザ、ポリオ、日本脳炎のワクチンは勧奨接種の方法によってきた。そこで、予防接種が強制でなく、勧奨による場合には、国家が強制したのではないから事故があっても責任はないとの議論が考えられる。

しかし、行政指導の違法を理由とする国家賠償責任が認められることは当然のこととなっているし、勧奨接種でも、接種を受けるのが被害者の自己の危険でなすべきものでなく、国家が社会防衛のために積極的に推進したものである以上、国家が免責される理由はなく、予防接種が強制によるか勧奨によるかは結論に影響を及ぼさないと解すべきである。

(キ) 予防接種禍は本人のリスクか

予防接種は本人のためではないか、予防接種は自己防衛のために受けたのであるから、そのリスクは本人が負担すべきではないかという疑問があるようである。そういう立場では、国は被害者に十分警告すれば責任を免れうるということになり、警告しない点に責任の根拠を認めるということになろう。しかし、もともと予防接種は社会防衛のため国家が罰則つきで強制したり、勧奨してきたものであるから、被害者にそうした警告をするわけはなく、その犠牲も本人のリスクではない。

なお、アメリカの予防接種事故訴訟では、宇賀克也の日米法学会報告（昭和61年5月「アメリカ法1987年」28-57頁）によると、州や連邦の責任は、国家責任法の制限（主権免責の法理、裁量免責の法理[8]）のため、認められにくく、製薬会社の製造物責任が認められているようである。そして、製薬会社は、予防接種の痘苗に一定の確率で副作用が発生するという一般的なリスクを警告すべきだというそうである。しかし、そんな警告をすれば、予防接種を受ける者はいなくなり、伝染病が蔓延するので、この解決は不合理といわれているようである。

(ク) 直接請求権発生説は成り立たない？

憲法29条3項から直接請求権が発生するという考えに対して、違憲無効説

やプログラム規定説がある。このうち，プログラム規定説は，法律がなければ国民の財産を侵害しても補償は不要というように，補償の要否をあげて立法政策に委ねるもので，明治憲法時代の「法律の留保」の再現であり，今日では到底採りえない(9)。問題は，違憲無効説か請求権発生説かの争いである。これは，財産権を制限しつつ，補償規定を置かない法律は，違憲無効であるか，有効ではあるが，その制限により被った損失は憲法に基づき直接補償を求めうるかという論争である。わが国では，直接請求権発生説が優勢であり，最高裁判例も理論としてはこの立場を採用している（昭和43・11・27刑集22巻12号1402頁，判タ229号256頁，昭和50・3・13判時771号37頁，昭和57・2・5判タ466号81頁，判時1036号70頁，「拙稿」1477頁〔＝本書55頁以下〕参照)。これに対して，違憲無効説からは，予防接種の被害者は直接憲法を根拠に塡補を求めることが許されないことになるのであろうか。

　筆者は，一般的にはこの点については今後の課題としたいと思っているが，予防接種事故については，違憲無効説は成り立ちようがなく，請求権発生説しかないと思っている。というのは，財産権の制限について，直接請求権発生説か違憲無効説かが争われるのは，法律行為だからである。違憲無効説なら制限がないことになるので，財産権を完全に自由に行使できるのに対して，直接請求権発生説は，財産権の制限は有効としつつ，損失に対して補償しようという説である。しかし，予防接種については，法律行為ではなく，事実として被害を発生させたのであるから，いまさらこれを違憲無効であるなどといっても始まらない。発生した損害を塡補するしか方法はないのである。したがって，この場合には，違憲無効か直接請求権発生かという対比は成立せず，直接請求権発生説しか成立しないのである。

　(ｹ)　国の無責任でよいか

　国の責任を認めるには，憲法をある程度技巧的に解釈せざるをえない。その難点を指摘すれば，高松地裁判決のように，国の責任を否定することになる。果たしてそれでよいのか。昭和52年から予防接種法で救済措置が置かれ，それはその施行日（昭和52年2月25日）前に予防接種を受けた者についても，

---

(8)　この法理については，岩淵正紀「アメリカにおける政府の不法行為責任と裁量免責の法理」判時775号，776号，778号，779号（1975年）参照。
(9)　今村成和『国家補償法』（有斐閣，昭和32年）43頁，70-73頁。

それ以後に疾病に罹り，障害の状態にあり，または，死亡した場合には，救済措置を適用することにした（同法付則3条）ので，いかにも憲法から国の責任を導かなくてもよいような錯覚を犯したくなる（この救済の不備と上積みについてはⅢで述べる）が，この施行日前に死亡したケースであれば，行政措置による救済しかなかったわけである。これに着目して考えるとき，憲法は，被害者に対して法的に金銭塡補をしなくてよいとしているのであろうか。筆者は上記の勿論解釈はそれなりに技巧的ではあるが，憲法の真意に添っており，国の責任を否定する説は，憲法の文言そのままの権利しか国民にはないという，主権在民に反する解釈ではないかと思う[10]。

(3) 付随的論点

㈦ 国家賠償との関係

予防接種を実施しなければ伝染病が蔓延する危険があるので，犠牲者が出ても予防接種をするほうが社会全体にとっては利益であるという判断が正しいとすれば，結果の発生は不法でも，予防接種の制度自体は違法とはいえない。したがって，これに国家賠償法は直接には適用されない。

この点で，たとえば，予防接種禍を発生させた国には，公衆に向けて石を投げるのと同じく誰かに当たることを認識しつつあえて行動に出たのであり，概括的故意があるという説もありうるが，石を投げるのは許容されないのに，予防接種は国としてやむを得ず適法な選択である（という前提に立った場合に限る）からこれらを同一に論ずることはできない。また，予防接種法を運用する行政官は法律に従ってしたことなので，落度はない。

なお，名古屋地裁判決は，この点で，被告は副反応事故の認識がなかったはずはないが，伝染病予防という政策的判断であり，法の命ずることであり，事故も全体から見ればきわめて稀であることを理由に，前記の認識の上で予防接種を行ってきたことに故意ないし未必の故意を認めることは相当ではないとし

---

[10] なお，冒頭に要約した私見について，今村・76頁は，「新しい国家補償」の「創造」と解するのも行き過ぎとされる。これは「創造」の語の意味にかかるわけであるが，私見は，従来の国家賠償の法理や損失補償の法理とは異なる新しい法理が導かれたという意味で，創造と述べたのであって，その新しい救済の法理が憲法の下で本来当然に認められるべきだという点では，あるいは「確認」といえばよいのかもしれない。一般に判例法による創造か確認かも言葉の問題で，従来の実定法から見れば創造でも憲法から見れば確認であるからこそ許容されるのである。不用意な表現だったかもしれないので，一言釈明しておく。

た（判タ 573 号 100 頁，判時 1175 号 105 頁）。
　(イ)　**無過失責任との関係**
　一般に，国家が国民の自由権を侵害したというだけでは，国家賠償法による救済制度が用意されているわけで，公務員に過失がないときは救済されない。これを不合理であるとして救済しようとすれば，無過失責任の立法をするべきことになる。解釈論としてはなるべく過失の認定を緩和しようという立場は有力であるが，無過失責任主義を採らないことを違憲であるとする説は，目下のところ一般的には聞かないし，筆者も一般的にはそれを説くつもりはない。しかし，無過失責任は落度がないのに責任を認めるのであり，だからこそ簡単には認められないのであるが，予防接種は，被害が出ることを承知で，ただそれが数の上では少数だからとして推進したものであるから，制度は被害を予想しているという特殊性がある。しかも，国はいくら注意しても被害が出るということを国民に知らせれば接種率が下って社会防衛の任務を果たしえないので，国民には警告なしに予防接種を運営してきたのである。予防接種禍は単なる無過失の事例とは異なることに留意すべきである。
　(ウ)　**損失補償の拡張の歯止は？**
　行政が違法行為により国民の権利自由を侵害する一般の場合においても，それは広い意味では，公共の福祉のために行政に権力を委ねた結果の犠牲であるといえないこともない。たとえば，警察官に武器を携帯させるのは，犯罪を抑止し，犯人を逮捕するなどにより国民の安全を確保するためであるが，逆に警察官がその武器を使用して犯罪を犯したり，その武器を誤用して被害を発生させることもある。そして，この場合には，一般の考えによれば，被害者は国家賠償法により救済を求めるべきものであって，当該警察官の故意過失の立証が必要である（立証責任が転換されることはあるが，無過失責任はまだ認められていない）。ところが，上記の私見によれば，こういう場合も憲法 29 条 3 項との勿論解釈により国の責任を認めることにならないか。そうとすれば，それは国家賠償法の過失責任主義を否定し，損失補償の無限の拡張に連なるのではないか。あるいは，こう主張して，上記の説に反論する立場があるかもしれない。
　しかし，この警察官の例では，警察官の違法行為と公共の福祉との関係は稀薄であり，犯罪を防止するという公共の福祉のために，警察官が違法行為を働くことが必然的な関係には立たないから，被害者は警察官に武器を携帯させるという制度の犠牲者であるとは直ちにはいえない。また，警察官に武器を携帯

させても，警察官が違法行為を抑止すれば被害は発生しないのであり，警察官が違法行為をした場合には，その警察官の行為に着目して責任を追及することもできるから，この場合に，公共の福祉のための犠牲という理論構成をして，損失補償的救済を図る必要性はない。これに対し，予防接種の場合には，伝染病から国民を守るために，**必然的不可避的に**予防接種禍が生ずるのであり，予防接種をする以上，関係者がどんなに注意しても被害が発生するので，国家賠償の責任は追及できないという前提に立っている。国は予防接種禍が生じても国家賠償責任は生じないということを承知で，そして被害が発生しても多数の幸福のためにはやむを得ないと認識して国民に予防接種を強制なり勧奨しているのである。したがって，予防接種の被害者は，まさに公共の福祉のために犠牲になったという関係にあるのである。

　別の例で交通事故をとりあげる。交通機関を許容すれば必ず事故が起きるので，それも公共のための犠牲ではないか，そうすると，損失補償の法理は歯止めがなくなるとの反論もあるらしい。しかし，交通事故は関係する者に落度がなければ発生しないはずで，そうした事故は人間のミスに起因するので，公共のための犠牲ではない。つまり，それは誰にもミスがなくても不可避的に発生するというものではないから，予防接種禍とは性質を異にし，これに憲法29条3項を応用することはできない。

　なお，「拙稿」1451頁〔＝本書38頁〕では，東京地裁判決の理論がどこまで応用されるかについて誤判の例を検討したが，やはり誤判は防ぎうるのに防がなかったのであるから賠償の論理によりうる例であるのに対して，予防接種禍は防げないのに多数の幸福のために予防接種を実施せざるをえないという大きな違いがあるので，東京地裁判決の理論を誤判に直ちに応用するのは無理と考える。

　こうして，東京地裁判決の論理を適用できる例は目下見当たらないくらいであるから，この論理が不必要に拡張解釈される心配はなかろう。

　㈢　犯罪被害者補償などとの均衡

　なお，国家に直接の責任がなくとも，金銭填補する制度がある。国家は犯罪の発生に手を貸したり，それを違法に防止し損なったりしているわけではないが，犯罪被害者等給付金支給法は，自由社会においては犯罪をすべて防止できないことの代償として，換言すれば，犯罪の被害者は，自由という公共の福祉の犠牲となったという考え方により，国家が被害者（なりその遺族）に対して

金銭的塡補をするとしている。これに対して，予防接種禍は，国家が予防接種の制度を運営する結果必然的に生ずる被害であるから，一般の犯罪と比較するとはるかに国家行為起因性が高い。したがって，均衡上，予防接種禍にはこれよりはるかに高額の金銭塡補が必要である。

(オ) 破壊消防の事例を参考に

いわゆる破壊消防について，延焼の虞れのない建物を破壊する場合には，損失補償が必要である（消防法29条3項）が，延焼の虞れのある建物を破壊するには補償は不要である（消防法29条2項）。問題は，延焼の虞れがないのにあると誤認して破壊した場合に，どう考えるかで，伝統的に考えればこれは賠償の問題であるから，消防担当者に過失がなければ自治体に責任はないということになる。しかし，いずれにせよ結果として破壊された場合に，担当者が初めから延焼の虞れがないと認識したか，延焼の虞れがあると誤認したかで，損失の塡補がなされるかどうかという大きな差が生ずると考えるのは合理的ではない。そこで，従来，延焼の虞れがあると誤認した場合にも，結果責任として損失補償の規定を準用すべきであると解されてきた[11]。こうした解釈努力も参考になろう。

2 学説の検討

(1) 学説の概況

予防接種禍に対する救済に関して学説は分かれるが，憲法から補償を導くことができるとする説のうち，憲法29条3項に着目するものは塩野，原田，芝池，今村，加藤などである。これに疑問をもち，29条を根拠とせず，25条，13条，14条だけを根拠とするものが西埜，滝沢，そもそも憲法からは金銭塡補は導けないとするのが古崎，成田などである。

(2) 憲法29条3項類推適用説

塩野・30頁は，この問題で最もバランスがとれていると思われるので，読んでいただきたいが，これは冒頭に紹介したように，それぞれの国が有り合わせの制度を活用して救済を図ったことを指摘したうえで，損失補償説が，わが

---

[11] 原田尚彦「即時強制にともなう補償の性質」時の法令502号44頁，東平好史「判例評釈」民商68巻3号476頁，さらに，阿部泰隆＝森本宏『消防行政の法律問題』（全国加除法令出版，昭和60年）88頁以下，本書第Ⅰ部第5章参照。

国では実定法に最も近い距離に位置しているとする。結果責任・危険責任という構成は，直ちに裁判規範とするには手掛りがない。国家賠償の無過失責任化にも限度がある。損失補償とすることについて難点とされる点について，次のように反論できる。すなわち，

損失が意図されたものでないから収用にあたらないのではないかという点については，たしかに，被害を生ずることを法が正面から予定しているということは困難で，この点で，結果責任・危険責任の考え方に優るものがあるが，しかし，予防接種という公益目的の遂行過程で特別の損失が生じているという事実は，厳に存在している。それにもかかわらず予防接種を行うのであれば，それは，予防接種という法制度の執行過程に随伴する公共のための特別の犠牲であると見ることができる。収用―損失補償なら侵害の対象が財産権に限るのでないかという点では，人的公用収用の観念の存在を指摘している。

芝池は，次のように述べる。損失補償の観念が財産権の保障またはその侵害と結びつけて理解されてきた点では，それは歴史的そして偶然的なもので，ここから非財産的損失に対する補償が否定されることにはならないとする。また，生命・身体に対する適法な侵害がありうることを前提とすると，損失補償の観念を財産権侵害の領域に限定する理由に乏しいとする。そして，財産権のための損失補償制度とは別系統の損失補償のシステムの存在の可能性は否定されない。その法的根拠は憲法29条3項の類推適用のほか，14条，25条が考えられる。いずれにしても，財産権の特別の犠牲に対して補償を与えることが憲法上の要請であるとすれば，生命・健康・身体の特別の犠牲についても補償を認めることが法秩序全体のバランスを確保することに資するであろう。

原田・①説も，憲法29条3項に根拠を求めて，非財産的利益の侵害にも損失補償の法理を類推適用していくのが素直であるとしている（他の説に対するその反論は，後に紹介する）。今村，加藤・34頁もほぼ同様である。

筆者は基本的に賛成である。ただ，塩野が憲法29条説と結果責任を完全に別個のもののように理解している点については，筆者は，憲法29条は結果責任を根拠づける手法であり，両者はそれほど別個のものではないと理解している。

(3) 危険責任説

(ア) 滝沢・①説は，損害の填補が認められるべきであるとする点には異論はないとしつつ，補償とするには特別の犠牲が意図された結果であることを要す

第4章　予防接種禍をめぐる国の補償責任

るとの立場に立ち，公益実現のための活動により意図せざる特別犠牲が特定の者に結果的に生じてしまう場合には，広義における違法行為による損害賠償の問題として考えるべきであるとする。東京地裁判決の採用した損失補償的解決は，フランス法と対比させると，「公の負担の前における万人の平等の原理」という判例法上の補償責任に近似するが，フランス法では予防接種事故は同じく無過失責任でもより国家賠償責任に近い危険責任という位置づけを与えられるとする。そして損失補償説に相当の無理があるとする。財産権を対象とする憲法29条3項を生命・身体に類推適用するのは，「あまりに唐突」で，憲法の概説書・註釈書にも従来これを含めて論じている例は見当らないという。

　この説も理由があるが，気になる点を指摘すると，「あまりに唐突」という点については，たしかに，従来はそういう学説は概説書にはなかったかもしれないが，拙稿（1458頁注(46)部分，1420頁＝第Ⅰ部第1章〔＝本書9頁〕）で紹介した山田準次郎その他の説や，日本でも少なくとも，ドイツ法系統の行政法学者にはよく知られてきた西ドイツの犠牲補償請求権の法理を念頭におけば，決して唐突だったとは思わない。筆者自身は，東京地裁判決の原告の1人である吉原賢二氏の『私憤から公憤へ』（岩波新書，昭和50年）を読んだ時から，これは補償の類推でいくべきだと思ったが，原告団が国家賠償を前面に立てるというので，やや違和感を覚えたほどであった。また，概説書は既成の学問を体系化するのが任務で学問の最先端をいくものではないから，概説書にないから唐突などといって批判説にまわるようでは，学問も判例も進歩しないであろう。ただ，日本法では十分な展開はなかったが，それは事件がなかったので，日本法に照らして理論を展開する契機がなかっただけである。

　補償されるのは意欲された犠牲だけだという説についてはすでに批判した。

　次に，予防接種禍は理論的には，危険責任とも構成することができると考える。現にフランスの判例がそうであったわけである。その意味では滝沢説に賛成できる面がある。しかし，若干の問題点が残されている。

　第1に，滝沢説は，憲法29条活用説を排斥して，危険責任を主張するわけであるが，果たして，この両者はそれほど排他的関係に立つのかが問題である。雄川の研究[12]によると，フランスの危険責任の法理の理論的基礎にある考え方は，公法上の損失補償的な性格をも多分に有するのであって，それは一面に

---

(12)　雄川・前掲論文198頁。

第1部　国家賠償法と損失補償法の接点

おいて不法行為責任の法理を拡張し，客観化することによって特別偶然の損失に対する公法的補償の制度に接近したものであるということができると。

予防接種事故はまさに国家責任の谷間で，不法行為と損失補償の中間にある。いずれからも接近することが可能であるのは，国によりそれぞれ別個の制度が判例法で認められてきた事実からも理解することができる。

そうすると，予防接種事故を危険責任で説明できるからといって，憲法29条の活用説が適当でないことにはならない。

こうした限界事例では，危険責任か憲法29条かを争うことは生産的とは思えない。いずれでも説明できると思うのである。

第2に，わが国の実定法が危険責任を承認していない現状で，それをいかにして根拠づけるかが問題である。フランスの判例は，自ら法理を創造することができるので，こうした事案を危険責任と位置づけることができる。雄川は，前記の説明に続いて，フランスの危険責任が実定法的に実現してきた基礎には，民法典の規定に拘束されずに，いわゆる自由な法創造機能を果たし得たコンセイユ・デタの地位と機能があったといわなければならないとしている。しかし，わが国では，法律に規定がなければ憲法に根拠を求めるというのが一般的な解釈の方法となっている。そこで，危険責任を憲法から導けるかが問題である。滝沢・①説はその方法を明確に提示していない。もっとも，滝沢・②206頁は，憲法13条，14条を根拠とするようであるが。

筆者自身は，一般には無過失責任を採らない立法の下でも，国民を特に危険の状態に曝し，その結果，被害が発生したなら，憲法13条，14条により，国の責任を認めることも可能と思っている。その理屈のつけ方はフランスの判例どおり，公の負担の前の平等の原理でよいとも考える（多分滝沢説も同旨であろう）が，その理屈は，憲法29条3項との勿論解釈よりはややつけにくいと感じている。前記の塩野説が，結果責任や危険責任について実定法上手掛りがないという点については賛成しないが，憲法29条が実定法上近い位置にあるとする点には賛成する。

(イ)　西埜・①説は，東京地裁判決も，予防接種事故を損失補償と同視していないのであって，言葉の厳密な意味では損失補償説は成立しないと正当に指摘する。そして，予防接種事故を違法と評価することに疑問があるとして損害賠償説を否定し，東京地裁判決は結果責任説か公法上の危険責任説のいずれかに近いと評価する。それはそのとおりであるが，そのことは憲法29条3項との

勿論解釈説と矛盾するものではない。勿論解釈は条文の根拠論であり，危険責任や結果責任は責任の法的性格づけだからである。

西埜・①，②説は，危険責任説を採るが，その前提には，国家補償の体系は，損害賠償—侵害行為の違法性，損失補償—特別の犠牲，公法上の危険責任—特別の危険状態の形成，の3類型から構成されるとする理論がある。そして，損害賠償と損失補償の相対化傾向に反対し，法治国家の原理からすれば侵害行為の適法な場合と違法な場合とを明確に区別する必要があるとする。そこで，侵害行為の違法・適法の区別や意図性の有無を不問にし，憲法29条3項を，生命・身体に対する侵害にまで適用するならば損害賠償と損失補償の境界を見出すことは困難になり，結局，3元的構成を維持する必要性はほとんど失われる。国の責任は，むしろ，端的に憲法13条，14条，25条から引き出すのがすっきりするという。

しかし，憲法29条3項を生命侵害に対して勿論解釈の論理において活用したからとて，それはまったくの例外で，一般的に損失補償と損害賠償の相対化を図るものではないから，損失補償概念の無限の拡張を導くものではない。仮に端的に，憲法13条，14条，25条から国の責任を導けるとしても，だからといって憲法29条3項が邪魔となるとは思えないのは前述したとおりである。

また，憲法29条3項を活用した場合でも，それは損失補償として活用したのでなく，国家補償の谷間に国の責任を認める根拠として用いたのである。損失補償と損害賠償の相対化を図るために用いられたのではないと理解すべきである。憲法29条3項を用いたら，危険責任ではないと理解するのは筆者には速断と思われる。少なくとも，筆者の論理では，憲法29条はそのまま適用されるのでなく，勿論解釈の論理として活用されるのであるから，その責任は損失補償ではなく，第3の類型の結果責任なり危険責任なのである[13]。

さらに，西埜説は，損害賠償と損失補償の相対化に反対しているが，「拙稿」の分析によると，一般的には相対化がなされるわけではなく，限界事例において賠償とも補償ともつかない，いずれからも説明できる場合があるにとどまる。限界事例について憲法29条を活用したからといって，国家補償の3類型が究極的には一元化されるといったものではないと思われる。

---

(13) 今村・75頁は，危険責任説を批判している。なお，こうした結果責任なり危険責任については，遠藤博也『国家補償法』（青林書院，昭56年）8頁以下参照。

第1部　国家賠償法と損失補償法の接点

要するに，予防接種事故の法的性質を危険責任と捉えるにしても，その根拠を憲法29条に求めるのは，勿論解釈である限り，問題はないと理解すべきである。

(4) 否 定 説

成田・②477-478頁は，憲法13条，14条，25条，29条などから国の責任を引き出すことに賛成していないが，その理由は明確ではない。古崎も同様であるので，説得力を欠く。西埜・①37頁は，現在のところ否定説が支配的であろうとしているが，理由はなく，単に臆測にすぎない。学界ではこれについて意見を表明した者を見ると，本稿で紹介したように肯定説が支配的である。

(5) ま と め

結局，学説は一見対立しているが，危険責任説も憲法29条説も狙いはほぼ同様で，ただそれぞれ自己の学説との整合性の観点から種々の議論をしているという面がある(14)。多数説は，基本的には予防接種禍に対する国の責任を肯定する点で一致しているのであるから，学説が相互に相殺しあって，いわば近親憎悪のような形で，国の責任を否定するような結果は避けたいものである。

3　高松地裁判決とそれへの批判

高松地裁判決は，財産権に対する侵害と生命・身体に対する侵害とは質的に異なるものであって，財産権の補償に関する規定や解釈を直ちに生命・身体の侵害についての補償に類推することはできないとしている。しかし，原告の真意は，財産権の補償に関する規定や解釈を直ちに生命・身体の侵害の補償に類推すると主張しているのであろうか。この判決では，原告の主張の摘示は簡単であるので，筆者にも明確ではないが，それによっても，原告は，生命・身体は財産権に優れども劣らないので，憲法29条3項は財産権の補償に限られたものではないはずである，と述べているので，その真意は，財産権の補償に関する規定を直ちに生命・身体の侵害に類推するといっているのではなく，財産権の侵害が補償されるなら生命・身体の侵害はもちろんのはずという主張であろうと思われる。したがって，高松地裁判決は説得力がない。

---

(14) このほか，新美・16頁は，予防接種は患者の自己決定権と牴触し，高松と東京の事案ではいずれも予防接種の強制は許されない事案であったとして，それを根拠に損害賠償が認められるべきであるとする。ただ，この説は，損失補償説をも一応妥当としているので，私見を直ちに否定するものではないと推測する。

なお，高松地裁判決の事件は原告が1人で，予防接種の被害者としては比較的軽症（銀行に勤務している）であるうえ，原告の理論構成もそれほどよく研究されたものではなかったと思うので，裁判所が軽視したと推測される。こうした特殊の事情にある初期の段階の判例は，判例としての価値において高い位置づけを与えることはできない。判例研究において東京地裁判決と同格に扱う向きが多いが，賛成できない。

4 名古屋地裁判決とそれへの批判
(1) 憲法29条3項
(ア) 判　旨

これは，人の生命・身体・健康に関する被害につき，憲法29条3項を類推適用することに合理性があるとは認めがたいとし，その論拠として，次の点を主張する。

① 憲法29条3項は，「私有財産」の収用について定めたものであり，人の生命・身体・健康を財産と定めた法律は存しない。

② 生命・身体・健康に関する被害は収用に基づく財産権に対する侵害とは発生状況および態様をまったく異にし，前者における損失は精神的な被害を含み，複雑多様であって客観的評価が困難なものであるのに対し，後者における損失は精神的な被害を含まず，財産権には取引価格があることにより客観的評価が容易なものであることなど，両者間には大きな相違がある。

③ 憲法29条3項を原告らのとおりに解すると，人の生命・身体・健康を正当な補償さえあれば国は「収用」することができる，ということになりかねないが，このような解釈は著しく妥当性を欠き，憲法13条，25条とも不整合を免れない。

④ 憲法29条3項にいう補償は私有財産の収用に対する補償を予定したものであるから，慰謝料等を含めた通常の人身損害算定方式に従った全損害であると解することはできず，単に財産上の損失のみに限って補償すれば足りると解すべきであり，同条項に依拠しつつ全損害を補償すべきだとする原告らの立論はその論拠に窮することになる。

(イ) 名古屋地裁判決に対する批判

この判決は憲法29条3項類推否定説であるから，すでにこれまでした検討の結果がそのまま当てはまり，これには到底賛成できない。原告らの真意は，

財産権の剝奪に補償するなら，それより憲法上重要な生命・身体・健康の侵害に補償しないとは不正義なので，勿論解釈として，憲法29条3項を活用するという点にあるが，この判決は，このことを理解しておらず，原告の主張が，生命・身体の侵害にも29条3項を適用するという趣旨と誤解して論を進めている。すなわち，

①は当然のことである。原告がこのことを否定しようとしているわけではあるまい。

②は，この判決のいうとおりである。だからこそ，憲法29条3項は生命・身体の侵害にそのまま適用されるわけではないのである。しかし，このことは勿論解釈の余地を否定するものではない。なお，算定の難易の問題については，Ⅲ6で述べる。

③も，誤解である。原告らは，生命・身体をも収用できると主張しているのではなく，たとえ巨万の補償金を積んだとして，生命・身体を収用してはならないことは自明であるが，しかし，結果として，生命・身体を収用と同様に犠牲に供してしまった場合には，財産権でさえ収用されると補償されることとの均衡上，補償しないことは許されないというにあると思われる。この趣旨については，塩野・30頁は，損失は財産的価値に換算できるし，財産権よりも人の身体・健康が保護法益として下位に位置するとは，憲法解釈上とりがたいと正当に反論し，原田・①50頁は，許されないことであっても不幸にしてすでに身体等の被害が発生した場合には，これを救済する手段として憲法29条3項を類推し救済を認めることが重要であると指摘している。ここでは，逆は必ずしも真ならず，なのである。新美・14頁も，損失補償は収用にとって不可欠の前提であっても，収用が損失補償の要件ではないと指摘していた。

しかし，学説が判決前にこれだけ論陣を張っても，裁判所にはこうした論理学の基本が理解されなかったのではないかと思われる。すなわち，原告らは，生命・身体をいわば収用してしまったから補償せよと主張しているのであるが，裁判所は，そのことから，原告の主張どおりであれば，人の生命・身体でさえ正当な補償をして収用できることになるという逆論法をしているのであって，裁判所は，逆もまた真なり，と信じて論を進めているとしか理解できないのである。名古屋地裁は，なぜこれらの学説を参照しなかったのであろうか。

④は，補償額の算定の問題であるが，裁判所は憲法29条3項をそのまま適用すると誤解して論を進めていると思われる。原告の真意は，忖度するに，勿

論解釈であるから，財産に対して補償がなされるのであれば，生命・身体に対してはなおさらということであり，その際の補償額は，財産の場合と同様になるべきものではない。

　私見では，憲法29条3項をそのまま適用するのでなく，財産権侵害との均衡を理由とする勿論解釈を採るときは，生命・身体の侵害につき慰謝料を認めてもおかしくない。この点についてはⅢ7で述べる。

(2)　**憲法25条1項**

　名古屋地裁判決は，憲法25条1項の直接適用による補償を認めた。その理由は，憲法が予防接種の被害者を放置しているものと解することは到底できないのであって，財産権の収用に対して補償の途があることとの対比からしても，生命・身体を財産より軽視すべき理由はない，というにある。そして，このことは憲法13条，14条の精神からも肯定されるところである，としている。これは，前記の西埜説に近い立場である。

　この憲法25条1項論は，生命・身体と財産との比較論であって，理念的には正当である。しかし，説明が足りないように思われる。その結果，結局は，予防接種被害救済を立法裁量に委せることになる。そこで，ここで，憲法25条第1項の性質を説明しておこう。

　憲法25条1項が正面から規定しているのは，社会権としての健康で文化的な最低限度の生活を営む権利である。国民が自力では健康で文化的な最低生活を営めないときに国家が相互連帯の精神からその差額を援助すること，逆にいえば，国民は，国家に対して，この差額について積極的に給付請求をすることができることを規定したものである。これは国家に帰責事由がないのに，特に社会福祉国家の相互連帯の精神で認められるものである。したがって，その給付額については，損害賠償や損失補償とは異なり，ある程度大幅な立法裁量が認められる。

　予防接種被害については，憲法25条1項を根拠として主張すると，被害者が国家に対して給付を求めるところから，一見すると社会権としての憲法25条1項を根拠にしていると誤解される。しかし，社会権は国家に責任も原因もないときにも認められる権利であるのに対して，予防接種禍は，国家の行為に原因があるのであるから，その救済は単なる社会権を根拠とする給付とは同視されるべきものではない。滝沢・②205頁もほぼ同旨である。

　実は，予防接種禍において問題となっているのは，社会権ではなく，自由権

である。つまり，国民は何人も，自力で健康で文化的な生活を営む自由を有し，これを国家によって侵害されない権利がある。国民がそうした権利を有することは自明であるがゆえに，憲法はそのことをいちいち明定しなかったのである。別の説明をすれば，憲法は，前記のように社会権としての健康で文化的な最低生活を営む権利を保障しているのであるが，そのことは，まして，国家がそうした権利を侵害してはならないという義務，逆にいえば，国民の自由権があることは当然の前提とされているのである。そして，予防接種は，被害者との関係では，その健康に生活する権利を侵害したのである。そこで，予防接種被害に対する救済は，社会権的な保障ではなく，自由権の侵害であるとして，構成されるべきである。

憲法25条1項を援用すると，この判決のような誤解が生ずるならば，むしろこの規定は援用せず，自由権侵害の根拠としては憲法13条のみを援用する方が適切かもしれない[15]。

なお，自由権としての憲法25条1項の権利侵害という考え方は，従来一般的ではなく，なじみにくいと思われる。それは適例がなかったためであるが，最近，生活保護の基準を下回る所得に課税することは，自由権としての25条1項違反であるとの説が有力に主張されている[16]。基本的には賛成である。ただ，総評サラリーマン税金訴訟の1審判決（東京地判昭和55・3・26行集31巻3号673頁，判時962号27頁）は，憲法25条の自由権的効力を認めつつ，「課税最低限が現実の生活条件を無視したことが一見して明白な程に低額である場合」に初めて違憲になるとする，いわゆる「明白の原則」を違憲審査基準として採用し，課税最低限の違憲の主張を否定した。その2審判決（東京高判昭和57・12・6判タ509号142頁，判時1062号25頁）は，「現実の生活条件を無視して右課税最低限を著しく低い額に定める等裁量権の限界を越えた場合または裁量権を濫用した場合には違憲な行為として司法審査の対象となることを免

---

(15) 原田・①50頁は，憲法25条を根拠とする西埜説について，同条は政策補償を推進する契機とはなっても，実定制度そのものを支える根拠とはなりえないと解されるとして，新たに補償請求権を根拠づけるのには有効かどうか疑わしいと批判していた。しかし，名古屋地裁判決は，この批判を顧みず，憲法25条説によったので，その結果，後述のような大幅な立法裁量論に立つことになったと見られる。

(16) 北野弘久『サラリーマン税金訴訟』（税務経理協会，昭和61年）162, 208, 225頁，中村睦男『社会権の解釈』（有斐閣，昭和58年）9頁。

れないと解するのが相当である」とし，同様に違憲の主張を否定した。

この考え方を予防接種禍にそのまま当てはめれば，名古屋地裁判決と同様に，予防接種禍に対する救済は憲法上の要請であるが，その金額は立法裁量ということになるかもしれない。

しかし，税金は国家にも国民（納税者）にも不法行為的な責任がないのに，国家を運営するという共同の負担により課せられるものであるから，その最低限は時の国民の負担能力や生活水準，国家の財政需要など種々の理由で決せられ，基本的には立法者の裁量に委ねられることであるが，予防接種禍に対する救済は，国家起因行為に基づく金銭塡補であるから，その額は立法裁量としてこれと同日に論ずべきものではない[17]。

◆ Ⅲ　予防接種法との関係——上積みの可能性

1　諸　判　決

東京地裁判決は，被害児とその両親が憲法29条3項の類推適用により損失の正当な補償を請求できると解する以上，予防接種法による給付と正当な補償（通常の事件の損害額の算定と同様の方法により算定）との差額について請求をなしうるのは当然であるとした。

これに対して，高松地裁判決は，予防接種救済制度の確立は，国家補償的見地からできる限りの補償を与えようとするものであると解され，右救済制度以外あるいはそれを上回る損失補償請求を許さない趣旨であるとした。

名古屋地裁判決は，被害者は憲法25条1項により国に対し直接補償を求めることができるとしつつ，予防接種法による救済制度があるので，その補償給付がその損失に照らしきわめて低額，不当で，その程度が明らかに憲法25条違反と認める段階に至っていれば，裁判所は憲法25条の定める権利の内容を定めることができるが，予防接種法の定める補償額は，同制度の内容が憲法25条に違反し，同法自体が無効といいうるほどこれによる給付が低額すぎるとい

---

[17]　なお，課税最低限の決め方は，それ自体を捉えれば立法者の裁量であるが，生活保護基準との均衡という憲法14条の制約があるはずである。国家が，自力では健康で文化的な最低限度の生活を営めない者に対して，一定の生活が可能になるよう金銭的な援助をするのに，それ以下の収入の者に課税するのは矛盾であるからである。この観点から課税最低限を見ると，現行の課税最低限の規定は，実質的には生活保護基準より低所得者に対して所得税，地方税を課しており，違憲と考える。

うこともできないとした。

果たして，予防接種法の上積みは許されないか。筆者は，基本的には東京地裁判決に賛成で，高松地裁判決と名古屋地裁判決に反対するが，名古屋地裁判決が詳細で重要なので，その批判に力点を置いて検討する。高松地裁判決のほうは，簡単で，おそらくは立法裁量を前提としていると思われるので，その点については，名古屋地裁判決への批判で代替することとする。高松地裁判決は，憲法の規定としては29条しか参照せず，予防接種救済制度に対する憲法上の限界という視点を有していないので，本来不十分であり，東京地裁判決や名古屋地裁判決と同列に位置づけられる地位を有するものではない。

2 東京地裁判決を批判する学説

この名古屋地裁判決を生み出したものは，東京地裁判決に対して加えられた学者の批判であったと思われるので，それを紹介してから，そこで提起された問題も含めて検討することにする。

まず，原田・①51頁は，東京地裁判決に対して次のように述べる。東京地裁判決の狙いは，西ドイツにおける「犠牲補償請求権」制度と同様の救済機能を創出しようとするにあったが，西ドイツではこの権利は補足的性質の権利とされ，特別法のある分野では成立しないと解されており，ここにいう特別法としては，通常，刑事補償法と並んで連邦疫病予防法上の救済規定が挙げられている。そこで，我が国でも，予防接種法による救済制度が設けられている以上，それ以外の場合に，「特別補償請求権」に基づいて別個に上乗せ補償を認めることはできないという見方も十分に成り立ちうる。「補償制度の谷間」をどのように埋めていくかは，第1次的には国会が立法課題として取り組むべき事項だとすれば，むしろそう見るほうが常識的かもしれない。しかし，特別法の補償金額があまりに低額で，実質的救済に程遠い場合には例外的に憲法29条3項により別個に上乗せ補償を認める余地がありえてよいであろう。ただ，救済のあり方についての国会の意思が尊重されるべきだとすれば，裁判所が法律上の救済制度を不十分と断ずる場合には，その趣旨や実態が許容できないほど不十分だとする論拠を明確に説示する必要があるが，東京地裁判決はこの点で，不十分であると。

塩野・31頁は，簡単ではあるが，東京地裁判決に対して，制定法上の救済があまりに不十分として，判決はこれと無関係に補償を決定したのであるが，

損失補償の論理に立つ以上は，現行制度についていま少し立ち入った判断を加え，また，判決の内容としても単に，損害賠償との権衡のみに着目したのではない判断を示す必要があるとしている。

滝沢・①17頁は，予防接種法は救済措置をすでに設けているのであるから，その上積みは政策問題で，補償額の算定が一定の限度を伴いつつも相当程度，立法的，行政的な裁量範囲の問題である以上，道義的，政治的責任は別として，裁判所に直ちに法定額の上乗せは請求できないはずであると批判する。

3 補償額の決定は立法裁量か？——立法裁量の範囲——

予防接種法の上積みを認めない立場は，補償額の決定が立法の裁量であるという前提に立っている。すなわち，名古屋地裁判決は，予防接種禍の救済が客観的に妥当であるかどうかは，「立法者の責任および判断に基づく裁量に委ねられている」とする。原田は救済制度の在り方について国会の意思を強調しているし，滝沢もほぼ同様である。高松地裁判決は簡単であるので，趣旨が必ずしも明確ではないが，おそらくは同様に国会の裁量を前提としているのであろうか。

しかし，これには賛成できない。まず，名古屋地裁判決の論理についてであるが，社会政策的な権利の範囲なら立法者の裁量により限定されてもやむを得ない。たとえば，生活保護の内容は基本的には立法裁量で決めるもので，憲法から具体的な金額は出てこない。しかし，同じく憲法25条1項を根拠としても，ここで問題となっているのは社会権でなく自由権の侵害である。自由権の侵害の救済は立法者の裁量に委ねられるものではなく，立法者の義務で，その内容は憲法から直接導かれざるを得ない。この裁判所は，憲法25条を根拠としたため，予防接種禍の救済はこの規定が通常念頭においている社会権特に生活保護の問題と誤解してしまったのではないか。この点では，憲法25条1項を根拠とするのは問題があることになる。この点はⅡ4(2)(115頁)で前述した。

原田・②84頁は，名古屋地裁判決に対して，健康が財産より重視さるべきだとして，せっかく憲法25条1項に直接補償の根拠を求めておきながら，現行の補償制度を簡単に合憲と認めてしまっているのはいかがであろうか，判決の論理に忠実に従うとすれば，健康被害に対する合憲性は，財産被害に対するそれよりも厳格なテストに基づいて判断されるべきであって，この判決は物足

りないと批判される。滝沢・② 206 頁もほぼ同様である。今村・76 頁も，名古屋地裁判決に対して，「それならば，25 条による直接請求を認めること自体，それとは矛盾することではなかろうか。また，『特別の犠牲』をカバーするための，客観的に認定可能な損失の塡補を，立法的裁量によって切り下げることが，果たして合憲といえるのだろうか」と指摘される。いずれも妥当な批判である。

また，名古屋地裁判決は，憲法 25 条 1 項によって国に対し直接補償を求めることができると述べたその直後に，またこのことは憲法 13 条，14 条の精神からも肯定されるところである，ときわめて正当にも，憲法に基づく直接請求権の根拠を憲法 25 条のほかに 13 条，14 条に求めつつ，それ以後の叙述で上積み補償を認めないとする理由のところには，13 条，14 条は出てこない。しかし，少なくとも 13 条は自由権を保障する規定であるから，13 条から肯定されるとされる，直接憲法に基づく補償請求権が立法の裁量で減額されるいわれはない。裁判所はなぜ，13 条を途中から忘れたのであろうか。

補償額の決定について立法者の意思や裁量を強調する根拠はあるのか。原田説は西ドイツの犠牲補償請求権が特別法の補足的なものであることを理由とするが，西ドイツの犠牲補償請求権は，特殊な歴史的沿革の下に成立した法理であって，そのためにこそ補足的なのであろうが，わが国で予防接種禍の補償を根拠づける理論は，犠牲補償請求権のような特殊な歴史的沿革のある法理を根拠としているのでなく，まして西ドイツの法理を適用しているのではなく，それを参考にしつつも日本国憲法の下で妥当する理論として構成しているのであるから，当然に補足的にはなるわけではないのである。むしろ，現に存する法律が憲法の趣旨から見て立法者の裁量の範囲内に入っているかどうかが問題とされるべきである。

そこで，補償額の決定について国会の意思が重視されるべきかどうかが，現行憲法の解釈上問題となる。たしかに，憲法 29 条の正当な補償については，完全補償説，相当補償説などの説の対立があり，立法者の裁量はあるが，それは財産権を念頭に置くからこそ，相当補償説も成立しうるのである。しかし，人命について相当補償という減額方式が，人の生命をなによりも重視している憲法の下で成立するかは疑問である。さらに，実は財産についても相当補償説が採られたのは農地買収の対価の算定についてであって（最判昭和 28・12・23 民集 7 巻 13 号 1523 頁），一般的には収用の前後を通じて財産価格に損得ないよ

うに補償額を決定するという完全補償説が採られている（最判昭和48・10・18民集27巻9号1210頁）。条文上では，適法行為による損失補償については，土地収用法（68条）等の法律で，……よって受ける損失，通常生ずる損失は補償する，としているのである。また，憲法は，不法行為について国家賠償制度を定め，その損害額については民法により決定することにしている。これらのことを前提に，憲法14条を念頭に置いて解釈すれば，国に責任があるために支払いが求められる補償額については，これらとの均衡を保ちつつ決定されるべきで，立法者に広い裁量があるとはいえない。そして，予防接種禍の補償は国に責任があるために認められるもので，単なる社会保障とは異なるという前述した前提に立てば，立法裁量論には根拠がない。財産権についてさえ一般には完全補償説が採られているのであるから，それより重い生命・身体については当然，完全補償説が妥当する。

　もちろん，立法者の裁量が完全にゼロかといえば，補償額を立法により決定するのであれば，若干の裁量はあるであろう。しかし，それは憲法の規定を踏まえつつなすものであるから，「極めて低額，不当なもの」に至るまでは立法裁量で減額できるというものではあるまい。話は逆であって，できる限り憲法に照らした補償額になるよう配慮したうえで生ずる多少の差額のみが立法裁量の範囲内に入ると考えるべきなのである。そして，立法者は予防接種被害の救済を図るにあたっては，国の責任を適切に自覚することが必要である。

4　立法者の判断

　では，立法者は立法裁量権を行使する際，予防接種禍が何かを適切に把握して対応したのか。この点については，予防接種法制定時の論議が参考になる。その立案過程に関与した成田・②456頁によると，予防接種被害救済制度の性格については，損害賠償，損失補償，新種の国家補償，社会保障の4つの説があったが，結局は新種の国家補償説が採用された。つまり，少なくとも損害賠償や社会保障論は明確に否定されており，「公的補償の精神に基づく無過失による損害に対する新たな救済制度」とされた。そして，この制度は損害賠償ではないので，慰謝料は含まれないが，公的補償的な精神に基づいた制度であるので，約2割の慰謝料的上積みをしているとのことである。

　この立案時の発想では，社会保障的な考えを採らないとしたこと，そして，これは被害の原因者または被害の発生という結果に寄与した者が正義・公平の

第1部　国家賠償法と損失補償法の接点

理念に基づいて負うべき新たな法的責任であるとするのは適切な判断であり，賛成である。

しかし，この観点から立法するならば，その補償額は，社会保障の発想で決定するべきではなく，賠償や損失補償に近い発想によるべきであろう。したがって，補償額を大幅に立法裁量に委ねる前記の諸説はこの点でも疑問である。

賠償でなければ慰謝料は不要という点については，後述の7を参照されたい。

5　政令裁量？

これまで，予防接種禍の被害補償額は立法者（議会）が定めているという前提で論じてきた。諸判決も，論者もそういう前提を採っているからである。しかし，実は予防接種禍の補償額は議会が定めるのでなく，政令で定められている（予防接種法18条）。したがって，立法裁量というのがおかしい。仮に立法裁量といっても，行政立法の裁量の問題である。仮に，議会のしたことなら，裁判所も尊重すべきだとの前提に立ったとしても，本件では，尊重すべき前提がない。

そこで，本件で問題なのは，立法者が適切に裁量権を行使したかもさることながら，その前に，政府が政令で金額を定めるときに，予防接種法の趣旨を十分に理解して決定したかどうかが問題である。そうすると，前述のように，賠償や補償に近い発想で決定されたかどうかが問題で，政令が定める具体的な金額が法律の定める範囲内にあるかどうかという，政令制定の裁量の問題となる。これは裁判所が立法権に遠慮しないで決定できる問題である（具体的な金額の検討は後述）。名古屋地裁判決は「極めて低額」でなければ合憲といって片づけたが，そうして済ませる問題ではない。

また，予防接種禍の被害者に対する救済金額の決定は単に裁量ではなく，前述のように憲法の趣旨を踏まえて決定されるべきであるとするならば，予防接種法はその金額の決定の基準や考え方，時勢に応じた迅速な改訂の基準などを明示し，政令裁量を拘束すべきであって，何の基準もなく政令に委任することは立法者の任務を放棄した点で違憲の疑いがある。

6　補償額が不明との議論？

成田・②454頁の紹介によると，予防接種の補償制度の立案過程では，収用なら予め損失が予想され，補償額が明確だが，偶然的に発生する接種事故の場

合には，塡補されるべき正当な補償の範囲が明確ではないとの説があったという。

しかし，補償額の明確さと損失が予想されるかどうかは関係がない。予め損失が予想される収用の場合でも，土地建物，営業損失といちいち算定するのである。たとえば，関西新空港の漁業補償も，交渉の結果，本年大幅値上げのうえ決着した。補償額が明確だなどとは到底いえない。逆に，偶然に発生する交通事故の場合には事前に賠償額が明確になるわけはないが，事後には相場に照らして判断できるのであって，収用と比較して塡補されるべき金額が明確ではないとはいえない。また，ある建物が収用された場合と焼失した場合を比較すると，損失―損害が異なるであろうか。算定の明確さの程度に差はあるまい。

名古屋地裁判決は，生命・身体・健康における損失は精神的な被害をも含み，複雑多様であって，客観的評価が困難なものであるのに対して，財産権における損失は精神的な被害を含まず，財産権には取引価格があることにより客観的評価が容易であるなど，両者間に大きな相違があるという。

しかし，生命侵害についても，賠償訴訟ではその価値を評価しているうえ，今日では，個別の損害を必ずしも具体的に評価するのではなく，平均賃金，平均余命など，ある程度まで客観的な評価基準によっている。財産権には取引価格はあるが，その算定にも，不動産鑑定士間で意見が分かれることがしばしばあるように，容易ならざるものがある。算定の難易について，生命と財産の間の差を強調するのは行き過ぎではないか。

高松地裁判決は，種痘後脳炎が発生した場合，国民全体のために強いられた特別の犠牲に当たるとして何らかの補償がなされるべきであるとしても，その具体的内容は，憲法29条3項から直接明らかになるものではないとする。その前提としては，補償額を決定するのが立法裁量であるという考えがあると思われる。

しかし，第1に，予防接種禍の補償が立法裁量ではなく，生命・身体の被害に対する完全な塡補であると考えれば，その内容は，東京地裁判決のように，損害賠償との比較で導かれるのであって，憲法から導かれないというものではないと考える。第2に，財産権の補償額も，憲法29条3項（や法律）を見ても明確にはならないが，それでも裁判所は判断するのであって，憲法29条3項から補償の内容が明確にならないなどということは理由にならないのである。

7 補償と慰謝料，逸失利益

　従来，補償とすると，賠償と異なり，逸失利益や慰謝料，少なくとも慰謝料は認められないという説が有力であった。しかし，財産権侵害に対する補償でも逸失利益は塡補される。西ドイツでは収用の場合と犠牲補償請求権の場合は，ともに発生した財産上の損害（例：医療費，世話代，逸失利益）は取れ，慰謝料の支払いを求めることはできないと説明されている(18)。そこで，問題は慰謝料であるが，西ドイツ法は歴史的な沿革で出来たもので，同国でも批判が多い。西ドイツの国家責任法の代表的な書物を書いたオッセンビュールは，補償が慰謝料を含まないことには，不法行為法で認めていることと慰謝料が単に謝罪するといった機能のほか調整の機能を有することに照らし大いに批判されている，と述べている。同様に有力なベンダーも，このことは重大な疑問にさらされており，理性的でも正義に適っているわけでもない，と指摘している(19)。

　そこで，これにこだわらず，素直に考えると，憲法29条3項による補償が慰謝料を通常含まないのは，それが補償だからでなく，対象が原則として慰謝料の問題を惹起しない財産権だからである。しかし，補償の場合にも，例外的に，ふるさと補償とか，離村補償など，一種の精神的な補償を認める例が多い。他方，損害賠償でも，財産権侵害を理由とするときは，慰謝料を請求できないのが普通である。

　したがって，補償であろうと，生命・身体を対象とするときは，慰謝料を含むとして何ら不合理はないのである。まして，憲法29条3項をそのまま適用するのでなく，財産権侵害との均衡を理由とする勿論解釈を採るときは，生命・身体の侵害につき慰謝料を認めてもおかしくないのである。

　この私見は，昭和59年秋の土地法学会で報告され，『土地税・補償と賠償の法理』〔土地問題双書23〕（有斐閣，昭和61年3月，161頁以下）に発表されたほか，「拙稿」1458頁〔＝本書43頁〕以下に詳しく執筆した。この「拙稿」は予防接種に関しては参照されているが，直接予防接種を論じた個所（1447頁以下〔＝本書34頁〕）以外に，上記の個所など全体をぜひ参照していただきたい。

　従来の学説はそこで引用したが，その後のものとして，原田・①51頁は，賠償と補償の間には多少の相違があるとし，東京地裁判決が補償額の算定にあ

---

(18) Ossenbühl, aaO., S. 80. この点では，拙稿の1463〔＝本書45頁〕は修正する。
(19) Ossenbühl, aaO., S. 86, B. Bender, Staatshaftungsrecht, 2. Aufl., 1974, S. 289.

たり十分な論証もしないで，突如損害賠償と同様の基準によるとし，慰謝料などをも加えて補償金額を算定しているのは多少問題であるとしている（ただし，原田は私見と同時期に執筆したもので，私見に対する反論ではない）。伝統的な発想といえる。

　古崎・195頁は，東京地裁判決に対して，適法行為による補償額と違法行為による損害額とが同じになるはずはないとするが，これも伝統的発想である。また，同説は，予防接種法17条は，給付の種類および対象者を法定しており，それに不法行為の損害賠償額（慰謝料）を上乗せする余地はない，そうでなければ相当な補償でよいとする国家補償制度は瓦解するという。

　しかし，そもそも，国家補償制度は相当な補償でよいとしているのか，前述のように財産権の収用の場合に完全な補償を要するとされているのであるから，生命・身体を剥奪した場合に相当な補償でよいとするなら不均衡であろう。また，憲法から補償を求めるときに，法律の上乗せが可能なのは当然で，古崎説は，立法裁量を前提としているのであるが，この前提が採りえないことは前述した。

　これに対して，西埜・①39頁，同・②判評319号176-7頁は，賠償と同程度の補償が必要として，私見とほぼ同様の説を説く。併せて参照されたい。

8　上乗せ補償を認めた場合の予防接種法の存在価値

　名古屋地裁判決は，憲法を根拠に予防接種法を上回る救済を認めるならば，訴訟を提起しさえすれば，予防接種法は無用の存在になると疑問を示す。

　しかし，第1に，上乗せが必要なのは，立法者が憲法の趣旨をよく考えず，曖昧な制度を作り，政府が政令で補償額を安く抑えているのが原因である。予防接種事故は本来国家が全面的に責任を負うべきもので，社会保障的に救済を削減するのが誤りである。したがって，立法者や政府の意図に反してもやむをえない。

　第2に，予防接種法があればその定める金額までは，自動的に行政的に支払われる。それ以上を要求すると，補償額の個別立証を要するから，わざわざ永年訴訟を遂行しなければならない。したがって，予防接種法の定める金額は最低保障と考えればよいのであって，この意味では，予防接種法は無用の存在にはならない。あるだけましだと見るべきである。同様のことは，刑事補償法があるにもかかわらず誤判を理由とする国家賠償請求が認容されるときに生ずる

が，誰もこのことを怪しまない。

　第3に，判旨によると，救済制度ができる前は，憲法に基づき直接全損害を請求できたのに，救済制度ができたため，かえって，救済の上限が画されることになるが，予防接種法，ましてや政令でそうした請求権を限定することができるのであろうか，そうとすれば不合理であろう[20]。西ドイツの犠牲請求権の補足性の理論にもそうした不合理さがあり，真似るべきものではない。

9　具体的な補償全額
(1)　判決に表われた金額の比較

　金額の計算を見ると，名古屋地裁判決は，生存被害児について，平均寿命に達するまでの予防接種法に基づく将来給付の総額から中間利息を控除してその現価を算定すると，2600万円から4800万円（1級の障害児の場合，おおむね4500万円を上回る）とし，これは憲法に違反するほど低額ではないとする。

　この判決では国家賠償法による救済も認められているが，その生存被害児に対する賠償額は，全介助を要する被害児については，慰謝料1000万円を含め，7-8000万円の損害が認定され，それに両親の慰謝料300万円ずつに弁護士費用が加算され，合計では最高8500万円にもなる。

　東京地裁判決は，生存被害児をA，B，Cの3ランクに分け，それぞれ損失額を計算しているが，Aランクでは，慰謝料1000万円を含めて5000万円から6000万円，それに両親の慰謝料それぞれ300万円に弁護士費用（22万5000円）が認められ，約6000万円台から7000万円台になる。Bランク生存被害児については，損失額は慰謝料の800万円を含め，約3200万円から3300万円，両親の慰謝料200万円と弁護士費用（15万円）で，合計3000万円台の中間ぐらい，Cランク生存被害児については，損失額は慰謝料500万円を含めて2000万円強，両親の慰謝料は100万円と弁護士費用（7万5000円）で，合計2000万円台になる。ここからすでに給付を受けた分は損益相殺で控除されたが，将来の給付にかかるものは控除されなかった。

　この2つの判決を見ると，東京地裁判決のほうは，将来の給付の現価を計算

---

(20)　西原道雄「研究会発言」（判タ539号59頁）は，予防接種の救済制度については国は被害者を救済する制度だと宣伝して立法しながら，この法律がなければできたはずの救済を抑えるという上乗せ禁止の主張をしてくるというのでは一種の詐欺的な立法だとする。名古屋地裁判決はその詐欺に引っかかったといったら言い過ぎだろうか。

して，その額と比較して，それが賠償方式による算定金額とどの程度の差があるかを明らかにしていないという問題点がある。これに対して，名古屋地裁判決のほうは，予防接種法による給付が違憲というほど低額ではないという以上，東京地裁判決のような賠償方式による計算をして，それと予防接種法による給付と比較して，そのうえで，後者が憲法に違反するというほどではないという論理を展開すべきであるが，そうした作業をしていないという問題点がある。そこで，ただ，国家賠償法による救済が認められた事案を見て，両者を大略比較することができるにとどまる。

これらの事案に表われた事情は異なるから，本来は単純に比較できないのであるが，筆者には，裁判所がしていない計算はできないので，単に右の数字に依存すると，名古尾地裁判決の生存被害児の1番重いほうでは予防接種法による給付の現価と国家賠償額は2600万ないし4800万円と8000万円弱（東京地裁判決ではこの後者は8500万円）という差になる。これだけを見れば，被害児に対する補償が立法裁量との立場を採る限り，まだ裁量の限界を逸脱したというほど，行き過ぎているとはいえないことは名古屋地裁判決の説くとおりのように見えないではない。しかし，それが基本的には裁量によるものではなく，国民の生命・健康を第一義とする憲法の下で，国家の行為に起因して生命・健康を剥奪された者に対する他の救済措置との比較（平等原則）を踏まえたうえで決定すべきであるとの前述した筆者の立場によるならば，やはり差が大きすぎ，違憲であり，差額は直接憲法に基づき請求できることになる。

なお，こうした計算は原告が主張立証すると思われるが，東京訴訟の原告団によれば，国の給付の接種時現価は，一審判決が認定した損失額（接種特現価）に比較して，死亡者については最高で18.8％，最低0％，平均10.5％（0％の原告を除く），Aランク後遺症については平均30.3％，Bランク後遺症については4人で1人平均36％，Cランク後遺症については9％と52％の者が各1人いるとのことである。これによれば，格差はどう見ても大きすぎる。

(2) 名古屋地裁判決の論理批判

名古屋地裁判決は，予防接種法による給付額が憲法に違反して無効というほど低すぎないと説明したあと，次の説明を付加している。「殊に予防接種事故に関し，被告側に過失があった場合には被害者は国家賠償法によって全損害の賠償を求めることができるのであるから，ここでの問題は被告側に過失がない場合，又はその過失が明らかでない場合に限定して考えることができる。すな

わち，前記救済制度は，被告側から見て事故が不可抗力である場合にも被害者に対してこれだけの支払いをすることを命じているのである（勿論その負担者が納税者としての国民であることはいうまでもない）。」

しかし，この判決は，予防接種事故の本質を見失っているように思う。この判決の見方では，予防接種事故は不可抗力であるという言い方であるが，不可抗力とは人間の能力の及ばない力をいい，たとえば，巨大な台風とか地震のため，人間には防ぎ切れないものをいう。予防接種のワクチンが発見されなかったとしたら，天然痘等に罹って死亡するなどは国家から見て不可抗力であろう。ここには人間の力は加わっておらず，人間は防ぎようもなかったからである。しかし，予防接種事故は，社会防衛のために国家が被害発生を容認しつつ国民に勧奨ないし強制した結果で，人間の力が加わっているのであり，国の責任は過失と紙一重ともいえるし，他方，犠牲者のお蔭で多数の国民は天然痘等の犠牲にならずに幸福な生活を送れるのである。したがって，これは一般の不可抗力の例とはまったく異なるのであり，この判決はそれを混同している。

予防接種禍の被害者に対する補償が国民の負担であることを，この判決はなぜ，強調するのか。いかにも義務なき負担のような印象をもたらす。国家の行為に起因しない被害についてなら，被害者が健康で文化的な生活が営めるように国家が税金で給付することについて，そうした見方をすることもあるいは──（あまり望ましくはないが）──許されよう。しかし，予防接種禍の被害者はまさに国家の行為の犠牲者であり，かつ，多数国民の被害を防止する防波堤として，犠牲となったのである。犠牲とならなかった多数の国民がその犠牲者のために税金で，その者が普通に人生を送った場合に得られる収入と，介護費を負担することが何か不都合なのであろうか。

この判決が前記のように立法裁量論に立ったのは基本的にこうした誤解に基づくもので，到底賛成できない。

◆ IV 抗告訴訟の留保？

1 抗告訴訟の留保の主張

筆者は東京地裁判決に倣って，予防接種法による給付と，損失額との差額は直接憲法に基づいて請求できると考えることは前述した。これに対して，そうした差額を求めるにも，予防接種法により給付を求め，それに不服の場合には，その取消訴訟というルールに従うべきであるという主張がある。

古崎・195頁は，どのような救済制度を置くかは国の立法裁量であり，行政庁が社会的経済的事情や他の救済制度（例：公害健康被害補償）との兼ね合いなど諸般の事情を考慮して決定する裁量事項に属するとし，予防接種健康被害救済制度に基づく給付に関する処分を受けた者は，都道府県知事に対しその給付額を争って審査請求するか，裁判所に抗告訴訟を提起するのが本筋であり，この方法を通じて，給付額の決定に，行政庁に与えられた裁量権の濫用または逸脱があったかどうかが正面から争われるのである，とする。

新美・14頁は，単純にこれに賛成する。

2 参考判例

たしかに，国のなす給付を行政処分と構成し，それに関する不服について，不服審査，抗告訴訟によらせるという制度を作ることは可能であり，現に，そうした例は少なくない。判例では，いわゆる摂津訴訟において，児童福祉法の定める保育所建設費の国庫負担分については，自治体の請求権は交付決定により初めて発生するので，直接請求することはできず，補助金適正化法により申請し，拒否処分を抗告訴訟で争うべきだとされ（東京高判昭和55・7・28行集31巻7号1558頁，判タ419号44頁），自然公園法の不許可補償（同法の特別地域にあるため住宅建築が不許可となった場合の損失補償請求）も，同様に抗告訴訟によるべきだとされた（東京高判昭和60・8・28判時1177号49頁）。予防接種法においても，同法16条1項に基づき厚生大臣が行う当該疾病と予防接種との間の因果関係の認定は，市町村長と行政機関相互間でなされる内部的な行為と見るのが相当であり，この認定を拒否された被害者は，因果関係を認定できないとした厚生大臣の判断の当否について，給付申請の棄却という市町村長の行政処分に対する不服申立ての手続のなかで争うことができ，その棄却処分に対して抗告訴訟が提起されたときは，裁判所において直接その因果関係の有無を審理判断し，その結果，もしその因果関係が認められる場合には，裁判所は，この棄却処分が前提となる事実の誤認に基づく違法なものとしてこれを取り消すべきことになると判断した判例がある（仙台地判昭和60・3・12訟務月報31巻11号2803頁，判タ549号122頁，判時1149号37頁）。

3 批判的検討

第1部　国家賠償法と損失補償法の接点

(1) 救済ルール明確性の要請

　行政処分であるかどうか，処分として民事訴訟による請求は禁止されるかという問題はわが国では規定の不備のため，よく争いになる。判例は，行政処分とは，「直接国民の権利義務を形成し又はその範囲を確定することが法律上認められているものをいう」（最判昭和30・2・24民集9巻2号217頁）としている。この理解自体多くの問題を含んでいるが，それでも，命令・強制する行為については理解しやすい基準ではある。しかし，他方，たとえば，金銭給付や学校・公務員（雇用）関係など私人間にも見られる行為は，立法的には処分とも私法上の行為とも構成できるので，それ自体としては，上記の処分の定義に当てはまるかどうかは不明である。本件の給付についても，給付決定によって初めて給付請求権が発生し，それについては抗告訴訟によってのみ争わせるという制度を作ることも可能であれば，公務員の給与のように当然に請求権が発生し，いちいち行政処分を必要とせず，不足分については民事訴訟で請求できるという制度を作ることも可能である。

　こうした例について処分とするためには，第1に，行政処分である旨が明示されている必要があると考える。救済ルールが不明確なためそのルールを誤った者の救済を拒否するならば，救済を求める者を騙し打ちする結果となるからである[21]。

　そして，一般に，行政処分とも私法行為とも構成される行為について行政処分として扱い，民事訴訟を禁止する場合にはある程度明確な規定が置かれている。たとえば，公務員に対する懲戒処分などでは，不服審査の規定を置き，それを経ないと取消しを求めて出訴できないとされ（国公法89-92条の2，地公法49-51条の2），公害健康被害補償法106条は，認定または補償給付の支給に関する処分に不服がある者の不服申し立てについて規定し，同108条は，取消訴訟の提起について不服審査前置主義を規定する。このように規定すれば，認定や給付が処分であることは，その立法政策的当否はともかく，実定法上明確となる。生活保護法も同様である。

　ところが，予防接種法16条は，市町村長は，当該疾病，障害または死亡が予防接種を受けたことによるものであると厚生大臣が認定したときは，給付を

---

(21) 阿部泰隆『行政救済の実効性』（弘文堂，昭和60年）第1章参照。【追記】阿部『行政法解釈学Ⅱ』134頁以下。

第4章　予防接種禍をめぐる国の補償責任

行うと規定するのみで，それ以上に，規定していない。これだけでは，認定と給付のいずれが処分かも不明確であるし，そもそも認定や給付の申請の手続も規定されていないのである。

　参考までに，予防接種法にかなり似た規定として，医薬品副作用被害救済基金法があるが，それでも予防接種法よりは明確に規定している。すなわち，この救済給付については，医薬品副作用被害救済基金が救済給付を受けようとする者の請求に基づき支給を決定する（28条）とされ，救済給付の支給の決定に不服がある者は厚生大臣に対し審査を申し立てることができる（49条）と規定している。そこで，この救済給付の支給決定は不服審査が許されるから，法律は多分これを処分として扱っていると考えることもできる（ただし，理論的には，不服審査の規定があるから，当然に民事訴訟は禁止とまではいえない。不服審査の規定は，単に担当官庁に不服を申し立てることを可能としただけで，それから逆に，それに関する争いが抗告訴訟に留保されるとは論理的にはならないからである）。しかし，予防接種法では，市町村長の給付決定について不服審査の規定はないのである。また，医薬品副作用被害救済基金法29条は，基金の支給決定につき，救済の請求のあった者に係る疾病・障害・死亡が医薬品の副作用によるものであるかどうか等に関し厚生大臣に判定を申し出るものとされ，厚生大臣はこの判定の申し出があったときは，中央薬事審議会の意見を聴いて判定を行い，基金に対してその結果を通知するものとすると規定し，厚生大臣の判定は，基金と厚生大臣の間の内部行為であることが明確にされている。これに対して，予防接種法では，市町村長は当該疾病，障害または死亡が当該予防接種を受けたことによるものであると厚生大臣が認定したときは給付を行うとのみ規定し，市町村長の支給決定と厚生大臣の認定の間の関係が明確にされていない。わずかに，予防接種法の施行規則の11条の13（昭和52年追加）で，市町村長は，給付に関する処分を行ったときは速かに，文書でその内容を，給付を受けようとする者，給付の支給を受けることができる者または給付の支給を受けることができる者であったものに通知しなければならない，と規定しているのみである。

　これだけの規定では，認定や給付の決定が処分として，民事訴訟による救済を禁止する趣旨であるとはいいがたい。民事訴訟による救済を禁止するつもりなら，もうすこし明確な規定を置くべきである。

　もっとも，厚生省当局者の解説[22]では，予防接種法の認定の行われる手続

について，被害者から直接厚生大臣に認定申請がなされるのでなく，給付請求を受けた市町村長が給付決定の前段階に厚生大臣に認定進達を行うという流れで行われるので，この認定は市町村長と厚生大臣という行政機関の相互間でなされる行為となると説明する。そして，したがって，被害者に対する関係では間接的であり，この認定に関して厚生大臣に対する不服申立ては成立せず，支給棄却という市町村長の処分を捉えて都道府県知事に対して審査請求を行うことになるというのである。この解説（243頁）によると，通達もこの立場である。

たしかに，それも一つの制度の在り方であるが，問題は当局者が制度をそう解しているかどうかではなく，法律の上にその趣旨が明確に示されているかどうかにある。しかし，法律からはこの解説のような趣旨を市民が明確に読み取ることはむずかしい。

もっとも，前記の仙台地裁の判決は，認定は内部行為，支給決定は処分としているが，これは上記の厚生省当局者の解説どおりで，理論的意義に乏しいうえ，原告は支給拒否決定の取消訴訟を提起した事案であるので，この解釈で困ることはなかった。したがって，この判決は支給拒否決定なり支給決定と関係なく直接補償を要求することを禁止する趣旨で下されたものではなく，本件には直接影響をもたらすものではないと解すべきである。

なお，予防接種法による救済制度は昭和52年に施行されたが，その前は，昭和45年からいわゆる行政措置による救済がなされていた。これが行政処分ではないことは明白である。それが行政処分でないということは，違法になされても救済の余地がないという誤解がなされやすいが，救済が憲法に基づく以上，直接民事訴訟で請求できるということである。

(2) 賠償請求に抗告訴訟の留保なし

第2に，本件の救済の根拠は，憲法29条3項を用いてはいるが，本来の補償請求ではなく（だからこそ，類推適用とか勿論解釈とかいっているし，憲法の他の条文をも根拠としている），賠償に近い特殊な救済なのである。そして，一般に，行政処分の違法を理由とする賠償請求は，処分の取消しを先行させなくとも認められるのがわが国の一般的な考え方であるから，本件の場合に，支給決定を抗告訴訟により争わせなければならないという理由はない。

---

(22) 炭谷茂＝堀之内敬『逐条解説予防接種法』（ぎょうせい，昭和53年）90，160頁。

(3) 窓口論争に意味なし

　第3に，本件は，救済の窓口論争で，救済を拒否すべき場合か。仮に抗告訴訟によるべきだとしたところで，そうした救済のルールと，原告の救済のいずれが大切か，大局を見るべきである[23]。いずれで争っても実質的な差はあまりないのだから。

　なお，本件では，少なくとも高松地裁判決，東京地裁判決の事案に関する限り，国家補償請求の訴訟提起後に予防接種法の救済制度が施行され，支給決定がなされたのであるが，そうした場合にその取消訴訟を提起しなければならないのかという問題がある。いったん提起された訴えを事後立法で不適法にできるとしたら不合理であろう。

(4) 古 崎 説

　第4に，上記の古崎説は，予防接種に関する国の責任の本質を正解していない。国の責任は立法裁量によるものではなく，憲法により命じられたものであるが，古崎説には，憲法の視点が出てこないのである。特に，公害健康被害補償制度は，因果関係につき，公害の被害者であるかどうか不明でも，一定の居住要件を満たせば患者として認定する割り切った制度であるから，その給付額（平均賃金の7，8割）がその者の逸失利益を全額償うものでなくともやむを得ない[24]。しかし，予防接種禍は国家の行為に起因する被害と把握されるし，因果関係の割り切りもないから，公害健康被害の給付などと同視されるいわれはないのである。

〔原論文追記〕

　戸波江二「憲法演習」法セミ1986年8月号115頁は憲法25条説によりつつ，上乗せ補償を認める立場をとっている。

　判例タイムズ605号には藤倉皓一郎＝塩野宏＝淡路剛久「予防接種事故と補償をめぐって」が掲載された。私見とほぼ同方向である。

---

[23] 以上の点については，阿部泰隆「取消訴訟の対象」『現代行政法大系4』（有斐閣，昭和58年），阿部・前注(21)書第1章参照。

[24] この制度につき，野村好弘「因果関係の側面から見た公健法の問題点」，新美育文「公害健康被害補償制度の給付水準」ともに，ジュリ821号（1984年）参照。

第1部　国家賠償法と損失補償法の接点

> 【追記】　本稿は，これまで種々あった意見の対立を整理して，反対説の根拠が足りない点を指摘して，「もちろん解釈」説を丁寧に根拠づけて，その後の地裁判決（大阪地判昭和62・9・30判時1255号45頁，福岡地判平成元・4・18判時1313号17頁）がこの説を採用するに当たり参考にされたと思う。しかし，東京高裁平成4年12月18日（判時1445号3頁，判タ807号78頁）は，検診の体制の不十分さを当時の厚生大臣の過失ととらえて，過失判断を緩めた。過失の客観化・組織過失である。福岡高判平成5年8月10日（判時1471号31頁），大阪高判平成6年3月16日（判時1500号15頁）はこれに続いた。これは抽象的段階のプログラミン責任というものである（芝池義一「国家賠償法における過失の二重性」民商法雑誌112巻3号373頁以下，1995年）し，組織的過失というものである（武田真一郎「国家賠償における組織的過失について」愛知大学法経論集159号（2002年）19頁以下）が，そのような解釈が可能であれば，「もちろん解釈」といった苦労はしなくても済んだが，検診体制がそれなりに整っても，発生するのが予防接種禍であるから，なお，本稿の意義は失われないと考える。『行政法解釈学Ⅱ』381頁。稲葉馨「予防接種禍に対する国の補償責任—東京高裁平成4年（2月18日判決の光と影」ジュリ1021号60頁以下（1993年）。
> 　さらに，予防接種禍訴訟の全体については，西埜章『予防接種と法』（一粒社，1995年），中平健吉ほか『東京予防接種禍訴訟上下』（信山社，2005年），秋山幹男ほか『予防接種被害の救済——国家賠償と損失補償』（信山社，2007年）が詳しい。

第5章　破壊消防と結果責任（賠償と補償の接近）

（1985年）

1　問題の提起

　A方から出火し，その風下にB～Eの家が並んでいるとする。消防署長がEから順にブルドーザーで建物をCまで破壊したところ，風向きが変わり，火はA方を燃えつくしただけで消えた。C～Eは損害賠償なり損失補償を求めうるか。まず，消防法29条をよく読んでみよう。それから，この問題は消防署長が破壊するとき延焼の虞ありと判断したか，虞なしと判断したか，その他状況によって異なると思われるので，次の図を作成してみた。これを手がかりとして，図の□□□内を検討されたい。

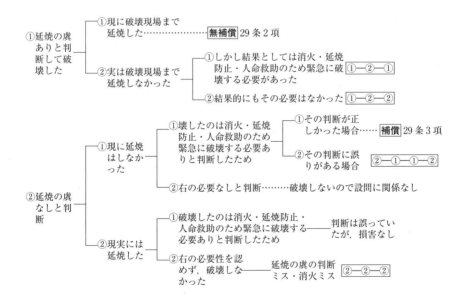

2　3つの場合分け

　建物を破壊するという手段を用いて消火することを破壊消防という。消防法29条はこれを3つの場合に分けて規定している。これを表にすると次の通り

第1部　国家賠償法と損失補償法の接点

	第1項	第2項	第3項
要　件	消火・延焼の防止・人命救助のため，必要があるとき	延焼防止のためやむを得ないと認めるとき	消火・延焼防止・人命救助のために緊急の必要あるとき
対象物	火災が発生せんとし，又は発生した消防対象物及びこれらのものの在る土地	延焼の虞のある消防対象物及びこれらのものの在る土地	前2項に規定する消防対象物及び土地以外の消防対象物及び土地
補償の要否	否	否	要

である。

　なしうることはいずれの場合も消防対象物と土地の使用・処分・使用の制限である。破壊消防をなしうる主体は第1項の場合は消防吏員又は消防職員，第2項と第3項の場合には消防長若しくは消防署長又は消防本部を置かない市町村においては消防団の長である。

　損失補償については第3項に規定があるが，第1項と第2項には規定がない。

　この制度の根拠については次のように説明される。第1項と第2項の場合には破壊消防の対象物そのものが社会公共の利益を侵す危険な状態すなわち警察違反の状態にあるので，社会の障害となるこのような状態を自己の生活範囲から生ぜしめた者はその状態を除去すべき責任すなわち警察責任を有するのである。したがって，この状態を除去するために警察権が発動され，それによって損失が生じたとしても，警察責任者としてはその損失を当然受忍すべきである。あるいは延焼中あるいはまさに燃えようとしている消防対象物は財産的価値がないからこれを破壊しても補償を要しないとも説明できる。これに対し第3項の場合には緊急の場合にその必要とするものを公の用に供する公用負担であるから憲法29条3項により補償を要するとか，警察責任者でない第三者に対する警察緊急権の発動によって財産上の損失を生ぜしめた場合であるから，正義と公平の原則から補償を要すると説明されている[1]。いずれにせよ3項は適法行為による損失補償である。

　以上は設問の図で①—①の場合と，②—①—①—①の場合である。これは法律が正面から予想している場合なので，補償の要否に関する法律の定め方も納得のいくところである。

---

[1]　車平好史・民商68巻3号112頁（1973年）

ところが，現実には法律の予定する通りの判断がなされない場合が生ずる。消防署長などが判断を誤った場合である。この場合に家屋を破壊された者が損失の金銭填補を求める方法としては，国家賠償法1条と消防法29条3項の拡張適用が考えられる。

3　延焼のおそれの判断ミス

まず消防署長が建物を破壊したとき，消防法29条2項の適用がある（延焼の虞がある）と判断していたが，結果として延焼しなかったとき（①―②の場合），そもそも2項による破壊消防の要件をみたしていないのであるから，違法となる。そうすると，1つの考え方では，適法行為による損失補償を規定する同法29条3項の適用はなく，これは国家賠償の問題となり，消防署長に過失がある場合にはじめて，C～Eは損害賠償を求めうることになる。これは国家賠償と損失補償を峻別する二元説であるが，消防法29条2項と3項ももともと二元説に立っていたものと思われる。

4　延焼のおそれの判断ミスがない場合

これに対し，消防署長などが当該建物への延焼の虞なしと判断し，現実にも延焼しなかったが，消火・延焼防止・人命救助のため緊急に破壊する必要ありと判断してC～Eの建物を破壊した場合で，その判断が正しかった場合（②―①―①―①の場合）には消防法29条3項による損失補償が与えられる。この場合には消防署長の過失は問題とならない。

5　均　衡　論

そうすると，同じく建物を破壊された場合において，消防署長が延焼の虞がないと最初から判断していた場合には損失補償が与えられるのに，消防署長が延焼の虞があると誤って判断した場合にはその判断の誤りに過失があるとされた場合にのみ損害賠償が与えられることになる。延焼の虞があるかどうかは現場における緊急時の判断によるから，そもそもそう正確を期しえないものであることに鑑み，その判断に過失があるとされることはそう多くはないであろう。したがって，消防署長が延焼の虞があると判断したかどうかは，損害賠償ないし損失補償請求権の有無を左右する公算が大きい。しかも，消防署長が破壊消防に着手したとき，延焼の虞があると判断したかどうかは外部からはうかがい知れないことである。したがって消防署長の属する市町村はもともと破壊するときは延焼の虞はないとして，図の②―①―①―①を適用したつもりであったのにもかかわらず，消防法29条3項により損失補償を請求されると，図の①

——②の判断をしたのであり，延焼の虞の有無の判断を誤ったのは確かだがその判断に過失はないとして逃げ切ることも可能となってくる。

このように考えると，消防署長が破壊消防に着手したとき延焼の虞があると認識したかどうかを基準に損害賠償と損失補償のいずれかによらせることは合理性を欠くことになる。

そこで消防署長が破壊消防に着手したとき延焼の虞があると認識したかどうかはともかくとして，破壊された建物が結果として延焼しなかった場合には同一に扱っていくという考え方ができる。

6 判例の事例

破壊消防に関する公刊された唯一の最高裁判例（昭和47・5・30民集26巻4号851頁）は破壊された建物自体は延焼の虞があったとはいえないが，他の建物への延焼を防止するために右建物を破壊する緊急の必要性があったと認定して，消防法29条3項による損失補償を認めた。この判例で注目すべきは，被告消防側は，当該建物は延焼の虞のあるものとの判断のもとに破壊されたのであるから，同法29条2項を適用すべきである（したがって消防に過失あるときのみ責任あり）と主張していたのに対し，裁判所は消防の方の判断がどうであったかという主観的事情は問題とせず，客観的に同法29条3項の要件をみたすかどうかのみを判断していることである。この限りで，図の①—②—①と②—①—①は同じく消防法29条3項の損失補償で扱われる。

7 人命救助等のため緊急に破壊する必要の判断ミス

右の判例は当該建物は延焼しなかったが，しかし他の建物への延焼防止のために破壊する緊急の必要性があるという特殊な例である。なぜそのように判断されるかはこの判決文からは必ずしも明らかではないが，それはともかく，右の判例は，客観的に消火・延焼防止・人命救助のため破壊する緊急の必要がある場合であれば，もともと消防署長が延焼の虞ありと誤って判断した場合であっても，消防法29条3項の適用を受けるとしたものと解しうる。

ではさらに進んで，図の②—①—①—②，つまり延焼の虞なしと判断し，現に延焼はしなかったが，消火・延焼防止・人命救助のため緊急に破壊する必要ありと判断して破壊した場合において，結果としてその必要がなかったと判断された場合はどうであろうか。この場合もそもそも破壊することは違法であるので，国家賠償法1条により過失の有無が争点になるともいえる。これは前記二元説の立場である。しかしそうすると同じく延焼の虞のない建物が破壊され

た場合で,消火・延焼防止・人命救助のため破壊の必要性があるときは補償が与えられるのに,破壊の必要性がなくて破壊されたときは消防署長の過失が認定されない限り賠償を与えられないという不均衡を生ずる。

また,図の①—②—②の場合について考えると,①—②—①の場合に29条3項により補償が与えられると解されることとの均衡が問題となる。すなわち,消火・延焼防止・人命救助のため緊急に破壊する必要があって破壊した場合には,延焼の虞に関する判断のいかんを問わず29条3項により補償が与えられるのが前記の判例の認めるところであるから,破壊する必要なくて破壊した場合にはなおさら金銭塡補を与えるべきではなかろうか。適法行為により破壊した場合に補償するのであるから,違法行為により破壊する場合はなおさらというべきなのである。

このように考えると,29条3項は適法行為による損失補償の規定であるにとどまらず,適法違法を問わず破壊消防によって生じた損失を補塡する結果責任規定と読むことができよう(2)。設問の図では,①—①が無補償であるほかは,①—②—①,①—②—②,②—①—①,②—①—②にはすべて29条3項による補償が与えられるべきである。

なお,その他の場合には設問の図に書いた通りである。②—②—①は損害なしといえる。

②—②—②は消火ミスとして国賠法1条の過失責任主義の問題となる。

〈参考文献〉

小早川光郎・法協92巻1号,奥田義雄・近代消防昭和44年9月・10月号,森本宏『判例から見た消防行政責任論』(全国加除法令出版,1982年)208頁以下,阿部=森本宏『消防行政の法律問題』(全国加除法令出版,1985年)88頁以下。

---

(2) 原田尚彦「解説」時の法令502号46頁(1964年)

◆ 第 2 部 ◆
国家賠償法

第1章　抗告訴訟判決の国家賠償訴訟に対する既判力
──違法性の相対化論と水俣病認定遅延国家賠償判決の考察を兼ねて──

(1984年)

◆ I　はじめに

　抗告訴訟の本案確定判決（請求認容判決，請求棄却判決）の判断内容が後訴の裁判所の判断を拘束するという意味での既判力は，取消訴訟と無効確認訴訟の間，一連の手続を経て目的を達する行政行為に対する取消訴訟相互の間，取消訴訟と争点訴訟の間，抗告訴訟と国家賠償訴訟の間など，種々の場面に登場する。これらについてはかつて簡単に考察したことがある[1]が，本稿はこのうち，抗告訴訟（ただし，取消訴訟，不作為の違法確認訴訟に限る）の判決が国家賠償訴訟に及ぼす既判力について考察する[2]。

---

(1)　南博方編『注釈行政事件訴訟法』（有斐閣，昭和47年，以下注釈行訴と略す）290-291頁〈阿部執筆〉。なお，この論文で筆者は，「取消訴訟で請求棄却判決を受けた者も，争点訴訟を提起できるか」という問題を提起し，争点訴訟が取消訴訟外の第三者を被告とするとき，たとえば農地買収処分や公売処分の無効を理由として被売渡人，競落人に対して民事訴訟を提起する場合は被売渡人や競落人は前の取消訴訟の当事者でないから既判力を受けないと一応解される。しかし，取消訴訟で請求棄却判決を受けた者が同一行政行為の効力を私人間で争えるとするのは不合理であり，その者に対してなんらかの形で判決の効力を及ぼすことも考えられるのではなかろうか」と述べていた。
　右の私見の問題提起に対して，白井皓喜「取消訴訟における請求棄却判決の効力」自治研究49巻1号58頁（昭和48年））は，「行政庁は行政処分に対して実質上有利な利害関係を持つ者の代表として，被告の地位にある」という理由で，「行政庁は利害関係人である他人のために被告と為った者として，民訴201条2項により請求棄却判決の場合にも，これら関係人である私人に既判力が及ぶ」として，いち早く解答を与えられた。
　今日思うに，ある者に利益を与え，ある者に不利益を及ぼす複効的行政行為について，不利益を受けた者が提起する取消訴訟においては，請求が認容されたら処分の受益者はその効力を受け（行訴32条），争点訴訟の段階では当該行政行為の適法性を主張することはできない。このように処分の受益者が取消判決の効力を受けて，処分により受けた利益を奪われることとの均衡上，取消請求が棄却され，処分庁（あるいはこれに補助参加した受益者）が勝訴した場合も，受益者はその効力を争点訴訟において主張することができると解すべきである。
(2)　逆に国家賠償訴訟の判決が抗告訴訟に及ぼす既判力は問題を異にするが，これについては考察しない。通常は抗告訴訟が先行するから，その場合における既判力が実際に問題になることはまずないからである。

第 2 部　国家賠償法

このテーマについてはたんに理論的興味の問題だけに終りそう[3]とか，日本では西ドイツと異なり，取消請求と国家賠償請求はひとつの裁判手続において訴求することができる（行訴 13 条）から，行政行為の違法性に既判力を生じさせる実益は西ドイツに比しはるかに少ない[4]，とか説く向きもある。それはある程度あたってはいるが，後に紹介するいくつかの判例や，特に不作為の違法確認判決の既判力を国家賠償訴訟に及ぼした熊本水俣病認定遅延国家賠償訴訟判決（熊本地判昭和 58・7・20 判タ 501 号 89 頁）に照らしてみると，この問題にはなお実益もあれば，未解決の面も少なくないことがわかるのである。

また，この問題は，近時，いわゆる「違法性の相対化」の主張によって新たな対応を迫られている。

本稿はこの違法性の相対化と，右水俣判決を素材に表題のテーマを検討するものである。

◆ II　取消訴訟本案判決の国家賠償訴訟に対する既判力

1　従来の学説の成果・法律＝既判力肯定説

(1)　既判力肯定説

もともとは，取消訴訟における訴訟物は処分の違法性一般であるとし，国家賠償訴訟における違法性は取消訴訟における違法性と同義であるから，取消訴訟における処分の違法性ないし適法性に関する判断は後訴の国家賠償訴訟に対して既判力を及ぼすとする説[5]（以下，既判力肯定説という）が，少なくなかった。

---

[3]　古崎慶長『国家賠償法の理論』（有斐閣，昭和 55 年）274 頁。初出は「行政訴訟と国家賠償訴訟」別冊判タ 2 号 28 頁（昭和 51 年）。

[4]　木村弘之亮「行政事件上の取消判決の効力 (2)」民商 72 巻 3 号 437 頁（昭和 50 年）。

[5]　滝川叡一「行政訴訟の請求原因，立証責任及び判決の効力」『民事訴訟法講座 5 巻』（有斐閣，昭和 31 年）1456 頁，近藤昭三「判決の効力」『行政法講座 3 巻』（有斐閣，昭和 40 年）331-4 頁，杉本良吉『行政事件訴訟法の解説』（法曹会，昭和 38 年）108-9 頁，古崎・前注(3)277 頁以下，岡田春男「国家賠償訴訟と抗告訴訟」判タ別冊 2 号（昭和 51 年）39 頁以下。さらに，白石健三「公法関係の特質と抗告訴訟の対象」『岩松還暦・訴訟と裁判』（有斐閣，昭和 31 年）448 頁は，行政処分の違法性一般を訴訟物とする通説の立場では処分がはじめから発動の許されないものであったかどうかは単なる前提問題にすぎず，既判力をもって確定されないが，処分当時における具体的権限の存否を訴訟物と構成すれば行政処分取消判決は国家賠償訴訟に既判力を及ぼす，としていた。

(2) 既判力否定説とその批判

これに対し，取消訴訟と国家賠償訴訟では違法性が異なり，前者の判決の既判力は後者には及ばないとの説（以下，既判力否定説という）が，従来からときどき出されてきた。たとえば，行政処分の違法性と公務員の具体的事実的行為を問題とする国賠法上の違法性は次元を異にする[6]，という説があった。

古崎慶長は，これに対し課税処分や労災補償の認定の例をあげて，取消訴訟でも国家賠償訴訟でも違法性は同一，と反論した[7]。

また，国家賠償訴訟における違法性は取消訴訟におけるそれより広いから，取消判決が確定した場合は国家賠償訴訟でも違法と評価されるが，取消訴訟で請求棄却判決が確定したにもかかわらず国家賠償訴訟ではなお違法の主張ができる，との説があった[8]。これは不法行為は発生した損害の公平な分担を目的とするから，取消訴訟のようにその違法を法規違反に限定することなく，裁量の不当および事実行為の違法等広く正当性を欠く行為を国賠法上の違法と捉えることができるとする，有倉説[9]によっている。

しかし，これでは法秩序は矛盾してしまうし，そもそも，当・不当の問題はまさに行政内部で判断すべきことであるから，取消訴訟のみならず，国家賠償訴訟でも審理できないはずである。したがって，右の違法性二元論には賛成できない[10]。

---

(6) 鈴木正裕「形成判決の効力」法学論叢67巻6号（昭和35年）41頁以下。この説は，形成判決の既判力の客観的範囲を論じ，形成権と同一発生事実に基づく損害賠償請求などに対して既判力を及ぼす説を批判し，形成判決の既判力は訴訟物たる形成権の存在のみを確定するのであって，その発生事実までは及ばないとする。本文の引用はこの主張のいわば派生型のようなものである。

(7) 古崎・前注(3)277頁以下。

(8) 村重慶一「国家賠償訴訟」『実務民事訴訟講座10』（日本評論社，昭和45年）327頁，下山瑛二『国家補償法』（筑摩書房，昭和48年）136頁，松本博之「行政処分取消訴訟における取消対象の消滅と訴えの利益」大阪市大法学雑誌19巻3・4号（昭和48年）617頁。なお，木村・前注(4)，注釈民法(19)（有斐閣，昭和40年）411頁〈乾昭三執筆〉もこの系統に属するか。三橋良士明「不作為にかかわる賠償責任」『現代行政法大系6』（有斐閣，昭和58年）171頁注(48)該当部分は，この村重説に賛成するようであるが，理由はつけられていない。

(9) 有倉遼吉「国家賠償法解説」法時25巻9号（昭和28年）19頁。佐藤英善「食品・薬品公害をめぐる国の責任」法時51巻4号80頁は，これを通説とするが，本稿に掲げる諸説にみるように賛成しがたい。

(10) 同旨の説として，今村成和『国家補償法』（有斐閣，昭和32年）111頁，古崎・前注(3)279頁。

(3) 最近の状況

最近でも，既判力肯定説[11]は少なくない。

(4) 法　　律

法律でもこの考え方を前提とするものがある。消防法6条3項は，消防法5条による防火対象物の改修等の命令の取消判決があった場合においては，当該命令によって生じた損失に対しては，時価によりこれを補償するものとする，と定めている。これは無過失責任を定めた珍しい例として講学上言及される規定であるが，その前提には，取消訴訟で命令が違法とされた以上は，損失補償なり損害賠償事件においては，もはや違法性の有無を論ぜず，損害額を時価で算定して救済せよ，という考え方がとられていると思われる。

行訴法31条の事情判決制度は違法な処分を取り消さず，単にその違法性を判決主文で宣言するにとどめるという特殊な制度である。もとの処分により蒙った損害に対する賠償については，事情判決を下す際に考慮されることになってはいるが，損害賠償に言及されることなく，事情判決により請求が棄却されることがありうる。原告がその後にもとの処分の違法を理由とする国家賠償訴訟を提起した場合に，事情判決の主文で宣言された処分違法の判断が国家賠償訴訟に既判力を及ぼさないとすると，事情判決による処分違法の宣言はまったくのプラトニックなものとなってしまう。したがって，既判力肯定説に立つ方が事情判決の制度を合理的に説明できると思われる。

2　判例＝既判力肯定説

判例は多くはないが，既判力肯定説が一般にとられている。必ずしも一般に知られていないので紹介することにする。

(1) 取消請求棄却の場合

原告が取消訴訟で請求棄却の判決を受けた後，国家賠償訴訟で同一違法事由を主張する例についてみる。

❶　業務外認定により遺族補償申請を棄却した労働基準監督署長の処分を維

---

(11) 西埜章「国家賠償法1条における違法性の判断基準について」法政理論14巻2号（昭和56年）18頁，滝澤正「水俣病認定遅延国賠判決評釈」判評301号176頁，近藤昭三ほか『行政法第2巻』（有斐閣，昭和55年）94頁〈近藤昭三執筆〉，高林克巳「取消判決の効力」ジュリ『行政法の争点』（昭和55年）218頁，山田幸男＝市原昌三郎＝阿部編『演習行政法上』（責林書院新社，昭和54年）398頁〈原野翹執筆〉。

第1章　抗告訴訟判決の国家賠償訴訟に対する既判力

持する審査請求棄却決定の取消訴訟において，原告敗訴判決が確定した場合，その処分の違法を理由に国家賠償請求をすることはできない（札幌地判昭和45・4・17判時612号48頁）。

❷　換地処分につき，損害賠償請求訴訟において主張する違法と換地処分取消請求訴訟において主張した違法とは，その内容において異なるものではないことが記録上認められるから，換地処分取消訴訟において請求棄却の確定判決を受け，換地処分につき取消原因となる違法の存在が否定された以上，その既判力により，国家賠償訴訟においてもその換地処分が違法であるとの判断はできない（最判昭和48・3・27裁判集民事108号529頁）。

(2)　取消認容の場合

逆に，取消請求が認容された後の国家賠償訴訟で，被告は処分の適法性を主張できるか。

❸　取消判決の既判力は取り消された行政処分が違法であることに及ぶとしつつ，農地買収計画に対する訴願棄却裁決取消判決における買収計画が違法である旨の判断は理由中の判断であるから，買収計画の違法を理由とする国家賠償訴訟において，国は判決の既判力を受けず買収計画が適法であることを主張できるとの判決（福島地判昭和29・5・10行集5巻6号1214頁）がある。

しかし，原処分と訴願棄却裁決は適法要件を共通にし，訴願棄却裁決取消判決における原処分が違法である旨の判断と訴願棄却裁決が違法である旨の判断（裁決に固有の違法を除く）は実は同じことで，いずれも訴訟物たる形成要件についての判断であって，理由中の判断ではない[12]から判決の後半部分には賛成できないし，一般にも支持されていない。そうすると，この判決の後半部分を除くと，この判決は取消判決の既判力が国家賠償訴訟に及ぶとした先例と見ることができる。

❹　課税処分取消判決が認容された後の国家賠償訴訟では，国は課税処分の適法性を主張できないとして，もっぱら公務員の故意・過失の有無を審理した判例として，東京地判昭和39・3・11（訟月10巻4号620頁），大阪地判昭和40・11・30（訟月12巻3号367頁），津地判昭和43・3・21（訟月14巻7号753頁）がある。

---

[12]　滝川・前注(5)論文『民事訴訟法講座』5巻1457頁，阿部『注釈行訴』290頁，古嵜・前注(3)282頁。

第2部　国家賠償法

❺　公安委員会が精神薄弱者であるとの理由でした運転免許の取消処分について、被処分者が取消判決（津地判昭和51・2・26行集27巻2号247頁、判時832号35頁）を得て、それを確定させたうえで、国家賠償訴訟を提起したところ、裁判所はその運転免許取消処分が違法な処分であることは本判決により確定されたところであるとして、処分の違法性について再び審理することなく、直ちに公安委員会ないし公安委員会の指定医の過失の有無を審理した（過失否定——津地判昭和55・4・24判時994号94頁、名古屋高判昭和56・10・28判時1038号302頁）。

❻　薬事法に距離制限制度があった時期、薬局の許可申請に対して店舗の設置場所が配置の適正を欠くとしてなされた不許可処分が、根拠となった条例の解釈に誤りがあるとして取り消されて確定した（大阪地判昭和48・9・26行集24巻10号1047頁）。続いて、知事の不許可処分により被った損害の賠償訴訟が提起された。この国家賠償訴訟においては、本不許可処分取消判決が確定した事実によれば、「特段の事情の認められない本件においては、本件不許可処分は違法である」として、「知事が本件不許可処分をしたことにつき知事らに過失があったか否かについて判断」された（過失肯定——大阪高判昭和55・1・31判タ419号109頁、判時964号64頁）。

❼　私道を築造するためには道路位置の指定を受ける必要がある（建基42Ⅰ5）。この指定の申請に際しては、道路の敷地となる土地の所有者等の承諾書を添付しなければならない。Xの承諾書を偽造してなされた指定申請に対して知事がした指定処分は、Xの提起した訴えにより無効と確定した。次にXが国家賠償訴訟を提起したところ、裁判所は右指定処分が違法であるかどうかをむし返すことなく、知事の過失の有無を審理した（過失肯定——神戸地判昭和52・1・17判タ360号223頁、判時863号86頁）。この判決は既判力につき直接には言及していないものの、既判力肯定説に立つものといってよかろう。

❽　退去強制処分取消判決の確定後に提起された国家賠償訴訟で、既判力肯定説に立ったうえ、過失を否定した例（横浜地判昭和58・10・17判時1109号121頁）がある。

(3) 無効確認訴訟の請求棄却判決の既判力

以上は取消訴訟の判決の既判力に関する判例である。これに対し、無効は違法より狭いから、無効でないことが確定しても違法でないとはいえないから、買収処分無効確認訴訟の請求棄却確定判決は買収処分の違法を理由とする国家

賠償訴訟に既判力を及ぼすことはありえない（高松地判昭和50・3・31訟月21巻6号1239頁）。反対の判例（大阪地判昭和50・5・19訟月21巻7号1425頁）は誤りと思う。

3 遠藤博也説による違法性の相対化
(1) 遠藤説の指摘

(ア) 以上によれば，既判力肯定説は通説・判例であるといってよかったと思われる。これに対し，遠藤博也は，大著『国家補償法上巻』（青林書院新社，昭和56年）162頁以下において，既判力肯定説にゆさぶりをかけた。同著によると，国家賠償法1条にいう違法性は公権力の行使における行為規範性を内容とするものであって，民法の不法行為における違法とは性質を異にするが，処分ないし法的行為の効力発生要件に関する違法とも異なり，他人に損害を加えることを法が許容するかどうかという見地からする行為規範性である。こうして違法概念が相対的で，賠償違法と処分取消しにおける違法が異なるという基本的前提からみると，（本稿でいう）既判力肯定説が通用しうる単純な事例もないわけではないが，それがすべての場合に通用するわけではない，とする。そして，既判力は，取消訴訟と国家賠償訴訟で偶然判断内容を同じくする場合に限って，例外的に及ぶと考えるべきであろう，とされている。

これに大幅によりかかった説[13]も出ている。

(イ) この遠藤説は豊富な実例を引いて，国賠法上の違法性が損害の塡補という観点から種々なる要素の考慮のもとに判断されることをきわめて説得的に明らかにしている。たしかに，違法性の判断は相対的であることも認めなければならない。これは国賠法上の違法性の概念を明らかにするのに大きな成果をあげたといえよう。

(ウ) しかし，取消訴訟の判決の既判力が国家賠償訴訟に及ぶかどうかを論ずるときは，こうした違法性の概念の相対性一般論ではなく，個別具体のケースにおいて，同一の行為規範の評価をめぐって果たして違法性が異なるかどうかを明らかにする必要がある。右の遠藤説自身，取消訴訟と国家賠償訴訟で判断内容が同じときは既判力が及ぶことを認めている。

---

[13] 村上敬一「裁判官の職務行為と国家賠償責任」『新・実務民事訴訟講座6』（日本評論社，昭和58年）88頁以下。

筆者には，違法概念の相対性といわれるが，果たして，同じ行為規範違反の評価が取消訴訟と国家賠償訴訟で食い違うことがどれだけあるのか，食い違うというが，違法概念の建て方の違いではないか，異なる観点から評価しているだけではないのか，という疑問がある。項をあらためて検討しよう。

(2) 違法性の異同が問題とならない例

まず，違法性の相対性の例としてあげられるもののなかでは，取消訴訟における違法性と国家賠償訴訟における違法性の異同という問題とは関係がないものが少なくないことに留意すべきである（以下，この項で括弧内の頁は右遠藤著のそれを指す）。

(ア) まず，起訴されたが，刑事訴訟において結果として無罪判決が確定した場合に，公訴提起が国賠法上当然に違法となるかどうかについては，当然に違法となり，あとは故意・過失の問題となるにすぎないとする結果違法説と，起訴時あるいは公訴追行時における各種の資料を総合勘案して合理的な判断過程により有罪と認められる嫌疑があれば違法にならないとする職務行為基準説（最判昭和53・10・20判タ371号43頁，判時906号3頁）が対立しているが，後者が通説・判例と思われる（244頁）。後者に従うと，刑事訴訟法上の違法性と国賠法上の違法性にズレが生ずるといえる。

しかし，これは逮捕，勾留，起訴はその時点において犯罪の嫌疑について相当な理由があり，かつ必要性が認められる限りは適法であり，客観的に犯罪事実が認められることを要件としていないという特色によるのである。ところが，一般に行政処分をするに際しては，被処分者が違法行為をしている嫌疑が相当あるというだけで処分をすることは許されていない。たとえば，公務員の免職処分は，被処分者が客観的に免職事由に該当しない限りはしてはならない。起訴は，検察官が裁判所に対して犯罪の成否，刑罰権の存否につき審判を求める意思表示であって，最終的判定者は裁判官であるのに対し，免職処分については任免権者が自らとりあえず最終的判定をする（もちろん争訟は可能であるが）という制度の違いがここにあらわれているのである。

そうすると，無罪判決があっても国賠法上違法になるとは限らないのは当然であるが，このことと行政処分について取消訴訟と国家賠償訴訟の間に違法性のズレが生ずるかどうかとは関係がない。

のちに無罪判決が出た場合に先行する有罪判決の適法性についても，裁判は職権で真実を探究するのではなく，提出された証拠によって判断するものであ

るところから，証拠の判断が合理的である限り，結果としてのちに無罪となっても，それぞれの判断は適法であろう。

　(ｲ)　違法の相対性といわれるものでは，ある面（人）から見ると違法だが，他の面（人）から見ると適法というだけで，そのことが国家賠償訴訟か取消訴訟かとは関係のないものが多い。犯人逮捕の要件が備わっていたが，逮捕の仕方が乱暴であった場合には，逮捕に伴って一定時間身柄を拘束できるという側面からいえば適法だが，生じた傷害という損害を塡補すべきかどうかという側面では違法という評価を受けるといわれる（166頁）。これはその通りではある。しかし，仮にこの例で抗告訴訟制度の適用があるとすると，逮捕行為の取消請求は棄却されるが，乱暴な逮捕の仕方の差止請求は認容されることになるべきで，違法性の判断が抗告訴訟と国家賠償訴訟で異なるというものではない。

　根拠法令に対する関係では適法な職務行為であるにもかかわらず，国賠法上違法とされることがある例として，パトカーの追跡の結果第三者に被害が生じた場合，消費者に対する情報提供活動により他人の名誉を毀損した場合，住宅団地計画の廃止により誘致した公衆浴場が経営できなくなった場合，トルコ風呂の営業を阻止する目的でなされた児童遊園の認可の例（167頁）があげられているが，これも同様に違法性の判断が取消訴訟と国家賠償訴訟でズレるというものではない。こうした違法の相対性は国家賠償訴訟のみならず取消訴訟でも現にありうる。たとえば，上記のトルコ風呂の例で，特定のトルコ風呂業者の営業を阻止する目的でなされた児童遊園の認可は，根拠法令に対する関係では適法であるのに，当該業者に対する関係では違法・無効となる（最判昭和53・5・26判タ364号177頁，判時889号9頁）ということ自体は，遠藤説の説く通りである。しかし，上記児童遊園の認可につき，その近隣住民とか設置主体が取消訴訟を提起した場合には，その認可は適法で，トルコ風呂業者が取消訴訟を提起すれば右認可は違法になると見るのが順当であろう（原告適格は認められると仮定しておく）。そうすると，この違法性の違いは相手の違いによるのであって，取消訴訟か国家賠償訴訟かという訴訟形式の違いによるものではない。

　さらに，国家賠償訴訟では違法性判断が人に対する関係で相対的であることが強調されている（172-4頁）が，取消訴訟においても同様のことがあるのは上記のトルコ風呂に見られるほか，たとえば，山村の分校を廃止し，遠方の小学校に統合する条例は，体力のある上級生との関係では適法でも，通学に困難

を感ずる下級生との関係では違法と解しうる場合が存するであろう。

　(ウ)　取消訴訟における違法の問題が生じないものがある。たとえば、警察官による実力行使が警職法5条に違反するものの、被害者側が先に暴力沙汰に及んだこと、実力行使の程度、結果等を勘案して国賠法1条にいう違法にはあたらないとされた例（168, 170頁、東京高判昭和53・10・17判タ375号83頁、判時916号35頁）では、行為規範に違反する行為が瞬間的に行われる即時強制であるため、法的行為の効力を消滅させる取消訴訟制度に乗らない。したがって、この例では、行為規範違反こそいえても、取消訴訟上違法かどうかはいいようがない。そうすると、この例は行為規範違反と国賠法上の違法の関係が相対化している例にこそなれ、取消訴訟と国家賠償訴訟で違法性が異なるかどうかの参考材料にはならない。上に掲げた例のうち、トルコ風呂以外のものはすべて取消訴訟に乗らないものであるから同様である。

(3)　同一行為規範違反の評価の異同

　(ア)　取消訴訟の判決が国家賠償訴訟に既判力を及ぼすかどうかを論ずる本稿にとっては、以上のようにさまざまな場面に見られる違法性の相対化一般論ではなく、取消訴訟と国家賠償訴訟において同一の行為規範違反を評価する場合に、両者の違法性が性格を異にするかどうかがポイントになる。これが肯定されて初めて、言葉の本当の意味での違法性の相対化を語ることができる。この点につき遠藤説のあげている例を考察してみよう。

　(イ)　国家賠償訴訟と抗告訴訟なり民事訴訟では、違法性の判断の時期にズレがあると思われるものがある。

　給水契約の申込みに対し当該建物が建築基準法に違反するとの理由で事実上拒否したことを違法とする国家賠償訴訟で、その拒否は正当の理由がなければ給水契約の申込みを拒んではならないとする水道法15条に違背するものとみられないではないとしながら、不法行為法上の違法とはいえないとした判例（大阪高判昭和53・9・26判タ374号109頁、判時915号34頁）がある。この判例は、一見、違法性の相対化を語るようではある。しかしこのケースで、取消訴訟と国家賠償訴訟において同一時点の違法性が問題となることがあるのだろうか。

　もしこの事件で原告が給水を求めるなら、給水拒否が行政行為でなく、締結を強制されている契約の締結拒否である関係上、給水ないし給水契約締結の意思表示を求める民事訴訟を提起することになるが、この訴訟で給水を命じられ

る場合も，事実審の口頭弁論終結時における給水義務が確定されるだけである。

他方，損害賠償訴訟については，水道行政当局が給水義務確定判決にもかかわらず給水しないことが生ずれば，その判決がその判決以後の給水拒否を理由とする損害賠償訴訟の根拠となることは当然である。これとは異なり，水道行政当局がその判決に従って給水したにもかかわらず，なお給水拒否がはじめから違法であったとして損害賠償を求めるならば，その判断基準時はさきの給水判決とズレているから，この訴訟ではさきの給水判決にもかかわらず，初めから審理されることになる。

この給水拒否を行政処分として，その取消訴訟を提起するものと仮定しても，拒否処分取消訴訟における違法判断の基準時は，義務づけ訴訟におけると同様に判決時であると考えられるから，上記と同様のことになる（【追記】『行政法解釈学Ⅱ』247頁以下）。もっとも，拒否処分取消訴訟における違法判断の基準時をも処分時とする説はある[14]が，そうすると，処分は取り消されても，事情の変更のため，また拒否処分がなされることが生じ，妥当とは思えない。

このように解するならば，この例では同一行為の同一時点における違法性を比較しうるものではないから，取消訴訟と国家賠償訴訟における違法性の相対化の例としては適当とは思われない。

㈢　違法の概念の立て方が問題で，国賠法におけるそれを抗告訴訟におけるそれとは異なる理論構成をすることも可能ではあるが，両者の違法性を同一視しても，国賠法上合理的な解決を図りうるものがある。

上記の水道の給水拒否について不法行為法上の違法性を否定した判例はその理由として，建築基準法違反は軽微でなく，違反是正も可能であること，入居者は事実上水の供給を受けていたことなどの諸事情をあげているが，それならば，建築基準法違反を水道法15条にいう「正当の理由」に読み込んで[15]，本

---

(14) 山村恒年＝阿部編『判例コンメンタール行政事件訴訟法』（三省堂，昭和59年）337頁〈石川正執筆〉参照。

(15) 阿部「違法建築物に対する給水拒否」ジュリ・重要判例解説昭和56年度38頁参照。いわゆる武蔵野マンション指導要綱事件仮処分決定（東京地八王子支決昭50・12・8判タ333号185頁，判時803号18頁）では，事業主が指導要綱に違反して建築を強行した場合，それが水道法15条の正当の理由には該当しなくても，違反行為の性質，内容，態様や違反行為をなすに至った経緯その他諸般の事情を併せ考えて，給水契約の申込みを行って承諾を強要することが権利の濫用となる場合もあるとしていることが参考になろう。

件の給水拒否を水道法上も適法と見ることも可能である。そうとすれば，民事給付訴訟と国家賠償訴訟における違法性の判断は一致することになる。

なお，この判決は行為規範には違反するが，国賠法上違法でないという違法性の相対化を明言した判例としてしばしば引かれるし，この判決自身「水道法15条に違反するからといって，直ちに不法行為法上の違法ということはできない」と述べてはいる。しかし，この判決は水道法違反と断言したわけではなく，単に「水道法15条に違背するものとみられないではない」と述べたにとどまるし，この点は不法行為法上の違法性を否定したこの判決にとって判断の必要のない傍論にすぎない。そうすると，この判決が違法性の相対化理論を採用したと見るのはややミスリーディングだと思われる。

また，この事件で，水道法15条違反は当然に国賠法上違法となると見ても，相手方は現実に水道の供給を受けていたのであるから賠償に値する損害はないという解決も可能でああある。さらには，この事件の最高裁のよう[16]に，給水拒否を単なる勧告として，その違法性を否定する解決もありうる。あるいは，違反建築をした者が是正命令を免れているのであるから，給水拒否によって多少の損害を受けたとしても不平をいう筋合ではないとの意見[17]もある。

次に，敷地の二重使用を理由とする建築確認の拒否をとりあげる。高裁（東京高判昭和54・9・27判タ403号97頁，判時939号26頁）は，申請に係る計画が敷地等の実情を無視したものであることが客観的に明白であり，しかも，かかる計画を容認することが法の目的に著しく違背する場合には建築確認申請に対し不適合の決定をしたとしても，「該決定の行政処分としての効力はともかく，少なくとも，これをもって国家賠償法1条所定の帰責原因としての違法な公権力の行使に当ると断ずることは，許されない」とした（傍点，阿部）。

この事件について，遠藤説は，「そもそも処分違法概念と賠償法上の違法概念とが別のものとされているから，処分取消訴訟における確定判決の既判力は国家賠償請求訴訟には当然には及ばないことになる。同じ違法という言葉を用いつつ，判断内容を異にしているからである」（178頁）とコメントされている。

筆者は，本稿のテーマのもとではこの見解に賛成できない。第1に，この判決は「該決定の行政処分としての効力はともかく」と述べているように処分の

---

[16] 最判昭和56・7・16判タ450号70頁。前注[15]の阿部論文はこの判例の解説である。
[17] 山内一夫「判例批評」判評247号158頁。

効力については判断していないから，この判決の読み方としては上記のようにいうことはできない。この事件は国家賠償訴訟であるため，行政処分としての効力を論ずる必要がないからその点を白紙の状態にしてあるのだと思われる。

　第2に，この事件では建築確認の拒否を取消訴訟上も国家賠償訴訟上もともに同じく違法としても，国家賠償訴訟では建築主事の無過失を理由として請求を棄却すれば（一審の東京地判昭和52・4・22下民集28巻1-4号412頁，判時873号70頁はこの方法をとった），国賠法上違法性なしとする二審判決と同じ結論になる。ここでは，遠藤説のいう通り，賠償責任にかかわる高裁流の違法性の判断が，過失に関する判断と実質的に差がないことが示されている（168頁）。とすれば，この一審判決は，（取消訴訟上の違法＝国賠法上違法）＋過失という二元的構成をとっているのに対し，高裁は，全体として国賠法上の違法性に関する一元的判断をしているだけで，理論構成の違いにすぎない。

　いま建築確認の拒否について先に取消判決が確定したとする。さらに国家賠償訴訟が提起された場合に，この一審判決の理論構成であれば，処分の違法性について既判力が及び，裁判所は過失の有無を審理することになる。もし二審判決の理論構成であれば，取消判決の既判力は国家賠償訴訟に及ばないのであろうか。そうとすると，被告は国家賠償訴訟において建築確認拒否の違法性について，取消判決を無視してゼロから争えることになる。

　しかし，すでに取消訴訟の判決があり，争われている実体が同じなのに，違法性に関する理論構成を変えれば既判力が及ばず，紛争をむし返せるとすればいかにも不合理である。この例では国家賠償訴訟においても，取消判決により違法性の確認がなされているという前提に立って過失を論ずるか，それとも，取消訴訟と国家賠償訴訟の違法性に違いがあるとする立場においても，取消訴訟における違法性が確定されたことを前提として，それと国家賠償訴訟における違法性との差（実質的には一審判決の立場における過失）のみを審理するという工夫が必要ではあるまいか。

　第3に，この事件で国賠法上違法とするなら，取消訴訟上も違法といえないかどうかを検討すべきである。この高裁判決が建築確認の拒否を国賠法上違法でないとした理由は，敷地の実情を無視したことが客観的に明白な計画を容認することは法の目的に著しく違背するという，相手方のいわば権利濫用にある。それならば，取消訴訟においても，建築確認申請が申請権の濫用であるから，適法な申請がないものとして，確認を拒否することは適法との解釈をなすべき

である。ちなみに，この高裁判決は確認拒否の効力に触れていないことは前述の通りであるが，確認拒否処分そのものにもひそかに好意的なのではないかと推測される(18)との評釈もある。

前記(2)(ウ)に掲げた警察官の実力行使の例は，警察官の行為を国賠法上も違法としても，過失相殺の問題として扱うことによって，損害賠償を否定する結論を導けたのではないかと思われる(19)。そうとすればこの例も違法性の相対化の適例ではない。

(4) 既判力の客観的範囲

(ア) 遠藤説は，賠償責任における違法と処分取消しにおける違法とが異なるという基本的前提からして，次の説明をされる（177頁）。

① 手続上の違法を理由として免許拒否処分を取り消した判決が確定した場合に，処分を違法とする既判力は，正当な手続を踏まないことによって生じた損害の賠償を請求する訴訟にとっては意味があるが，拒否処分により営業できないことによって生じた損害の賠償請求訴訟にとっては必ずしも適切有効なものではない。

② 同じ事例で，原告主張の手続上の違法が存在しないとして請求棄却判決が確定した場合に，そもそも処分を全面的に適法とする既判力が生ずるかどうかは疑問であるうえ，別途，損害との関連において権限濫用等の事由を掲げて損害賠償請求することが常に妨げられると解すべきではない。

(イ) これは重要な指摘である。従来の既判力肯定説においては取消訴訟の本案判決の既判力は処分の違法性の有無一般に及ぶと単純に捉えられ，手続の瑕疵や国家賠償請求権の特質に合せた理論構成がなされてこなかった。既判力が処分の違法性一般に及ぶとの理論は，後訴として国家賠償訴訟を念頭に置いてきたのであろうか。

取消訴訟においては，原告は手続上の瑕疵も実体法上の瑕疵もともに主張できるから取消請求が棄却された以上処分が適法であることは確定するし，逆に処分が手続上の理由にせよ取り消された以上，被告庁が処分の適法性を主張す

---

(18) 荒秀「判例批評」判評264号164頁．なお，重複敷地の建築確認の問題につき，荒秀＝関哲夫編『建築基準法の諸問題』（勁草書房，昭和59年）151，165頁以下参照。

(19) 藤田宙靖「法治行政と現代行政――いわゆる『"違法性"の相対化』論と『法律による行政の原理』」長尾龍一＝田中成明編『現代法哲学3』（東京大学出版会，昭和58年）83頁。

ることはできないわけである。この限りでは処分取消訴訟の本案判決の既判力が処分の適法性の有無一般に及ぶとの命題は正しい。

これに対し，後訴が国家賠償訴訟である場合には異なる事情がある。取消訴訟は特定の処分をなすべきことを確定するのでなく，単に拒否処分に瑕疵があることを確定し，同一の瑕疵を犯さない範囲で処分のやり直しをさせる訴訟である。他方，拒否処分により営業できないことによって生じた損害の塡補を求める国家賠償訴訟では，特定の処分発給請求権の存在が確定されなければならない。したがって，手続上の瑕疵を理由とする処分の取消判決が，この意味での国家賠償訴訟に対して有効に働くはずはない。遠藤説の，①の指摘する通りである。

しかし，このことは先に示したように，取消訴訟と国家賠償訴訟の構造的差異ないし請求の内容の差異に由来することであって，同一の事案について取消違法と賠償違法が異なるとまではいえない。なぜならば，この例では，手続の瑕疵に関する限り，取消判決が国家賠償訴訟に対し意味をもつことは承認されているのであり，他方，賠償請求権の存否という，取消訴訟の判断の対象外の事項について取消訴訟は国家賠償訴訟に対して有効でないとされているにすぎないからである。ここでは判断事項が同じなら既判力が及び，判断事項が異なれば既判力が及ばないという当然のことがいわれているにとどまるが，右遠藤説は，取消訴訟と国家賠償訴訟における判断事項の違いを指摘した点で有意味といえよう。

他方，②の指摘については疑問に思う。一般に取消訴訟においては原告はあらゆる違法性を主張しうるのであるから，それをせずにたんに手続法上の違法性を主張して敗訴した場合には，もはや実体法上の違法性を主張できないと解すべきである。そう解しても原告に酷とはいえない。このことは後訴が取消訴訟でも国家賠償訴訟でも同じであろう。たとえば，事業認定の違法は収用裁決に承継される（熊本地判昭和43・1・4行集19巻11号1727頁）が，事業認定の取消訴訟で手続法上の違法のみを主張して敗訴した者はのちにその実体法上の違法を主張することはできないと解すべきであり，このことはのちの訴訟が収用裁決の取消訴訟であれ，事業認定の違法を理由とする国家賠償請求であれ，変わりはない。ただ，例外的に前訴での審理範囲が訴訟指揮により手続上の違法性に限定された場合には，後訴において実体法上の瑕疵を主張する道を開くべきかも知れないが，それも後訴が取消訴訟か国家賠償訴訟かで異なることは

ないと思う。

　なお，前記Ⅱ2判例❷は損害賠償と取消訴訟で主張した違法の内容が同一であることを前提として既判力を認めているので，その主張する違法が異なれば既判力が及ばないとする余地を残しているが，この判決はこのことを積極的に述べようとしているのではなく，たんに未解明のままにしておこうというものと思われる。

4　その他の違法性相対化論
(1)　序
　遠藤説以外にも，抗告訴訟と国家賠償訴訟における違法性が異なる旨を指摘する判例・学説がある。それは抗告訴訟判決の国家賠償訴訟に対する既判力そのものについて論ずるものではないが，右の説自体に疑問があるうえに，既判力否定説の根拠として利用されるおそれがあるので一言する必要がある。

(2)　判　　例
　㈎　行政権限の不行使を違法とするいわゆる危険管理責任（危険防止責任）を認める判例のなかには，それが損害賠償法上の違法であって，抗告訴訟のそれではないことを強調するものがある。

　❶　福岡スモン判決（福岡地判昭和53・11・14判タ376号58頁）は次のように述べる。国は行政権限の行使義務が出てくるとしても，行政権限の行使の要件である公益侵害の状態が一義的に明白であると判断しうること，行政権限の行使こそ被害回避の唯一ないしは最も有効な手段であり，行政権限が行使されなければ回復し難い損害を生ずるというような救済の緊急の必要性の要件が具備されなければならないと主張する。しかし，この議論は，義務づけ訴訟において，いかなる場合に行政権力に対する作為請求権を法的に求めうるかの要件として考えられているものであって，これを無批判に，不作為を違法としてなす国家賠償請求訴訟に持ち込むことは当を得たものといえないことは，両訴訟のもつ性格の相違からも明白であろう。

　❷　幼児が野犬に咬まれて死亡した事件で，野犬を捕獲する権限の不行使を違法として国家賠償責任を認めた判例（東京高判昭和52・11・17判タ361号235頁，判時875号17頁）では，行政庁の権限行使そのものの合法，違法ではなく，その不行使によって生じた損害の賠償責任が問題となっていることから，損害賠償制度の理念に適合した独自の評価が要求されるとして，権限の不行使を違

法とする判断を正当化しようとしている。

　(イ)　この判例は，たしかに抗告訴訟と国家賠償訴訟における違法性の相対化を主張しようとするように見える。しかし，それにはいくつか注釈を要する。

　第1に，この判例は行政の作為義務が一般に認められていない段階で，それを認めようとする先駆的な苦心の作である。そして，その障害の1つに，義務づけ訴訟の許容性に対してわが国に根強く存する抵抗がある。本判決はこの事件で義務づけ訴訟の許容性を広く認めるようにする必要はなかったので，その抵抗を回避するために，国家賠償訴訟は抗告訴訟と違うということを強調したのである。つまり，これらの判例は義務づけ訴訟をスケープ・ゴートにして，国家賠償訴訟における作為義務の肯定を正当化しようと図ったわけである[20]。そうすると，この判決における抗告訴訟や違法性の相対性への言及は傍論的色彩をもつのである。

　第2に，本判例は義務づけ訴訟の許容性の要件が厳格であることを前提としているが，筆者は義務づけ訴訟の許容性を厳格に考える根拠はなく，行政の裁量がゼロに収縮する限り，義務づけ判決を下しうると見ている[21]。そうする

---

[20]　藤田・前注(19)83頁は同旨。
[21]　阿部「義務づけ訴訟論」『公法の理論下Ⅱ』（有斐閣，昭和52年）＝『行政訴訟改革論』，同「行政の危険防止責任その後（1）」判評269号143頁＝『国家補償法の研究2』第4章，同「薬事法の性格と薬害にたいする国家賠償責任」判タ376号52頁＝『国家補償法の研究2』第3章。
　　なお，三橋・前注(8)『現代行政法大系6』は，次のように述べる。「裁量権収縮の理論は，もともと西ドイツにおいて規制権限の発動を求める義務づけ訴訟に関して提唱されてきたものであり，そこでは行政の第1次的判断権尊重の理論により，裁量が収縮されてゼロになる場合を特殊例外的な場合に限定する考え方が一般的であった」と。ここで三橋は，原田尚彦『環境権と裁判』（弘文堂，昭和52年）183頁以下と阿部「義務づけ訴訟論」を参照として引用している。しかし，これらの論文には三橋が述べるようなことは書いていない。
　　第1に，裁量権収縮の理論は，三橋のいわれるのとは逆にもともと西ドイツにおいて国家賠償の形で登場し，のちに義務づけ訴訟に導入されたものである（原田・前注(21)196頁以下，阿部「義務づけ訴訟論」2132頁を参照のこと）。古崎・前注(3)96頁も，「ドイツ判例法上の『裁量権の収縮の理論』……は，国家賠償法上の理論ではなく，義務づけ訴訟上のそれではある」と，何の根拠もなく述べられて三橋と同様の誤解をしている。あるいは三橋説は古崎説にひきずられたか？
　　第2に，行政の第1次的判断権の法理は日本特有のもので，西ドイツには見られない（原田・前注(21)200頁，阿部・前注(21)「義務づけ訴訟論」2154頁）。三橋説が私見を参照されつつ，私見と逆の理解をされる理由は理解できない。

と，義務づけ訴訟と国家賠償訴訟で同じ行為規範をめぐって，同じ状況が認定されたとき，一方では裁量がゼロに収縮して，他方では裁量がゼロに収縮しないことがありうるかどうかが問題になる。たとえば，厚生大臣にはスモン病の原因となったキノホルムの製造承認を取り消すとか使用停止するとかの権限があるとし，これに重大な副作用があることが判明したとする。国家賠償訴訟ではそれにもかかわらず厚生大臣が何もしないでいることは許されず，使用停止すべきであったことになるが，義務づけ訴訟では放置してよいということになるのであろうか。それはありえまい。両訴訟で違うとすれば，重大な副作用の有無の認定について，国家賠償訴訟では被害発生後であるから比較的容易になしうるのに対し，義務づけ訴訟のレベルでは将来の事柄（もちろん被害が既に発生していることもある）にかかるため，その認定は比較的困難になるということであろう。そうとすれば，それは事実認定の難易の違いであって，同じ事実が認定されたとき，裁量のゼロへの収縮の仕方が違うかどうかとは関係がない。それにもかかわらず，違法性の相対化を試み，同じ事情の下で義務づけ判決は下せないのに国家賠償責任が認められるとすれば，それは国家賠償責任というより，結果論的判断のもとに被害者救済の見地からなされた国家賠償の損失補償化ないし国家保険化として説明すべきであろう。違法性相対化論の狙いはこの点にあるのかも知れない。

　第3に，義務づけ訴訟の許容性について消極説の根拠は，従来は行政の第1次的判断権であった。これに対し，筆者は義務づけ訴訟でも行政の第1次的判断権は十分保障されていると主張してきた[22]ところ，近時，私見を踏まえて提示された塩野[23]説では，行訴法は取消訴訟を原則としているという解釈に

　　　次に，三橋は前記の叙述に続いて，「しかし，『国家賠償訴訟では行政の第1次的判断権の問題は生じないから，行政規制権限の発動義務を論ずるために義務づけ訴訟の要件のような厳格な考え方をする必要はない』ということになる」とされる。この『　』引用部分は私見であるが，この引用は私見を正しく伝えていない。私見はこれに続いて，「というよりも，そもそも義務づけ訴訟でも行政の主張が法規に照して審理されるので，行政の第1次的判断権は十分尊重されていると考えるべきであるから義務づけ訴訟の許容性の要件さえも厳格に考える必要はない」（判評269号143頁）と述べているのである。

　　　三橋の叙述は，賠償違法と抗告訴訟の違法とが違うことと，不作為賠償責任を論ずるのに裁量収縮論を不要とする結論を導くためのものであるが，右の叙述にこうした大きな誤解がある以上，その結論は到底納得できるものではない。

(22)　前注(21)。

よりやはり義務づけ訴訟の許容性を例外的なものにしようとしている。私見はこの解釈に賛成できない(24)が，仮に塩野説の通りとしても，義務づけ訴訟が許容されにくいのは行訴法がたまたまそれに積極的な規定を置いていないためであって，義務づけ訴訟の性質一般によるものではない。そうすると，仮に国家賠償訴訟と義務づけ訴訟における違法性が異なるとしても，それは現行法下の義務づけ訴訟に関してのみいえることであって，義務づけ訴訟一般にはいえないのみならず，まして広く抗告訴訟と国家賠償訴訟における違法性の異同を論ずる根拠にはならない。

　第4に，義務づけ訴訟と国家賠償訴訟における違法性を比較するときは比較の対象は裁量のゼロへの収縮という本案の問題である。これに対し，義務づけ訴訟について厳しい意見が出されているのはその許容性の側面についてである。そうすると，義務づけ訴訟と国家賠償訴訟における違法性の違いを論証するのに，義務づけ訴訟の許容性の問題に言及する（前記❶の判例）のは的はずれというべきであろう。

　第5に，前記の❶，❷の判例の事案では抗告訴訟としては義務づけ訴訟が考えられるはずであるが，義務づけ訴訟と国家賠償訴訟の間の既判力の問題は一般には論じられていないし，実例にも出てこない。もし義務づけ訴訟が広く認められても，その既判力が国家賠償訴訟に及ぶかという形で具体的に論じられる例は少ないであろう。たとえば隣の宅造地への規制権限の行使を求めた義務づけ訴訟が棄却確定した後でも，崖崩れがあれば，規制権限を行使すべきところ怠ったのは違法であるとする国家賠償訴訟（大阪地判昭和49・4・19判タ318号284頁，判時740号3頁参照）は，判断基準時を異にするから既判力に妨げられることなく提起できよう。そうすると，前記❶，❷の判例を素材として，抗告訴訟と国家賠償訴訟の間の違法性相対化一般を論ずるのは適切ではない(25)。

　第6に，国家賠償訴訟では被害者が自ら被害を回避することができた場合に

---

(23) 塩野宏「無名抗告訴訟の問題点」『新・実務民事訴訟講座9』（日本評論社，昭和58年）129頁以下。
(24) 阿部「義務づけ訴訟論再考」『田中二郎先生追悼論文集 公法の課題』（有斐閣，1985年）＝『行政訴訟改革論』所収。
(25) 以上に述べた違法性相対化論批判については，カネミ油症事件判決をめぐる研究会において若干別の表現で同旨のことを述べたことがあった（法時昭和59年6月号33-34頁）。

は行政の権限不行使は違法とならないが、義務づけ訴訟でも同様に解すべきかは気になるところで、この点に鑑みると、違法性の相対化が成り立つとしても、右に見た判例とは逆に国賠法上の違法性の方が狭いという形で出てくる可能性がある。

(3) 佐藤英善説

佐藤英善も、抗告訴訟においては行政行為の効力やその結果もたらされる違法状態の除去を問題とするのに対し、国家賠償訴訟においては公権力の行使によってもたらされた損害の塡補が制度の終局目的というように、両訴訟においては制度の趣旨を異にするから、両者の違法概念は必ずしも一致しない、という(26)。

これには賛成できない。違法性の相対化についてこれまで述べてきた批判は、すべて佐藤説にもあてはまる。

特に強調したいことであるが、抗告訴訟と国家賠償訴訟とで違法性が同一であるかどうかは、同一の公権力の行使に関して判断されるべきであるのに、佐藤説はそうした検討をせず、抽象的、一般的に抗告訴訟と国家賠償訴訟を比較しているにとどまっている。また、遠藤説では、前記のように、国賠法にいう違法性は公権力の行使における行為規範性を内容とするものであって、民法の不法行為における違法とは性質を異にするという正当な認識を示しているが、佐藤説にはこうした認識が欠けている。

(4) 藤田宙靖説

(ア) 藤田宙靖は、違法性の相対化論の概要を検討している。同説によると、この理論は被害者救済の見地から下山瑛二などにより主張され、判例でも行政の権限の不行使の違法性を理由とする国家賠償訴訟に見られる顕著な傾向である。そして、違法性の相対化論は違法性の基準を統一化した法律による行政の原理との間に緊張関係を生じ、また違法性の範囲を縮限して国民の利益の救済可能性を狭める結果となる可能性がある、とされる。そして、藤田説は下山説・佐藤説のように違法性の相対化を確立する方向で解決するのでなく、「伝統的な法律による行政の原理」の連続的発展線上において処理していく途を探ろうとしている。

筆者は藤田説の方向に賛成である。ただ、藤田説が違法性の一元的把握のた

---

(26) 佐藤英善・前注(9)法時51巻4号72, 77-80頁。

めに試みている(27)ものには若干の疑問がある。

　(イ)　特に藤田説は，取消訴訟と国家賠償訴訟における違法性の違いについて，公有水面埋立免許が環境権を侵害するとして争われた伊達火力発電所事件（札幌地判昭和51・7・29行集27巻7号1096頁，判時839号28頁）を例として特殊な評論をされる(28)。すなわち，取消訴訟における違法性はいわば行政庁の行為の側から眺めた問題で，埋立免許が行われるための法定要件として，地域住民の環境権を侵害しないことという要件がない限り，埋立免許は違法とはならないが，国家賠償訴訟では侵害の違法性とはいわば被侵害利益の側から眺めた問題なので，もし環境権という権利が認められるとすれば，その権利が侵害される限り賠償法上違法となるといった説明をされる。ここでは，同じ埋立免許が取消訴訟法上適法なのに，国賠法上違法たりうるという違法性の相対化の説明がなされていると見てよい。

　環境権が行政法規において認められず，私法上は認められるという状態にあると仮定すると，取消訴訟法上は適法だが，不法行為法上は違法となることはあるかも知れない。この点につき，藤田は，このことは取消訴訟と賠償請求との制度目的の違いから当然出てくる，別言すれば，取消訴訟はすでに生じた損害についての利害調整のための制度ではなく，トラブル発生の大本を差し止める制度であるから，差止めの要件が損害賠償の要件より狭くても必ずしも不思議ではないといった説明をする。

　しかし，筆者は理解を異にする。第1に，このケースで取消しの認められる要件が損害賠償の認められる要件より狭いのは，藤田説のいうように取消訴訟が差止め機能を持つという訴訟法上の理由によるものではなく，もっぱら行政実体法がたまたま処分庁に環境権に対する配慮を義務づけていないという実体

---

(27)　藤田・前注(19)85-8頁。なお，藤田説は，ここで行政介入請求権を「法律による行政の原理」の出発点と正面から矛盾することにもなりかねない思考とされる（さらに同『行政法Ⅰ』（総論）（青林書院新社，昭和55年）342-5頁参照）。しかし，行政に授権する法規が行政に裁量を認める場合でも，それは立法者が将来生ずるあらゆる事態にふさわしい解決を予め決定できないということによるにすぎず，個々具体の事情によっては特定の処分をなす以外に選択の余地がないことを法規自体が予想していると見るべきである。とすれば，行政介入請求権も法律による行政の原理とそう矛盾するものではなかろう。

(28)　藤田「行政責任と損害賠償」日本弁護士連合会昭和52年度特別研修叢書（昭和53年）675頁以下。同・前注(19)96頁注(60)参照。

法上の理由によるものである。もし行政法規のなかに環境権配慮規定がとり込まれる(29)としたら，取消訴訟でも環境権を侵害する埋立免許は直ちに取り消されるので，不法行為訴訟とのズレがなくなるのである。

　第2に，藤田説は賠償は求めえても差止めを求めることはできないという，賠償違法と差止め違法の二元性を語っているようであるが，伊達環境権訴訟の例で，差止め機能を持つのは取消訴訟に限らない。もし環境権が私法上認められると仮定すると，環境権の剝奪を国民に受忍するよう義務づける規定はないから，環境権の侵害を主張する者は埋立免許の取消しを求めることなく埋立工事の差止めを求めることができ，その結果，実質的には埋立免許の取消しと同一の目的を達することができるはずである。そして，この差止めの認容要件が損害賠償の認容要件より狭いかどうかはなお検討を要する(30)。筆者は違法性の二元性を認めると，「受忍せよ，そして代償を求めよ」という警察国家的思考に堕すので，埋め立てられたら損害賠償請求権を発生させる環境権が認められるとするなら，それを根拠に埋立ての事前禁止を求めることができると解すべきであると思う。もしそうとすると，取消訴訟の認容要件が国家賠償訴訟のそれより狭いとしても，それは取消訴訟が差止め機能を有するためではない。

　第3に，藤田説は上に紹介したところから，国家賠償請求の場合には，取消訴訟の場合のように，まず行政行為の適法性を審査するのではなく，国民の受けた被害が市民法の原理からして受忍されるべきかという方向からアプローチすればよい，といった考え方を導いている。たしかに，埋立免許について環境権侵害を理由に争う場合はそれでよいであろう。しかし，そうした例は一般的ではない。

　また，取消訴訟の対象となる公権力の行使以外のものを国賠法1条にいう公権力の行使と見立てて争う場合(31)も，行政行為の違法性を争うという思考方法はとりようがないから，この藤田説に述べられた通りであろう。

---

(29)　解釈論としても，本文のことを肯定する方向にある者として，塩野宏『国土開発』（筑摩書房，昭和51年）175頁，水野武夫「開発の事前差止訴訟の諸問題」法時52巻2号62-4頁，遠藤博也「現代型行政と取消訴訟」公法研究45号（昭和58年）167頁。

(30)　阿部「新幹線公害と土地利用・総合交通政策」ジュリ728号55〜58頁＝『国土開発と環境保全』参照。

(31)　国賠法1条にいう公権力の行使の意義については広義説が通説となっており，いわゆる非権力的公行政作用（教育，行政指導，情報提供など）も公権力の行使とされている。これは一般的な理解では取消訴訟の対象となる公権力の行使より広い。

しかし，行政行為の違法を理由とする国家賠償請求では，少なくとも一般的には，まず行政行為が行為規範に適合しているかどうかを審査すべきで，右のようなアプローチには賛成できない。たとえば，課税処分が違法であるとして提起される国家賠償請求においては，所得や財産権が侵害されたかどうかが争点ではなく，課税処分が税法の要件を充たすかどうかが争点のはずである。この点では取消訴訟でも国家賠償訴訟でも変わりはない。

5　ま　と　め

以上によれば，取消違法と賠償違法が異なるという理論構成の仕方は広く一般的にいえばある程度あたっているが，同一行為規範に違反したかどうかについて同一時点でなされる評価において取消訴訟と国家賠償訴訟で異なるという立証は今日までなされているとみることはできない。

そもそも，公権力の行使は法律に従ってなされる限り，国民の権利利益を侵害することも適法とされる。違法な公権力の行使による損害については国家賠償，適法な公権力の行使による損失については場合によっては損失補償が認められる。取消訴訟制度上適法な公権力の行使についても国家賠償を認めるとすれば国家賠償の損失補償化であるし，取消訴訟制度上違法な公権力の行使は本来発動を許されないものであるから，それが発動されたとき金銭賠償を否定するとすれば法治国家の否定である。

違法性の判断は取消訴訟と国家賠償訴訟で同じである。国家賠償訴訟も不法行為訴訟であるからとしてその違法性判断に被侵害利益の性質と侵害行為の態様の相関関係理論を持ち出す向きがあるが，<u>公権力行使の法規適合性をめぐって争われる国家賠償訴訟では，被侵害利益の性質や侵害行為の態様はもともとの公権力行使を授権する法律の要件の定め方において配慮されているのであるから，相関関係理論に従って判断すべきものではなく，取消訴訟におけると同様に要件法規への適合性を判断すればよいのである。</u>

国家賠償における違法は，法規違反のほか，人権尊重，権力濫用，信義誠実，公序良俗などの諸原則を基準として判断されるといわれる[32]が，事柄は取消訴訟においても同様である。裁量濫用論を想起されたい。

国家賠償においては，損害の公平な分担の見地から被害者側の事情も違法性

---

(32)　今村・前注(10)107頁。

判断において考慮されるともいわれるが、いわゆる行政の危険防止（管理）責任と義務づけ訴訟の関係においてならともかく、国家賠償訴訟と取消訴訟において、被害者に落度があるからとて、金は取れないが、処分の取消しを認めるというのも通常は奇妙であり、そういう解決が必要であるとしても、過失相殺の大幅適用によりほぼ同一の結果を得ることができるのであって、違法性判断を両訴訟で変えるだけの理由に乏しい。

違法性相対化論を説く者は、前記Ⅱ2の判例にあらわれた事案について、訴訟形態により違法性判断を異にすることが本当に合理的か否かを具体的に検討すべきである。

さらに、抗告訴訟の当事者には、のちの国家賠償訴訟において同一争点をむし返すことはできないということを覚悟して訴訟を追行することを期待しても酷とはいえないであろう。違法性相対化論は審理の重複を惹起し、訴訟経済にも当事者の救済にも反する。

結局、目下のところ、少なくとも通常の場合には既判力肯定説によるべきであろう。

なお、遠藤説は筆者とは逆に、既判力は「偶然判断内容を同じくする場合に限って、例外的に及ぶ」という消極的表現ではあるが、既判力が及ぶ場合があることを認めているので、結局、判断内容が同じかどうかがポイントとなることは私見と変わりはない。

◆ Ⅲ 不作為違法確認訴訟判決の国家賠償訴訟に対する既判力

1 従来の説

(1) 違法性同視説

行政の公権力の行使に関する不作為に対する救済方法として不作為の違法確認訴訟と国家賠償訴訟の2つがある。いずれも不作為が違法であることを勝訴要件とする。両者の違法性が同じものかどうかがここでの争点である。

不作為の違法確認の訴えにおいて不作為が違法となるかどうかは、不作為が「相当の期間」を経過しているか否か（行訴3条5項）により決まる。この相当の期間とは、行政庁が当該行為をするのに通常必要とする期間である[33]。

---

(33) 石川正「不作為違法確認の訴え」『新・実務民事訴訟講座9』（日本評論社、昭和58年）102頁。

国家賠償訴訟においても，公務員が一定の作為に出ることを義務づけられているときは，特別な事情がないのに，相当期間を徒過してもなお作為に出ないとき，違法となる[34]。社会通念上当該作為をするために必要と考えられる期間が目安となる，といわれている。

この不作為の違法に関する定義は抗告訴訟においても国家賠償訴訟においてもいずれも大同小異であり，一般論としては両者を同視しても差しつかえないものと考えられる。

(2) 違法性相対化論

これに対し，遠藤は，前掲『国家補償法上巻』において，国家賠償訴訟は損害の公平な負担を目的とするものであるため，違法性判断にあたって被害者側の事情を考慮することができることを理由に，不作為の違法確認訴訟とは違法性判断を異にする，としている。その例としては次の2つの事件があげられている。そして，水俣不作為訴訟は国家賠償訴訟として出てくれば違法性判断が異なる可能性があるとする（178頁）。

2 違法性相対化論の批判的検討

それでは，違法性判断が本当に相対的であるのか，遠藤のあげる例を検討しよう。

(1) 金沢大学医学部事件

これは大学紛争にからみ試験実施を妨害し，暴力行為をしたことを謝罪しない学生の受験申請に対し，担当教官が承認印を捺印せず，学部長がその学生に受験させない不作為は違法であるかどうかが争点となった事件である。

不作為の違法確認判決では，受験資格を定める学部内規は学生の基本的権利の保障規定であるから厳格に解すべく，合理的な特段の事由もないのにこの規定の趣旨に反して学生の受験申請を拒み，または受験資格を奪うなど学生の権利を侵害するような恣意的な解釈運用は許されないとし，前記学生が謝罪をしないといった事情は特段の事由にあたらないとして，その不作為を違法とした（金沢地判昭和46・3・10行集22巻3号204頁，判時622号19頁）。

これに対し，その不作為を理由とする国家賠償訴訟では，同学部の規則によると，正当な理由もなく試験期日に欠席した者は同一学年中にその試験を受け

---

[34] 古崎・前注(3)86, 104頁。

る権利を失い，例外として特別の事情があるとき再試験を受けることができるとされているが，再試験を実施するための特別の事情の存否の認定はすべて担当教官の教育的見地からする自由裁量に委ねられているのであり，特別の事情の具備を徒らに遷延させたのは原告自身に原因があるというべく他に救済を要求するのは相当ではないという被害者側の事情などもあげて，上記裁量に逸脱の違法はないとされた（金沢地判昭和54・3・30訟月25巻7号1828頁，判時942号97頁）。

　この2つの判決は不作為を違法とするか否かについて結論を異にしている。しかし，このことは，遠藤説の説くように，国家賠償訴訟では損害の公平な分担を目的とするものであるため，違法性判断にあたって被害者側の事情を考慮に入れることができる（178頁）といった訴訟制度の差異によるものではない。

　この2つの判決を比べると，実は同一の不作為について評価が分かれているのではなく，不作為の対象となった行政行為そのものが食い違っているのである。遠藤著178頁も，両判決は法技術的には不作為の違法に関する判断対象を異にするので，単純な比較はできない，とされ，このことを意識はされているようであるが，そこでとどまり，あとは違法性相対化の主張をされてしまっている。

　思うに，不作為の違法確認判決では，争われている不作為が本試験のそれか，再試験のそれであるかは明らかではなく，むしろ本試験のそれであるかのごとく判断されているのに対し，国家賠償訴訟では，争われているのは再試験を実施するかどうかであるから，本試験と異なり，教育的裁量に委ねられているとされたのである。本試験の受験なら不作為の違法確認判決の説くように学生の基本的権利の問題であろうし，再試験の実施なら国家賠償棄却判決の説くように大学の教育的裁量の問題であって，このことは不作為の違法確認訴訟で争うか国家賠償訴訟で争うかとは関係がない。被告が国家賠償訴訟で勝訴したのは，恐らくは再試験実施の裁量という論点を持ち出したためであり，もし，被告が不作為の違法確認訴訟でも同様の論点を持ち出していれば勝訴しえたであろう。結局，この事件は違法性の相対化の適例とはならない。

　また，被害者側の事情は国賠法1条の違法性の判断事項と見るほか，過失相殺や相当因果関係でも処理することができるのであって，このことのゆえに違法性が不作為の違法確認訴訟と国家賠償訴訟で違ってくるとは直ちにはいえない。

なお，上記国家賠償訴訟で不作為の違法確認判決にもかかわらず不作為を適法と判決しえたのは違法性が違うから既判力が及ばないといった理由ではなく，控訴審の審理中に処分がなされたことにより不作為の違法確認訴訟が利益を失ったためである。念のため附記する。

(2) 区道通行認定留保事件

道路法47条4項，車両制限令5条2項に定める車両の幅の制限の基準に抵触する車両についても，同令12条により，道路管理者が車両の構造または車両に積載する貨物が特殊であるためやむをえないと認定した場合には，当該車両は前記基準に適合するものとみなされている。マンション建築のためその認定を申請したところ，道路管理者が右認定を5ヵ月以上留保したことを違法とする国家賠償訴訟で，一審判決（東京地判昭和53・5・29判タ370号108頁，判時931号79頁）は，この認定の要件は形式的にはすべて整っていたので，5ヵ月以上の長期に及んで認定を留保したのは不相当に長期にわたり，形式上は違法としつつ，たとえ根拠法令等の不遵守等があっても，他の法令等の要請を実現するため根拠法令等を遵守することが困難でありやむをえないときには他の法令等の要請の内容，実現の方法の相当性等に照らし，根拠法令等の不遵守による違法性が阻却される場合もありうるとした。そして，車両が本件区道を通行した場合，反対住民との道路上での実力による衝突の可能性があったから，これを回避するために被告がした前記通行認定の留保は違法性を阻却するとした。

この判決は行政の不作為が根拠法規に形式上違反するが，違法性を阻却するとしたものである。しかし，それは不作為の違法確認の訴えなら違法とされるが，国家賠償法上違法ではない，とまでは述べていない。むしろ，この判決の論理に従えば，この事件が不作為の違法確認訴訟の形で審理された場合でも，裁判所としては，住民と車両との衝突を避けるためには，不作為が根拠法規に形式上は違反するとしつつ，その違法性が阻却されるとの判断を下さざるをえないであろう。したがって，この事件は国家賠償訴訟と不作為の違法確認の訴えにおける不作為の違法性が相対化している証拠にはならない。いえるのはたんに形式的に法規に違反しても，常に違法とされるわけではないというのみである。

(3) ま と め

結局，不作為の違法確認訴訟と国家賠償訴訟で不作為の違法性の判断が異なるという立証はできていない。訴訟法的に見ても，同一事件で不作為の違法確

認判決が確定したにもかかわらず，被告庁が不作為状態を継続して，国家賠償訴訟を提起されるや，不作為はいぜん適法であるなどと主張することを許すべきであろうか。それを許すならば，前の不作為の違法確認判決はまったく小手調べにすぎず，法的にはまったく無意味となり，被告庁はこの訴訟に真面目に応訴しないという不合理を生ずる。不作為の違法確認判決は訴訟法的な執行方法を有さず，たんなる拘束力によりその履行を期待しているにすぎないのであるから，被告庁がこの判決を無視する場合にはせめて国家賠償訴訟による制裁が必要と思われる。

　不作為の違法確認判決は事実審の最終口頭弁論終結時を基準として不作為を違法とするものである。既判力もこの点にのみ及ぶ。不作為の違法確認判決が下されても，申請時から不作為が違法であるとまでは確定しない。したがって，国家賠償訴訟において，不作為の違法確認判決の既判力の基準時以前から不作為が違法であると主張するなら，それは初めから審理される。

　不作為の違法確認判決が国家賠償訴訟に既判力を及ぼすかどうかが問題となるのは，本判決の口頭弁論終結時以降に不作為状態が継続している場合に限る。しかし，通常は不作為の違法確認判決が出ると被告庁は拒否にせよ許可にせよ作為に出るので，このような例は一般には見られない。これが不作為の違法確認判決の既判力が国家賠償訴訟に及ぶかどうかが従来現実の議論とならなかった理由と思われる。例外が次に述べる水俣病認定遅延国家賠償訴訟である。

3　水俣病認定遅延国家賠償事件
(1)　判　　旨

　水俣病認定をめぐっては，知事の不作為の違法確認判決（熊本地判昭和51・12・15判タ344号144頁，判時835号3頁）が昭和51年12月30日に確定したにもかかわらず，知事は不作為状態を継続した。これに対して提起された国家賠償訴訟の判決（熊本地判昭和58・7・20判タ501号89頁）は，不作為の違法確認判決の既判力を認め，請求を認容した。すなわち，

　①　国賠法1条1項の違法と行訴法3条5項の違法とを別異に解すべき理由を見い出しえず，まして国家賠償請求における違法は不作為判決の違法と全く重なり合うから，国家賠償請求においては不作為の違法性の判断に関する限り不作為判決の既判力に拘束され，これと異なる主張はできない。

　②　不作為の違法確認訴訟の訴訟物は不作為の違法性の存否で，上記判決の

既判力も不作為の違法性一般につき生ずる。したがって，その後，認定又は棄却の処分がなされるまでの不作為の状態は上記判決の既判力によって違法とされる。すなわち，不作為判決の既判力は基準時以降の不作為状態に及ぶ。

③　知事は不作為判決によって違法と確認された事実を認識していれば，国賠法1条1項にいう故意がある。

④　知事は水俣病認定業務遅延という結果を回避する可能性がないから責任がないと主張する。しかし，結果回避の可能性は知事の不作為に違法性がない理由として考慮される余地はあるかも知れないが，本件では不作為判決の既判力により知事の不作為の違法性を否定することはできない。

(2)　検　　討

(ア)　この判決についても，違法性相対化論の見地から遠藤説を引用して疑問を示す者がある[35]。しかし，筆者は違法性同視説の立場から，判旨①は一般理論としては妥当と思う[36]。すなわち，不作為の違法確認判決の既判力の基準時の瞬間においてはその不作為は国賠法上も違法であろう。

ただ，その他の点ではこの判決には疑問が少なくない。

(イ)　まず，不作為の違法を理由とする国家賠償訴訟では損害を金銭的に評価する関係上，違法な不作為の発生時点と継続期間を確定することが必要である。

しかし第1に，さきの不作為の違法確認判決は，知事が作為に出ることができたのにこれを怠ったという判決ではなく，いまだ「相当期間」を徒過しなくとも，①　申請後ある程度の期間を経過したにもかかわらず，将来いつ処分があるか不確定，不明であり，②　処分に至るまでの期間が「相当期間」を経過することが確実であり，③　以上の状態が解消される見込みがない場合には，申請者らの地位の不安定は，すでに「相当期間」を徒過した場合と異ならず，このような場合には，行政庁の不作為は違法と解すべきである，とした特殊な判例である[37]。

したがって，この判決は既判力の基準時（最終口頭弁論終結時＝昭和51年7月21日）に相当期間が徒過したことを確定していないし，将来いつ不作為が

---

(35)　判タ501号90頁のコメント。
(36)　滝澤正「判例批評」判評301号176頁も同方向。
(37)　この判決への疑問として，遠藤・時の法令958号27頁，同『講話行政法入門』（青林書院新社，昭和53年）108頁。なお，礒野弥生・ジュリ・重要判例解説昭和51年度42頁，小高剛・判評223号133頁参照。

違法になるかも確定していないとみるべきであろう。もっとも，後者の点では認定申請が遅くとも昭和49年8月末までになされていること，相当期間が判旨のように2年と見ると，昭和51年8月末には相当期間を徒過したことになるが，それでもこれは既判力の基準時以降の時点である。

そうすると，前記の認定遅延国家賠償判決の判旨②が，さきの不作為の違法確認判決の既判力の基準時において不作為を国賠法上も違法とするのは不合理であろう。

第2に，判旨②は不作為の違法確認判決は基準時以降の不作為の継続をも違法とする点に既判力を及ぼすとする。そうすると，既判力の基準時以降に結果回避の可能性が消滅しても，いぜん不作為の継続は違法ということになる。こうした考え方が成り立つならば，不作為の違法確認判決の既判力を国家賠償訴訟に及ぼす実益はきわめて大きいものがある。

しかし，さきの不作為の違法確認判決では，将来にわたって結果回避可能性が消滅することはないとは認定していないし，認定できるはずもない。そうすると，判旨④のように結果回避の可能性がなければ不作為の違法性が否定されると見る限り，既判力の基準時以降に結果回避の可能性が消滅したかどうかを審理すべきであり，既判力を基準時以降の不作為の継続にも及ぼすのは妥当ではない。

もっとも，不作為の違法確認訴訟のレベルでは不作為がいったん違法となった以上，事情が変わってもやはり不作為の違法性は阻却されない（東京地判昭和39・11・4行集15巻11号2168頁(38)）と解されている。これが右の判旨②の根拠であろうか。しかし，これは不作為状態を解消するため行政庁のシリをたたくにとどまるというこの訴訟の制度目的に由来する解釈である。これに反し国家賠償訴訟は，違法な不作為の継続期間に応じて損害を算定するという制度である関係上，不作為がいったん違法となっても，その後に不作為を解消することができない状態が発生したら違法ではないと解すべきであろう。この限りでは違法性の相対化論は成り立ちうると考える。

しかし，そもそも，不作為がいったん違法となった以上，事情が変わって行政庁が作為に出ることができなくなっても，やはり不作為の違法は確認されるという右の解釈自体に疑問があろう。この解釈では行政庁に不可能を可能にせ

---

(38) 石川・前注(33)106頁。

よと判決するようなものだからである。そうとすれば、行政庁に作為に出ることができない事情が発生した場合には、不作為の違法確認訴訟でも国家賠償訴訟でもその時点では不作為は適法と考えられるのであって、違法性の相対化は解消されよう。

なお、前記の認定遅延国家賠償判決は結果回避の可能性を損害が法的保護に値するかという損害論の観点から扱っている。

㋒　判旨③は、違法な不作為の認識があるだけで故意があるとし、判旨④は、結果回避の可能性を違法性の問題として捉え、それに関する主張は既判力で遮断されているとするが、違法の認識があっても、結果回避の可能性がなければ故意はないという解決も可能[39]である。そして故意の有無に関する主張は既判力により遮断されることはないのであるから、裁判所は結果回避の可能性がないとの主張を故意の問題として捉えて審理すべきであろう。

なお、水俣病認定制度は被告の主張するように医学的判断の困難、医師の確保の困難、申請数の増加等種々の事情により機能しにくくなっている。こうした知事の不作為は公務員個人の責任というより、制度自体の機能麻痺、いわば制度的不作為とでもいうべきものである。この不作為を解消するためには認定制度自体の改革を要する面が少なくない。先行した不作為違法確認判決は実質的には制度改革訴訟——アメリカ流に裁判所が制度を改革する強力なものではなく、きわめて微温的なものではあるが——というべきものである。

こうした制度的不作為[40]については、不作為を違法としても、誰のどの側面を捉えて故意を認定することができるか、難しい問題であり、判旨③のように簡単には論断できない。

なお、この判決は損害論においてではあるが、答申保留が数回に及ぶに至っては、知事は自らの行政的判断に基づき、勇断をもって認定又は棄却の処分を行なうのが法の目的に副うもので、これができないというのであれば、現行の認定制度を根本的に検討し直すことが当然要請されるとする。しかし、これは行政に対して無理を要求している感がする。水俣病認定のような専門的判断を要する決定を行政的判断で決めろというのはサイコロで決めろというような無

---

(39)　福岡地小倉支判昭和57・3・29判タ469号87頁、判時1037号14頁（70頁）。
(40)　村上義弘「行政の不作為と国家賠償」ジュリ802号32頁は、この訴訟が認定行政全般を訴訟の対象としたことを理由に、この訴訟は法律上の争訟でなくなったとしている。筆者はそこまではいわないが、本文のような問題にはなると思う。

責任な言い方であるし，制度自体の再検討は法律の見直しを要することで，知事の手にあまることだからである。

　㈢　まとめると，不作為の違法確認判決は国家賠償訴訟に既判力を及ぼすが，それは既判力の基準時の瞬間に不作為が違法であることを確定しただけで，それ以上でも，それ以下のものでもない。右の水俣病認定遅延国家賠償判決は既判力を不当に拡大していると思われる。後訴の国家賠償訴訟では不作為の継続がいぜん違法で故意過失があるかどうかを審理すべきである。

◆ Ⅳ　既判力の主観的範囲

　不作為の違法確認判決の既判力も一般原則通り（旧民訴法201条，現115条），当事者間にしか及ばないはずであるが，前記の水俣病認定遅延国家賠償判決はこれを原被告以外の者にも拡張している。これは妥当であろうか。

1　被告以外の者への拡張
(1)　判　　　旨
　先の不作為の違法確認判決は知事を被告とするものであるが，知事は公害に係る健康被害の救済に関する特別措置法（昭和44年法90号），または公害健康被害補償法（昭和48年法111号）に基づき，（当時の機関委任事務の制度の下で―追記）国の機関として事務を処理していたのであるから，この判決の効力は国に及ぶ。

　さらに，「被告県は，知事が，国の機関委任事務として行う水俣病認定業務について国賠法3条により国とともに右業務を管理する行政主体というべきである（地方自治法99条参照）から，不作為判決の既判力は被告県に及ぶ」。

(2)　批　　　判
　この判決の前半は当然のことであるが，後半には賛成できない。右判決の引用する地方自治法99条は，機関委任事務については議会はたんに説明を求め，意見を述べることができることを定めているにすぎず，機関委任事務の主体は議会なり県ではないことを前提としているのであるから，この規定を根拠に県が水俣病認定業務の管理主体であるとするのは無理である。また，本判決の引用する国賠法3条は，費用負担者にも対外的な賠償責任を負わせる規定にすぎず，この規定から費用負担者が管理主体になるわけではない。たとえば，一般国道のうち国が直轄管理する部分（指定区間）についても都道府県は費用負担

者とされている（道路法50）が，だからといって都道府県が国道の管理主体となるわけはないのである。

しかも，前の不作為の違法確認訴訟で県知事が敗訴したとき上訴するかどうかについて法律上決定権を持ったのは，県知事に対し指揮監督権を有する環境庁長官である。県議会は知事に対して実際上はある程度の影響を与えうるが，法律的にはその権限は前記のように限定され，自ら上訴することはできないし，県知事に対し上訴せよと指示することもできない。たとえば，いわゆる堀木訴訟の一審で兵庫県知事が敗訴したとき，兵庫県としては控訴しない意向であったが，厚生大臣の指揮により控訴することになったと伝えられる。この法律状況を見ると，当事者としての権利を与えられていない県に判決の既判力を及ぼすのは無理であろう。

本件の滝澤正の評釈[41]は，国賠法の関係だけでいえば，むしろ費用負担者が一般には第1の賠償義務者であり，（判決の効力を受ける者から）とくに除外する理由はない，しかも，結局は求償関係で清算されうるのであるから，被害者救済をこうした被告適格の面で狭くする理由はないと説く。この趣旨は国が賠償義務を負う場合，費用負担者である県に求償することになるから，それならはじめから県に不作為の違法確認判決の効力を及ぼし，県を被告にすればよい，ということであろう。

筆者はこの滝澤説に賛成できない。たしかに，機関委任事務にかかる損害賠償費用の内部的負担者は事務の主体ではなく費用負担者であるというのが行政解釈[42]ではある。したがって，国が賠償したとき県に求償できることになりそうである。しかし，これは法律でもなければ判例でもない。したがって，県としては，国がまず賠償をして，費用負担者である県に求償してきたとき，右の行政解釈を争い，本来の費用負担者は国であると主張することができる。これに対し，滝澤説では県が対外的に賠償責任を負うから，県があらためて国を被告に求償しないとその主張をすることはできない。これでは県に不利である。

次に，国が県に求償してきたとき，県に既判力が及ばないとの立場では，県

---

(41) 判評301号176頁。
(42) 関根謙一「一般国道の設置または管理の瑕疵より生じた損害に係る損害賠償費用の負担について」時の法令697号，矢代利則「国家賠償責任の負担者」山田幸男＝市原昌三郎＝阿部編『演習行政法上』（青林書院新社，昭54）421頁。【追記】私見は寄与度責任説である。『行政法解釈学Ⅱ』549頁，本書第4部第3章の判例解説。

は先の不作為を適法と主張して，求償を拒否する道がある。県に既判力が及ぶとすると，県は不作為を適法と主張する機会を与えられることなくして，費用を負担させられることになるが，それは不合理であろう。

なお，この問題は滝澤説のいうように被害者救済を被告適格の面から狭めるものではなく，いずれにせよ被告となりうる県にまで既判力を及ぼすかどうかの問題である。

2 原告以外の者への拡張
(1) 判　　旨

前記不作為の違法を理由とする国家賠償訴訟の原告にはもとの不作為違法確認判決の原告 X_1 らと，それ以外の者 X_2 らがある。この国家賠償判決は不作為の違法確認判決の既判力が X_1 らにのみ及び，X_2 らには及ばないことを認める。

しかし，この判決は X_2 らに対する未処分の状態は X_1 らが置かれた未処分の状態と何ら変ることはなく，これを別異に解すべき特段の事情も主張もない，として次のように判示した。

X_2 らの請求にかかる国家賠償の違法性の判断については，不作為判決の存在を無視し，これと異なる判断をすることはかえって公平の原則に反する。むしろ端的に不作為判決の存在及びその判断によって違法とされた X_1 らに対する不作為状態と X_2 らに対する不作為状態の間に何らの径庭のないことをもって，X_2 らに対する関係においても，知事の不作為を違法と認めるのが X_1 らとの均衡上相当であると解せられる。

(2) 検　　討

本件の不作為の違法確認訴訟はいわば代表訴訟的なものであるが，建前としては個々の原告の申請に対する応答の遅延を違法と主張するものである。その判決が原告以外の者に及ぼす効力はたんなる事実効であって[43]，制度的効力ではない。本判決も既判力そのものを拡張してはいないから，このことを承認してはいるのであろうが，実質的には既判力の拡張と同じ操作をしている（既判力類似の効力と呼ぶことにする）。

本判決が，こうした既判力類似の効力を拡張する理由は，先に紹介したように公平の原則にあるわけであるが，これには疑問が少なくない[44]。

---

(43) 伊藤眞「裁判の効力論」ジュリ731号151頁以下参照。
(44) 滝澤・判評301号176頁は，この点につき判決に肯定的。

第 1 章　抗告訴訟判決の国家賠償訴訟に対する既判力

　第 1 に，被告としては，前訴で控訴しなかったのは原告が少数であったためで X_2 らにも既判力類似の効力が及ぶなら前訴で上訴していたと見うる可能性がある。

　第 2 に，逆に X_1 らが前訴で敗訴確定した場合に X_2 らが国家賠償訴訟を提起したとすればどうなるだろう。この場合に X_2 らに既判力類似の効力が及ぶとするのは酷である。X_2 らにこの効力が及ばないとすると，不作為の違法確認判決は原告勝訴の場合にのみ，第三者に有利に既判力類似の効力を及ぼすことになるが，そうした理論は一般に承認されていない。

　ところで，取消訴訟においては原告勝訴の場合のみ対世的な効力を有すると解すべき場合がある。たとえば，学校廃止や私鉄特急料金値上げ認可の取消判決は争われている行為が不可分一体であるから対世効を有する。計画や一般処分の取消判決が対世効を有するかどうかは争いはあるが，肯定説に立っても，その根拠は争われている行為が一つであることである。これに対し，水俣病認定遅延国家賠償訴訟は違法事由こそ共通であるが，訴訟としては多数の原告の提起した訴えの単純併合である。そうすると，水俣不作為の違法確認の訴えの既判力の拡張に際し，この取消判決の対世効の議論は使えない。なお，この取消判決の対世効は形成力であって，既判力も対世的かどうかは不明である。

　第 3 に，事情が同じでも別訴であれば裁判所の判断が異なることがありうるのがルールである。カネミ訴訟もスモン訴訟もその例である。本件だけなぜ別に解しなければならないのか。

　第 4 に，しかも，もともとの不作為の違法確認判決は相当の期間徒過前でも不作為を違法とするなど問題の多い判決であった。この判決について，既判力類似の効力を拡張してまで，被告の反論を遮断するのは行き過ぎと思われる。

　【追記】　本稿校正時に出版された園部逸夫＝時岡泰編『裁判実務大系 1 行政争訟法』（青林書院新社，昭和 59 年）227 頁で，石川正は，取消訴訟における違法性の判断がのちの国家賠償との関係でもつ効力について，既判力という一刀両断的な形で考えるべきかに疑問を示され，むしろ本質的には争点効の問題で，各事案毎にはたして争点効が認められる基準に合致しているかどうか，きめ細かく議論していくべき問題ではないかとの疑問を有しているとされている。この説が本格的に提示されれば私見もあるいは修正の必要があるかも知れないが，そのまえに，争点効がわが国で一般理論として承認されることが必要であるとともに，既判力説と争点効説で具体的にどれだけ違うかを知りたいと考える。そのうえできめ細かな実益のある意見の交換をしたい。

〈第1章補　遺〉

国家賠償訴訟における違法と抗告訴訟における違法の異同
(1990年)

1　問題の所在

　同じ行政活動が抗告訴訟でも，国家賠償訴訟でも争われることがある。いずれも，本案判決の請求認容要件は行政処分の違法性（抗告訴訟の場合）なり公権力の行使の違法性（国家賠償の場合）である。この二つの違法性は同じであろうか。異なるのであろうか。また，同じ場合には抗告訴訟の本案確定判決（請求認容判決であれ，請求棄却判決であれ）の判断内容は後の国家賠償訴訟を拘束するのであろうか。逆に先に国家賠償訴訟の判決が確定した場合も，係属中の抗告訴訟の判決を拘束するのであろうか。この問題は既判力とか国家賠償訴訟における違法性の構造の理解ともからんで，意見の分かれるところである。
　ただ，実際上は，先に抗告訴訟の判決が確定して，その後に国家賠償訴訟の判決がでる形で問題となる。原告が抗告訴訟で敗訴したにもかかわらず，改めて国家賠償訴訟で同一行為の違法を主張する場合や，被告が抗告訴訟で敗訴した場合にその後の国家賠償訴訟で同一行為の適法性を主張する場合がこれである。先に国家賠償の判決が確定して，それから抗告訴訟の判決がでるという例は普通にはない。抗告訴訟には，無効確認訴訟を除いて出訴期間の制限があるから，先に抗告訴訟が提起されるのが通常で，国家賠償訴訟が先に提起されることはまずないことや，先に提起された抗告訴訟には関連請求として，国家賠償訴訟を併合提起でき，併合提起された場合には両訴訟の判断も普通には同一になる（少なくとも双方をにらんでなされる。東京地判平成元年3月29日判例自治60巻72頁参照）のであって，違法性の異同を問題とする事件はほとんど起きてこないためである。
　そこで，以下でも，抗告訴訟の判決が国家賠償訴訟にどのように影響するかを考える。逆は考えない。両者の違法性が同一とする説を違法性同一説・異なるとする説を違法性相対説ないし二元説，前者の説で，抗告訴訟の判決におけ

〈第1章　補　遺〉

る違法性の有無の判断が国家賠償訴訟を拘束するという説を既判力肯定説と呼ぶことにしよう。この問題については，前章（「抗告訴訟判決の国家賠償訴訟に対する既判力」判タ525号15頁（1984年）＝本書第2部第1章，『国家補償法』（有斐閣，1988年）147頁以下）で紹介したところであるので，以下，それを要約しつつ，その後の学説判例の発展の状況を述べよう。

2　従前の学説

　もともとは，国家賠償における違法は，行政処分が法規の要件を欠く意味での狭義の違法のほか，裁量行為の不当及び事実行為の違法など広く正当性を欠く行為を含むもので，行政訴訟における違法より広いという説（有倉遼吉「国家賠償法解説」法律時報25巻9号19頁，1953年）があった。これによってか，取消判決が確定した場合には国家賠償訴訟でも違法と評価されるが，取消訴訟で請求棄却判決が確定したにもかかわらず，国家賠償訴訟ではなお違法の主張ができるとする説（村重慶一「国家賠償訴訟」『実務民事訴訟講座10』（日本評論社，1970年）327頁，下山瑛二『国家補償法』（筑摩書房，1973年）136頁など，このほか，阿部，判タ525号26頁注(4)＝本書第2部第1章参照）がかなりある。

　これに対し，取消訴訟における訴訟物は処分の違法性一般であるとし，国家賠償訴訟における違法性は取消訴訟におけるそれと同義であるとして，取消訴訟における処分の違法性に関する判断は後訴の国家賠償訴訟に対して既判力を及ぼすとする説が少なくなかった（古崎慶長『国家賠償法の理論』（有斐閣，1980年）277頁，同「評釈」判評345号185頁以下，1987年11月，杉本良吉『行政事件訴訟法の解説』（法曹会，1963年）108頁，今村成和『国家補償法』（有斐閣，1957年）107頁以下など，その他，阿部・判タ525号26頁注1，7＝本書第2部第1章参照）。

　この点で，上野至（法律のひろば28巻6号74頁，1975年）が肯定説の立場から適切に問題を整理しているので紹介する。これによれば，行政処分は国民の法益を侵害する場合でも，法に従って行われる限り適法で，法に従っていなければ違法である。行政処分の適法違法は行政法規に従って判断されるべきであり，行政法規からみて適法な行政処分によって国民の法益を侵害した場合には，適法行為による損失補償の問題となる。行政法規からみて裁量処分が不当ではあるが，違法ではないときに，国家賠償において国が責任を負うということは，法相互の矛盾を惹起するし，適法行為による損失補償の制度と矛盾する。さらに，行政法上（取消訴訟上）の違法は明文法規違反に限らない。基本的人権尊

重，権利濫用の禁止，公共の福祉，公序良俗，信義則，条理等の法の解釈，適用における一般原則違反を含むものである。

さらに，両者の違法性が異なるとする説は，損害賠償法では違法性は侵害行為の態様と被侵害利益の性質との相関関係から決定すべきである（相関関係理論）のに対して，行政処分の違法性は処分（侵害行為）の法適合性（態様）のみから決定され，利益侵害の有無，被侵害行為の性質は原告適格の問題とされているにすぎないとするが，これに対しては，上野は，次のように，反論している。すなわち，行政処分は本質的に国民の法益を侵害するものであるから，国家賠償における違法性の判断基準として，利益侵害の概念を持ち出すのは相当ではないし，実質的にみても，被侵害利益の性質―その重大性―は行政処分の要件において当然に考慮されており，被侵害利益が重大であれば，行政処分発動の要件も厳格になっている。したがって，国家賠償における違法性の判断においても，当該行政処分の要件適合性を判断すれば足り，被侵害利益の性質を検討する必要はない。

3 最近の違法性相対化論
(1) 遠藤博也説による問題の提起

以上，従来，既判力肯定説が通説であったと思われるが，遠藤博也（『国家補償法上巻』（青林書院，1981年）162頁以下）は，次のように違法性の相対化を主張して，批判した。すなわち，国家賠償法1条における違法性は公権力の行使における行為規範性を内容とするものであって，民法の不法行為における違法とは性質を異にする（この点までは前記の上野説と同様であろう）が，処分ないし法的効力の発生要件に関する違法とも異なり，損害の公平な分担を目的としているから，被害者側の事情を考慮に入れることができるなど，他人に損害を加えることを法が許容するかどうかという見地からする行為規範性である。こうして，違法概念が相対的で，賠償違法と処分違法が異なるという基本的前提からみると，既判力肯定説が通用しうる単純な事例もないではないが，それがすべての場合に通用するわけではない，とする。そして，既判力は取消訴訟と国家賠償訴訟で，偶然判断内容を同じくする場合に限って例外的に及ぶと考えるべきであろう，と。

(2) 危険防止責任に関する判例

行政の権限の不行使を違法とするいわゆる行政の危険防止（危険管理）責任

〈第 1 章 補　遺〉

に関する判例のなかには，それが損害賠償法上の違法であって，抗告訴訟の違法ではないことを強調するものがある。すなわち，行政の権限行使義務が満たされる要件について，義務づけ訴訟では厳格に考えるにしても，国家賠償では損害の公平な負担の観点から，緩めて考えるという趣旨のようである（福岡地判昭和 53・11・14 判タ 376 号 58 頁，東京高判昭和 52・11・17 判タ 361 号 235 頁）。なお，この点については，遠藤の理論的根拠づけ（「危険管理責任における不作為の違法要件の検討」北大法学論集 36 巻 1・2 号 463 頁＝遠藤『行政救済法』（信山社，2011 年）163 頁，「行政法における法の多元的構造」『公法の課題』（有斐閣，1985 年）95-96 頁）＝遠藤『行政法学の方法と対象』（信山社，2011 年）205 頁以下参照。

4　阿部泰隆の疑問

たしかに，一般的には法は多元的で，違法性も相対的である（遠藤前掲「行政法における法の多元的構造」）が，抗告訴訟と国家賠償訴訟における違法性の異同を論ずるときは，違法性の異同一般論ではなく，個別具体のケースにおいて，同一の行為規範の評価をめぐってこの二つの訴訟ではたして違法性が異なるかどうかを明らかにする必要がある。阿部はこの見地から，遠藤のあげる多数の実例を検討し，違法性が異なるという立証はないと主張した（詳細は本書第 2 部第 1 章参照）。さらに，一般的に違法性の異同については前記の上野説に近い説明をしている（判タ 525 号 25 頁＝本書第 2 部第 1 章，阿部『国家補償法』149 頁）。たとえば，同一の営業不許可，収用裁決，公務員の懲戒免職などを例とすると，取消訴訟と国家賠償訴訟で違法性を異にし，結論を異にすることが理論的に許されるというのは法秩序が矛盾し，訴訟経済にも反し，不合理である。

また，前記の危険防止責任に関する判例についても，実際に義務づけ訴訟と国家賠償訴訟が同時に提起され，前者は認容されないが，後者は認容されるといったことが生ずるわけではないので，両訴訟で違法性の異同を比較するに適しているわけではないし，わが国では義務づけ訴訟の適法性には根強い抵抗があるので，それをスケープゴートにして，国家賠償を認容しようとしているだけであると解される。

その他，特に，藤田宙靖（「法治主義と現代行政」長尾龍一＝田中成明編『現代法哲学 3』（東京大学出版会，1983 年））などの説については，阿部・判タ 525 号 24 頁以下（＝本書第 2 部第 1 章参照），三橋良士明「不作為にかかわる賠償責

任」(『現代行政法大系6,有斐閣,1983年)につき,阿部・判タ525号27頁(=本書第2部第1章)参照。

5 遠藤博也説の反論

これに対し,遠藤(『行政法スケッチ』(有斐閣,1987年)117頁以下)は,反論する。抗告訴訟と国家賠償訴訟は制度目的が異なるし,違法の概念も,抗告訴訟では,法的要件・効果の次元で問題となり,法的効果が欠けることを意味するのに対し,国家賠償法上は現に生じた損害から出発して,その責任を誰に負わせるのが公平であるかの見地から,一方当事者に帰責原因たる手落ち・手抜かりがある旨の評価を示すものであるとして前述の主張を繰り返している。ただ,ここでは,同一行為の同一時点での比較という私見の視点への直接の反論はみられず,論争はややすれ違いに終わっている。

ここで,遠藤論文が力説しているのは,既判力肯定説が通説・判例であったとした私見に対し,判例の理解が誤っているというもので,10の判例を詳細に分析するものである。

そして,国家賠償責任における違法性は抗告訴訟法上のそれと共通のものがあるが,故意過失論を初め,他の責任要件全体のなかで体系的に整理され,適当に位置づけられる必要がある。そのための理論構成は生成の過程にあって,未だ十分に確立していない。しかも,抗告訴訟判決の国家賠償責任に対する既判力の内容・範囲等自体がいま一つはっきりしない段階において,この既判力論の見地のみから,損害賠償法の理論構成を云々することは方法論的に疑問を禁じ得ないと。この指摘も重要であり,筆者も再考中であるので,ここでは私見は差し控えるが,高松高判昭和50年3月31日(訟月21巻6号1239頁)については,阿部がこれを既判力否定説として紹介しないのはフエアでないと厳しく批判(遠藤・前掲『行政法スケッチ』134頁)されたので一言すると,この判決は表現こそ曖昧であるが,全体として観察するときは抗告訴訟請求棄却判決が国家賠償訴訟に既判力を及ぼさないというのはミス・リーディングであって,内容的には無効確認訴訟請求棄却判決は国家賠償訴訟に既判力を及ぼさないという点が核心であるから(掲載誌である訟務月報の判決要旨参照),取消訴訟判決の既判力否定説として引用するわけにはいかない。

〈第1章　補　遺〉

6　判例の状況

関連するその後の判例で気づいたものを挙げておく。既判力肯定説が多いように思えるが，判例の分析の余裕はない。熊本地判昭和58年7月20日（判タ501号89頁，水俣待たせ賃訴訟）（阿部・判タ525号30頁＝本書第2部第1章，第4部第14章補論3行政の危険防止責任のその後の状況，後掲上北参照），福岡高判昭和60年11月30日（判タ574号27頁，同控訴審），東京地裁昭和61年3月26日判決（行集37巻3号459（498）頁），東京地裁昭和61年7月30日判決（判時1232号127頁），千葉地判昭和63年3月23日判時1290号115頁，東京高裁昭和62年8月31日（訟務月報34巻4号656頁），前掲東京地判平成元年3月29日（明らかに違法性相対説に立つ）。

7　その後の学説の状況

以上の論争は，どちらかといえば，抗告訴訟から出発して，裁判の矛盾を防止し，訴訟経済に資するか，国家賠償という責任の法体系にふさわしい違法性論を構築しようとするかという志向の差による点が多いが，従来簡単に考えられていたところが，無数の難問を内包していることがわかり，これらを調整した新しい理論を作るべき時代である。その後の学説も，こうした傾向を反映して分かれているが，論者によるニュアンスの差も大きい。簡単に分類しておくので，詳細はそれぞれの原論文に当たられたい。

(1)　違法性同一説

白井皓喜説（『行政訴訟と国家賠償』（法律文化社，1989年）202頁以下）は基本的に私見と同意見であるが，さらに，手続法上の違法のみを主張して敗訴した者が，後訴で実体法上の瑕疵を主張することは既判力に触れるとし，遠藤説や石川正説（争点効説）のようにもし既判力に触れないとしても，実体法上の瑕疵を主張すべき提出責任と法的安定性の要求，訴訟上の信義則から，実体法上の瑕疵を主張できなくなるという失権効，遮断効が考えられるのであって，この失権効，遮断効は，既判力そのものの当然の効果ではないとしても，実体法上の瑕疵を主張できない点では，取消訴訟の訴訟物を処分の違法性一般と考えた場合と同じである。また，かりに失権効，遮断効を生じさせるべきでないという事案があるとすれば，被処分者が救済されるべきであるという点から考えると，国家賠償訴訟と取消訴訟では同じである。両者の訴訟において違法性に相違があるとはいえないとしている。

第 2 部　国家賠償法

　古賀寛（「国家賠償法における違法性」判タ 600 号 13 頁以下, 13 頁）は, 同一の行為に対する違法性評価が行政訴訟と国家賠償訴訟で異なることは国民の目からは非常にわかりにくいものであり, 両者に共通の違法性概念の再構成が必要であるとし, それを, 法律上保護された国民の権利・利益を侵害しないようにすべき行為（作為・不作為）義務違反と定義したいとする。そして, いかなる権利・利益が法律上保護されるかは関係法令の解釈によるが, 憲法等上位規範に照らし, かつ社会状況の変化などに応じ柔軟に解釈されることが望ましい, また, 行為義務は客観化された規範的なものであるが, 一般的に規定されたものではなく, 公権力の行使または不行使に際しての具体的状況下で, 根拠法令の解釈も参考にしたうえ, 行為の危険性, 被侵害利益の種類・性質を総合的に比較考量して, 個別的に定められるべきである, とする。その上で, 既判力肯定説に賛成している。

　渡辺等・行政関係判例解説昭和 62 年度 435 頁（前掲東京高判昭和 62 年 8 月 31 日解説）は既判力肯定説に賛成する。

　村上義広（「行政権の行使における違法と国家賠償法上の違法」『国家補償法大系 2』（日本評論社, 1987 年）95 頁以下）は, 前記の相関関係理論を私法的違法性論と称し, 法律による行政の原理からして, 国家賠償ではこれは採用できないとし, 国家賠償では公法的違法論（憲法, 刑訴法, 行政法規違反をいうようである）によるべきであるとして, 判例を批判している。ただし, 本稿とは関心をやや異にし, 遠藤－阿部論争には触れていない。

(2)　違法性相対化・既判力肯定説

　上野至（「行政訴訟と国家賠償訴訟の関係」村重慶一編『国家賠償訴訟法』（青林書院, 1987 年）125 頁）は, 既判力については肯定説をとり, 国家賠償訴訟においては, 行政処分の違法性について, 取消訴訟の判決の判断に反する判断はできないとしつつ, 他方, 前記の遠藤説に従い, 国家賠償訴訟における違法性の判断に当たっては, 単に行政処分の法的要件充足性の有無（取消訴訟における違法性）を審理するだけでは足りず, さらに, 被侵害利益の種類, 性質, 侵害行為（行政処分）の態様及び原因, 行政処分の発動に対する被害者側の関与の有無, 程度並びに損害の程度などの諸般の事情を総合判断する必要があるとするので, 行政処分の違法について既判力が認められるから, 国家賠償訴訟で即違法性が認められるというものではないとする。ただし, この説は前記の説を改説した理由もつけず, また, 私見など遠藤説の批判説を参照していない。

〈第1章 補 遺〉

(3) その他，既判力否定説など

岡光民雄（南博方編『条解行政事件訴訟法』（弘文堂，1987年）750頁以下）は，取消判決には既判力は存しないとし，国家賠償請求における違法と取消訴訟における違法とは当然に一致するわけではないとする。ただし，単に遠藤説とそれに従う前記上野至説（昭和58年行政判例解説634頁）のみ参照し，反対説は参照されていない。

西埜章（『国家賠償責任と違法性』（一粒社，昭和62年）75頁以下，97—98頁）は，法治主義の観点から相対的違法説を批判し，国家賠償と行政訴訟における違法性は同じであるとしつつ，既判力はそれとは別個の問題であるとし既判力無関係説を提唱する。

村重慶一「国家賠償法における違法論」（民事研修373号13頁以下）は，行為・結果二元論に基づき相対的違法論をとる。

その他，折登美紀（「取消訴訟の訴訟物に関する一視点」法と政治37巻3号（1986年9月）407頁以下），石川正（「判決の効力」園部逸夫＝時岡泰編『行政争訟法』（青林書院，1984年）227頁），上北武男・同志社法学36巻1・2号194頁（1984年），法務省関係者座談会・訟務月報30巻1号別冊134頁以下（1984年）。

〔参考文献〕 文中引用のもの。

【追記】
　宮崎良夫説（南博方編『条解行政事件訴訟法』（有斐閣，1972年）252頁）は，国家賠償訴訟は基本的には行政主体と原告との関係に尽きており，取消訴訟で主張しなかった違法事由の主張をおよそ排除する必要があるかどうか検討の必要があるとする。
　このほか既判力肯定説として，滝本幸一「抗告訴訟と国家賠償訴訟の関係」刑政95巻10号（1984年10月）53頁。
　行政処分無効確認訴訟における請求棄却の確定判決の理由中で，右処分が適法である旨判示されている場合には，右処分が適法である点について既判力に準ずる効力が生じ，同一原告が国家賠償訴訟で右処分の違法を主張することは許されないという判例がある（福岡高那覇支判昭和62・3・24訟月33巻10号2440頁，那覇地判昭和61・10・28訟月33巻10号2445頁）。
　違法性一元説として，名古屋地判平成8・10・30判例自治159号87頁，判例時報1605号34頁（白井皓喜「解説」判例自治167号104頁）。
　最近の状況は，『国家補償法』147頁以下，『行政法解釈学Ⅱ』497頁以下，『行政法再入門下〔第2版〕』245頁以下で述べている。特に，『行政法解釈学Ⅱ』が詳しい。

学説はまだ混迷状況であり，判例は二元説をとるものが多いが，宇賀克也「職務行為基準説の検討」行政法研究創刊号（2012年）7頁以下，中川丈久「国家賠償法1条における違法性と過失」法教385号72頁以下（2012年）は，ほぼ私見の方向であると理解している。藤田宙靖『行政法総論』（青林書院，2013年）536頁以下はこの問題を丁寧に分析し，結局は一元説である（540頁）。

さらに，武田真一郎「国家賠償における違法性と過失について」成蹊法学64号1頁以下，40頁（2007年）は，結論として，通常の理解とは異なり，国賠法上の違法性はあらゆる事例について「相関関係説＋違法性相対説」という枠組みによって適切に判断できると述べているが，同じ行政処分の違法性についてもなぜこのようになるのか，筆者はいまだ納得できていない。

武田は，違法性一元説をとる論者として，宇賀克也，北村和生を挙げ（4頁注4）を挙げ，私見を挙げていないが，私見がこの問題の最初の問題提起者であると思う。そして，武田（11頁注27）は，「取消判決によって当該処分の取消という形成的な効果に既判力が生ずることは違法性一元説でも違法性相対説でも同じことであり，それを前提として賠償請求の認容という給付判決をするべきかどうかは，いずれの説によっても別途審査をすることが必要である。よって，取消判決の既判力が訴訟経済に資する程度はいずれの説でもあまり違わない」と述べるが，違法性一元説では，請求認容をするべきかどうかについて，当該行政処分の違法性を前提とすることになる（処分の違法を対象としない場合，パトカー追跡事件のような権力的事実行為はもちろん，関係がない）から，それを前提としない違法性相対説とは大違いであると思う。

ところが，武田（31頁）は，行政処分の違法性を理由として国家賠償が請求された事例では，処分の違法性を行為規範としての法令に対する違反としてとらえる方がより適切であり，職務行為基準説をとる必要性も合理性もないと考えられると述べている。これは私見と同じである。そして，明確な行為規範がある場合にはこれによって行為不法を認定し，明確な行為規範がない場合でも重大な結果が生じているときには結果不法を認定できる。学説上は通説ではなく，判例でも少数説にとどまっているが，この考え方が最も妥当性を有しているのではないだろうかという。これは私見と同じである。結論において私見とは全く違うことを述べながら，このような記述があることは理解しにくい。

なお，職務行為基準説をとったとされる奈良民商最高裁判決（平成5・3・11民商47巻4号2863頁）は，国家賠償訴訟において処分の違法性を根拠としていないから，違法性一元説を否定するものではない（『行政法解釈学Ⅱ』499頁）。この判決について違法性一元説を否定するものとみる学説は事案を適切に理解していない。

武田は，改めて「続・国家賠償法における違法性と過失について」（成蹊法学88号503〜536頁，2018年）を公表した。その要点は，武田からの私信（この論文の508頁以下の要約）によると，次のとおりである。

1　国賠法の違法性は多元的なのではないか。公務員の行為規範が明確であり，かつ行為規範からの逸脱が国賠法上も違法となる場合には一元説的理解が成立する。逆に，行為規範が不明確であったり，行為規範からの逸脱が国賠法上の違法とはならない場合（奈良民商事件など）は，相対説な理解をする必

要がある（職務行為基準説，相関関係説）。
2　違法性は多元的であると認識するのであれば，一元説，相対説を標榜する必要性はないので，武田は標榜しない。
3　これに対して過失は一元的である（予見可能性を前提とした結果回避義務違反）。予見可能性は予見すべきであるという規範的判断であり，被害が重大なほど強く要請されるので，損害の公平な分担を目的とする不法行為責任の判断基準として効果的に機能する。国賠法1条は過失責任をとっており，過失判断は違法性判断ともリンクするので，あらゆる場合に過失を周到に主張する必要がある。
4　内田貴説によれば，民事の不法行為訴訟では違法性は過失判断を含めて不法行為責任があるという意味で使われている。同じ民事事件である国賠訴訟でもそれは同様であると考えられ，その意味でも過失の主張は重要である（奈良民商事件の原判決は，過失がないから違法ではないという文脈で職務行為基準説的な言い回しをしており，最高裁はそれを是認したと解される）。

　これについて，私見では，1は私見と同じである。2は，行政処分の場合とそれ以外を分けて議論するのが私見であるから，そのような区別をしないことに賛成しない。

　3はここでの問題ではない。同じ民事事件である国賠訴訟でもそれは同様であると考えられるという部分は，行政処分の違法を理由とする国家賠償訴訟は民事事件であっても，法律による行政の原理に縛られている行政処分を理解していない誤りがある。民事事件であるかどうかと，実体法上行為規範が行政法規により定められているかどうかは，別のことなのである。奈良民商事件は，課税処分と同じ違法を国家賠償訴訟で主張した事案ではない（武田「上掲」517頁も認める）ので，違法性一元説かどうかの論点にはふさわしい事案ではない。これについては，本書第2部第2章Ⅱ1③。

　なお，武田は，取消訴訟の違法性と国家賠償訴訟における違法性が異なることはもはや学説判例で承認されている（504頁）と述べているが，事実認識は逆であると思う。法律による行政の原理が妥当する行政処分の場合には，国家賠償でも取消訴訟でも違法性は同じとみるのが最近の学説の結論であることは，前記の宇賀，中川説からわかると思う。『解釈学Ⅱ』497頁以下。

　武田説は，私見を全く引用していないので，私見を理解しているとは思われないゆえに，私見から反論するものである。

第2章 一般の公務員の法令解釈に関する職務上の義務違反（過失又は違法性）の判例分析と組織過失への移行の提唱

(2014年)

◆ I 最高裁の先例における判断基準

本稿では一般の公務員が職務上行った法解釈[1]の違法なり過失を扱う[2]。立法者，裁判官，検察官のそれは特殊なので[3]，ここでは取り上げない。

これについて，最高裁の先例を見る。

国家賠償において，①ある事項に関する法律解釈につき異なる見解が対立し，②実務上の扱いも分かれていて，③そのいずれについても相当の根拠が認められる場合，④公務員がその一方の見解を正当と解してこれに立脚して公務を執行したときは，後にその執行が違法と判断されたからといって，直ちにその公務員に過失があったものとすることは相当ではない（最判昭和46・6・24民集25巻4号574頁等）。これは未登記立木に対する強制執行の方法について3つの説があり，その事件でとられた有体動産の執行手続による例も少なくないことから過失を否定した例である。この4つの要件が満たされている。

さらに，株主優待券が所得税法上の利益配当に該当するかどうかは，優待券の特殊な経済的法律的性格からみて微妙な事実認定とこれに対する専門的な法律的判断を必要とする事項であったところ，税務当局としては通常公務員に要求される注意義務を尽くしてこれを積極に解してこの旨の通達を発して本件各決定及び滞納処分に及んだもので，この誤りをもって過失とは言えない（最判

---

(1) 「法令の解釈の誤りと過失」については，西埜章『国家賠償法コンメンタール』（勁草書房，2012年）447頁以下において，判例の総合的な分析が行われている。

(2) 国家賠償法1条における責任要件は違法性と過失であるが，違法性を職務上の注意義務違反として捉えて，一元的に把握する判例が増えている。ただ，これは実質的には同じである（最判平成19年11月1日民集61巻8号2733頁の調査官三木素子の解説（『最高裁判例解説民事篇平成19年度』724頁）。宇賀克也「職務行為基準説の検討」行政法研究創刊号（2012年）7頁以下はこの点の最近の包括的研究である。本書第2部第1章，補遺参照。

(3) 前記三木解説（722頁），阿部『行政法解釈学Ⅱ』（有斐閣，2009年）461～480頁。阿部「裁判と国家賠償」ジュリ993号（1992年1月1-15日号）69～78頁＝本書第2部第5章。

昭和 43・4・19 訟務月報 14 巻 7 号 765 頁）。これは少なくとも①，③，④を満たす例である。その後の判例はこの先例に従っている。

　法の解釈はしばしば十人十色であるのに，法の運用にあたる者はいずれかの解釈を採らざるをえないから，十分に根拠のある解釈を採ったとき後日その解釈が裁判所で承認されないからといって，個人の過失（予見可能性と結果回避可能性があること）があることにはならない。したがって，この判例は，国家賠償責任について，公務員の個人の過失の代位責任と捉える限りは妥当である。

◆ II　判例分析

1　過失がないとする判例

①　在監者と未成年者との監獄面会不許可事件，最判平成 3 年 7 月 9 日（民集 45 巻 6 号 1049 頁）

　これは監獄の在監者と未成年者との面会が不許可とされた事案において，監獄法施行規則に基づく不許可措置を違法としながら，明治 41 年の同規則公布以来「これらの規定の有効性につき，実務上特に疑いを差し挟む解釈をされたことも裁判上とりたてて問題とされたこともなく，裁判上これが特に論議された本件においても第 1，2 審がその有効性を肯定している」という理由で過失を否定した。

②　住民票の続柄欄に内縁夫婦の子を「子」と記載，最判平成 11 年 1 月 21 日（判時 1675 号 48 頁，判タ 1002 号 94 頁）

　住民票の世帯主との続柄欄に，戸籍上の夫婦の子については長男，二女といった記載がなされるのに，内縁の夫婦の子は「子」と記載されたため，差別されるとして，市を被告に国家賠償を請求した事件で，最高裁は，住民票の記載は全国的に統一的に行われるべきであるから，事務処理要領に従って行ったことについて，市長は，「職務上通常尽くすべき注意義務を尽くさず漫然と本件の続柄の記載をしたということはできない」とした。過失があるとすれば事務処理要領を作った旧自治省であろう。

③　所得税更正処分の違法，最判平成 5 年 3 月 11 日（民集 47 巻 4 号 2863 頁）

　この判決は，所得を過大に認定した所得税の更正処分について，「職務上通常尽くすべき注意義務を尽くすことなく漫然と更正したと認めうる事情がある場合に限り」違法の評価を受けるとして，これを否定した。

しかし，この事件は，課税処分取消訴訟で一部勝訴確定して，過払い税金の還付を得た後に，別途更正処分の違法を理由として国家賠償を求めた事案であるから，そこでの違法は，もともとの更正処分の違法とは別物である。納税者は，税務署長が，収入金額を調査により増額しながら，必要経費を確定申告のままとして，所得を過大に認定したと主張したが，この過大認定はもっぱら納税者が必要経費を過少に申告し，これを訂正しなかったことによると認定されているから，税務署の更正処分に違法・過失があるはずがない。取消訴訟で勝訴したのは，訴訟段階で必要経費に関する資料を提出して採用されたことによる（井上繁調査官解説『判解民平成5年度』368頁以下に詳しい）。

④　不法滞在者の国保上の住所，最判平成16年1月15日（民集58巻1号226頁，判時1850号16頁，判タ1145号120頁）。

これは，不法滞在者には国保の適用を認めない厚生省通知を違法としつつ，過失については，在留資格を有しない外国人が国民健康保険の適用対象となるかどうかについては，定説がなく，本件処分当時には，これを否定する判断を示した東京地裁がひとつあっただけで，本件各通知と異なる見解に立つ裁判例はなかったという理由で，公務員の過失を否定した。

2　法解釈の過失を認めた判例

これに対して，法解釈の誤りを過失ありとして，国家賠償を認めた判例も少なくない。

①　前科回答事件，最判昭和56年4月14日（民集35巻3号620頁）

自治体が弁護士法23条の2に基づく照会に対して個人の前科を回答した結果，これが広く知られてしまった前科回答事件において，判例は，「前科及び犯罪経歴（以下「前科等」という。）は人の名誉，信用に直接にかかわる事項であり，前科等のある者もこれをみだりに公開されないという法律上の保護に値する利益を有するのであつて，市区町村長が，本来選挙資格の調査のために作成保管する犯罪人名簿に記載されている前科等をみだりに漏えいしてはならないことはいうまでもない……。前科等の有無が訴訟等の重要な争点となっていて，市区町村長に照会して回答を得るのでなければ他に立証方法がないような場合には，裁判所から前科等の照会を受けた市区町村長は，これに応じて前科等につき回答をすることができるのであり，同様な場合に弁護士法23条の2に基づく照会に応じて報告することも許されないわけのものではないが，その

取扱いには格別の慎重さが要求される。」

本件の弁護士による前科等の照会申出書には，照会を必要とする事由としては，「中央労働委員会，京都地方裁判所に提出するため」とあつたにすぎないというのであり，このような場合に，市区町村長が漫然と弁護士会の照会に応じ，犯罪の種類，軽重を問わず，前科等のすべてを報告することは，公権力の違法な行使にあたる。」

どの様な場合に弁護士照会に応ずべきかどうかのルールが明確に規定されていなかったのであるから，区役所レベルの職員の判断に過失があるといえるかどうか，疑問がないわけではないが，多数意見は，それでも，個人情報保護の重要性を重視して，その取扱いに慎重さを欠いたことを過失としたのである。

② 受刑者と非親族間の信書の授受不許可，最判平成18年3月23日（判時1929号37頁，判タ1208号72頁）

刑務所長が，受刑者が発信しようとした新聞社宛の信書を必要性がないとして不許可としたことにつき監獄法の解釈上の誤りを指摘され，「本件信書の発信によって生ずる障害の有無を何ら考慮することなく本件信書の発信を不許可としたのであるから，熊本刑務所長に過失があることも明らかと」された事件である。

③ 在外被爆者除外通達の違法過失，最判平成19年11月1日（民集61巻8号2733頁）

これは，昭和49年3月の司法判断を受けて，在外被爆者にも健康管理手当の支給可能性が認められたにもかかわらず，国の担当者が法律の解釈を誤り，被爆者が国外に居住地を移した場合に健康管理手当等の受給権は失権の取扱いとなる旨定めた通達を作成，発出し，これに従った取扱いを平成15年頃まで継続したことが，国家賠償法1条1項の適用上違法であるとした上，通達を発する国の公務員に，法律を忠実に解釈すべき職務上の基本的義務に違反したもので，過失があるとした。

④ 産廃処分の下請けと自己処理，東京高判平成5年10月28日（判時1483号17頁）

産廃の自己処理に関する解釈にかかわるもので，産業廃棄物の収集・運搬・処分は許可制とされているが，排出事業者が自ら搬出し，又は処分する場合には許可は不要である（廃掃法14条1項但し書き）。厚生省通達（環産14号通知，以下，本件通知という）では，建設工事現場から排出される産業廃棄物の処理

について，処理責任を負うのは建設工事を発注者から直接に請け負った者（元請け業者）であり，元請け業者以外の者（下請け業者など）が処理を行うときは，産廃処理業の許可を要するとしていた。

これに対し，東京高裁判決は，建物の解体工事の場合には，それを業として行う者が廃掃法にいう「事業者」にあたり，同人がその解体工事から排出された産業廃棄物を自分で運搬・処分する場合には，下請けでも，右記の許可不要の場合にあたるとした。しかも，厚生省の解釈には，法の文言などに照らすと相当の根拠があったとはいえず，この誤った解釈につき厚生省の担当官に過失があったとした。地裁でさえ適法とした判断に相応の根拠がなく，過失ありとしたことに注目すべきである。これは高裁判決であるが，上告されずに確定している。これはⅠの昭和46年最判にいう判例学説がない③の場合であろう。

⑤　東京高裁平成24年（行コ）第50号平成24年11月7日（判例集未登載）
東京都公立学校教員であり東京都立養護学校の教員であったAが，所属校の記念式典において国歌斉唱の際に国旗に向かって起立して斉唱することを命ずる旨の校長の職務命令に従わず起立しなかったところ，都教育委員会から停職1月の処分を受けたため，職務命令は違憲，違法であり処分は違法などとして，東京都に対し損害賠償（慰謝料）等を求めた事件の差戻審において，過失が認められた事例である。

被控訴人（都）には，不起立行為について控訴人Aに不利益処分をすることが控訴人Aの思想及び良心の自由に影響を与えるものであって，機械的，一律的に加重して処分を行うべきではなく，相当慎重に処分の内容を検討すべきであること，本件処分の対象となった不起立行為の結果，被控訴人の養護学校運営に具体的にいかなる影響を与えたかについても考慮すべきであること等，本件処分を行うに当たって当然に考慮すべき事項を認識し得る契機は十分にあったのであるから，これらを考慮しなかったことには過失があるとされた。

3　判例分析のまとめ

過失否定判例を見ると，個人の過失を基本としている。違法であるのが，現場の処分ではなく，その根拠となった通達や省令である場合（Ⅱ1①　在監者と未成年者との監獄面会不許可事件，Ⅱ1②　住民票の続柄欄に内縁夫婦の子を「子」と記載）では，現場の処分が当然に違法になるものではなく，むしろ，通達の違法過失が争点になる。

過失を否定した例は，公務員には，正しい解釈を行うことが無理というような例である（Ⅱ1①，Ⅱ1④）。Ⅱ2③の最判平成19年11月1日も，紹介しなかったが，国会の審議の場においても特段の異論が述べられることもなかったこと，改めて検討を行うことを迫られるような機会もなかったことが，その段階における過失否定の論拠とされている。

独自解釈については，主管官庁の解釈で，それなりに理由がありそうであっても，違法過失ありとされた（Ⅱ2④）。

むしろ，判例は，Ⅱ2①〜⑤に見るように，個人の過失を基準とするものの，相当に慎重な検討を要求するなど，ずさんな解釈は認めないという姿勢を示している。

◆ Ⅲ　組織過失の考え方から過失判断をより柔軟に

1　組織過失

しかし，個人の過失を基準にそれを厳格に解するという運用では，国家作用に起因する損害でありながら，公務員に過失がないときは国家無責任（国家無答責）となる。それは結果として旧憲法時代と同じではないか。その克服方法を提唱したい。

判例では，民法の責任と異なり，公権力を行使する公務員個人に対しては，直接賠償請求できないとされている（最判昭和30・4・19民集8巻5号534頁，最判昭和53・10・20民集32巻7号1367頁）。公務員個人は，故意又は重過失があるときに求償を受けるだけである。それならば，国家賠償においては，公務員個人は安心できるのであるから，その過失について厳格に考えるべきではない。むしろ，組織として行った行為については，組織として責任を負うべきであるから，その違法，過失は相当程度客観化されるべきである。

実際，国家賠償法でも組織過失の考え方で，個々人には過失がなさそうな場合でも過失ありとされることが少なくない。予防接種，水俣，スモンなど，その例である[4]。

この点で，梶哲教[5]は，過失否定論は，解釈可能性が複数あるというだけで過失を否定するが，解釈を誤っても無過失として免責されるのは，何らかの

---

[4] 橋本博之「解説」ジュリ1043号71頁［1994年］。
[5] 梶哲教・行政判例百選第5版Ⅱ455頁。

阻害事由の存在のゆえに正しい解釈を採ることが期待されがたかった場合、例えば行政部内だけでなく学説・判例上もほとんど異論なく確立していた解釈に限られると述べている。さらに、梶[6]は、今日国家賠償法上の過失が組織過失としてとらえられることとの均衡からも、単に組織で当該誤った解釈が採用されていたというだけでは足りず、正しい解釈を検討の俎上に載せる機会がなかったことなど、正しい解釈の選択を妨げるような特殊事情を提示することが必要だと指摘している。

「相当の慎重な根拠」を要求している判例も、過失責任主義の範囲内で、組織過失の方向へと歩んでいるように思われる。

2　国家組織の構造的欠陥，残存する国家無責任の克服

そもそも、法解釈について争いが生ずるのは、法律が不明確なためである。法治国家では、法令は、行政機関に権限を付与し、公務員の行動ルールを作るのであるから、不明確であってはならない。法律が不明確で、解釈に迷うことは、立法者や公務員のそれぞれに過失があったかどうかはともかく、国家の立法と法の執行の作用全体に重大な欠陥があるといえる。

したがって、法解釈の誤りについては、法制度を作った国（条例の場合には地方公共団体）とその執行の全体に組織的な欠陥があったとして、国家賠償責任を肯定すべきである。

あるいは、国家は、法律を作り執行することにより、まかり間違えば危険を発生させる存在であるから、危険責任の法理により、不可抗力でなければ責任を負うべきである。過失はこの観点から国家作用の客観的瑕疵と理解すべきである。

> 【追記】
> 　予防接種禍、学校事故において現場の具体的な過失のほか、計画段階のプログラム過失と説明するものとして、芝池義一「国家賠償法における過失の二重性」民商法雑誌112巻3号373頁以下（1995年）がある。
> 　武田真一郎「国家賠償における組織的過失について」（愛知大学法経論集159号、（2002年）45頁以下）は、民事法を参照して国家賠償訴訟における組織的過失に関する有益な研究である。
> 　渡邊瓦「国家賠償制度に対する憲法上の要請──比較法的アプローチからの

---

(6) 梶・行政判例百選第6版Ⅱ469頁。

試論」名城法学 63 巻 3 号 30 頁は，国家賠償法 1 条についても，法律の留保が適用される行政活動については無過失責任に接近した解釈を導くことが憲法適合的であるとする（宇賀克也「国家補償法の課題」行政法研究 20 号 107 頁参照）。

第3章　安全認定の誤りと法解釈の過失など，いわゆるたぬきの森事件

◆ **I　本稿の要点**

1　本稿の課題：第三者の提起する訴訟により許可を取り消された場合の国家賠償責任など

（1）　いわゆるたぬきの森事件とは次のような事案である。X（原告，控訴人）のマンション建設に対する建築確認に先行して，Y1新宿区（被告，被控訴人）の区長が行った，東京都建築安全条例（以下，安全条例という）4条3項に基づく安全認定が「明らかに合理性を欠く」という理由で違法として取り消される（東京高判平成21年1月14日＝別件控訴審判決，最高裁平成21年12月17日判時2069号3頁もこれを維持）とともに，同年2月16日その執行停止がなされた（Y1の区長の抗告も棄却。最高裁平成21年（行フ）第2号，平成21年7月2日，判例自治327号79頁）ため，Y2東京都（被告，被控訴人）の消防同意（建基法93条）を得て行われた建築確認も，違法性の承継理論により違法となり，完成間近のマンションの建築がストップした。Xはこの安全認定と建築確認が適法であることを信頼して建築を行なったので，甚大な損害を被った。そこで，Xは，Y1新宿区を被告に安全認定（合わせて建築確認）の違法と過失を理由として，Y2東京都を被告に消防同意の違法と過失を理由として国家賠償請求訴訟，及び予備的に損失補償請求訴訟を提起した。

（2）　この事件は，一般には，この違法性の承継理論により注目されている[1]が，さらに，第三者の提起する訴訟により許認可が取り消された場合に，許可を受けた者が被った損害の補填を許可庁の属する行政主体に対して求めうるかどうかという問題が次の課題として重要である。

すなわち，いわゆる二重効果的行政処分（一方＝名宛人に利益を与えるが，他方に不利益を及ぼす行政行為）が第三者の訴えにより取り消されるという例はわ

---

[1]　阿部『行政法再入門（下）〔第2版〕』（信山社，2016年）140頁，阿部『行政法解釈学II』（有斐閣，2009年）178頁。

第2部　国家賠償法

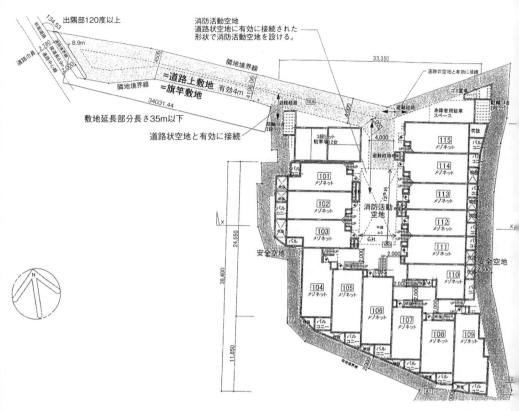

が国ではまだ少なく，本件は，そうした場合に処分の名宛人が財産上の救済（主位的請求としての損害賠償請求，予備的請求としての損失補償請求）を求めたおそらくは最初の例であるため，その帰趨と理論は，原告被告だけではなく，多くの事業者，行政機関，法律家の注目するところであった。

　これからも，マンション建設だけではなく，たとえば，原発の許可が住民の訴えにより取り消された場合に，電力会社が許可を与えた国を被告に国家賠償を請求できるかといった問題が生じうるものである。一般廃棄物処理業の新規許可が既存業者の訴えにより取り消された場合，新規に参入しようとした業者は許可を与えた市町村に対して賠償請求できるか，特に，一般廃棄物処理計画を策定していなかったという理由で取り消された場合（筆者が代理した鹿児島地判平成27年2月16日の事件）はどうか，その場合に許可を受けた者にミスがある場合も多かろうが，ミスがない場合はどうか。

第 3 章　安全認定の誤りと法解釈の過失など，いわゆるたぬきの森事件

　(3)　このたぬきの森事件の国家賠償請求事件は筆者が一，二審とも代理した（ただし，一審では大脇茂弁護士他，高裁では水野泰孝弁護士と共同代理。予備的請求について，某教授の意見書を提出。しかし，この控訴理由書は基本的には筆者が執筆した）が，結論として，法解釈の過失に関する，判例にも違反する極度の甘い解釈により一，二審とも敗訴した。高裁判決にはまともな理由はついておらず重要な判断逸脱，判例違反でもあるところから上告すれば逆転勝訴の可能性もかなりあると思料した。しかし，上告は請求の趣旨を一審当時の約26億円から，約10億円に減縮しても，印紙代（提訴手数料）が600万円以上かかること，上告審での勝訴率の極度の低さを考慮して，Xは断念せざるを得ないと判断した。筆者にとっては，まことに断腸の思いのする事件である。本稿は，この事案と筆者の理論を紹介して，広く今後の参考にして頂きたいと思うものである[2]。

　(4)　なお，本稿は，第一審判決に対する控訴理由書を基本として，高裁判決への批判を最後にVとして記載したので，第一審判決を原判決と称している。控訴理由書では，必要な証拠及び原審での準備書面を引用したが，これは個別事件にかかわることであり，読者にはそこまでの興味はないと考えて省略した。詳しい理屈は，原審の準備書面に記載されている部分がある。又，安全認定を違法として建築確認を取り消した先行の事件を別件と称する。

2　本件の安全認定に関する事案と法制度

　ここで，本件の争点である安全認定の制度について説明する（図面参照）。本件マンションの敷地（2820.58㎡）は約34mの長さの路地状敷地（道路状空地，旗竿ないし斧の形状をしたもの）によって道路に接している。その前面道路との接道の幅は8m以上あるが，その途中で4m強しかない部分がある。都の安全条例4条1項は，敷地の広さによって差を付けているが，本件の敷地の広さでは，接道幅を8mとしている。それは，道路に接する部分だけではなく，この約34mの長さの路地状敷地全体について求められることは争いがない。そこで本件敷地はこの4条1項によっては安全とされない。ただし，同条3項では，建築物の周囲の空地の状況その他土地及び周囲の状況により知事

---

(2)　本稿の要点は，阿部『行政法再入門（下）〔第2版〕』276頁，『行政の組織的腐敗と行政訴訟最貧国』（現代人文社，2016年）35～36頁に記載した。

第2部　国家賠償法

（区長に権限委任）が安全上支障がないと認める場合においては，同条1項の規定を適用しないと定めている。これが安全認定である。都の消防は，「本件建築計画には消防活動面で困難が予想される」との前例にない附帯意見をつけていたにもかかわらず，前記1（1）のようにYの新宿区長は，この3項に適合するとして，安全認定を行ったが，先行訴訟では，本件の事案ではこの1項の例外である3項を適用することは「明らかに合理性を欠く」と判断されたので，建築確認も安全認定の違法を理由に取り消され，その判決は確定した。

3　詭弁を弄する被控訴人新宿区，東京都の主張
役人の詭弁

国家賠償訴訟においては，すでに安全認定の違法が確定していることから，公務員に過失があったかどうかが主たる論点になるが，Y1は，安全条例で求められる8mの幅員には6m幅の障害物を設置できるから，通行可能な部分は2m幅あれば十分で，本件安全認定は適法であるなどと，後付けで奇想天外な詭弁を弄することによって，法解釈の争いに持ち込もうとし，Y2東京都は，安全認定には公定力があるから建築確認に対して与える消防同意の際には安全認定の適法性を審査しないなどと，職務を放棄して自己の怠慢を正当化しようとした。

しかし，2m幅では消防活動も住民の避難もできないから，「安全」と認定できるはずはなく，8mの幅員を要求する法制度に明白に違反するし，都の見解では，消防法上の防火関連規定適合性を審査する者がいなくなって，法の空白に陥る。しかも，安全認定は，Y1のA建築主事・建築課長（当時）の証言によれば，本件土地のような旗竿敷地（路地状空地）では経験がないこと，消防同意に附帯意見が付されるのは，稀であること（年間約100件ある消防同意のうち，平成18年以降経験したのは本件1件だけであること）からすれば，関係した職員は特に慎重に扱うべきであった。Xの方には，耐震偽装などとは異質で（設計士に依頼した建築主にもミスがないではないとか，設計士に賠償請求すべきであるなど，Ⅲ7（3）），専らY1の事実認定を裁量判断で行われる安全認定について左右できることはなく，何の落ち度もなかった。

したがって，Xの請求は直ちに認容されるべきであった。

なお，これだけではわかりにくいと思われるが，Ⅱ―2（4）（215頁）にまとめとしてわかりやすく説明しているので，先に参照されたい。

4　正義公平の原則に反する原判決

しかし，原判決（東京地裁平成26年2月4日，判例集未登裁裁判長山田明，久保田寛也，島田英一郎）は，本件安全認定，建築確認及び消防同意が原告に対する関係で国家賠償法上違法と評価されうるかという論点について判断を留保して（この点はⅡ五で述べる），過失の論点に絞って，これを否定し，さらに，予備的請求である損失補償請求を否定した。

この結論は，違法処分をした行政機関は，詭弁を弄し，杜撰な判断をしているのに，過失がないとして何ら責任を負うことなく，行政機関のした処分を信頼し，処分の違法性について何ら落ち度のない事業者にすべて泣き寝入りを強いるもので，およそ公平でもなく，正義の原則にも反する。むしろ，違法処分を信頼して事業にかかった私人の損害を補填することによって初めて，均衡が取れ，正義公平の原則に合致する。

では，なぜこのような結論に達したか。原判決を読んで仰天することであるが，この結論は，公務員の過失に関する判断の点でも，損失補償請求を認めない法理論の点でも，Xが原審で主張していた論点をあえてはぐらかしたり，答えなかったり歪めたりすることによって初めて導かれたものである。とうてい納得いくものではない。

原審の山田明裁判長は，筆者が大阪地裁に提出した意見書をも参考として，タクシーの増車をしないようにとの行政指導に従わなかったことを理由としてワンコインタクシー会社に課された3倍加重処分を違法として，運輸局を敗訴させた（大阪地判平成24年2月3日判時2160号3頁[(3)]）。また，食品衛生法上の申請を誤って認めたために申請者が被った損害について，いわば反射的利益とする被告の反論を退けて，国家賠償請求を認めている（大阪地方裁判所第2民事部平成20年（ワ）第171号平成21年9月16日判決，裁判所ウェブサイト）。このため筆者としては公正な裁判を期待していたところであったが，原判決を見ると，Yの欺瞞的な主張を吟味するというよりも，Xの主張を排斥する方向で論旨を進めている（それも後述のように明らかな誤りである）のは誠に遺憾である。

5　高等裁判所への期待

以下，控訴理由書によって説明する。なお，（争点(1)）はⅡ五（218頁）で

---

(3)　阿部『行政法の解釈（3）』第4章。

述べる。高等裁判所におかれては，両当事者の主張を丁寧に対比し，いずれが論理法則にも経験則にも合致する，合理的で公正な主張なのかを御聖断頂きたい。

以下，原判決の誤りをほぼその順序に沿って個別に指摘する。

◆ Ⅱ 国家賠償請求が認容されるべきこと

一 本件安全認定に関する被控訴人新宿区職員の過失（争点2）

1 本件安全認定に係る事実判断の誤りに過失があること

(1) 本件安全認定の違法は事実評価の誤りにすぎないこと（原判決33頁以下について）

（ア）原判決

原判決（35頁2段目）は次のようである。被告区職員につき本件安全認定に関して過失があるかどうかを判断するためには，「安全条例4条1項が求める接道の基準を充たすことで確保されるのと同程度に，平常時の円滑な通行のみならず災害時における避難，消火及び救助活動に支障を来さないような状況」に関する被告区職員の解釈が，当時の裁判例，学説，実務上の取扱い等に照らして，合理的根拠に欠けるものであったかどうか，上記解釈を前提として本件土地につき上記安全性を備えていると認めた被告区職員の判断に，事実の誤認や評価の誤り等裁量権の逸脱・濫用があり，その点に過失があったかどうかが判断されなければならない。

しかしながら（この点高裁判決で補正。Ⅴ1，230頁参照），別件控訴審判決が取消訴訟において『明らかに合理的根拠を欠く』と判断したことから，直ちに本件訴訟において，当時の裁判例，学説，実務上の取扱い等に照らして，本件土地につき上記安全性を備えていると認めた被告区職員の判断に，事実の誤認や評価の誤り等裁量権の逸脱・濫用があり，その点に過失があったということはできない。

したがって，本件安全認定の違法は事実評価の誤りにすぎず被告区職員に過失が認められるとの原告の主張を採用することはできない。」

（イ）本件はやはり事実評価の誤りであること

しかし，「安全条例4条1項が求める接道の基準を充たすことで確保されるのと同程度に，平常時の円滑な通行のみならず災害時における避難，消火及び救助活動に支障を来さないような状況」は4条3項の適用に関して必要なもの

であるが，これに関するＹ１被告区職員の解釈は，処分時においては，別件控訴審判決と同じであって，別件の上告審において初めて，Ｙ１被控訴人新宿区は，後記の（前記Ｉ３でも説明）特異な法解釈を主張して，別件控訴審判決と法解釈の点で争いがあると主張し始めたのである。この点は，原審の書面で丁寧に指摘しているが，後に２(1)（ウ）（205頁参照）で詳しく主張立証する。

取消訴訟ならともかく，国家賠償訴訟においては，過失があったかどうかは処分時を基準に判断されるべきであるから，このような後付けの主張は許されない。原判決はこの控訴人の主張を無視している違法がある。

そして，「安全条例４条１項が求める接道の基準を充たすことで確保されるのと同程度に，平常時の円滑な通行のみならず災害時における避難，消火及び救助活動に支障を来さないような状況」に関する被告区職員の解釈が別件控訴審判決のそれと同じである以上は，違いは事実認定だけになるから，別件控訴審判決が，本件安全認定を「明らかに合理的根拠を欠く」と判断したのは，被控訴人新宿区の職員の安全認定の判断において，事実の誤認や評価の誤り等裁量権の逸脱・濫用があり，その点に過失があったという趣旨になるはずである。

そして，被控訴人区の職員の安全認定には，事実の評価において，大きな誤りを犯していることは，そのほかに，原告も多数の書面で具体的に指摘したところである（原審判決10～11頁もその要点をまとめる）。

(2) 被控訴人区職員が道路状空地（路地状空地）を道路と同視したことに過失があること

（ア）原判決

原判決38頁は，原告の主張を「本件路地状部分は建基法42条１項所定の道路としての機能を有しないにもかかわらず，被告区職員が本件路地状部分を位置指定道路と実質的に同視して本件安全認定を行った判断に過失がある」とまとめる。

そして，続いて，「しかし，証拠……を総合すれば，Ｙ１職員ＫやＮは，本件土地における幅員が約４ｍの道路状空地の通路としての機能やその他の種々の条件を勘案して，平常時における円滑な通行や災害時における避難，消火及び救助活動のための通路が確保されているかを判断したにすぎず，原告が主張するように，当該道路状空地を同項所定の道路と同視して本件安全認定を行ったと認めることはできない。Ｎは，証人尋問において，「道路状空地に対

して，建築物自体はおよそ20メーター程度接道している形になっております。」などと述べて，道路状空地を道路として捉えていたかのようにも証言しているが，Kの陳述書やNの陳述書，同証言を総合すれば，上記N証言はあくまで本件建築物から道路状空地への移動のし易さを表現したものにすぎないと解され，原告が主張するように道路状空地を同項所定の道路と同視したことの根拠となるものとは認められない。したがって，原告の上記主張は前提を欠き採用できない。」と判示する。

　　（イ）　理由なき判決
　しかし，これは，単に総合してというのみであるから，理由を付けることなく被控訴人Y1区に有利に善解していることになる。そもそも，Nは専門家であるから，言葉を間違えるわけはなく，善解すべきではない。Xは，Nの証人尋問後，原告原審準備書面で，Nが，転回広場を欠く本件道路状空地への避難や通行等をもって『接道機能』ありとの誤った判断をしたことを丁寧に論証したのであるから，違うというなら，もっと具体的に反論すべきである。

2　安全認定における被控訴人区職員の法解釈の誤りに過失が認められること（原判決35頁以下）

（1）　安全条例4条1項で8ｍの幅員が求められている場合に2ｍ幅の通路があればこれを満たすとの被控訴人区の法解釈が詭弁であること

　　（ア）　論　　点
　ここでの論点は，安全条例4条1項上，接道基準として，建物の敷地が接する道路に，本件の規模の建物の場合には8ｍ接する必要があるが，その意味は，道路に接する部分だけではなく，そこから建物のある部分までの路地状敷地がずっと8ｍ幅必要であるのに，一部で4ｍ強の幅しかない本件の場合に，4条3項の安全認定をなすことができるかにある。そして，3項の安全認定をなすには1項と同等の安全性が求められることにも争いはない。問題は，1項と同等という意味にある。別件控訴審判決は，被控訴人Y1区が行った種々の考慮では，8ｍ幅を要求する1項と同等とは言えないと判断したところ，被控訴人Y1区は，路地状敷地は通行可能な部分は安全条例5条の2ｍ幅あれば，残りに建物があろうと許されるから，1項と同等とはそのような意味であり，別件控訴審判決とは法解釈の争いがあったと主張したのである（原判決11頁（イ）から13頁末尾まで）。

第3章　安全認定の誤りと法解釈の過失など，いわゆるたぬきの森事件

（イ）　原判決の論法

原判決は次のように判示する。

①　「被告区は，本件安全認定当時，安全条例5条所定の2mの幅員の道路状空地（障害物なく通行できる部分，阿部注）とその余の6mの幅員の路地状部分（障害物のため通行できない部分，阿部注）があれば同条例4条1項の接道要件が充たされると解していたと主張するところ，」

②　「建築物の規模に関係なく2mの幅員の通行可能な道路状空地があれば足りるというのでは平常時における円滑な通行や災害時における避難，消火及び救助活動のための通路の確保を図るという観点から建基法43条2項及び安全条例4条が建物の規模に見合った接道基準を定めることとした趣旨に反するし，接道基準を実質的に空文化する事態にもつながりかねないとも解されるところである。」

③　「しかし，本件土地のように敷地が路地状部分で道路と接道している場合に，例えば8mの接道要件を充たすためには，路地状部分と道路との接道部分の幅員が8mあるだけでは足りず，路地状部分の最狭部分において8mの幅員がなければならないと解されている一方で，路地状部分の幅員が8mある場合には当該路地状部分に塀や門扉など障害物が設置され8mの幅員にわたって通行可能な道路状空地が確保されていなかったとしても8mの接道基準を充たし得ることが，裁判例，学説上一般的に承認された見解であり，他の特別区も同様の解釈を採用していたこと（前掲東京高裁昭和49年11月26日判決，東京高裁平成25年4月11日判決，乙19～22の31）などからすれば，」

④　「被告区が本件安全認定当時に採用していたという上記解釈にも<u>一応の合理性がある</u>というべきで，他の特別区においても同様の解釈が採用されていたことも十分にうかがえるところであり（高裁判決はこの「他の～あり」までの一文を削除），少なくとも被告区の上記解釈が裁判例，学説上，実務上特異な解釈であったことを示す事情は主張立証されていない。

そうすると，被告区が上記のとおりの解釈を前提として本件安全認定を行ったことにつき，被告区職員に過失があったと認めることはできない。」

（ウ）　論理的誤り

（a）　原　判　決

これは本件の根本をなす論点において明白に誤った判示をしたものである。

②，③は正しい。しかし原判決が，この③から①の「解釈にも一応の合理性

205

がある」という結論④を導いているのは誤りである。

③「路地状部分に塀や門扉など障害物が設置され8mの幅員にわたって通行可能な道路状空地が確保されていなかったとしても8mの接道基準を充たし得る」ということから，①「2mの幅員の道路状空地とその余の6mの幅員の路地状部分（障害物があっても良いスペース）があれば同条例4条1項の接道要件が充たされる」という被控訴人区の主張がなぜ正当化できるのか。

(b) 接道義務は，障害物の有無を問わない制度

接道義務の規定は，建築物の敷地は道路に2m以上接しなければならない（建基法43条1項。この2mは条例で強化される。同条2項）と規定されているように，路地状敷地が道路に接する長さと定義されており，道路状敷地に障害物が存在するかどうかを問わない制度である（被控訴人Y1区もこれを認めている。原判決16頁イ（イ））。路地状敷地に障害物があっても，直接には接道義務に違反しない。しかし，路地状敷地の幅がたりなければ接道義務に違反する。したがって，8mの幅員があることを前提とする原判決とY1区の上記の議論は成り立たない。

(c) 仮定の議論

そして，仮に，原判決の述べるように，路地状部分に塀や門扉等の障害物が設置されていることが4条1項の考慮事項になるとしても，門扉は路地状敷地の一部（入口）しか占拠せず，塀の幅はそんなに厚いわけがないので，通行可能な部分は少々狭くなるだけで，それが8m幅の路地状敷地の6m幅まで，しかも道路の入口から建物のところまでずっと占拠して，通行可能な幅員が2mしかとれないということは考えられない。したがって，路地状敷地に門扉や塀があっても，「平常時における円滑な通行や災害時における避難，消火及び救助活動のための通路の確保を図る」ことは可能であり，この路地状敷地は有効に機能する。

これに対して，Y1区の主張は，8m幅の路地状敷地でも，通行可能なのが2m幅あれば，残りに建物があろうと，8m幅の路地状敷地を要求する4条1項と同等というのである。

しかし，2m幅だけでは，火災の際に，消防車は入らないし，救助も困難で，住民が逃げ出すこともできない。それでも消防活動ができる等というのであれば，安全条例で8m幅を要求する理由は最初からない。

接道基準として，接する道路から，建物まで，本件の建物（3000㎡弱）の場

第3章 安全認定の誤りと法解釈の過失など,いわゆるたぬきの森事件

合,安全条例4条1項上,8m幅の路地状敷地が必要である(これは争いがない)。その幅員が,門扉や塀によって多少妨げられても,「平常時における円滑な通行や災害時における避難,消火及び救助活動のための通路の確保を図る」という安全条例とそのもととなる建基法の制度の趣旨を充足することができるので,実際的な理由から許容するしかない。しかし,通行可能な部分が2mあれば,残りは建物があっても4条1項の基準を満たすなどという解釈は,「平常時における円滑な通行や災害時における避難,消火及び救助活動のための通路の確保を図る」という制度の趣旨に明白に反するから,何人も想定できない屁理屈である。③から①の「解釈にも一応の合理性がある」とする原判決は明白に誤りである。これは原判決②の判示とも調和しない。

(d) Y1区の解釈は特異なもの

Y1区は,別件控訴審判決が,8m幅の通行可能な空間でなければならないとして,Y1区の上記の解釈と異なっていると主張しているが,Y1区も,そのような特異な解釈は別件訴訟では最高裁に行く前は主張していなかったのである。もしY1がそのような特異な解釈を別件高裁で主張していたのであれば,当然別件高裁で,それへの判断がなされるところであるが,そのような判断は全くされておらず,しかも,Y1区も,上告審段階で,別件高裁判決には判断逸脱があるという主張はしていなかったのである。それを次に詳しく述べる。

原判決22頁はY1区の主張を次のようにまとめている。

(e) Y1区の主張

「本件建築確認の取消訴訟において当該事件原告らから,既に別件訴訟第1審段階において,安全条例4条1項は路地状部分が有効幅員8mの道路状空地であることを要求しているとの主張が出され,これに対し被告区はこの段階から,『本件土地のうちの路地状部分の敷地の幅が全体にわたり8メートル以上あれば,実質的にも当然に安全条例4条1項の要件を充足することとなり,その場合,路地状部分の敷地そのものの上にも,建築物を建築することができることとなる(もっとも,計画された建築物が本件建築計画におけるような長屋であれば,安全条例5条1項所定の幅員2メートル以上の通路は必要となる。)。したがって,安全条例4条1項は,本件土地の路地状部分が有効幅員8メートルの通路であることなど要求していないのであり,この点に関する原告らの主張にも理由がない』と主張していたものであり,被告区は,別件訴訟上告審段階においても,『路地状部分に『幅員8メートルの通路』があることなどまったく

要件としていない』と主張していたものである。」

　この区の主張それ自体は正しい。安全条例4条1項は，本件土地の路地状部分が有効幅員（建築物などによって妨げられていない幅員）8メートルの通路であることなど要求していない。それは単に路地状敷地の幅が8メートル必要と定めているだけである。しかし，それは本件の争点とは異なる。

　本件の争点は，4条1項と同等と言うときに，4条1項の8m幅の路地状敷地に障害物が設置されていることを念頭に置いて，それと同等と考えるのか，接道義務の制度は，障害物の設置を問わない制度であるから，幅員が4mしかないのに障害物の有無を問わず，8m幅を取ったのと同等であるのかという点である。この論点はここでの主張には示されていないから，この前者の立場である被控訴人区の主張は後付けの主張である。

　（f）　審査会における区の主張

　さらに，区の審査会における主張を示すために再掲する。安全認定の段階では2mの通路と同等の安全性があれば良いといった審査は行われていなかった。建築審査会に対する審査請求における新宿区の平成17年1月27日付け弁明書では，「本件敷地は，道路に8.9m接道している。しかし，路地状部分の最小幅員が，約4.19mあるので，安全条例の趣旨から，接道長さを8.9mでなく，4.19mと考えるのが妥当と判断した。よって同条例第4条第3項の規定により本件認定に至った。」とごく素直に主張している。

　Y1の主張は前訴上告審段階で初めて出てきたものである。前訴高裁段階でも，8mの接道幅を要求する安全条例4条1項と同等の安全性が確保されているかどうかが審理されており，1項，3項に関する法解釈は何ら争いになっていなかった。

　前訴一審段階での新宿区の主張でも，4条3項の認定においては種々の事項を考慮して行ったとは主張されているが，2mの通路があれば，残りは建物でもかまわないといった主張はなされていない。

　（g）　前訴控訴審判決の曲解

　Y1区は，4条1項は通行可能であることを要求していないのに，別件控訴審判決が通行可能であることを要求したのは意外と主張しているが，別件高裁では，通行可能かどうかは論点となっておらず，少なくとも，通行可能なのは2m幅でも，8m幅を要求する安全条例4条1項に適合するかどうかといった特異な解釈の当否は争点ではなかった。別件控訴審判決は「通路」という用語

第3章 安全認定の誤りと法解釈の過失など,いわゆるたぬきの森事件

を用いているが,そこでも,門や塀さえ一切なく,すべて通行可能な路地状敷地を要求する判断をしているものではない(日常用語でも「通路」といったら門扉も塀もないという状態に限るというものではないだろう)。同判決26頁で用いられた「本件安全条例4条1項が求める接道の基準を充たすこと(そのためには原則として路地状部分に8mの幅員の**通路**のあることを要する)」(ゴシック,阿部)との表現は,単に,路地状敷地の公道に接する一部だけではなく,路地状敷地の全体にわたって8mの幅員を要するという意味に止まり,路地状部分に門扉等の障害物設置が許されるか否を検討して,障害物のない通行可能な部分の幅員が8mなければならないと断じたものではない。同判決は,本件土地の路地状部分の敷地幅の欠缺(8mあるべきところ4m強しかないこと)それ自体を指摘しているのであって,障害物により通行に供することのできる幅員が狭まることの是非は議論の対象外であった。Y1区は別件高裁判決を曲解して,あえて法律解釈上の争点があったと欺瞞的な主張をしていたのである。

(h) 2m幅では避難,消火,救助は不可能

このように,安全条例4条1項は,本件の建物の場合,路地状敷地が接する道路から敷地内まで8m幅の路地状敷地が確保されることを要求している。それは通行や消火などのために必要だからである。そこに門扉や塀があっても,その程度であればその要請は満たされる。しかし,2m幅の通行可能な空間と6m幅の建物などがある敷地と相まって,災害時避難,消火,救助活動が可能であるなどと主張する(原判決20頁5〜12行目でまとめたY1区の主張)のは詭弁である。原告は原審で,「Y1K元建築課長は,陳述書で,『幅員6mの通路以外の部分で建築物の内部や屋上更には上空を介して確保されるはずの消火に関する接道機能』があれば足りるというが,上記で想定した長さ35m,幅員8mの路地状敷地に,幅6m,35mの長さの建物を建築したとして,建物の内部や屋上をどのように介して消火活動を行うのか,想像しかねるところである。」と指摘した。2mの幅員では進入する消防隊と衝突して,住民の避難に支障があることも明白である。そのようなことを4条1項が想定するわけがない。

(i) 本件路地状敷地に6m幅の建物が建つとの区の主張は一敷地一建築物の原則違反

控訴審において,次の主張を追加したが,高裁では完全に無視されている。
本件路地状敷地には6m幅の建物を建てることができるとするY1区の解

釈は明白な誤りである。

　路地状敷地に建物を建てようとしても，建基法施行令1条1号の定める一敷地一建築物の大原則から，敷地を分割せずに建てることができるのは，用途上不可分の建築物だけである。それは，門扉，塀，倉庫などである。離れは台所・便所・浴室等があれば，住宅として独立した用途上の機能を満たすとして可分とされ，離れにも建基法43条の定める接道を要する。

　敷地を分割すれば，路地状敷地部分は，接道義務を果たしているので，建物を建てることができる可能性があるが，本来のマンション部分は道路に接することがなくなるので，結局そのような方法は取ることはできない。

　したがって，区は，路地状敷地に建物が建つこともあると主張してきたが，これは倉庫などの例外を一般化するもので，建築の専門家にはあるまじき，嘘偽りの類である。

　こうして，本件路地状敷地には，せいぜい門扉，塀，倉庫等しか建たないから，ここに建物が建つこともあるという一般的な言い方で，幅2ｍの通路があれば，6ｍ幅の建物が34ｍもの長さで建つという前提で，「1項と同程度」という解釈をすることは，基本的に法制度上重大な過誤である。正しくは，路地状敷地には，用途上不可分一体の建物が建つことがあるというだけであるから，残りの大部分は通路であり，少なくともそれと同程度の接道機能（平常時の通行，災害時の避難，消火，救助のための接道機能）を確保しなければならないのである。

　なお，安全条例4条1項の意味は安全条例の仕組みと同条項の趣旨から導かれるべきところ，被控訴人区は，安全条例4条1項の意味を，同条項に書いていない，路地状敷地における建物の建築可能性から導くもので，それ自体誤っている。

　結局，区の主張は，基本的に，建基法43条1項，安全条例4条1項の定める接道義務の制度の趣旨と1敷地1建築物という建基法の大原則を無にする誤った解釈を，しかも後付（本件安全認定時には採用されていない）で行っている欺瞞的なものである。

　（j）　事前協議でも，4ｍ狭隘部分の補充が課題であったこと

　本件の場合，この路地状敷地の一部が4ｍ幅強と狭くなっている。それでも，2ｍ幅の通行可能な空間がある。被控訴人区の見解では，これでも，4条1項が要求するのと同程度の安全性が確保されることになるはずである。それ

第3章　安全認定の誤りと法解釈の過失など、いわゆるたぬきの森事件

ならば、安全認定のための事前協議で、さらに区がXに種々の計画変更を求める（別件高裁判決13～14頁）などということは、する理由・必要性がないのに、なぜしたのであろうか。それは、8m幅が確保できない区間があるので、それを補うためとしか考えられない。それなら、2mの通行可能な空間があるだけでは、補う必要があるはずである。それなのに、2mの通行可能な空間があれば、建物の上空を介して消防活動が可能などと詭弁を弄して、条例上要求される8mの幅員と同等だというのであるから、矛盾しているのである。

要するに、原判決の言葉を用いれば、Y1区の主張は、「安全条例4条が建物の規模に見合った接道基準を定めることとした趣旨に反するし、接道基準を実質的に空文化する」ことは明白である。前記2（イ）で述べた原判決の②の指摘が正しいのであり、原判決の結論④（205頁）は論理的に正しくない。

(2) 接道基準を絶対的に欠く敷地と障害物の問題を混同したY1区職員の過失

（ア）　接道義務と障害物を混同してはならないこと

本件では、Xは、「本件土地は（高裁判決で説明がある。Ⅴ3参照）安全条例4条1項が求める8mの接道基準を絶対的に欠く敷地が問題となっているのであって、法定の幅員の路地状部分が存しつつその上に障害物の設置が許されるかという障害物の問題とは本質を異にするなどと主張し、同条3項の要求する安全性を検討するに当たって、上記のとおり路地状部分に塀や門扉など障害物が設置され8mの幅員にわたって通行可能でなかったとしても接道基準を充たし得ると解釈されていることを考慮することは許されない旨主張」した（原判決37頁の整理）。

接道義務の規定は、前記Ⅱ2(1)（ウ）(b)（206頁）のように路地状敷地が道路に接する長さと定義されており、道路状敷地に障害物が存在するかどうかを問わない制度である。

Y1区の主張するのは、路地状敷地は8m幅あるが、障害物がある場合である。それは最初から接道義務に違反しない。これに対して、路地状敷地の幅が最初から8mない本件では、障害物の有無、程度を問わず、接道義務に違反する。それでも、接道義務に違反しないと同様の状況（たりない幅員を補える状況）があれば、4条3項で安全認定がなされるのである。別件控訴審判決も、Y1区もそのように解してきたのであるが、しかし、Y1区は、別件控訴審

決は，路地状敷地は障害物を許さない通行可能なものでなければならないと判断したと曲解して，それは特異な解釈であり，区の解釈と異なると主張して，法解釈の争いに持ち込もうとしていたのである。このことは前記のように繰り返し主張した。別件控訴審判決は，「通路」という言葉を用いていても，障害物の有無が争点ではなかったので，障害物の一切ない通路という意味で使っているものではないことは前記の通りである。

（イ）　原判決の反論

原判決は，これに対して，次のように反論する。

「しかしながら，上記2(1)(イ)(205頁)のとおり，同項にいう『安全上支障がない』というのは，同条1項が求める接道の基準を充たすことで確保されるのと同程度に，平常時の円滑な通行のみならず災害時における避難，消火及び救助活動に支障を来さないような状況にあると判断できる場合であることを意味するのであるから，同条3項の安全認定に際していかなる場合に同条1項の接道基準を充たすことになるのかを検討するに当たって塀や門扉など障害物が設置されることで通行可能な部分が狭くなってしまう場合も考慮し，路地状部分の幅員が8mを欠けることがあっても，その他の事情（高裁判決で補正あり。Ｖ4参照）を総合考慮して，同条1項と同程度の安全性が確保できる場合もあり得るというべきであって，原告の上記主張を採用することはできない。」

（ウ）　原判決の論理の混乱

しかし，これは前記の通り，接道義務の制度を正しく理解していない。4条1項と同程度という際の4条1項とは，8m幅の路地状敷地がある場合をいうのであり，路地状敷地の幅員が8mに欠ける（途中4m強しかない）本件の場合には，それを補うものが必要である。障害物がある場合でも，路地状敷地の幅が8mあれば接道義務には違反していないのであるから，障害物がある場合を基準に接道義務の補い方を議論してはならないのである。

現に原判決3頁も，安全認定の必要性として，次のように説明している。

「本件土地は，別紙図面のとおり，斧のような形状をした旗竿地であり，長さ約34ｍ及び幅員約4ｍの路地の形状をした敷地部分（以下，このような旗竿地のうちの路地の形状をした敷地部分を「路地状部分」といい，本件土地に係る路地状部分を「本件路地状部分」という。）で道路と接道しており，道路から本件建

第3章 安全認定の誤りと法解釈の過失など，いわゆるたぬきの森事件

築物に到達するためには本件路地状部分を約34m通らなければならない。延べ面積が2820.58㎡の本件建築物の敷地である本件土地は，建基法43条2項及び安全条例4条1項により8m以上道路に接しなければならないところ，本件路地状部分と道路は約8.9mにわたり接しているものの，本件路地状部分の最狭部分は幅員が約4m程度しかないことから，本件土地は安全条例4条1項所定の8mの接道基準を充たさず，本件建築計画につき建築確認を受けるためには同条3項による新宿区長の安全認定を受けなければならなかった。」

したがって，安全認定が必要なのは，安全条例4条1項所定の8mの接道基準を充たさないためであるから，8mの接道基準を満たすのと同等であれば，安全認定がなされるのである。路地状敷地に障害物を設置できるからといって，接道基準が緩和されているわけではないので，障害物がある状況を基準に残りの幅員でも通行可能であるとして，安全認定することは許されない。

(エ) 原判決の論理破綻

仮に障害物がある状況を基準とするという論法によるとしても，ここでも塀や門扉等の障害物のため通行可能な部分が狭くなることを認め，それと同程度の安全性が確保されれば十分と解釈できるだけであって，通行可能な幅を2m幅で十分とするのは完全に飛躍した論理である（前記Ⅱ2(1)(イ)，(ウ)，206頁）。これでは接道義務の制度は完全に意味を失う。

もし，そのようなことであれば，本件路地状敷地の最小幅員は4m強であるから，通行可能な2m幅員の基準を満たすので，Y1の主張によれば，残りの路地状部分が狭かろうと，建物で埋め尽くされようと，避難，消火，救助の可能性があるとして，安全認定できるはずである。しかし，Y1区は，安全認定をするに当たって，前記のように（2(1)(ウ)(j)，210頁）建築計画の変更を種々求めたが，このような観点ではなかったのであるから，およそ一貫していない。要するに，Y1の主張は，事実認定の問題とすると敗訴するから，法解釈の問題であったと問題をねつ造したものであるが，ここでも頭隠して尻隠さず，なのである。

こうして，原判決は，接道義務違反の場合と，接道義務を満たしたがそこに障害物がある場合を故意に混同する，Y1区の欺瞞的な論法に惑わされた基本的な誤りを犯しているのである。

第2部　国家賠償法

(3) 消防同意を求めなかった被控訴人区職員の過失

(ア) 安全認定について消防同意を不要とする原判決の論理

原判決38頁は、「原告は、消防署長の意見聴取もされないで行われた本件安全認定には手続的な瑕疵が存し、この点でY1区職員には過失があるなどと主張する」とまとめ、次のように反論する。

「しかし、建基法93条1項は、消防同意に関して、『特定行政庁、建築主事又は指定確認検査機関は、この法律の規定による許可又は確認をする場合においては、当該許可又は確認に係る建築物の工事施工地又は所在地を管轄する……消防署長の同意を得なければ、当該許可又は確認をすることができない。』と定めているところ、建築基準法の一部を改正する法律（平成10年法律第100号）によりそれまで建築主事が行ってきた建築確認・検査業務を新たに民間機関（指定確認検査機関）も行えるようになったことが契機となって安全条例が改正され、客観的な判断に馴染みにくい同条例4条3項の安全認定については、改正前のように建築主事が建築確認において一体のものとして判断するのではなく、別途知事が安全認定を行う仕組みが採られるようになったことからすれば、知事による同項の安全認定が建基法93条1項にいう『許可又は確認』に該当するとは解されないから、Y1区職員が、本件安全認定に先立ち、消防同意を得なかったことにつき手続的瑕疵があるとはいえない。したがって、Xの上記主張は理由がない。」

(イ) 原判決の論理飛躍

従前、安全認定も建築確認も同じく建築主事が行い、それについては消防同意が必要であったのである。建基法改正は、建築確認を民間の指定確認検査機関の権限として、いわゆる民間化を図ったが、その際、安全認定は行政の責任で行う裁量的な専門的判断であるから、民間の権限に移すのにはなじまない（行政の責任で行う）として、都知事の権限（特別区長に委任）としたに過ぎない（最判平成21年12月17日民集63巻10号2631頁）。建基法の改正においては、十分な注意が図られなかったのか、法文上の手当は不十分であるが、この立法経緯からすれば、知事による同項の安全認定を消防同意から外すという趣旨はない（そのような指摘も、事態の変化もないし、立法事実もない）。

それに、安全認定をするY1区の審査会には消防の専門家はいない。他方、消防署の方は安全認定に公定力があるから、それを審査しなかったと主張して

いるのである。そうすると，安全認定については，防火関連規定への適合性の判断において，空白地帯が生ずる。それは不合理であり，安全認定の段階で消防同意を取ることが必要なのである。

そこで，原判決の論理だけでは，知事による同項の安全認定を建基法93条1項にいう「許可又は確認」に該当すると解することができない理由は，何ら説明されていないことになる。原判決は，論理的飛躍を犯し，立法趣旨を正しく理解していない。制度改正の主旨，経緯，消防法令への適合性の審査の必要性を含めれば，安全認定の際には，建築確認の際と同じく，建基法93条1項にいう「許可又は確認」に当たるものとして，消防同意を取るべきである。これは重要な法解釈の誤りである。

(4) まとめ，「一応の合理性」の誤り

原判決39頁は，「以上によれば，本件安全認定における被告区職員の安全性に関する解釈には一応の合理性があり，そのような解釈を採用したことに過失は認められず，上記解釈に従い本件安全認定をした判断にも過失を認めることはできない。他に被告区職員の過失を認めるに足りる証拠はない。」と述べる。

しかし，法解釈における過失の有無については，「一応の合理性」があれば無過失であるという判断は判例に反する。判例は，原判決33頁（さらに，本書第2部第2章冒頭）が述べるように，「ある事項に関する法律解釈につき異なる見解が対立して疑義を生じ，拠るべき明確な判例，学説がなく，実務上の取扱いも分かれていて，そのいずれについても一応の論拠が認められる場合に，公務員がその一方の解釈に立脚して公務を執行したときは，後にその執行が違法と判断されたからといって，直ちに当該公務員に過失があったものとすることはできない」（最高裁昭和46年6月24日判決民集25巻4号574頁，最高裁昭和49年12月12日判決民集28巻10号2028頁）。」というものである。

路地状敷地に門扉，塀があっても，接道基準を満たすかどうかについては，肯定する説が普通と思われるが，8m幅の路地状敷地が要求されるのに，2m幅の通行可能な敷地があれば，6m幅の部分は建物があってもかまわず，これを基準に4条3項の安全認定をするという，Y1新宿区の法解釈については，判例も学説も肯定するものはないし，Y1が特別区などの扱いとして，示している証拠でも，門扉や塀ならともかく，2m幅通行可能であれば4条1項の基準を満たすので，3項の判断の際にも，それを基準にすると言う者はないので

ある。

　それに，4条1項と同等と言うとき，4条1項では8m幅が要求されているのであるから，それが欠けている場合にそれと同等になるように，他の要素があるかどうかを判断するのが4条3項の安全認定である。実際にそのようになされたのである。それを2m幅あるのと同様というなら，4条1項で，建物の規模に応じて，接道幅を4m，6m，8mと要求しても，みな2m幅通行可能であればよいということになり，この制度を没却するのである。

　そのような説は一般には存在しないしＹ１も示していないから，「異なる見解が対立して疑義を生じ，拠るべき明確な判例，学説がなく，実務上の取扱いも分かれていて」ということにはならないし，「そのいずれについても一応の論拠が認められる場合に」は当たらない。

　原判決は先にも述べたように，門扉，塀がある場合と，2mしか通行できず，残りの6m幅の部分が建物のため何十メートルも通行できず，消火活動も避難もできない場合とを同視する誤りを犯している。これは別であるから，法解釈で対立しているわけはない。

　以上，Ｙ１区は誤った，誰も支持しない法解釈を主張して，争いがあったと称して，裁判所を混乱させたのである。前記のように，Ｙ１区が主張する，2m幅あれば残りは建物があっても良いといった解釈は，門扉，塀があっても良いという解釈とは全く別であるから，後者があったからと言って，前者について争いがあったわけではなく，しかも，それは後付けの主張であるから，Ｙ１区は処分時には誤った法解釈をしていたのではなく，前訴控訴審判決と同じ解釈のもとで，誤った事実認定をしていたのである。したがって，それは著しく合理性を欠くと評価されたのであり，その評価は国家賠償訴訟でも同じくなされるべきなのである。このようにして，Ｙ１区の職員が安全認定に際して行った判断には著しく不合理な点があり，国家賠償法上違法性があり，かつ過失があるのである。

二　本件建築確認の際にＹ１区職員が前例にない消防の附帯意見にもかかわらず安全認定を見直さなかった過失（争点(3)）

　原判決39頁は，「本件安全認定につきＹ１区職員に過失が認められない以上，本件建築確認についても同様にこれを認めることはできない。」とする。しかし，建築確認段階におけるＹ１区職員の過失は，安全認定における過失とは異

なり，建築確認をする段階で，消防署から，消防同意の際に，前例にない附帯意見により，「本件建築計画は消防活動面において困難が予想される」との指摘を受けたので，本件の路地状敷地の幅では消火活動上安全とはいえないということを認識し，安全認定を再検討すべきだということが論点である。したがって，この判示は的はずれで，間違いである。そして，安全認定を専決で担当したのは，K建築課長であったが，後任の建築主事Aも建築課長を兼務しており，建築確認権限の他，安全認定の職権取消しの権限を有していたので，建築確認段階で，それを再考して職権取消しすべきであり，単に連結送水管の設置指導をしただけで，再考しなかったのには過失があるということである。原判決はこの論点を理解していないのである。なお，したがって，「本件建築確認につきY1区職員に過失が認められるか」という原判決の設定した争点(3)は誤りであり，正しくは，「本件建築確認の際にY1区職員に，前例にない消防の附帯意見にもかかわらず安全認定を見直さなかった過失が認められるか」ということが争点である。

三 本件消防同意に関するY2都職員の過失（争点(4)）

1 原判決

原判決39～40頁は，「原告が主張するように，仮に新宿消防署長が本件安全認定の防火関連規定の法令適合性を審査する義務を負っているものと解したとしても，本件安全認定につきY1区職員に過失が認められない以上，Y2都職員においても同様にこれを認めることはできない。」と述べるに止まる。

2 区職員と都職員の過失は別

しかし，安全認定におけるY1区の職員の判断と，Y2都消防署の職員の判断とは別個独立であり，別々に判断すべきものであるから，前者に過失がないと仮定しても，後者に過失がないとは当然には言えないものである。

3 都消防職員の過失

そして，Y2都の消防職員は，消防同意に際して，安全認定には公定力があるから尊重するという誤った考え方で，消防法令（防火関連規定。本件安全条例4条がこれに含まれることは，Y2都書面も認めている）への適合性を審査しないと称し，附帯意見で述べているように，本件路地状部分が最狭4mとなって

いることを記載した上,「本件建築計画は消防活動面において困難が予想される」と考えながら,単に連結送水管の設置指導をしたのみで,漫然と消防同意を与えた点で,過失があるのである。

4 都の公定力論の誤り

Y2の主張する安全認定の公定力について言うと,処分は取り消されるまでは,有効として通用するが,それは外部にいる私人との関係であり,ここでは,行政機関の内部において,消防機関が安全認定・建築確認に対して消防法令への適合性を審査して同意するかという問題であって,安全認定を尊重してはその職務を果たすことはできない。また,安全認定はY1の区長が行ったものであるから,消防署長としてはそれを取り消すことができないのは当然である(公定力というものもこの意味である)が,安全認定があろうとなかろうと,建築確認段階で,建築計画に,本件安全条例4条も含めた防火関連規定適合性の点で問題があるかどうかを審査して問題があれば同意しない(このこと自体は安全認定の効力自体を左右するものではない)義務があるのである。都の職員はこの観点の職務を怠ったのであるから,過失があるのである。

四 小 括

原判決40頁は,「以上のとおり,本件安全認定及び本件建築確認につきY1区職員の,本件消防同意につきY2都職員の過失は認められないから,その余の点を検討するまでもなく,原告の損害賠償請求はいずれも理由がない。」とまとめるが,いずれの過失も認められるのであるから,さらに損害を算定すべきであったのである。Y1,Y2は損害についてほとんど反論しなかったが,それならXの主張がそのまま認められるべきであったのである。控訴審では請求を減額しているが,それは馬鹿高い控訴手数料(印紙代)を負担するのが至難なためであって,一審での請求が過大であったという趣旨ではない。

五 本件安全認定,建築確認及び消防同意が原告に対する関係で国賠法上違法と評価されること(原判決が判断を留保)(争点(1))

これについては,原告は原審で詳述した。原判決7頁にも原告主張の要点が記載されている。ドイツでは,違法な許認可に対する名宛人の信頼は一般に反射的利益ではなく,法的に保護されるものと解されている。建基法の建築確認

(最判平成 25 年 3 月 26 日，裁判所ウェブサイト）でも食品衛生法上の許可（Ⅰ4,210 頁で述べた大阪地方裁判所第 2 民事部平成 20 年（ワ）第 171 号平成 21 年 9 月 16 日判決，裁判所ウェブサイト）でも，名宛人を保護しているというのが判例である。後者は原審の山田裁判長の判例でもあるから，ここでわざわざその判断を避けたのは理解できない。

なお，消防同意は内部行為であるから，X に対して責任を負わないという Y2 都の主張について述べると，内部行為，外部行為という区別は，法的効力を争う抗告訴訟レベルの問題であって，事実として加えられた損害の賠償を求めている国家賠償訴訟においては成り立たない理論である。この点は，準備書面で詳論したが，阿部『国家補償法』（有斐閣，1988 年）17 頁，『行政の組織的腐敗と行政訴訟最貧国』（現代人文社，2016 年）240 頁でも述べている。

◆ Ⅲ　予備的請求：原告の損失補償請求が認められること（争点(5)）（原判決 40 頁以下）

一　原告の主張

原判決は，原告の主張を，「本件安全認定の違法を理由として本件建築確認が取り消されたことにより，本件安全認定や本件建築確認の有効性を信頼した原告の本件建築物に係る財産的価値が失われたのであるから，特別の犠牲を課された原告には信頼保護原理から派生する財産保護のために憲法 29 条 3 項に基づき損失補償請求権が認められるべきである」と把握して，検討の上否定する。しかし，その論理は誤っている。

二　内在的制約論の誤り
1　原判決

原判決は，①「まず，建基法 43 条を受けて定められた安全条例 4 条所定の接道義務の趣旨は，平常時における円滑な通行や災害時における避難，消火及び救助活動のための通路の確保を図り，もって国民の生命，健康及び財産の保護を図る（同法 1 条）ことにあると解されることからすれば，建基法等が定める接道義務による制約は公共の安全を図るための内在的なものであり，これを本件訴訟に即していえば，原告には，そもそも本件土地につき安全条例 4 条 1 項所定の接道義務が充足されるのと同等の安全性を備えた建築計画に沿った土地利用しか許されないとの内在的制約が課されていたというべきである。」

②「そうすると，本件安全認定等によって本件建築計画に沿った建築工事を続行できなくなったことも当該内在的制約が顕在化したものにすぎないと解することができる。」

この判示の中で，「本件安全認定等によって本件建築計画に沿った建築工事を続行できなくなった」という部分は意味不明であり，「本件安全認定の**取消し**等によって本件建築計画に沿った建築工事を続行できなくなった」という意味であると善解する。

2　安全認定取消しによる信頼破壊は内在的制約ではないこと

この①と②は「そうすると」という言葉でつながれているから，①から②が導かれるという趣旨であろう。確かに①は正しい。しかし，そのことから②は導かれない。

最初から安全認定がなされず，それが適法であったのであれば，それは公共の安全を図るために財産権に内在する制約であるから補償を要しない。これが①の趣旨であり，正しい。しかし，本件は，最初から安全認定が適法に拒否されたため，内在的制約が顕在化した①のような場合ではなく，一旦安全認定がなされ，それが違法として取り消されたので，安全認定を信じて，土地を購入してマンションを建築して大損害を被った業者に対する信頼保護が課題なのである。そして，違法な行政により被る不利益なり信頼の破壊が財産権の内在的制約の範囲内という議論は成り立たない。それでも，財産権の内在的制約が顕在化したと仮に解するならば，違法な安全認定をして業者を信頼させた行政機関は何ら責任を負わず，業者は，公定力あると都が力説する行政判断を信じたのに，それが覆ったときに何らの補償も得られず，破綻の危機に面するという不合理な結果になる。それは法治国家違反であるし，それでは旧憲法時代の主権免責の法理が復活してしまう。

原始的瑕疵を理由とする受益的行政行為の職権取消しにおいては，存続保護（処分自体を維持すること）は成り立たないとしても，信頼保護の観点から財産的保護（賠償なり補償）が不可欠なのである。

このように，原判決は，内在的制約論が妥当しない本件にそれを持ち出している違法性を犯したことになる。

3 消防の離隔距離との違い

　内在的制約論は，消防法の離隔距離事件やチクロ事件において展開された。しかし，消防法の離隔距離は，ガソリンスタンドの設置者に，最初から道路から一定の離隔距離を取ることを求めており，道路が後から築造されても同じという法制度の下で後から道路ができたので，内在的制約が顕在化したのである（最判昭和58年2月18日民集37巻1号59頁）。ガソリンスタンドの設置者は，最初からそのような内在的制約を避けるために，離隔距離の範囲内の土地を購入するとか借りるとかして，内在的制約の顕在化を防止する方法があった。そこに行政への信頼は存在し得ない[(4)]。

　しかし，安全認定がなされた土地を購入したXとしては，それが適法になされたと信ずるのは当然である。行政上の許認可は，違法となることがあり，第三者の訴えにより取り消されることがあるから，確定するまで信頼するな，などと，行政機関から主張するとすれば，それこそ天に唾するようなものである。そして，マンションを建築する者にとって，安全認定が違法として取り消されて，原判決が言う，内在的制約なるものが顕在化することを防止する方法はない。安全認定の取消訴訟が提起されたときにY1側に参加するとしても，しかし，安全認定はY1区長が行政の専門家としてその裁量判断によって行うものであり，訴訟においても，Y1区が被告として防御している以上，申請者の方で特段主張できることはない。その上，本件では，Y1新宿区から訴訟に参加することを求められたこともなく，Xが前訴に参加したのは最高裁の段階であった。

4 チクロ事件との違い

　チクロ事件は，チクロに発がん性があるかどうかという科学的知見が後に認められるようになったために，ことの性質上食品添加物としての利用が事後に禁止されたものである。科学的知見が変わった以上は，もともとの行政判断を信用できるとは言えない（東京高判昭和53年11月27日判タ380号94頁[(5)]）。本件は，これとは異なり，科学的知見が変わったために安全認定が違法になったというものではなく，もともと違法であったが，Y1区が安全と誤って判断し

---

(4) 阿部『行政法解釈学Ⅱ』422頁。
(5) 阿部『事例解説行政法』65～67頁。

たためにそれを信じたX事業者が重大な不利益を受けたものである。

三　行政訴訟により取り消されることは国民が受忍すべき理由ではないこと
1　原判決，訴訟参加で権利を守れる
　原判決は，「本件安全認定や本件建築確認のような受益的行政処分についても，当該処分の名宛人以外の取消しを求めるにつき法律上の利益を有する者が取消訴訟等によって当該処分の有効性を争うことができる　（行政事件訴訟法9条）」ことを指摘し，「その帰趨によっては当該処分が取り消される可能性もあるのであるから，当該名宛人は，利害関係人として当該取消訴訟に参加し，当該処分が維持されるよう必要な訴訟活動をすることも可能である。そして，当該名宛人が，当該処分の有効性を前提に行動し，その後取消訴訟等によって当該処分が無効とされたことで何らかの不利益を被ったとしても，そのような不利益は，基本的には，我が国が上記のとおり抗告訴訟等の手続により行政処分の効力を争い得ることとしたことに必然的に伴うものであり，広く国民が甘受すべき一般的な犠牲にすぎないとも解し得るところである。」と述べる。

2　原判決の誤り，参加して権利を守ることは不可能
　これも行政訴訟制度の基本を理解していない判断である。原判決は，受益的処分の名宛人は利害関係人として当該取消訴訟に参加し，当該処分が維持されるよう必要な訴訟活動をすることも可能であると述べる。その処分の違法事由として，名宛人の申請に違法があるなどと主張されているのであれば，その通りであるが，本件の場合には，安全認定の違法が争われている。それはY1の区長が専門的裁量的判断で行ったものであり，受益者であるXとして独自に主張することができるものはない。つまりは，当該取消訴訟に参加しても，当該処分が維持されるよう必要な訴訟活動をすることは不可能である。したがって，この判断の前提に誤りがある。

3　存続保護はないが，財産的保護は残る
　名宛人が訴訟に参加しても独自の主張をすることができないにもかかわらず，処分庁が敗訴して，その損失が専ら名宛人に帰せられるとするならば，不正義である。処分については第三者も取消訴訟を提起することができる制度であることと，処分が取り消されることによる不利益は専ら処分の受益者が甘受すべ

きこととは全くの別問題である。そんなことになれば，許認可を得て事業を開始するのは，超ハイリスクとなって，許認可に関する争いが確定するまで，事業開始を見送ることになるから，資本主義経済は動かなくなる。原発でもマンションでも周辺住民が提起する訴えの決着がつくまで事業にかかるのはハイリスクとなれば，事業者は原告を買収して訴えを取り下げてもらうことになる。そうすれば，濫訴の弊が生ずることは見やすい道理である。違法処分は第三者の訴えにより取り消されることがある（存続保護はない）が，その結果生じた損失の調整（財産的保護）は又別のレベルのものである。

4　訴訟で取り消される蓋然性は予測できなかったこと

訴訟で行政処分が取り消される蓋然性があって初めて，処分への信頼が排除されるというべきであるが，本件マンション建設を巡っては，平成17年1月12日の第一次審査請求以来，何度も審査請求，訴訟が提起されたが，平成21年の別件控訴審判決までは，簡単に却下，棄却されていたのであって（原判決4頁(4)～6頁），取り消されるという危惧感を抱くことはありえない状況であった。しかも，これまで，建築中のマンションが安全認定の違法を理由にストップをかけられた前例はないのであって，本件は日本始まって以来最初の事件である。

したがって，処分を信頼してマンション建築にかかったXの信頼は保護されなければならない。

5　職権取消しとの均衡

そして，処分庁が，処分を維持すべきではない公益上の理由があるとして職権で取り消した場合には，補償すべきであるとするのが一般的な見解であり，処分が違法であるから維持できないとして職権で取り消した場合も，その違法の原因が同じく処分庁側にあり，処分の名宛人にない場合には，同様に考えないと不公平である。処分が第三者の訴えにより取り消された場合も，処分庁が職権で取り消すべきところ裁判所が取り消したに過ぎないから，同様に考えるべきである。処分庁が職権で取り消せば補償を要するのに，それを怠って裁判所で取り消されれば名宛人の負担となるというのであれば，処分庁はあえて違法処分を取り消さない方が責任を逃れることができるという不合理な結果になる。これは不正義である。この点も原審できちんと主張したのに，原判決はこ

れを無視した結果，上記のように不合理な判断をしたのである。

四　係争中における控訴人ではない者の発言を過大評価してはならないこと
1　原判決，住民に対する原告の前主のコンサルS発言

原判決は，「本件安全認定がされることを停止条件として本件土地を購入するなど原告が本件安全認定の有効性を前提に行動していたことは確かであるが，本件安全認定がされてから2か月も経たない平成17年1月12日にはD（近隣の管理組合）から第一次審査請求がされていたのであり，XやS（阿部注コンサル）としても，同年4月26日に説明会を実施した際に，周辺住民らから本件建築計画の安全性について疑義が呈されるなどして本件土地に本件建築物を建築することに対する強い反対意見が述べられたのを受けて，最終的に本件安全認定の有効性がどうなるのか分からないが最終的な判断には従わざるを得ないなどと述べていたように，比較的早期の時点から，本件安全認定が取り消されるおそれを抽象的にせよ認識していたのである。また，X及びSは，平成19年4月17日に説明会を実施した際にも，周辺住民らに対して同月25日から建築工事に着工する旨説明するとともに，第一次審査請求に係る訴訟や第二次審査請求に関して「負ければそこでいったんストップしてやり直しです。私も申し訳ないですけど，私どもが勝てば，今着手したものがむだにならない。でも負ければむだになるかもしれません。むだを覚悟でやっている。」，「リスクを負ってでももうやりましょうというのがK社長（注：X代表者）の考えでもあるわけです。」などと審査請求等の結果で建築工事が続行不可能となったとしてもその不利益は建築主において甘受するものと認識していたことがうかがわれる。そして，以上で指摘した点からすれば，Xは，幾度にもわたる説明会や本件安全認定等の有効性を巡る審査請求や訴訟を通じて，本件安全認定等の問題点を認識し同日に建築工事に着工した時点において本件安全認定等に違法がある可能性を理解していたものと推認されるのである。」

2　Sの発言の趣旨を正しく理解すべきこと

Xは，本件訴えが提起された後の対応として落ち度がないことを立証したが，原判決はそのことにはふれずにこの些細な発言を逆手にとって，Xを敗訴させたのは不公正な判断である。

まず，これは素人の簡単な発言であるから，法的意味ある発言として，逆手

第3章 安全認定の誤りと法解釈の過失など,いわゆるたぬきの森事件

に取るのはいかがかと思われる。

上記の発言をしたのは,Xの社員,ましてその代表取締役ではなく,Sという,原告の前主(原告の土地の売主)Tと一緒に安全認定を申請した不動産事業会社の担当者であった(原告は安全認定が済んだのちに本件土地を購入したのであって,安全認定にはかかわっていない)。これらの者はXの代理人でも何でもないから,仮に賠償請求しないと発言したとしても,Xがそのような発言をしたとして,拘束される理由はまったくない。

そして,最終的に本件安全認定の有効性がどうなるのか分からないが最終的な判断には従わざるを得ないなどと述べたとしても,それは本件安全認定が取り消されるおそれを抽象的にせよ認識していたことになるとは限らない。それはもし取り消されたら判決に従うという,論理的に当然のことを述べたに過ぎない。

また,これらの発言は,安全認定が取り消されるわけはないが,取り消されたら従うという趣旨であり,現に安全認定が取り消され,執行停止されたときに建築を中止しているので,Sの発言通りである。損害賠償を請求しないという趣旨かということが論点になるはずであるが,負ければ無駄になるという程度の発言では,建築は続行できない,建築中の建物が無駄になり,大損害を被るという趣旨ではあっても,損害賠償請求をしないという趣旨になるわけがない。原判決が,「審査請求等の結果で建築工事が続行不可能となったとしてもその不利益は建築主において甘受するものと認識」したとするのは飛躍である。あるいは,その不利益といっても,建築を続行できないという趣旨では認識していたが,損害賠償を請求できないという不利益を認識していたわけではない。

そもそも,賠償請求しないという趣旨であれば,もっと明確に,しかも,Sの担当者ではなく,X自身が,近隣住民相手ではなく,Y1区相手に述べなければならないはずである。つまり,権利義務の確定は当事者間で行うのであるから,第三者による住民相手の発言で,Xが拘束され,区が賠償義務を免れることができるわけがない。

それに,先にⅢ三4(223頁)で述べたように,本件では何度も審査請求,訴訟が提起されたが,平成21年の別件控訴審判決までは,簡単に却下,棄却されていたのであるし,これまで,建築中のマンションが安全認定の違法を理由にストップをかけられたことはないのであって,Xにおいて,安全認定が取り消されるという危惧感を抱くことはありえない状況であった。したがって,

225

そのような事態が起きることは，観念的には想定できるが，誰も現実のものとして想定して発言するわけがない。そのような，現実の危惧感がない状況での発言を逆手に取るべきではない。

五　小　括

原判決は以上をまとめる。「以上のとおり，本件建築物の建築工事が続行不可能となったことは内在的制約が顕在化したものにすぎず（上記Ⅲ二1，219頁），抗告訴訟等の手続により行政処分が取り消されることによる不利益もまた一般的な犠牲にすぎないと解されること（上記Ⅲ三1（222頁））に加え，原告としても，本件安全認定等が取り消され得る可能性や取消しに伴う財産的損失を認識しつつ本件建築物の建築工事を開始していること（上記Ⅲ四2（225頁））などからすれば，本件安全認定等の取消しによって原告の本件安全認定等の有効性に対する信頼が害されたことで，原告に憲法29条3項に基づく損失補償を要するような特別の犠牲が生じたと認めることはできないと解するのが相当である。」

しかし，この二～四の論理はすべて誤りであるから，その結論が誤っていることは明白である。

六　最高裁判例の適用可能性

1　原　判　決

原判決は，「ア　これに対し，原告は，最判昭和56年1月27日民集35巻1号35頁(6)及び最判昭和49年2月5日民集28巻1号1頁(7)を引用して原告の信頼保護原理から派生する財産保護のために損失補償請求が認められるべきと主張する。」として，

「しかし，上記各最判は，工場誘致計画の存続（昭和56年最判）や行政財産の使用許可の存続（昭和49年最判）に対する信頼が無条件に保護されると判断したものではなく，昭和56年最判については，「やむを得ない客観的事情」により工場誘致計画を変更することを許容しているのであるし，昭和49年最判についても，公共的な目的に使用する必要が生じた場合には使用許可の撤回が

---

(6) 阿部『行政法解釈学Ⅱ』452～464頁。
(7) 阿部『行政法解釈学Ⅱ』417～418頁。

許されるとしているのである。そうであるとすれば，本件においても，本件安全認定等の有効性に対する信頼が無条件に保護されると解するのは相当ではないというべきところ，Xに憲法29条3項により保護するに値する信頼が生じていないことは上記二～五までのとおりであるからXの上記主張は採用できない。」と反論する。

2 原判決の誤り

しかし，Xは信頼が無条件に保護されるとは主張していない。昭和56年の最判を本件に当てはめてみると，本件安全認定は違法であったのであるから，それを職権で取り消すべきであるが，その際に補償なしで職権で取り消すことがやむを得ないと解すべき客観的な事情などありえない。何らミスのないXに対して巨額の損失を加えて補償をしないで無責任で済ますことがやむを得ないなどという主張はおよそ正義公平の原則に反すると原審で主張したのに，原判決は無視しているのである。

昭和49年の最判について言えば，本件も，安全認定が違法であり公共目的からして維持できないとして取り消されたのであるから，類推解釈をするのが公正である。この最判によれば，使用権は補償されないが，投資が回収されないうちに使用許可が取り消されるなら補償するべきことになるのであり，本件は安全認定の取消しにより控訴人は甚大な損害を被ったのであるから，補償すべきことになるのである。

七 一級建築士に落ち度はないこと
1 原判決，一級建築士の落ち度

次に，原判決は「イまた，原告は，安全認定は区長の専門的な判断によりされるもので，建築確認それ自体とは異なり一級建築士にはその適法性を判断することはできないから，原告には何らの落ち度はないと主張する。」として，次のように反論する。

「確かに安全認定には区長に一定の裁量が認められるのであるから，安全認定にはその他の形式的な基準値の充足不充足とは判断の仕方が異なる点があるとはいえるものの，上記のとおり，安全条例4条3項にいう『安全上支障がない』というのは，同条1項が求める接道の基準を充たすことで確保されるのと同程度に，平常時の円滑な通行のみならず災害時における避難，消火及び救助

活動に支障を来さないような状況にあると判断できる場合であることを要すると解されるところ,「同条1項が求める接道の基準を充たすことで確保されるのと同程度」の安全性がいかなるものであるかは接道義務に精通する専門家である一級建築士であれば十分に判断可能な事柄であって,そこから本件建築計画が同程度の安全性を備えたものかを判断することは一定程度可能であるから,原告が主張するように,原告に何らの落ち度もないということはできない。」

2 安全認定の違法は一級建築士に予想し難いこと

しかし,安全条例4条3項の判断は,区長の専門的な裁量判断によるもので,一級建築士は何ら関与していないものである。だからこそ,建築確認事務の民間化を導入した建基法改正においても,一級建築士が所属する指定確認検査機関にもその判断権が与えられることなく,むしろ,建築主事の権限でもなく,都知事(区長)の権限とされたのである。

しかも,はじめにで述べたように,路地状敷地(旗竿敷地)における安全認定は例がないのであるから,民間の一級建築士に予想できるものでもない。本件安全認定は,Y1区によれば,8m幅の路地状敷地と同じ安全性が,2m幅の通行可能な空間で確保されるという解釈によるのであるが,そのような特異な解釈は一級建築士といえども予想していなかったのである。現に,Xの前主のコンサルSが,Y1区の職員と協議したときは,2m幅の通行可能な空間があればすむのですといった前提での協議はなされておらず,ごく常識的に,8m幅の通路の一部が4m強しかないので,それを補うものを求める協議がなされていたのである(前記Ⅱ-2(1)(ウ)(j) 210頁)。

その上,安全認定に関わった一級建築士がいるとしても,それはXの前主Tの一級建築士であって,Xは,安全認定されることを条件として本件土地を取得したのであるから,Xの一級建築士はこの安全認定には関わっているはずがない。

この原判決の判断は,Y1区長の判断ミスを,何の権限も能力もないXとその前主に転嫁する,あまりにも正義に反するものと言わなければならない。

Xが本件安全認定に何ら関与していなかったこと,消防署長が付した附帯意見さえ知らされていなかったことについては,原審で主張立証した。

第3章　安全認定の誤りと法解釈の過失など，いわゆるたぬきの森事件

3　耐震偽装事件との違い

　建築主側に落ち度があるから賠償請求権を制限するという考え方は，いわゆる耐震偽装事件では成り立つ。つまり，建築主側の一級建築士が法令に適合しない虚偽の申請を行い，建築主事がこれを見逃したという事件では，建築主が賠償請求すべき相手は建築士であって，建築主事の属する地方公共団体ではない。それは建築主の側が積極的に違法行為を行った場合なのである。

　これに対し，本件では，Y1区が積極的に誤った判断をしたのであり，Xの前主のSの一級建築士が，安全認定に問題があるかもしれないということを多少は危惧したことがあったとしても（それも立証されていないが），何ら違法な申請をしていないのであるから，耐震偽装の設計とは全く異質である上，安全認定がなされた土地を購入したXには何ら関係のないことである。その程度のことで，全損害をXの負担とするのはあまりにも不公平である。

八　ま と め

　原判決は，結論として「したがって，憲法29条3項に基づく原告の損失補償請求は理由がない。」と述べるが，原審で主張したように，処分が違法であろうと，何の落ち度もなくそれへ寄せた信頼は財産上保護されなければならず，処分は取り消される（存続保護はない）が，補償すべき（財産的保護はある）と解釈すべきである。裁判所が取り消した場合も，職権取消しと同視すべきである。

　最後に，原審書面で述べたことであるが，損害の根拠，額は，国家賠償請求訴訟（主位的請求）と同じである。弁護士費用についても，不法行為訴訟と同様，原告の損失と相当因果関係にある。この点で異なることはない。

◆　Ⅳ　結論，請求が認容されるべきこと

　安全認定のような受益的行政処分を受けた者は，虚偽の申請をしたわけでもなければ，それを信頼するのが当然で，それが違法であるとして覆された場合に被る甚大な損害を，行政官に過失がなかったとか，安全認定を受けたことの内在的制約であるとされて，泣き寝入りさせられては，行政機関は違法処分をしても平然としていることができるが，私人は行政の許認可を得ても安心して事業にかかることができないことになる。あまりにも不合理である。前述したように，滅多にない処分取消しを心配して，処分が確定するまで，事業を開始

しないのでは資本主義経済は麻痺する。第三者は，訴訟を提起するだけで事業を妨害することもできる。その損失をカバーする保険もない。行政機関は，法律に基づいて許認可権限を有するのであるから，それに誤りがあれば，基本的には責任を負うこととしないと，資本主義経済は動かないし，公平でもない。

そこで，公平の観点から行政官の過失の有無を吟味すれば，極めて杜撰であることは上述したとおりである。原審は，Ｘの主張を正しく捉えずに排斥しているが，Ｙ１，Ｙ２の職員に本件処分時に違法性，過失があったことは明白である。少なくとも損失補償請求は成り立つ。

損害については訴状記載の通り，原審の請求を維持する。ただ，提訴手数料の負担が重いため，一部請求としたものであり，損害額を認定の上，請求の範囲において認容すべきものである。

◆ Ⅴ 『驚くべき控訴審判決』── 東京高裁第11民事部平成26年9月24日判決 (判例集未登載，裁判長滝澤泉，裁判官松田典浩，布施雄士)

高裁判決は，原判決を一部補正したほか，簡単に，そのまま維持した。
補正部分は，以下のとおりである。

1 法解釈の誤りに逃避したＹ１のごまかしを見破れず
(1) 高裁判決

原判決35頁17行目の「しかしながら，」を次のとおり改める。これは本稿のⅡの一１(1)(ア)(202頁)の２段目の「しかしながら，」を置き換えたものである。「この点について，別件控訴審判決は，取消訴訟において，路地状部分のみで道路に接する敷地に対する安全条例４条１項の規定は，『路地状部分に同条１項に規定する長さと同じ幅員の『通路』が存在すること』を要件としていると解した上で，同条３項に基づく認定は，『上記通路がある場合と同程度に平常時の通行，災害時における避難，消火及び救助活動に支障がないと判断できる場合である』ことを要するとし，このような見解に基づき，本件安全認定の理由の全てが『明らかに合理的根拠を欠く』と判断している。

これに対し，証拠 (Ｎ証人) 及び弁論の全趣旨によれば，Ｙ１区職員は，本件安全認定当時において，安全条例４条１項について別件控訴審判決とは異なり，路地状部分に８ｍの幅員の通路 (道路状空地) があることを要件とせず，路地状部分の敷地の最小幅員が８ｍ以上あることを要件とするものと解した

上で，同条3項所定の安全上支障がないか否かを判断したことがうかがわれる。
　このように，Ｙ１区職員が，安全条例4条1項について別件控訴審判決とは異なる解釈をした上で，上記安全上支障がないか否かの判断をしたことに照らすと，」
　ここから前掲Ⅱ－１(1)(ア)(202頁)の「別件控訴審判決が取消訴訟において『明らかに合理的根拠を欠く』と判断したことから，直ちに本件訴訟において，当時の裁判例，学説，実務上の取扱い等に照らして，本件土地につき上記安全性を備えていると認めた被告区職員の判断に，事実の誤認や評価の誤り等裁量権の逸脱・濫用があり，その点に過失があったということはできない。」と続く。

(2)　反　　論
　しかし，この判示は読解困難であるが，善解して，反論する。
　これは，別件控訴審判決は，路地状部分に8ｍの幅員の通路（道路上空地）つまり人が通行できる通路があることを必要としていたが，Ｙ１区の職員は，路地状敷地の最小幅員が8ｍ以上あるだけで十分で，そこに障害物があって，通路にならなくても構わないと解していたので法解釈の争いがあったという趣旨である。
　しかし，後者の解釈は，これまで述べたように，およそ成り立たないから，法解釈の争いとは言えない。そもそも，本件では，幅員が4ｍしかないのであるから，路地状敷地の最小幅員が8ｍ以上あるだけで十分という議論はできないし，8ｍ幅の中で6ｍ幅は建物があって，通路が2ｍ幅でも安全であるなどという解釈は奇想天外であるうえ，1敷地1建物の原則（建基法1条1項）に違反する。したがって，Ｙ１の解釈に「一応の合理性」などあるはずもないのである。しかも，Ⅱ－2(1)(204頁以下)で詳述したように，Ｙ１の解釈は後付けであって，処分時には，Ｙ１は別件控訴審判決と同じ解釈をとっていたのである。高裁判決は，これに対して何の反論もしていない。

2　他の特別区の解釈

　高裁判決は，本稿のⅡの－2(1)(イ)④(205頁)の原判決（37頁2行目）の文中「他の特別区においても同様の解釈が採用されていたことも十分にうかがえるところであり，」を削除する。
　これはＸの主張を認めたものであるが，しかし，それを削除しても，同じ

結論であるから，上記の原審に対する批判は同じく高裁判決にも妥当する。

3　原告主張の補正

上記，Ⅱ—2(2)(ア)で述べたところであるが，原判決（37頁9行目）は，本件では，Xは，「本件土地は安全条例4条1項が求める8ｍの接道基準を絶対的に欠く敷地が問題となっているのであって，法定の幅員の路地状部分が存しつつその上に障害物の設置が許されるかという障害物の問題とは本質を異にするなどと主張と判示している。高裁判決は，そのうち，「本体土地は」を「本件土地は通路状部分の最狭部分が4ｍ強しかなく，」に改めるとするものである。事案をわかりやすく修正するだけで，内容に変更はない。

4　原判決の補正

本稿のⅡ—2(2)(イ)(212頁)で述べた原判決（37頁25行目）の「その他の事情」を「消防活動空地を設置すること，建築物を建ぺい率に比して小規模化したことなどの」に改める。
これも論旨に影響はないだろう。
本稿Ⅱ—2(2)(ウ)(213頁)で紹介した原判決（38頁1行目末尾）の次に改行して次のとおり加える。
「また，上記のとおり，安全条例4条3項所定の安全上支障がないか否かについて，路地状部分の幅員が8ｍを欠けることがあっても諸事情を総合して判断するものとすると，被控訴人Y1区において本件安全認定当時，敷地内に2ｍの通路さえ整備できれば，いかなる建築物も安全認定を経て建てられることになると解していたとは認められない。」
しかし，これは筆者の原判決批判には答えることにはならない。区職員はそうした解釈をしていたと主張しているのであるから，いわば誤解である。

5　結　論

高裁判決は，「以上によれば，その余の争点について判断するまでもなく，控訴人の請求はいずれも理由がない。」として控訴棄却した。
しかし，高裁判決が新しく判断したところも上記のとおり控訴棄却する理由にはならないのみならず，それ以外（大部分）の点については，問答無用で答えがない。特に，法律上の解釈の過失に関する「一応の合理性」の判例違反，

第3章　安全認定の誤りと法解釈の過失など，いわゆるたぬきの森事件

損失補償請求に関する判断がない。これほどひどい判断逸脱なり不誠実な判決はそれほど多くはない（実はほかにもあるが，多数ではない）。

本来，これは判例違反として，上告受理されると期待したが，初めに述べたように遺憾ながら，上告を断念せざるを得なかった。提訴手数料が高すぎること，上告の壁が高すぎたためである。高裁判事のやりたい放題ではないかと，筆者は誠に残念に思っている[8]。

---

(8) 阿部『最高裁上告不受理事件の諸相2』（信山社，2011年），『行政の組織的腐敗と行政訴訟最貧国：放置国家を克服する司法改革を』に詳しい。

第4章　公務員の説明・情報提供義務

(2014年)

◆ I　問題の所在

1　公務員の意識

　公務員特に窓口公務員の説明不足・間違い，「誤」教示，質問不足を理由とする国家賠償訴訟が増えている。庶民は窓口公務員しか頼りにできないが，その説明がいい加減で，路頭に迷っているのであるから責任を追及したいところである。

　しかし，公務員側からは，法律には，正しく教えよという規定はないし，説明も，行政サービスとして行っているものであり，さらに，説明にも間違いがあることがありますと警告表示しているので，間違っても，責任はないという主張がなされる。法的にはどう考えるべきか。

2　民事法における説明義務なり情報提供義務

　最近，説明義務違反ないし情報提供義務違反をめぐる裁判例が増えている。その領域は多様である。建築業者，金融取引業者，消費者取引業者，医師，弁護士，税理士等の民事上の説明義務違反の判例は多数存在する。判例では，その要件（成否），内容，損害の範囲，過失相殺などが論点となっているが，なお，深化（進化）が求められている領域である。その根拠としては，取引場面における自己決定権の保護という側面を指摘するものが多いようである。その前提として，信頼保護の原則が働く場合もあれば，取引当事者の情報の非対称性（情報が一方に偏在していること）から，対等性を確保し消費者等の自己決定権を保護するために，十分な情報を提供しなければならないと解される場合もある。あるいは，医師，建築士などの専門家は，専門家として十分な情報を提供しなければならないと解されている[1]。

---

(1)　長野県弁護士会『説明責任』（ぎょうせい，2005年），光岡弘志「説明義務違反をめぐる裁判例と問題点」（判タ1317号28頁以下，2010年）。

3 公務員の説明義務・情報提供義務

これに対し，法律に基づいて公権力（給付の拒否を含む）を行使する前提として，私人に情報を提供したり，説明したりする公務員と私人の関係には，取引という民事法の前提は存在しない。そこで，公務員の私人に対する説明義務なり情報提供義務（教示義務）については，民事法とは別個の考察を必要とする。これに関する判例は発展しているが，まだ多くはなく，十分に深められているとも言えない[2]。これを分析して，検討する。

◆ II 国家賠償責任肯定判例

1 障がい者の介護者に対する運賃割引情報提供義務

「判例1」 東京高判平成21年9月30日（判時2059号68頁，判タ1309号98頁，判例自治327号73頁，賃金と社会保障1513号19頁）

(1) 判　　決

本件は，原告（上告人）が，被告（被上告人，本件は簡裁からの上告審であるが，ここでは原告，被告と表示する）の職員から原告の長女の身体障害者手帳の交付を受けた際に，長女の鉄道運賃及びバス運賃については5割引との説明を受けたものの，介護者である原告についての鉄道運賃及びバス運賃の割引制度（以下「本件割引制度」という。）に関しては何らの説明を受けなかったが，これは被告の職員の説明義務（情報提供義務）違反にあたるとして，国家賠償法1条1項ないし民法715条1項に基づき，原告が介護者として鉄道及びバスに乗車した際に支払った運賃と割引額相当額との差額の損害賠償及びこれに対する遅延損害金の支払を求めた事案である。

判決によれば，「身体障害者福祉法9条4項2号は，市町村に対し，身体障害者の福祉の増進を図るため，行うべき業務として『身体障害者の福祉に関し，必要な情報の提供を行うこと』を課しているものと解される。

この点につき，被告は，同号の規定は漠然としていることから，この規定を根拠に無限定に法的拘束力を有する情報提供義務を広く発生させることは不合理である旨主張する。

---

(2) 宇賀克也『国家補償法』（有斐閣，1997年）148頁は，情報提供が法令で義務付けられていない場合には公務員の注意義務は一般的には低くてよいと述べるが，それは，判例が後述の「判例15，16」の時代の見解で，法令の定めにこだわらず，公務員の説明義務を肯定する判例が増えている今日，古くなったと評価すべきであろう。

確かに，同条項をもって，行政の制度に関する情報であると民間の制度に関する情報であるとを問わず，身体障害者に提供する義務を市町村に広く課したものと解することは，行政に事実上不可能な義務を課すこととなるという不都合が生じる。そこで，同条項にいう『身体障害者の福祉に関し，必要な情報』が何を意味するかを判断するに当たっては，身体障害者福祉法の目的である身体障害者の福祉の増進を図るという観点から，同法及びその施行規則並びに障害者自立支援法の各規定の趣旨に照らし，問題となる個々の事項について『身体障害者の福祉に関し，必要な情報』に該当するか否かを判断するのが相当である。

　………

　本件割引制度は，身体障害者が介護者の介護を受けて鉄道及びバスに乗車した場合の介護者の運賃についての割引制度であるが，〈1〉憲法13条の趣旨から身体障害者についても移動の自由が保障されるべきであり，運賃割引制度にはその経済的負担を軽減することにより，移動の自由を保障するという実質的な意義があるところ，〈2〉身体障害者福祉法施行規則5条2項の別表4号により，身体障害者自身についての鉄道運賃の減額を身体障害者手帳に明記すべきとされており，〈3〉介護を要する身体障害者が移動の自由を確保するためには，介護者による介護が不可欠であることを考慮し，併せて，〈4〉障害者自立支援法2条1項柱書及び2号により，市町村は，障害者の福祉に関し，必要な情報の提供を行う責務を負っており，同法の定める『障害福祉サービス』のひとつである『行動援護』の内容である常時介護を要する障害者についての外出時における移動中の介護等の便宜供与が『福祉に関し，必要な情報』と定められていること（同法5条1項，4項）を総合考慮すれば，本件割引制度は，身体障害者福祉法9条4項2号にいう『身体障害者の福祉に関し，必要な情報』に該当するものというべきである。」

　「次に，……被告は，原告に対し，『身体障害者の福祉に関し，必要な情報』というべき本件割引制度についての情報を提供したものと認められるか否かを検討する。

　この点を検討するに当たり，……〈1〉……被告の職員である福祉課の乙山は，原告に対し，旧てびきの……障がい区分・等級（程度）別制度表を示して，福祉の制度について大まかな説明をし，また長女の鉄道運賃及びバス運賃について5割引になることの説明をしたものの，障害者が介護者の介護を受けて鉄

道及びバスに乗車する場合の介護者の運賃についての割引制度である本件割引制度について説明していないこと，〈2〉……被告が発行していた旧てびきには，「JR（鉄道・バス）私鉄（鉄道）の運賃の割引」という欄に，「第1種身体障害者（介護付）……5割」という記載があるものの，これを一読して障害者が介護者の介護を受けて鉄道・バスに乗車した場合の介護者の運賃が5割引きとなるものと理解することは困難であること，〈3〉一方，……平成19年6月14日ころ，原告が被告から送付された新てびきには，『JR運賃の割引』の欄として，『第1種障害者とその介護者』を対象として割引率が『50％』という記載があり，一読しただけで，本件割引制度が理解され得ることが重要であるところ，これらを総合すれば，被告は，原告に対し，『身体障害者の福祉に関し，必要な情報』というべき本件割引制度についての情報を提供したものとは認められない。」

(2) この判決の意味

この判決は説明義務の根拠を実定法の文言に求め，丁寧に条文を分析している。しかし，たまたまそのような条文がなければ説明義務がないのか。また，このような条文はあいまいなので，被告の主張するように根拠にならないものであろうか。

相手が障がい者であれ，誰であれ，情報の非対称性（行政が情報を独占し，庶民には情報がないこと）が厳然としてあるのであるから，法の執行に当たる職員はそれを解消する責任がある。民事法ではそのように解されている。法律による行政の原理は法律がなければ処分をすることができないというルールであるが，十分な情報を提供する義務は，そのための法律の規定がなくても，処分を行う法律上の権限の反面として導かれるというべきである。この判決はたまたま条文があったから念のためそれを強調したと理解すべきである。

それにしても，この事案は，本人の割引ではなく，介護者の割引という付随情報である。その額も大きくはない（1万円前後）。しかも，この判決によれば，次のような事情であった。障害者が介護者の介護を受けて鉄道及びバスに乗車する場合の介護者の運賃についての割引制度である本件割引制度に関し，直接的な質問をすることはなく，乙山も，本件割引制度についての説明をしなかった。そして，旧てびきには，「JR（鉄道・バス）私鉄（鉄道）の運賃の割引」という欄に，「第1種身体障害者（介護付）……5割」という記載があるので，判決は理解困難と言うが，全く説明していないわけではない。それならば，それ

なりに説明しているというべきで、説明がないとして賠償義務を認めるのはいきすぎではないかという気もする。少なくとも過失相殺はあってよい。それにもかかわらず説明不十分として賠償義務を認めた判決が東京高裁で下されていることに注目すべきである。

2　許可基準不適合の情報提供の懈怠

「判例2」　和歌山地判平成16年3月31日（平成13年(行ウ)第2号，LEX/DB 28091233）

(1)　判　　決

この判決は以下のように判示した（アンダーラインは筆者，以下同じ）。和歌山市の担当者は，許可申請に係る各施設が，技術上の基準に適合しないとの判断をしたことはなく，原告に対し，本件許可申請受理後本件不許可処分までの間において，不許可事由に関する点について，質問，指導等の対応を全くとらなかったことが認められることに照らすと，原告においては，……本件許可申請が許可される見込みが高いか，少なくとも，（その）不許可事由を理由として，本件不許可処分がされることはないと信頼し，本件各施設の設置又は本件許可申請の許可に向けて必要な準備活動をしていたと推認される一方，被告……の担当者は，平成13年3月末ころに至って初めて，本件各施設に，不許可事由の一部及び技術上の基準に適合しない事実があると判断したと推認されるとの各事実に照らして，和歌山市の担当者においては，原告の上記信頼を保護するため，不許可事由……について，技術上の基準に適合しない，ないしその疑いがあることを指摘し，原告をして，これらの事項についての説明や本件許可申請の補正をするなどの対応を検討させる機会を与えるべき信義則上の義務があったというべきであり，このような機会を与えることなく，不許可事由……を理由として，本件不許可処分をすることは，信義則上許されないというべきであると。

(2)　この判決の意味

許可申請に当たり行政側が許可されると信じさせ，最後に不許可事由を持ち出すことは，形式的に言えば，許認可の判断は最後に行われるのであり，それまでは許可を期待してはならないといった意見もあろうが，不許可事由があるなら早期に指摘すべきであり，行政機関は許可に対して真摯に対応しなければならないから，妥当な判示である。これは，許可申請過程において行政側に課

せられるべき信義則として重要である(3)。

3 マージャン店につき許可できないのに許可されるとの誤った指導

「判例3」 京都地判平成12年2月24日（判時1717号112頁）

(1) 判　決

これは，風俗営業の許可を得てマージャン店の開設を予定していた者が，警察官から許可が可能であるとの指導を受け建築工事に着手したが，その指導が誤りで，許可がなされなかったため損害を被ったとして求めた損害賠償請求を求めたところ，認容された事案である。

「行政上の各種の申請において，受理手続に至る前段階でなされる事前相談は，一般に法的根拠があるものでなく，事実上の行政サービスとしてなされているものと考えられるが，行政の申請受理権限を背景としてなされるものであるから，国家賠償法1条にいう『公権力の行使』に当たると解するのが相当である。

次に，申請受理手続の前段階でなされる事前相談において公務員からなされる情報提供ないし教示は，申請受理権限を背景としているため，一般私人によってなされる場合と異なり，相談者は特段の事情のない限り提供された情報を信用し，その教示内容に従って行動するのが一般であるから，事前相談に当たる公務員としては，関係法令等の調査を十分行い，誤った情報を提供したり，誤った教示をしてはならない注意義務を負っているというべきであり，その注意義務に違反して誤った情報提供や教示をしたことによって，これを信用した相談者に損害を与えた場合には，国または公共団体は，その損害を賠償する責任があると解する。」

そして，「本件においてこれをみるに，……M巡査は，本件事前相談及び本件電話連絡において，本件住所地が風俗営業の禁止区域に当たるのに，これを誤解ないし誤認し，風俗営業許可の場所的基準を満たす旨の誤った説明をしたものである。……そうすると，M巡査の右説明は違法であって，被告は原告に対し，原告が右説明を受けたために被った損害を賠償する責任があるというべきである。」

---

(3) 越智敏裕・北村喜宣編『産廃判例を読む』（環境新聞社，2005年）83頁以下はこの判決を肯定的に捉えている。

裁判所は本件事前相談及び本件電話連絡の具体的内容について詳しく認定しているが，省略する。

(2) この判決の意味

公務員の具体的な教示に誤りがあれば，つまり，杜撰な回答であれば，それが行政サービスかどうかはともかく，国家賠償責任が発生するのである。

4 道路縦覧地図の誤りによる接道義務充足の誤信

「判例4」京都地判平成23年3月30日（平成21年(ワ)第2837号，裁判所ウェブサイト掲載判例）

(1) 判　　決

原告X1（売主）は，争点となっている道路が，京都市が作製整備した道路の種別等を記載した道路縦覧地図において，建築基準法42条2項に規定するいわゆる2項道路であると記載されていたことに基づいて，自らの所有地がこれにより接道義務を満たしているものと信じて，原告X2株式会社の媒介により他人に売却契約を締結したところ，被告の再調査によりそれが2項道路でないとされたために，買主から売却契約を解除されてそれぞれ損害を被った。

そこで，この両名が京都市に対し，道路縦覧地図の表示の誤りを理由に，国家賠償法1条1項に基づく損害賠償を請求した。判決は，被告職員は道路縦覧地図への情報の記載を正確に行うべき職務上の義務に違反したとして，請求の一部を認容した。

(ア) 被告職員の行為の違法性について

被告（京都市）は，「道路判定は，昭和34年に行われた2項道路の一括指定の範囲を明らかにする事実上の行為で，法に定められたものでなく，これにより新たな法的効果を生じるものではないし，道路判定の結果を記載した道路縦覧地図についても，その作成が法において規定されているものではなく，あくまで，被告が行政サービスの一環として参考情報を提供する形で作成し，一般の縦覧に供しているに過ぎず，被告職員が原告らの主張するような道路縦覧地図に正確な情報を記載する義務及び誤った情報を正確なものに是正していく義務を負うことはない」と主張した。

判決は，被告の主張通り，道路縦覧地図の整備，備付けには法令上の根拠はないと判断しつつ，しかし，この一事により，「当該行為が国賠法1条1項の適用上違法の評価を受けることを免れることはできない。市民に対する行政サ

241

ービスの一環として行われる情報提供に関する行為であっても，これに関与する地方公共団体の職員が，個別の市民に対する関係で，正確な情報を提供する義務等を負うものと解すべき場合があるというべきである。

　これを本件についてみると，〈1〉道路縦覧地図が作成される前，京都市内の不動産業者を含む市民は，ある土地が接道条件を満たすか，その土地に接続する道が法上の道路に該当するか否かを調べるために，被告指導課に赴き，被告指導課の担当者と面接をし，同担当者は過去の建築主事の建基法上の道路の取扱等を参考に，口頭で前記事項について説明をしていたこと，〈2〉道路縦覧地図は，被告職員の事務処理の公平，迅速化，省力化等を目的とするとともに，不動産取引の円滑等のため，特定の道が法上の道路に該当するか，法42条1項3号所定の道路又は2項道路に該当するか否か（についての所管行政庁の認識）を市民に対して明らかにすることを目的として作成されたものであること，〈3〉道路縦覧地図は，従前，道の法上の道路該当性等に関して説明を行ってきた被告指導課が道路判定を行い，その判定結果を記載することにより作成するものであること，〈4〉道路縦覧地図が備え置かれて以降，不動産業者等の市民が，被告指導課の職員に，ある道の法上の道路該当性等について相談した場合，被告指導課の職員は，道路縦覧地図の記載を見て判断するよう指示していること，〈5〉被告指導課は，ホームページ上においても，道路縦覧地図の記載により法上の道路であるか否かを確認できる旨を教示し，調査したい道に色が塗られていない場合及び法上の道路でない道にしか接していない敷地で建築をしたい場合には，被告指導課まで問い合わせるべき旨教示していることが認められる。

　このような事実からすれば，道路縦覧地図は，道路判定事務を担当する被告指導課が，特定の道が既に一括指定がなされた2項道路に該当するか否かについての市民に対する情報提供を主たる目的の1つとして作成したものであり，被告指導課は，市民に対し，京都市内の道の法上の道路該当性につき，道路縦覧地図により確認できる旨広報するとともに，同地図による確認を促しているといえる。また，被告においては，基準時に現に建築物が立ち並んでいる幅員4メートル未満，1.8メートル以上の道（但し，袋路を除く）を一括して2項道路と指定されているところ，基準時から50年以上経過した現在，上記要件の充足の有無を判断するには，主として，基準時又はその前後の時期における航空写真ないし地図等の資料から基準時の状況を認定するほかなく，個々の不動

第4章　公務員の説明・情報提供義務

産取引に際して，取引関係者が前記資料を収集の上，基準時の状況を認定して判断することは極めて困難といえる。加えて，ある道が2項道路であるか否かは客観的事情により確定され，被告の認識はいささかもこれに影響するものではないとはいえ，取引関係者が独自の判断をしたところで，それが被告の認識判断と相違するなら，実際上，円滑な不動産取引の実現は望めない。

したがって，特に不動産取引のため，ある道が2項道路か否かの判断をするための手段としては，被告指導課に備え付けられた道路縦覧地図の記載を確認することが最も便宜かつ確実性の高い手段であるといえる。そうすると，不動産業者を含む市民は，ある道が2項道路を含む法上の道路に該当するか否かを判断するために，道路縦覧地図の記載を第一次的な根拠とし，当該道路縦覧地図に記載された情報については，それを信じるのが通常であるといえる。

以上を総合すれば，被告指導課の職員には，個別の市民に対する関係で，道路縦覧地図への情報の記載を正確に行うべき職務上の義務が存するというべきであって，道路縦覧地図の作成及び縦覧が法令上の根拠を有さず，行政サービスの一環としてなされているとしても，それをもって，前記義務の存在を否定することはできないというべきである。」

「被告指導課の職員は，平成14年12月27日ころ，2項道路の要件を明らかに満たさない本件通路を2項道路として道路縦覧地図に記載したものと認められ，誤った情報を道路縦覧地図に記載して市民に提供したといえる。したがって，被告指導課職員の上記行為は，少なくとも過失により，道路縦覧地図への情報の記載を正確に行うべき個別市民に対する職務上の義務に違反したものというべきである。」

(イ)　注意喚起と免責

京都市は，「道路縦覧地図に記載した情報について更正があり得る旨を同地図において注意喚起して」いることを理由に，被告職員の行為が国賠法上の違法行為に該当することはないと主張した。

裁判所は次のように反論した。

「前記認定説示の道路縦覧地図の性質及び機能に照らすと，第一義的には，被告指導課職員は正確な情報記載義務を負うと解すべきであり，これを否定し，更正の可能性を強調することにより道路縦覧地図の信頼性を被告自ら否定し，あたかもその信頼性の低さを是認すべきであるかにいうのは不当である。(前記のとおり，なすべき調査等を尽くした担当職員の行為は職務上の義務違反との評

価を受けないから，職員に過度の責任を負わせるとの懸念は当たらない。）」なお，過失相殺も否定されている。

(2) この判決の意味

これは窓口職員の口頭による情報提供ではないが，道路縦覧地図の記載であっても窓口における情報提供方法の一つであるから，本稿で取り上げる課題となる。提供されるべき客観的な情報の記載に絶対的な誤りがあったのであるから，口頭の説明の際にうそを言ったと同じで，責任は免れない。情報提供について直接に法的根拠がなく，行政サービスだと言っても，法律に基づく2項道路の指定について正確な情報を提供する義務が行政側にあるのである。その情報を求める庶民の方の落ち度は考えられない。被告の主張は，法律に定めがない行政サービスであるから，不正確でもかまわない，また訂正があり得ると注意しているから，十分注意していると，自己の職責，その職務への市民の信頼を無視する，天に唾を吐く主張である。厳しいといわれるかもしれないが，私人は公務員の誤った説明により破産したり人生が狂うのであるから，これは，公務員の任務を忘れた独善的な屁理屈であり，このような主張をする職員は公務員としての適格性を有しないので，分限免職にすべきではないかと愚考する。

5 第二種住居専用地域を近隣商業地域との誤った回答

「判例5」 東京地裁八王子支判平成4年10月27日（判時1466号119頁）

(1) 判　決

市の都市計画課職員がある特定の土地の用途地域指定の照会に対して誤った回答をしたことは正確な情報を提供すべき義務に違反する違法があるとされた事例である。

「用途地域の指定は都市計画法に基づきその地に建てうる建物の種類，建物の高さ，建蔽率，容積率等を規制するものであるから，市民生活に極めて重大な影響を及ぼすものである。ゆえに，用途地域の指定に関する情報は，一般市民に正確に伝えられる必要があり，それについて問い合わせがあつた場合に正確な情報を提供することはその正確な情報を独占的に保有する同市都市計画課等関係官庁の職員の責務である。

よつて，被告職員Sの行為が単なる情報提供サービスであるとの被告の主張は失当であり，用途地域指定についての問い合わせに対して正確な回答をなすことは，用途地域指定の情報を管理する公務員の重要な職務行為に他ならな

第4章　公務員の説明・情報提供義務

い。」

　次に担当公務員の過失の有無について，原告は，被告職員Ｓは，本件土地の用途地域指定の内容の一応の調査としての問合せがあった際は，この事務を所掌する公権力の行使に当たる公務員として，厳密な確認作業に基づき正確な回答をなす義務があるにもかかわらず，これを怠り，訴外Ｍの問合せに対し，不正確な縮尺一万分の一の地図である丙1号証のみを示すという極めて杜撰な方法により本件土地の用途地域の指定が「近隣商業地域」であるとの誤った回答をなしたものであり，Ｓの過失は明白であると主張した。

　これに対し被告は，訴外Ｍは昭和63年8月から9月ころ被告の都市計画課を訪れ，同課職員Ｓに対し都市計画用途地域の照会をしたが，その際訴外Ｍは照会すべき土地を「東村山都市計画図（丙1）」上に指で示したところ，その部分は近隣商業地域だったので，Ｓはその旨答えたものであると主張する。そして更に被告は，訴外Ｍは昭和63年暮れにも再度来庁のうえ照会したが，前回と同様本件土地の正確な地番を告げず，「東村山市《中略》一三番辺り」として用途を照会したため，Ｓは丙一号証による概略の説明にとどめたのであり，地番を特定せずに正確な用途を調査するのは不可能であるし，調査方法は照会者の求めに応じて選択すれば足りるから，Ｍが丙2号証の縦覧等を求めなかった以上，Ｓがそれ以上の調査をしなかったことには過失がないと主張した。

　裁判所は次のように判示した。「用途地域指定を所管する公務員は用途地域に関する照会につき正確な回答をなす責務がある。

　すると，被告主張のように，担当公務員のとるべき調査方法は照会者の求めに応じて変わりうるのではなく，担当公務員は常に正確な回答に必要な範囲の調査を尽くす義務があるというべきであろう。」

　そして，Ｓは訴外Ｍの照会に対して右義務を尽くしていないと認定された。

(2)　この判決の意味

　庶民の質問が不十分，曖昧であれば，公務員の説明義務も否定される可能性が高くなるが，ある土地の用地地域の質問である以上は，その土地に関する規制をきちんと調べて回答することは，当該情報を独占する担当者の義務である。

6　自然公園法の地域の判定誤り

「判例6」　東京地判平成24年8月7日（判時2168号86頁）

　これは，自然公園法上の国定公園内の普通地域の土地を開発分譲しようとし

第2部　国家賠償法

た業者に対して，県の担当者が，特別地域であることを前提とする行政指導をしたことを国家賠償法上の違法とした判決である。

7　福祉手当の受給要件を否定する場合には受給申請手続を教示する義務があること

「判例7」　名古屋高裁金沢支判平成17年7月13日（判タ1233号188頁）

(1)　福祉手当受給手続教示義務

原告は，被告市が支給する市介護慰労金，被告県が支給する県介護慰労金，及び国が支給する臨時介護福祉金に関し，受給要件を満たしていたのに被害市が支給しなかったこと，被告県が県介護慰労金の受給申請手続を教示せず被告市の対応を是正しなかったこと等を理由に，国賠法1条1項に基づき損害賠償等を求めて提訴した。

判決は，本件事前調査で受給要件につき非該当となった場合において，受給希望者がこれに納得せず，電話等で繰り返し受給要件及び非該当理由の説明を求めるなどして不満を述べている場合には，被告市には受給希望者に対し手続的権利を行使する機会を実質的に保障するために必要な措置を講ずる条理上の義務があり，速やかに受給希望者に対し受給申請手続を教示すべきであったのにこれを懈怠した違法があるとした上で，被告市は被告県の履行補助者であるとして，被告らに連帯責任を認め，原告の請求を一部認容した。

8　生活保護申請妨害の水際作戦の違法

これは生活保護の水際作戦の先例である。判決の重要部分を「　」で一部抜き書きする。

「判例8」福岡地裁小倉支判平成23年3月29日（賃金と社会保障1547号42頁）

「生活保護は，憲法25条に定められた国民の基本的人権である生存権を保障し，要保護者の生命を守る制度であって，要保護状態にあるのに保護を受けられないと，その生命が危険にさらされることにもなるのであるから，他の行政手続にもまして，利用できる制度を利用できないことにならないように対処する義務があるというべきである。すなわち，生活保護制度を利用できるかについて相談する者に対し，その状況を把握した上で，利用できる制度の仕組について十分な説明をし，適切な助言を行う助言・教示義務，必要に応じて保護申

請の意思の確認の措置を取る申請意思確認義務，申請を援助指導する申請援助義務（助言・確認・援助義務）が存するということができる。」

　この点については，昭和38年厚生省社会局長通知「生活保護法による保護の実施要領について」など（一部省略）においても，「保護の相談の段階から要保護者に対して申請権を侵害していると思われるような行為も厳に慎むこととされ，生活保護の相談があった場合には，相談者の状況を把握した上で，他法他施策の活用等についての助言を適切に行うとともに生活保護制度の仕組みについて十分な説明を行い，保護申請の意思を確認すること，保護申請の意思が確認された者に対しては速やかに申請書を交付するとともに申請手続についての助言を行うこと，申請意思は，例えば，多額の預貯金を保有していることが確認されるなど生活保護に該当しないことが明らかな場合や，相談者が要保護者の知人であるなど保護の申請権を有していない場合等を除き確認すべきものであることとされ，申請段階で扶養義務者の状況や援助の可能性について聴取すること自体は申請権の侵害に当たるものではないが，『扶養義務者と相談してからでないと申請を受け付けない』などの対応は申請権の侵害に当たるおそれがある旨，相談者に対して扶養が保護の要件であるかのごとく説明を行い，その結果，保護の申請を諦めさせるようなことがあれば，これも申請権の侵害に当たるおそれがある旨記載されているとおりである。」

　「同日のI主査の対応は，要保護状態にある可能性が高いことが容易に判断できる亡Aに対し，いたずらに収入の使途を尋ね，高齢（当時61歳）で特段の資格も有せず再就職の困難であることが明らかであるのに就職活動を強く求め，申請意思を確認せず，保護の適用に向けた援助をせず，申請を断念させたものであって，」「同年5月には北九州市において生活保護行政検証委員会が設置されて，同市における生活保護行政のあり方について批判的検証が開始されていたことも併せ考えると，漫然と助言・確認・援助義務に反したもので，国賠法上違法であるといわざるを得ない。」

「判例9」　さいたま地判平成25年2月20日（判時2196号88頁）
　Xが生活保護の申請をしたにもかかわらず，被告福祉事務所長及び同所職員はこれを申請として扱わず又は生活保護の申請を妨害し，生活保護の開始決定後も住宅扶助を支給しなかった上，市外への転居を違法に指導するとともに，転居後は生活保護を受けずに自活することを前提とした不当な取扱いをしたと

して，被告に対し，国家賠償法1条1項に基づき，損害賠償等を求めた。

判決は，「生活保護実施機関は，生活保護制度の説明を受けるため，あるいは，生活保護を受けることを希望して，又は，生活保護の申請をしようとして来所した相談者に対し，要保護性に該当しないことが明らかな場合等でない限り，相談者の受付ないし面接の際の具体的な言動，受付ないし面接により把握した相談者に係る生活状況等から，相談者に生活保護の申請の意思があることを知り，若しくは，具体的に推知し得たのに申請の意思を確認せず，又は，扶養義務者ないし親族から扶養・援助を受けるよう求めなければ申請を受け付けない，あるいは，生活保護を受けることができない等の誤解を与える発言をした結果，申請することができなかったときなど，故意又は過失により申請権を侵害する行為をした場合には，職務上の義務違反として，これによって生じた損害について賠償する責任が認められる。」との一般論の下に，原告Xは，面接において生活保護を申請する旨の意思を確定的に表示したと認められ，生活保護実施機関がXの申請に応答していないから，審査・応答義務に違反したと認められ，被告福祉事務所長が住宅扶助の支給決定を行わなかったことは，職務上の義務に違反する行為であるうえ，原告らの新居住地の福祉事務所長への通知義務違反，職務上の義務に違反して新居住地での生活保護受給申請を禁止した事実が認められるとして，原告らの請求が一部認容された。

いわゆる水際作戦による生活保護抑制対応が違法とされたものである。

9　社会保障の受給権に関する誤説明

「判例10」　東京高判平成22年2月18日（判時2111号12頁，賃金と社会保障1524号39頁）

これは障害基礎年金の受給資格に関する説明の誤りを理由に国家賠償責任を認めた。

申請者から「障害年金を受けられると聞いて申請をしたいのですが。」との申出を受けた本件職員（窓口担当者）は，「手帳をお持ちでしたら確認させて下さい。」と述べたので，申請者は3級の身体障害者手帳を本件職員に見せた。すると，本件職員は，「国民年金を納める前の発病で年金を納めてないから無理ですね。等級も3級だから無理です。」と発言した。

この事案において裁判所は，次のように判示した。

「その申出が障害基礎年金の裁定請求の手続をしたいとの趣旨であることが

第 4 章　公務員の説明・情報提供義務

明らかであるから，その申出の趣旨に沿って，申請者に，……障害基礎年金裁定請求書を作成させ，記載事項に記載された内容によって添付すべき書類等を提出させ……れば足りたものというべきである。そして，……本件職員が国民年金に関する事務の窓口担当者として，申請人とは比較にならないほどの豊富な障害基礎年金の支給要件等に関する情報を保有していることを併せて考慮すると，……職員としては，控訴人に対して，その窓口を閉ざすに等しい対応をしてはならないというべきであって，仮にも，申請人に対し，自らの判断により，裁定請求をしても裁定を得られる可能性はないとか，裁定されることは困難であろうとか，あるいは，請求が却下されるであろうとか意見を述べ，教示するなどして，裁定請求の意思に影響を与えて請求意思を翻させたり，請求を断念させたりする結果を招いたり，そのように仕向ける窓口指導等をしてはならず，法令の定める手続に従って裁定の審査を受ける機会を失わせてはならない職務上の注意義務を負うものというべきである。」

「判例 11」　大阪高判平成 26 年 11 月 27 日（判時 2247 号 32 頁）
　脳腫瘍に罹患した子を持つ両親（申請者）に対する特別児童扶養手当の教示の仕方が争点となった。裁判所は窓口職員に教示義務違反について，まず一般論として，次のように判示している。
　「窓口の担当者においては，条理に基づき，来訪者が制度を具体的に特定してその受給の可否等について相談や質問をした場合はもちろんのこと，制度を特定しないで相談や質問をした場合であっても，具体的な相談等の内容に応じて何らかの手当を受給できる可能性があると考えられるときは，受給資格者がその機会を失うことがないよう，相談内容等に関連すると思われる制度について適切な教示を行い，また，必要に応じ，不明な部分につき更に事情を聴取し，あるいは資料の追完を求めるなどして該当する制度の特定に努めるべき職務上の法的義務（教示義務）を負っているものと解するのが相当である。」
　「具体的には，窓口の担当者は，申請者に対し，本件手当に係る制度の対象となる可能性があることを教示することもせず，また，その子供の具体的な病状や日常生活状況等について聴取することもしないまま，本件手当に係る制度を含め，援助の制度はない旨，二度にわたって回答をしたものである。しかも，上記担当者はその際，申請者に対し，本件手当の受給要件に該当しない理由等に関して何らの説明もしていない。こうした対応は，申請者の相談を真摯に受

け止め，その相談内容から本件手当に係る制度を想起すべきであったのに，これを怠った結果，教示義務に違反したものと認めざるを得ないのであり，窓口の担当者の裁量の範囲を逸脱したものというべきである。」

「判例12」東京地判平成22年（行ウ）第608号平成24年9月27日
　これは，年金相談の窓口相談職員は，相談業務を遂行するに当たっては，「被保険者の相談内容に応じて，できるだけ正確な教示をすべき職務上の注意義務を負っていると解される。」とし，この事件では，障害年金の受給資格期間に不足はなかったのに，社会保険事務所の窓口担当職員は，2度にわたり，受給資格期間が不足しているとの誤った事実認識の下，原告に対し，障害年金の受給資格がない旨説明したことが認められ，原告自身が誤った情報を伝えて相談したとか，被保険者期間に関する既存情報が誤っていたとかいった事情もうかがわれない以上，上記の各説明は，年金相談の窓口担当の職員である公務員としての職務上の注意義務に違反した違法なものであり，過失も認められると判断した。

「判例13」　東京地判平成28年9月30日（判時2328号77頁）
　「年金についての相談を受けた社会保険事務所の相談担当職員は，年金相談の回答に当たっては，少なくとも，相談者に対し，相談時点で聴取した情報に基づき，誤った説明や回答をしてはならないという職務上の法的義務を負うから，担当職員が，相談者から年金受給要件の充足に関する事情を聴取することもないまま，受給権がない旨の誤った説明，回答を断定的にし，受給権を消滅時効にかからせた場合，担当職員」の上記回答は，職務上の法的義務に違反し，国家賠償法1条1項の適用上違法である。」
　そして，元妻は1983年に夫と離婚，1987年に元夫が死亡した後，「離婚後も夫婦同様の生活をしていた」として，遺族厚生年金を受け取れるのか社会保険事務所に相談した。職員からは「死亡時に離婚しており遺族厚生年金は受け取れない」と説明されて，いったん断念した。女性は2010年になって社会保険労務士から「受給できる可能性がある」と助言され，支給裁定を受けて，2005年以降の分を受け取り，「時効」として受け取れなかった2005年以前の年金分18年分の損害賠償として約2100万円を請求したところ，約1400万円が認容された。

◆ Ⅲ 否 定 例

1 宅地開発指導要綱に基づく協力金支払いの任意性に関する説明義務の不存在

「判例14」東京高判平成11年9月22日（判時1698号77頁，判タ1038号183頁）

(1) 判　決

　この判決は，「控訴人は，被控訴人市の職員及び被控訴人区の代表者らは，本件協力金の支払の根拠となる本件指導要綱は法律ではなく，控訴人に本件協力金を支払う義務はなく，支払わなくとも何の不利益もないことを控訴人に説明する義務があったのに，これを怠り，法律上の支払義務があると信じていた控訴人代表者の錯覚を奇貨として本件協力金を支払わせたと主張する。

　しかしながら，控訴人は，土木・建築工事の設計，施工，請負，土地・建物の売買，貸借，管理並びにそれらの代理，媒介等を目的とする会社であり，控訴人の代表取締役は，昭和50年ころから不動産関係の経営に関与し，宅地開発事業等を手掛けていたのであるから，本件協力金は法律上の支払義務があるなどと誤信していたとは考えにくい。また，仮に控訴人がそのように誤解していたとしても，宅地開発事業を手掛けようというのであるから，それに関連して本件協力金を支払うというのであれば，自ら本件協力金の根拠，支払義務の有無等を相手方に問い合わせるなどして調査し，あるいは，手続一切を委任したN行政書士に尋ね，場合によっては右の点の調査を依頼すべきであり，そうすれば容易に本件協力金の支払義務の有無等を知ることができたと認められる。してみると，本件協力金の根拠，支払義務の有無等の調査は，控訴人が自らの責任において行うべきものであり，仮に控訴人が右の点を誤解していたとしても，被控訴人市の職員や被控訴人区の代表者らが，控訴人に対し，そのことを説明する法律上の義務はないというべきである。」

(2) この判決の意味

　宅地開発指導要綱に基づく協力金の性質については説明がなくても分かっている事案であるから，判旨妥当であろう。

2 非遡及主義をとる児童扶養手当の認定問題 —— 被告国の周知徹底義務の有無等

(1) 判　決

「判例15」　京都地判平成3年2月5日（訟務月報40巻8号1944頁、判時1387号43頁、判タ751号238頁、判例自治81号42頁）

　これは障がい者の夫を持つ妻が出産した場合に受けることができる児童扶養手当が出産時からではなく、申請時からの非遡及主義（認定請求主義）となっているため、政府の広報が不十分で、出産時に気が付かずに受給が遅れたことを理由とする国家賠償請求訴訟である。

　地裁判決はこれを認容した。まず、基本的な理念として、「行政庁は、多くの受給資格者の無知、あるいは抜け目なさの欠如と認定請求主義の建前を利用して給付や手数を節約する権利もないし、その義務もないのであり、むしろ憲法25条が宣明する福祉国家の理念や、これに立脚した立法者の意思は、保護対象者に認められた給付が、飾り物に終わらず実際にもすべてに給付されることを期待しており、受給資格者が洩れなく給付を受けることこそが、基本的に公益にかなう」として、憲法25条を解釈基準として、申請が遅れたために受給が遅れた不合理を解消しようとしている。

　そして、広報義務については、「行政庁が情報活動や相談活動などを通じて、できる限りの情報を提供し、すべての関係者に制度を知る機会を与えることに努めることにより、……児童の福祉を増進するという目的をよく達成することができるのである。」「そして、児童扶養手当法のように右の認定請求主義（非遡及主義）をとる社会保障について、担当行政庁の周知徹底等の広報義務は、……憲法25条の理念に即した児童扶養手当法1条、7条1、2項の解釈から導き出されるものであって、……また、社会保障ないし公的扶助は単なる慈善や施しではなく、……基本的権利を実質的に保障するためのものであるから、右の広報は被告国が主張するように、通常の法令の公布のとおりこれを官報に掲載しておけば足るものではないし、一般の法制度などの各種の広報と異なり、単なる恩恵的なサービスや行政上の便宜に基づく、してもしなくてもよい全くの自由裁量に過ぎないものではなく、法的な義務であると解すべきである。」

　「……通常の受給者、本件の場合には障害者家庭にある者が、相応の注意をもって普通の努力をすれば制度を知りうる程度に、周知徹底することを要する。」「以上のことは、被告国（厚生事務次官）が……手当の支給についていわ

ゆる認定請求主義が採られていることにかんがみ，受給資格があるにもかかわらず認定されていないことのないよう，制度の普及徹底に留意すること」との通知を出していることに照らしても明らかである。

　違法性の基準については，「周知徹底が，その不完全，不正確により，……受給者が制度を知り得る程度に達しないときは，国家賠償法上でも違法となるが，右の程度の周知がなされている限り，その周知徹底の具体的方法に関する行政庁の裁量の誤りは，その裁量の範囲を著しく逸脱し，合理性を著しく欠くといえるような場合にのみ，国家賠償法1条1項にいう違法なものとなる。」

　この事件について検討すると，制度を周知させるためのチラシの配布や広報などはしているが，ポスターの不配布，窓口職員の助言の不存在などの事実に照らすと，原告は，「被告知事の過失による違法な前示周知徹底の不完全ないし不正確により，……」認定の遅れによる財産上の利益を失ったものである。

「判例16」　大阪高判平成5年10月5日（訟務月報40巻8号1927頁，判例自治124号50頁）
　これは「判例15」の高裁判決である。これは，児童扶養手当制度を広報し，周知徹底させることは国の裁量に属し，その広報，周知徹底の方法，範囲が裁量の範囲を著しく逸脱した違法なものとは認められないとした。つまり，
　「認定請求主義ないし非遡及主義をとる制度の下においては，受給資格者が漏れなく制度の存在や内容について知ることができるよう広報活動をすることが是非とも必要であり，受給資格がありながらこれを知らなかったために受給の機会を失する者が出るようなことのないよう配慮すべきは当然であって，広報，周知徹底は法律を官報に掲載すれば足り，それ以上はしてもしなくてもよい単なる行政サービスにすぎないというものでないことは明らかである。その意味において，広報，周知徹底は国の果たすべき責務であり，当然しなければならないことに属するものというべきである。」
　「しかしながら，そのような責務が，公的強制力によってこれを遵守することが強要されその違反に対しても公的強制力が加えられる法的義務に当たるものというべきかは別個の問題であって，これを法的義務とするかどうかは，基本的には，公的強制力によってもその遵守を強要すべきことが法共同体全体の意思によって要求されているかどうか，具体的には国の唯一の立法機関である国会によって制定された法律がこれを法的義務として規定しているかどうかに

よって決まるものと解するよりほかはない。」

「ところが，わが国の現行法上，ドイツの社会法典総則13条ないし15条のような給付主体の広報，周知徹底義務，助言・教示義務を定めた明文の規定は存在せず，また，いわゆるプログラム規定である憲法25条や手当法1条，7条1，2項の解釈としても，その内容や範囲が必ずしも明確とはいえない広報や周知徹底を公的強制力をもつて強要するような法的義務を無理なく導き出すことは困難であるから，結局，法的義務としての広報，周知徹底義務を肯認することはできず，法的強制の伴わない広報，周知徹底の責務が認められるにとどまるものといわざるをえない。そうすると，そのような法的義務の存在を前提とし，これを怠ることが公務員の過失に当たるものとして，国家賠償法に基づき国に損害の賠償を請求することはできない。」

「……どのような内容の広報をいかなる方法で行うかは国の裁量に委ねられており，その責務を果さなかつたからといつて直ちに損害賠償義務等の法的効果が発生するものではないけれども，官報への掲載のほか一切の広報活動を行わなかつたり，市民が役所の担当窓口で制度について具体的に質問し相談しているのにこれに的確に答えないで誤った教示をするなど，広報，周知徹底に関する国等の対応がその裁量の範囲を著しく逸脱したような場合には，これを違法として損害賠償義務を肯定することができないわけではなく，原告らの本訴請求も（少なくとも予備的には）そのような立場からの請求を含むものとみる余地がないわけではない。そこで，右のような観点から被告国の損害賠償義務が肯定されるかどうかについて検討」したが，手当などの冊子は配布されていたが，原告が気が付かず，区役所を訪問したときも，質問もしていないし，区役所の職員から説明もなかった等の事実を認定し，区役所の対応を裁量の範囲内とした。

(2) この判決の意味

この高裁判決は，広報義務は法律に規定がなければ認められないが，担当窓口での不的確な教示なら賠償が認められる余地があるとしている。

国の周知義務は抽象的であり，現場の職員の情報提供義務の問題ではないので，現場に広い裁量があることはたしかであるが，法律に明示されなければ，公権力に義務付けられないとするのはいささか狭い考え方である。信義則など，個別の法律に基づかない義務付けは民事上のみならず，行政法上も認められているのである。また，法律に明示されても，それは普通には訓示規定にすぎな

いから，あまり変わりはない。ドイツの社会法典の規定も同様に解されている。法律の規定があるかどうかよりは，権利の受給に脱漏がないように，制度が合理的に設計されているかどうかが肝心である。

高裁判決の立場で運用されると，非遡及型の給付制度では支給漏れが無数に出るので，極めて不合理であり，立法自体に欠陥があるというべきである。つまり，非遡及型給付制度はいくら広報をしても受給漏れがないようにすることは不可能であるから，社会福祉給付を平等にあまねく浸透させるという視点からは，それ自体憲法25条の要請を満たさない。本来遡及型給付制度に変えるべきである。この児童扶養手当制度は，遡及型としても構成できるのに，わざわざ非遡及型として構成して，しかも十分な広報をしない。非遡及型として構成すること自体も違憲ではないかと思量する[4]。しかし，そうではない現状

---

(4) 広報義務を政府の裁量としたことに問題があることを示す意味で，以下に説明する。
　高桑昭「社会保障給付の非遡及主義と広報義務」判タ766号42，44頁（1991年）は，この非遡及主義についてまず政府の見解を説明している。それによれば，国民年金法創設当時，拠出制の母子年金の補完として，死別母子世帯を対象に，全額国庫負担による無拠出制の母子福祉年金が設けられたが，経済的には同様の状態にある生別母子世帯その他父から遺棄されている世帯，父が障害者である世帯なども同様の施策が講じられるべきところ，これら貧困原因は保険事故になじまないため手当法という別個の制度とされたものであった。そして，福祉年金は，事故発生による所得低下の補填であるが，手当はその時々の状態に着目して児童の福祉を図るもので，前者には受給者たる妻に夫による生計維持要件が付されているのに，後者にはなく，後者には前者にはない手当の使途制限規定があり（2条1項），また前者はいったん母子の生計同一関係がなくなると受給権は消滅して回復しないが，後者は母によるこの監護状態が断続すれば手当も断続して支給される。さらに，前者は保険方式であるから保険事故発生と同時に受給権が発生するが，保険方式でない後者は知事の認定によって発生する。受給要件に該当しながら知事の認定の請求をしない者は受給の必要性がそれほどないと推定されるとしている。
　これに対して，高桑は，次のように反論する。国側は国民年金は保険と説明するが，全額国庫負担であって，保険の要素はなく，両者とも同じ貧困類型への所得補償（額も連動）であり，使途制限その他国指摘の差異は本質的ではない。両者ともに，一定の生活障害がある場合に，その間定期・定額での所得保障であることで，その本質に変わりはないということである。また，受給していないのは，制度を知らずに請求しなかった者も大勢いるからである。
　政府の主張の中で唯一説得的であるのは，手当は事実婚の解消や父の遺棄のような場合も対象としているため，過去に遡っての認定が困難であることである。福祉年金の対象となる父の死亡は遡及的認定が可能であり，夫死亡時の生計維持要件，生計同一要件も遡及的認定はさほど困難ではない。これに反し，手当の場合は，父が障害者である場合のように支給事由が固定的で遡及認定が可能な場合もあるが，事実婚の解

において，一審判決はその欠陥を補うために，「通常の受給者，本件の場合には障害者家庭にある者が，相応の注意をもって普通の努力をすれば制度を知りうる程度に，周知徹底することを要する。」とするものであり，説得力がある。

なお，高裁判決の立場に立つと，広報するかどうかという行政の裁量と不作為の違法という構成になり，薬害などで，著しい不作為を違法とするいわゆる裁量のゼロ収縮の理論に添って考える向きもあるが(5)，むしろ非遡及型給付制度の不合理性の是正というアプローチが適切と思われる。

また，政府は年金の記録漏れを是正するために広く広報しているが，それでも徹底しないし，各種の給付制度においても広報が徹底しないことがあるが，由々しきことである。

また，窓口職員の対応についても，この事件では，原告が窓口職員に具体的に質問していないが，それでも，多数の未知の事項をすべて教示せよというのではないが，障がい者を対象とする場合児童扶養手当は根幹であるから，教示すべき事項に入っているというべきではないかと思う(6)。

3 秦野市地下水保全条例事件

「判例17」 東京高判平成26年1月30日（判例自治387号11頁）

消，父の遺棄のほか母の監護状態等支給事由が不確定で遡及認定が困難な場合が多く，このような立法技術的観点から遡及主義をとることはやはり無理のようである。そうだとすれば，このような観点から結局手当法の非遡及立法は憲法14条，25条への合憲性は一応肯定されるという。

しかし，筆者はこの見解にも反対である。そもそもこの事件の場合，出産を理由に受給権を得ているのであるから，遡及認定が可能である。こうした場合にまで，遡及主義をとることが立法技術的に無理とは言えない。さらに，遡及した事実認定が困難である場合遡及しないというが，遺族年金を受給している未亡人が再婚した場合はもとより事実婚の場合でも，それが露見したら遡及して年金を返せという制度になっている（厚生年金保険法63条1項2号）が，事実婚がいつから始まったのかは，不確定であり，認定も困難であるが，遡及するのである。給付を取りやめる場合には遡及し，給付をする場合は遡及しないというのは不合理である。

このように，筆者としては，児童扶養手当の支給を遡及しないという立法には合理性がないので，それ自体違憲であると考えるが，仮に合憲であるとしても，このように立法の合理性の欠如を埋めるべく，徹底した周知義務を政府に課すべきである。そうすれば，［判例16］の高裁判決の理論には賛成しがたく，［判例15］が妥当である。

(5) 本多滝夫・判例自治93号103頁。
(6) 又坂常人「判例解説」ジュリスト1053号78頁参照。

水道の給水区域外の丘で農業を営んだ農業者が地下水を自家用に利用しようと，秦野市地下水保全条例に基づいてその許可を申請した。規則では，「水道水その他を用いることが困難」であれば，地下水の採取を許可するとの規定がある。原告は市に相談に行ったら，秦野市の職員は，「困難」かどうかをおよそ検討しないで，新規の井戸設置は一切認めないと機械的に拒否した（水際作戦で，すべて断るという方針でいた）。あるいは，1000万円かかっても困難ではないという非常識な考え方で相談に応じていた。しかも，それはその職員の相談だけではなく，秦野市役所内で副市長を入れて検討した結果も同じであったから，秦野市は，単なる事前相談というよりも重い相談のレベル（申請に対する拒否と同視し得るレベル）で，一切拒否をしたのである。原告はやむなく水道を延々と引いて，1000万円単位の費用・労力を支出した。そこで，原告は筆者を代理人に，被告職員の対応は違法・有過失であるとして，国家賠償請求をした。
　東京高裁は，許可申請等に係る事前相談を受けた地方公共団体の職員は，条例や規則の内容について，一見して憲法や法律に違反していることが明らかであるような例外的な場合を除き，その条例及び規則が有効であることを前提として，その条例，規則等の内容や相談者から聴取した不確定な事実関係などに基づく概括的な説明を行えば足り，職員は，事前相談を受けるたびに，対象とされる条例や規則などが違憲又は違法ではないかについて調査検討すべき義務を負わないなどとして，原告を全面的に敗訴させた。
　しかし，これは論点外しである。原告は，給水区域外で，水道を敷設することが「困難」であるから，例外として，地下水採取を許可してほしいと相談したのに，秦野市の職員により，水際作戦で，一切の例外を認めないとして，追い返されたので，やむなく高額の費用と労力をかけて遠方から延々と水道を引っ張ってきたのである。したがって，「困難」に当たるかどうか（規則の当てはめ）を検討することなく許可されないとして断られたことが違法であり過失があると主張したものである。これが本来の論点である。高裁判決の言うような，条例や規則などが違憲又は違法ではないかについて調査検討すべき義務を主張したものではないし，これを単なる事前相談とすることも間違いである。したがって，この判決は先例とすべきものではない。詳論はすでに拙著[7]で述べたので，ここではこれ以上言及しない。

4 離婚によるいわゆる年金分割の申請期間と説明義務

「判例18」東京地判平成28年5月17日，東京高判平成29年3月15日

事案は，離婚後2年経過してから家庭裁判所が按分割合を決定し（平成25年3月22日），その確定（平成25年4月9日）前の同月4日に原告（元妻）が年金事務所に出向き改定請求をしたところ，「確定書を添えて申請するように」と言われ，提出した書類の返還を受けて，期限は確定証明書の日付である5月2日から1ヶ月と思い込んで，後日（同年5月16日），確定書を添えて再度年金事務所に出向いたときには，確定から1ヶ月をわずか1週間徒過していたため却下処分された，というものである。年金事務所が確定日から僅か1ヶ月しか申請できない（厚生年金保険法78条の2第1項但書き，同法施行令78条の3）という事実を告げなかったかどうかには争いがあるようである。

東京地裁平成28年5月17日民事38部判決は教示義務違反を認めず，また，期限切れとして原告の請求を認めなかった。この高裁も筆者の意見書[8]に反論することなく，控訴を棄却した。

先に紹介したように年金窓口の「誤」説明は国家賠償責任を発生させるというのが最近では普通の判例になっているので，これは異例である。

◆ Ⅳ　まとめ，公務員の説明義務・情報提供義務（教示義務）の根拠，範囲

公務員と，情報提供なり説明を求める私人との間には取引関係はないので，取引場面における自己決定権の保護という，私法上の根拠は妥当しない。

しかし，専門家の責任，情報の非対称性を是正する必要性，信頼保護の原則は同様に妥当する。

また，民事法と異なり，行政法においては，法治国家の原則から，説明責任，情報提供義務が導かれる。すなわち，行政法においては，行政機関が法令を適切に適用してそれを執行するべきことになっており，私人は，法令に基づく基準を満たした場合には，法令に基づく給付や許認可という受益処分を受ける権利を有する。そうでない場合には受益処分を拒否され，また，法令に基づいて

---

(7) 阿部『まちづくりと法』314頁以下。
(8) 阿部「離婚によるいわゆる年金分割の申請期間と説明義務について」賃金と社会保障1685号（2017年7月上旬号）4頁以下。

営業停止処分などの不利益処分を受ける地位にある。

　したがって，行政機関の担当者である公務員は，法令の適用に関して適切な判断をするべき職責を有し，そのための専門知識を有しなければならない。

　他方，私人は，法令に関する知識を有するわけではなく，又，法令の適用においても，裁量があるため，その適用いかんを判断することはできない。ここでは単なる情報の非対称性以上のものがある。

　したがって，前記の判例が述べるように，「正確な情報を提供することはその正確な情報を独占的に保有する関係官庁の職員の責務である」「市民に対する行政サービスの一環として行われる情報提供に関する行為であっても，これに関与する地方公共団体の職員が，個別の市民に対する関係で，正確な情報を提供する義務等を負う」「申請受理手続の前段階でなされる事前相談において公務員からなされる情報提供ないし教示は，申請受理権限を背景としているため，一般私人によってなされる場合と異なり，相談者は特段の事情のない限り提供された情報を信用し，その教示内容に従って行動するのが一般であるから，事前相談に当たる公務員としては，関係法令等の調査を十分行い，誤った情報を提供したり，誤った教示をしてはならない注意義務を負っている」ということになる。

　公務員は，相談，質問に来た私人が何を聞きたがっているのかについて，十分に把握し，前提となる事実について，説明を求めて明らかにし，それならば法令の適用上どうなるかについて答えるべきである。法令に情報提供義務の規定がある場合でも，上記の理由を確認したに止まるもので，そのような規定がなくても，法治国家の原則，最近は国家の説明責任，さらには民事法でも専門家の責任，情報の非対称性が根拠とされることから同様に解されるべきである。

　その際に，曖昧な質問をする私人は少なくないが，だから杜撰な返事をして良いということにはならない。質問の趣旨を理解して，それに合うように事実と希望をよく聞くべきである。それでも質問が曖昧なら，その範囲内で，ありうる答えを複数提示するとか，さらに資料を用意させるべきである。

　本当の事実にふさわしくない回答をして，私人を誤解させることは絶対に避けるべきことである。

第 2 部　国家賠償法

【追記】　本稿の初出論文では判例は 6 つ挙げていたが，ここで大幅に追加した。窓口職員の説明が初歩的な<u>誤</u>説明であるのは，筆者は頻繁に経験する。それは職員の研修が全く不足していることを意味している。研修のやり方としては，単に制度の説明を聞く座学，マニュアルを紐解くといったものではなく，相談者と回答者に分かれて，実務演習を行い，相談者の立場に立って納得の得られる回答ができるまで訓練することである。そして，満点をとれない回答者は職務不適格として，配置転換すべきである。満点とは厳しいと思われるかもしれないが，窓口職員の職務範囲は狭いものであるし，バスの運転手も事故を起こさないように 100 点の運転をしなければならないのであり，相談者としては間違った回答を真に受けて人生を間違うのであるから，当然のことである。

第5章　裁判と国家賠償　　（1992年）

◆ I　はじめに

裁判をめぐって国家賠償の問題が生ずる場合は次の3つの類型に分けられる。
① 敗訴判決に対して上訴と並行して，又は，敗訴確定判決に対して再審を経ないで国家賠償を請求する場合（敗訴判決攻撃型，取消判決不経由型）と，
② 判決が上訴・再審により取り消され，確定した後にもとの判決の違法を理由に国家賠償を請求する場合（逆転勝訴確定判決根拠型）があり，
③ それ以外の場合としては，判決の遅延，強制執行や勾留など行政的性格を有する裁判などがある。

筆者もこれらを一応場合分けして検討したことがある[1]。事件としては民事と刑事があるが，筆者がその違いに必ずしも留意した分析をしていなかったことは遺憾である。この問題についてはこれまで多数の学説，判例があり，関連する学説，判例を網羅的に整理・検討した最近の注目すべき論文としては，宇賀克也のもの[2]がある。そこで，ここでは同じ分析の繰返しはなるべく避けることとして，これまでの学説，判例の分析は簡略にし（注での引用も最小限にとどめ）[3]，特に，①も②も同じとする最高裁判決の論理から出発し，①と②の異同，民事と刑事の異同に焦点を当てて検討することにした。

本稿は裁判と国家賠償全般の検討を依頼されているが，③については紙幅と時間の都合で省略する（【追記1】の(2)，【追記2】，本書277～279頁参照）。

◆ II　最高裁判例 —— 違法性極度限定型

1　判　　例

最高裁は，昭和43年，57年の判決において，裁判も国家賠償の対象とはす

---

(1) 阿部『国家補償法』（有斐閣，1988年）125頁以下。
(2) 宇賀克也「裁判官の職務行為と国家賠償」『行政法の諸問題(中)』（有斐閣，1990年）647頁以下。
(3) 従来の学説判例の紹介は，阿部・前注(1)，宇賀・前注(2)，村上敬一「昭和57年最

るが，その違法性を極度に限定する判断を示している。これは違法性限定説などと呼ばれるが，私見ではこれは単なる限定などという程度にはとどまらないので，これを「違法性極度限定型」と名づけよう。

まず，昭和43年の最判（昭和43・3・15判時524号48頁，訟月14巻12号1343頁）は，刑事裁判の弁護士がその冒頭陳述により裁判の威信を著しく害したものとして，法廷等の秩序維持に関する法律2条1項により過料の決定を受けたので，それを違法として，国家賠償を求めた事件において，「裁判官のなす職務上の行為について，一般に，国家賠償法の適用があることは所論のとおりであって，裁判官の行う裁判についても，その本質に由来する制約はあるが，同法の適用が当然に排除されるわけではない」としつつ，原告は所論決定に対し，抗告，特別抗告をしたが，棄却され，前記決定が確定したのであるから，「他に特段の事情のない限り，右裁判官のした所論の行為には何らの違法もなかった」としたものである。

次に，昭和57年の最判（昭和57・3・12民集36巻3号329頁）は，裁判を国家賠償で違法とするためには(ｱ)「裁判官がした争訟の裁判に上訴等の訴訟法上の救済方法によって是正されるべき瑕疵が存在したとしても，これによって当然に国家賠償法1条1項の規定にいう違法な行為があったものとして国の損害賠償責任の問題が生ずるわけのものではなく，」(ｲ)「当該裁判官が違法又は不当な目的をもって裁判をしたなど，裁判官がその付与された権限の趣旨に明らかに背いてこれを行使したものと認めうるような特別の事情があることを必要とする」としている。

これらの判例は敗訴確定判決を攻撃する上記の①の類型である。この判例が，判決が上訴・再審で取り消されたあとで，もとの判決の違法を理由とする②の逆転勝訴判決根拠型の国家賠償訴訟に適用されるかどうかは不明確であった。ただ，昭和57年の最判が，「裁判官がした争訟の裁判に上訴等の訴訟法上の救済方法によって是正されるべき瑕疵が存在したとしても」という一般的な言い方をしているので，それは②の類型にも適用されるのではないかといった指摘がなされていた[4]。

　判解説」判解民昭和57年度200頁以下，同「裁判官の職務行為と国家賠償責任」『新・実務民事訴訟講座6』（日本評論社，1983年）77頁以下，その他多数ある。
(4)　宝金敏明「有罪確定判決」村重慶一編『国家賠償訴訟法』（青林書院，1987年）287頁，山崎勉「保全処分」村重編・前掲書305頁。

いわゆる弘前大学教授夫人殺人事件の無罪判決後の国家賠償事件において，最高裁の平成2年の判決（平成2・7・20民集44巻5号938頁）は②の類型の事件でも①の昭和57年の最判理論が適用されると判断して，この指摘に答えた。しかし，その理由をまったく述べていない。ただ，前記の昭和57年の最判の「理は，刑事事件において，上告審で確定した有罪判決が再審で取り消され，無罪判決が確定した場合においても異ならないと解するのが相当である」と述べているだけである。

2　理由不備

上告理由では，簡単ではあるが，再審無罪の場合は①判決の射程範囲外で別だとか，もとの有罪判決の事実認定の誤りの主張がなされている。これに答えずして，裁判に理由を付すという要請（刑訴44条）を満たしたことになるのであろうか(5)。最高裁はこうした問答無用型の判決で庶民の不満を切って捨てるようなことで，任務を果たしたことになるのであろうか。行政処分にこの程度の理由しかつけなければ取り消される（最判昭和37・12・26民集16巻12号2557頁）し，学生がこんな答案を書けば不可なのである。

> 【追記】『最高裁上告不受理判決の諸相2』は，上告審の三下半判決を詳しく検討している。

しかも，昭和57年の最判は民事確定判決の違法を理由とする国家賠償に関するが，平成2年の最判はこれを刑事の判決の違法を理由とする国家賠償にも適用している。なぜこれが同じなのか，この点でも理由はついていない。

要するに，最高裁は違法性極度限定型の判例が①，②の類型にともに，しかも，民事も刑事もともに適用されるとしているのであるが，理由は不十分である。

◆ Ⅲ　敗訴判決攻撃型の場合──上訴・再審専管説

1　上訴・再審専管説

もともと，確定判決に対して再審を経ないで国家賠償を請求してきた①の類

---

(5) 裁判官の間で結論は一致したが，理由がまとまらない場合に理由を付けない等という憶測を聞くことがあるが，それなら結論も危ないものである。

型の事件においても，国家賠償を認めるべきだという説があった。国家賠償法では裁判の違法を制限する規定を置いておらず，一般の公務員の違法行為と同じ扱いをしているし，確定判決の違法を理由とする国家賠償を認めても，確定判決の効力は左右されないからである。ちなみに，行政処分では，それに対して取消訴訟の機会がなくなって不可争力が生じた場合でも，国家賠償請求で金だけは取れる（最判昭和36・4・21民集15巻4号850頁）のであるが，裁判の場合もこれと同様とする考え方である。

しかし，国家賠償法が裁判に特殊の地位を認めていないというだけでは悪しき法実証主義になるのであって，事柄の性質に即した解釈論は可能かつ必要であろう。

行政処分は確定前にも執行できる（自力執行力）し，そもそも行政処分を発動する場合には裁判とは異なって慎重な手続を経ていないから，取消訴訟で勝訴する機会を失った者にも，処分が違法・有過失である以上せめて損害賠償は得られることにする必要がある。裁判でも民事では仮の執行（仮執行，仮処分）があり，簡単な手続で発せられる点では行政処分に近いが，後述のように，それが誤っていたら事後に――ただし，裁判所からではなく，相手方からではあるが――賠償されるのである。これに対し，確定判決の場合には慎重な手続を経ているから，行政処分の場合とはまったく異なる。判決に対しては，不服なら，上訴，再審という正規の救済方法があるのであるから，原則として，それによるのが筋である。そうした救済方法を取らない者を救済する必要は原則として存在しない。

これを松山事件再審無罪国家賠償訴訟第1審判決の判断を借りて説明すると，「争訟の裁判の当事者は，憲法ないし訴訟手続法により，中立公平を制度的に保障された裁判所に対し，自己の権利利益を護るため，審級制度を含めて，主張立証を尽くす地位と機会を保障されていることにより，原則としてその結果たる裁判に拘束されるべき地位にある」（仙台地判平成3・7・31判時1393号19頁・判タ765号104頁）。

さらに，確定裁判の当否について国家賠償訴訟で争わせることは確定裁判とこれを違法とする裁判の存在という一種の法的葛藤状態を生じ，再審事由を制限列挙することにより確保されている確定裁判の効力の安定という裁判制度に本質的な要請に反する事態の生ずるおそれがある。

そうすると，確定裁判の効力の安定性を保護する必要性があること，その当

事者に対する拘束力の正当性の根拠としての手続的保障のあることは，基本的に民事，刑事の裁判の別を問わない（同上）。

　これは正当な説明である。そうすると，確定判決を攻撃する国家賠償訴訟では，その主張できる違法性が限定されることになる。これを「上訴・再審専管救済説」と名づけることにする。筆者はこの点では，①の類型の最高裁判例に賛成する。

2　救済すべき例外

　しかし，この判例にも問題が残っている。第1に，違法性がどの程度限定されるべきかにあるが，前記の昭和57年の最判は，(ｱ)上訴等によって是正されるべき瑕疵があっても当然に国賠法上の違法性がある訳ではないという正当なことを述べたあとで，そこから，(ｲ)突然，裁判官が違法不当な目的をもって裁判をしたなど，裁判官がその付与された権限の趣旨に明らかに背いてこれを行使したものと認められる特別の事情があることを要求しているが，この前段(ｱ)からなぜこの後段(ｲ)しか導かれないのか，理解に苦しむ。

　ただ，筆者は，①の類型の場合には，その不服を上訴・再審によって主張させる以外に救済方法を認めないのは不合理といえるほど，もとの裁判に著しい違法がある場合にのみ国家賠償法上も違法となると考えるので，目下のところはこの「特別の事情」の合理的な解釈の発展を期待して，この判例に基本的に賛成しておく。

　第2に，上訴・再審によって裁判の違法を主張できない場合もありそうだという点である。昭和43年の判例の事案は法廷等の秩序維持に関する法律により過料に処せられ，最高裁まで特別抗告で争ったものであるが，抗告に関する裁判は判決と異なり簡単であり，また，再審もない。これについては，人違いなどといった重大な違法や再審事由に当たるような違法があれば，国家賠償を認めるべきものと思う。

> 【追記】　重大な事実誤認があっても，民事では上告理由にも上告受理理由にもならない（民訴法312条，318条）。それ以上救済の道がないと考えるのではなく，せめて国家賠償の道を残すべきではないか。高裁のずさんな事実認定を体験すると，そう痛感する。

　上告審の判断に重大な誤りがあって，再審では主張できない場合には，国家賠償の途を開くべきであろうし，上訴などの手続を過失なくしてとることがで

きなかった場合も，国家賠償の余地を研究する必要がある[6]。

◆ Ⅳ 逆転勝訴確定判決根拠型の場合の判例

1 ①と②は同じか

①の類型の判例が②の類型にも適用されるかどうかはかねて問題とされていた。昭和43年の最判は明らかに①の類型を念頭においていた。昭和57年の最判は事案としては①の類型であるが，前述のようにその文言が②の類型にも適用されるような表現であった。しかし，理由はない。

下級審判決が上訴審で取り消されたり，確定判決が再審裁判で効力を失った場合には，①の類型で違法性極度限定説を採る根拠のうち，上訴・再審専管説という根拠はなくなったのであるから，②についても違法性極度限定説を採るにはそれなりの別個の理由が必要である。何の理由も付けずに，この「理は……異ならない」などという平成2年の最判の理由付け（？）にはとうてい納得できない[7]。

そこで，若干の判例を検討してみよう。東京高裁昭和60年5月17日判決（判時1159号98頁）は，法廷等の秩序維持に関する法律による監置処分が確定したあとで，その違法を理由とする国家賠償において，昭和57年の判例によって国家賠償請求を原則として許さないとしている。これはその理由として確定した裁判の不可争力をあげているので，昭和57年の最判を②の類型にまで適用できるものではない。

このほか，昭和57年の最判後の判例は，②の類型の場合も①の昭和57年の最判を適用している。それに詳しい理由を付けているのが前記の松山事件再審無罪国家賠償訴訟第1審判決である。この判決は前記の引用部分に続いて，次

---

(6) 芝池義一「昭和57年最判評釈」民商87巻5号736頁参照。
(7) そこで，この平成2年の最判の理由を知りたくて，調査官の解説を探した。民集登載の判決なら，普通はジュリストの「時の判例」，判時，判タにも掲載されるはずであるが，この最判はまだ載っていない。これらの匿名コメント（ジュリストにだけ名を出すので頭隠して尻隠さずといわれている）は調査官が書いているらしい（そうでなければ著作権侵害で問題にして欲しい）ので，調査官の執筆が遅れれば，どの雑誌にも載らないというおかしなことになる。調査官の解説が遅れているということから1つの推測をすると，判決にも理由がつかないから調査官も理由をつけることが難しいのか。ともかく，同じ原稿を読者層を同じくする各誌に載せるというのは無駄であるし，研究者なら許されないことであるから，やめて欲しい。『追記』その後も変わりはない。

のように述べている。

「もっとも、再審により確定裁判が効力を失った場合には、この確定裁判は、その効力の安定性を保護する必要性がなくなったといえるから、その当否を広く国家賠償請求訴訟により争うことを許容することに障害はないとする考え方もありえよう。しかしながら、法の定める再審事由は、当該確定裁判がその基礎となった裁判資料に照らして誤りであったか否かとは直接関係がないのであるから、同じ裁判でありながら、たまたま再審で覆された場合に限って右のことを許容すべき積極的かつ十分な根拠があるとはいえないし、当事者に対する拘束力の正当性の根拠としての手続的保障のあることは、当該確定裁判にあっても同様なのであるから、この場合を例外的に取り扱うべき理由はないというべきである。

以上のとおりであるから、争訟についての裁判が国家賠償法上違法であるといえるのは、裁判官が違法又は不当な目的をもって裁判をしたなど、裁判官がその付与された権限の趣旨に明らかに背いてこれを行使したものと認めうるような特別の事情がある場合である必要があるというべきであり、このことは、刑事事件において再審により無罪判決の確定した場合の原確定判決においても同様である（平成2年7月20日最高裁判所第2小法廷判決・民集44巻5号938頁)。」

2　判例への疑問

この理由のなかで、②の場合も①の場合と同じに扱う理由は2つに分かれる。このうち、前半は一応その通りで、確定判決が再審で取り消されても原判決が直ちに違法になるものではないが、上訴・再審専管説の根拠が破られたのであるから、①の判例をそのまま適用する根拠もなくなったというべきであろう。しかも、その後半部分、つまり、当事者に対する拘束力の正当性の根拠としての手続的保障のあることは当該確定判決にあっても同様であるという点には賛成しにくい。確定判決が破られた場合にまで、当事者が手続的保障を受けていたというだけで、いつまでも拘束力を残すべきであろうか。むしろ、確定判決が破られる場合はもともと刑事被告人は十分な手続的保障を受けられなかったと推定すべき場合が多いのではなかろうか。そうすると、この判決の結論部分、つまり、①の昭和57年の判決の(イ)の部分と同旨の部分はいささか疑問であり、②の場合には①の(イ)よりは違法性の範囲を拡大するような基準が必要となろう。

さらに、平成2年の最判の原審（仙台高判昭和61・11・28判時1217号32頁）の判断を見ると、昭和57年の最判は民事訴訟に関するが、「民事訴訟と刑事訴訟とで訴訟構造の本質及び裁判官の役割に変わりがない」ので、刑事裁判にもそのまま妥当するとしている。最高裁はこれをそのまま受けているのであろう。学説上も、宇賀克也は「裁判の本質に由来する制約が、事実認定における自由心証主義や法令解釈の相対性に起因するものとすれば」、前記の①、②等の間で国家賠償法上の違法性につき差異を設ける合理的根拠はないとしている[8]。

しかし、これに対しては、学説上、大出「弘前事件国賠二審判決への疑問」[9]という表題通りの主張がなされていた。詳しくはこの大出論文を読んで欲しいが、刑事訴訟と民事訴訟とでは訴訟構造が異なり、民事訴訟では当事者が対等で立証責任で解決されるが、刑事訴訟では両者対等ではなく、検察官が合理的な疑いを入れない程度まで有罪を立証しなければならないのであるし、民事訴訟では訴訟を提起されたとか下級審で敗訴したというだけでは一般には直ちには損害を被らないが、刑事訴訟では有罪判決を受けたということはあとで無罪になっても重大な損害を生ずるのである。これは十分に理由のある主張である。したがって、最高裁が仙台高裁判決を是認するときはこれに答えることが絶対に必要だったのである。

さらに、昭和57年の最判の(イ)の部分にいうようなことはまずありえないから、この判決は誤判を理由とする国家賠償訴訟の息の根を止めたと評されている[10]。①の類型ならともかく、②の逆転無罪型の場合もこれでよいのであろうか。

3　その他の判例の検討

そのほかの判例を紹介してみる。いわゆる米谷事件国家賠償訴訟の一審判決（東京地判昭和59・6・25判時1122号37頁）では、刑事訴訟の自由心証主義による裁判官の認定の相違に対処するためには上訴・再審による救済の制度が設けられていることを理由に、刑事裁判が違法となるのは前記の昭和57年の最判の(イ)か、又は事実認定に当たって著しく経験則を逸脱し、通常の裁判官が合理

---

(8)　宇賀・前注(2)663頁。
(9)　大出良知・法時59巻5号78頁（1987年）。
(10)　古崎慶長『国家賠償法の諸問題』（有斐閣、1991年）158頁。

的に判断すれば，当時の証拠資料・情況のもとでは到底そのような事実認定をしなかったであろうと考えられるような重大な過失がある場合に限られるとしている。自由心証主義に注目したのは妥当であるが，そこからなぜこのように厳しい結論が出てくるのか，よくわからない[11]。自由心証主義といっても，ずさんな評価をしてよいというものではないから，これはその過大評価ではなかろうか。

加藤老国家賠償事件控訴審判決（広島高判昭和61・10・16判時1217号34頁）は再審無罪判決のあとの国家賠償訴訟で，裁判によって示された判断内容の当否の問題は，制度上，上訴・再審によって是正されるべき問題であり，これと裁判に関与した裁判官の判断行為の違法の問題は別次元の問題であるとして，国家賠償訴訟における違法性を昭和57年の最判の(イ)によって説明している。この説明は調査官解説にも出ていた[12]。

しかし，やはりなぜ，この(イ)のような厳格な判断が出てくるかはわからない。特に上告制限のために高裁のズサンな事実認定が是正されないのであるからなおさらである。

このように判例の理由には納得いかない。そこで，以下，刑事と民事に分けて，若干の私見を述べよう。

◆ V 刑事裁判における逆転無罪判決後の国家賠償

1 逆転無罪なら国家補償が必要

違法な判決に対しては，上訴・再審で救済を求めるべきであり，上訴・再審で救済されれば基本的にはそれでよいという主張が少なくない。たとえば，右記の米谷事件や加藤老事件の判決がそうであるし，前記昭和57年最判の「特別の事情」について，調査官解説は[13]，違法な裁判の是正を専ら上訴又は再審によらせることが不相当と解されるほど著しい客観的な行為規範への違反がある場合としている。それは①の類型には当てはまる。しかし，②の類型の刑事の場合には，上訴・再審で救済されても，民事と異なって，その間に無実の

---

(11) 米谷国賠訴訟判決を批判するものとして，佐々木恭三「無罪判決と国家賠償」自正35巻11号12頁（1984年），高田昭正「無罪判決と国家賠償」ジュリ822号45頁（1984年）参照。
(12) 村上・前注(3)213〜214頁。
(13) 村上・前注(3)216頁。

罪で苦しんだことが救われないことに留意して欲しい。前記大出説を敷衍して，多少詳しく説明すると，第1に，刑事補償が不十分すぎることである。拘禁された場合も1日9400円以下（『追記』現在は，12500円以下，刑事補償法4条1項）で，年間300万円台，つまりは初任給並で，人生を牢獄で過ごさせた代償としては，およそたりないし，しかも，拘禁されていない期間は，被告人として塗炭の苦しみを味わっても，何の補償もない。さらに，肉親の苦しみもまったく放置されたままである。第2に，合理的な判断過程により有罪と認められる嫌疑があれば起訴されて（芦別事件国家賠償事件，最判昭和53・10・20民集32巻7号1367頁），拘禁され，被告人として不利益を受けるのは，民事法的にいえば，いわば，仮処分，仮執行を受けたようなものである。あるいは，行政処分を受けたようなものである。ところが，これら民事の仮の裁判があとで失効する場合には，仮処分の場合には過失が推定され（相当な理由があれば過失の推定は否定される。最判昭和43・12・24民集22巻13号3428頁，なお，最判平成2・1・22判時1340号100頁，浦川道太郎・重判平成2年度83頁，山田文・法学55巻3号195頁参照），仮執行の場合には無過失責任で（民訴198条2項，現259条1項），仮の救済を求めた方が賠償責任を負う。これを刑事事件に類推すれば，逮捕，起訴，一，二審有罪判決は仮の裁判のようなもので，あとで，無罪が確定すれば，過失が推定されるか，無過失責任になるべきところである。もちろん，この場合には民事の場合との均衡上は検察官の責任となるはずであって，直ちに裁判官の責任となるものではないが，民事の場合末確定判決の執行は勝訴原告の責任で行うのに反して，刑事の場合有罪判決かあるだけで被告人は不利益を受けるのであって，一応別で，裁判の責任を問い得る余地がある。こうした事情を考慮すると，永年無実の罪で拘禁し，又は被告人として苦しめ，最終的に無罪になったら刑事補償で十分でしょうという論理はどんな神経からでてくるのか，理解できない。したがって，①の敗訴判決攻撃型の国家賠償は上訴・再審専管説により原則として認められないということにはなるものの，上訴・再審で原判決が取り消されたあとの国家賠償は別と考える。

また，①の類型の裁判の場合には上訴・再審専管説と自由心証主義が根拠となったが，②の類型の場合にはわずかに自由心証主義しか根拠にならない。

2　国家賠償極度制限緩和の工夫

こうした状況を総合考慮した場合，逆転勝訴型においては，昭和57年の最

判の(イ)の基準より緩和された基準を導入すべきである。その具体的な考え方については証拠法や冤罪に詳しい訴訟法の専門家の発言と分析に期待するが、さしあたり若干の考え方を述べると、違法不当な目的をもってしたといった目的違背は要求すべきではない。こうした主観的な目的違背はまずありえないし、立証も困難である。違法の基準としては、客観的な判断ミスとすべきである。ただ、一応不十分ながらも刑事補償もあることであるから、裁判官の職務の特殊性に配慮して、裁判官の落ち度としては通常の軽過失ではなく、重大な過失が必要と考える。違法と過失を一元的に判断する理論構成では著しい職務義務違反を基準とする職務行為基準説ということになる[14]。

　前記の調査官解説では、昭和57年の最判にいう「特別の事情」とは、具体的には、法律上関与してはならない裁判に関与したとき、裁判官による誠実な裁判とは認められないような不合理な裁判をしたときをあげて[15]、単なる事実認定の経験則違背や法令の解釈適用の誤りの違法はもっぱら上訴などによっ

---

[14] なお、裁判の違法を理由とする国家賠償責任を認める場合には、判例の立場に立っても、原告が前訴判決の裁判官に違法又は不当な目的があったと主張しさえすれば、裁判官が法廷に証人として喚問される可能性が生ずるのであり、この可能性が裁判官に与える心理的影響を全く無視することはできないという問題点を指摘する説（宇賀・前注(2)656頁）がある。公務員の個人的賠償責任を認める英米法でこうしたことが生ずる可能性は否定できないであろう。しかし、裁判の違法を理由とする国家賠償訴訟で証人として呼び出されるかについては、原告側は当該裁判官を証人として申請するであろうが、証言は裁判官の職務上の秘密にかかわる（合議の秘密など）であろうから、その所属裁判所の承認が必要であり（民訴272条、現191条）また、裁判所がそうした証言は不要として証人尋問の申請を却下するのが普通ではないだろうか（民訴259条、現181条）。

　なお、日本法では公務員個人の賠償責任をまず認めないのが判例である（最判昭和53・10・20民集32巻7号1367頁、阿部・前注(1)64頁以下、『追記』『行政法再入門下』236頁参照）から、裁判官が法廷に被告として呼び出される可能性はまず絶無である。呼び出されても、被告としては個人責任はないと抗弁すればよいし、代理人に任せればよい。裁判官の個人責任を認めうる場合はよほどの大きなミスの場合であるから、証人として、被告として呼び出されるのはやむをえない。したがって、筆者は、裁判が上訴・再審で取り消された場合に限っていえば、国家賠償責任を認めることに躊躇する必要はないと考える。

[15] 内野正幸「立法行為・司法行為と国家賠償責任」『国家補償法大系2』（日本評論社、1987年）20頁は、学説上は違法となる範囲を最判より広く解しているとして、本文の村上説を引いているが、本文の村上説は調査官解説であって、学説のように判決から独立して考察したものとはいえないし、その趣旨とするところも最判の説明で、最判より広く解する趣旨ではないと思う。

て是正されるべきであって，国家賠償法上の違法にはならないとしている。そうすると，裁判の違法を主張する以上，「特別の事情」の証明が必要なので，単なる事実誤認の主張では主張自体違法性の主張をしていることにならず，失当ということになる。しかし，この私見では，逆転勝訴型の刑事事件の場合，事実認定の経験則違背や法令の解釈適用の誤りでも，著しい誤りは国家賠償法上の違法と解すべきことになる。事実認定の違法の主張もそれ自体失当ということにはならない。

> 【追記】 弁護士になっての経験では，重要な証拠の無視，一面的な評価，判断逸脱，判決文内部の矛盾などが頻発する。これらを国家賠償の対象としないと，上告制限のためにこれは完全に治外法権と同然となり，高裁判事のやり放題となる。

前記米谷事件判決は，裁判の違法を「到底そのような事実認定をしなかったであろうと考えられるような重大な過失がある場合」に限定しているが，そんなに厳格に解するべきではなく，通常の裁判官からみて合理的な事実認定とはいえない場合くらいにしたらどうであろうか。

これらの判断は，原判決当時の証拠に基づいてした裁判官の判断を問題とする。原判決が上訴なり再審で破られた場合に当然に原判決が違法だったという結果違法説は直ちには採りえない。この点で，行政処分と判決の違いがある。つまり，行政処分に裁量があれば，裁判所は，上級庁とは異なって，裁量のなかにははいれず，裁量濫用であったかどうかのみ審査するのであるから，裁判所が処分を取り消した場合には，処分は当然に違法である。これは国家賠償でも同じであると考える[16]。

これに対し，判決の場合には控訴裁判所は一審裁判所の裁量濫用のみを審査するのではなく，みずから第1次的に証拠を評価するから，高裁が一審と異なる証拠評価をし，一審判決を事実誤認を理由に（刑訴382条）取り消したからといって，それは普通には自由心証主義（刑訴318条）の範囲内の証拠の評価の差であって，直ちに一審判決が違法だったとはいえない。まして，高裁で新

---

[16] 阿部「国家賠償訴訟における違法と抗告訴訟における違法」行政法の争点（新版）176頁，阿部「抗告訴訟判決の国家賠償訴訟に対する既判力」（判タ525号，昭和59年）＝本書第3部第1章参照。さらに，塩野宏『行政法Ⅱ』（有斐閣，1991年）241～242頁，森田寛二「処分取消訴訟の訴訟物との同一性」『行政法の諸問題(中)』（有斐閣，1990年）529頁以下。

しい証拠が出された結果一審判決が取り消された場合は（刑訴382条の2）ますますもって一審判決は違法ではない。

最高裁で取り消される場合には，下級審とは異なって，上告理由の制限の関係で，憲法違反や判例違反のほか，重大な事実誤認など，重大ミスを示唆する理由がありうる（刑訴405条，411条3号）。この場合にはむしろ，原判決の違法と過失を推定できるのではあるまいか。新規の証拠によって再審が認められた場合には（刑訴435条6号），原判決に当時の証拠によってミスがあったことには直ちにはならない。これに反し，再審無罪判決が原判決当時提出されていた証拠だけからでも無罪は明白と断言するような場合には証拠の捏造をしたと疑われている検察側のほかに，裁判官の方にも，自由心証主義の大幅な逸脱を理由とする違法を推定するべきではなかろうか。このように，一応場合を分けて考えていく必要がある。

◆ Ⅵ　民事事件における原判決取消後の国家賠償

1　民事の特殊性

以上は刑事事件の場合である。民事事件の場合には，仮の救済が誤っていた場合には上記のような当事者間の救済方法があるので，かなり事情が違う。一般には，前記の判例の理論は刑事も民事も裁判である以上同じなどといわれるが，もう少し区別すべきである。

被告の方を考えると，一審判決が誤っていても，仮処分や仮執行がなければ，それ自体では損害は生じていない。その場合には上訴すべきであり，上訴審で誤った判決が取り消されれば，損害は生じない。確定判決が執行されたが，その判決に誤りがあるというなら，再審で争うべきである。その結果原判決が取り消された場合には，この執行は仮執行ではないから，原告の方には前記の無過失賠償責任の制度はない。被告が原告を相手に執行物の返還を請求するしかない。また，それは一応可能である。この場合，原判決の違法を理由とする国家賠償はありうるが，損害といっても，国に請求すべきなのはこうした民事の訴訟によっては回復できない損害（再審を余儀なくされたことなど）に限られよう。

なお，確定判決に基づいて強制執行がなされた場合においても，その判決の成立過程において，原告が被告の権利を侵害する意図のもとに，作為又は不作為によって被告の訴訟手続に対する関与を妨げ，あるいは，虚偽の事実を主張

して裁判所を欺罔するなどの不正な行為を行い，その結果，本来ありうべからざる内容の確定判決を取得してこれを執行し，被告に損害を与えたときは，原告の行為は不法行為を構成するものであって，被告はその確定判決に対して再審の訴えを提起するまでもなく，原告に対し，損害の賠償を請求することを妨げないとされている（最判昭和44・7・8民集23巻8号1407頁，東京地判平成3・5・22判タ767号249頁）ことにも配慮すべきである。

原告の方を考えると，早く勝訴すべきなのに，裁判の誤りのために上級審（あるいは，再審）ではじめて勝訴したとか，一審で勝訴はしたが，被告の上訴のために勝利を手に入れるのに時間がかかったなど，その間勝訴判決を早く得られなかったことによって損害が生じたということがありうるが，それは被告に上訴権があり，三審制度を採る以上やむをえない面があるし，早く救済を得たいなら仮救済を利用すべきである。仮救済を得られない場合には裁判遅延の問題であろう。

原告が敗訴確定したのにあとで再審で勝訴した場合にはそれからはじめて執行できるわけである。原告の損害としては早期の執行ができなかったという点があるが，これも普通は原告と被告の当事者間で解決されるべきであろう。

2 解 決 策

そうすると，民事の場合には原判決の違法を理由とする国家賠償は大幅に制限してよく，前記の違法性極度限定説を柔軟に適用するくらいでもよかろう。「特別の事情」を事例ごとに研究していくべきである。

なお，民事の仮処分決定における裁判官の行為の違法性については，①の類型通りとする下級審判例がある（神戸地判昭和61・3・3判時1212号132頁，判タ618号119頁）。仮処分は簡略な裁判であるから，それに違法があれば申請人が過失推定原則のもとで責任を負うことになっている。したがって，裁判官の責任を追及する必要性も少ない[17]。

---

(17) 被保全権利が存在しないことが本案判決によって確定されたのちに仮処分債務者から担当裁判官の過失を理由とする国家賠償訴訟が提起された場合の問題点については，山崎・前注(4)論文参照。

Ⅶ その他

1 刑事補償法の不備

　刑事事件の場合，判決確定前の拘禁は民事の仮執行のようなものであるから，少なくとも，立法論としては，無過失完全賠償責任を定めるべきであるのに，刑事補償法は，賠償責任はないという前提に立って，責任を値切っている。民事と刑事は完全には同じものとして比較できないにしても，本来人権を重視すべき刑事の方が軽視されているので，これでは逆転現象ではあるまいか。憲法13条の趣旨をふまえて刑事補償法を制定すれば，非拘禁補償を含めて，完全賠償が前提とならなければならないが，この点の私見はすでに述べたことがあるので，ご参照されたい[18]。

2 検察官の責任

　さらに，解釈論としても，従来一般には，検察官の違法と裁判官の違法を別々に議論して，いずれにも責任はないといった結論に達していることが多い。しかも，検察官の起訴は有罪判決が下される以上それなりの理由があったとして，いわば瑕疵の治癒を認めるような議論がなされる（前記仙台高判昭和61・11・28）。

　しかし，話は逆で，検察官の主張の誤りを見逃す冤罪の場合にはむしろ両者共同責任であって，検察と裁判の全体の過程に少なくとも組織的なミスがあったと考える方が筋ではないか。裁判と国家賠償責任について検察官，裁判官とそれぞれ別個に考察するのはいわゆる代位責任の考え方に忠実ではあるが，組織体として犯しているミスには適切なアプローチではないのである。ただ，ここ（ジュリスト993号）では裁判と国家賠償のみを取り上げ，検察官と国家賠償は別個のテーマとして予定されているので，深入りする余裕はないが，今後の課題であると思う。

3 立証責任，違法な権力行使には過失を推定せよ

　立証責任について国家賠償訴訟は不法行為訴訟の一種であるから，被害者原告に加害行為の違法・過失などの立証責任があるとされ，それは裁判，起訴の

---

[18]　阿部・前注(1)345頁以下。

違法をめぐる国家賠償責任でも同じと考えられているようである。

　しかし，警察官の拳銃発射など危険な公権力の行使で，権力の行使について厳重な制約があるものは被害が発生したら違法・過失を推定して，立証責任を転換した方が合理的である（東京地判昭和45・1・28下民集21巻1＝2号32頁，さらに，東京地判昭和53・2・27判時906号63頁（誤認逮捕）参照）。起訴や刑事裁判は同様にたいへんな危険性を内在する国家権力の行使である。そのために，その権力行使については，疑わしきは被告人の利益にとか，立証責任は検察官にあるといった厳重な制約がある。そこで，確定判決を攻撃する場合はともかく，再審や上訴で原判決が破れた場合における原判決の違法を主張する国家賠償訴訟では，原判決の違法の立証責任が原告にあるのではなく，むしろ，国側が原判決が適法であった（職務行為基準説に照らして重大な違法がなかった）ことを立証すべきではなかろうか。その場合に立証すべき違法性について判例は前述のように違法性極度限定説を採っているが，これでは国家側はなにも立証する必要がないことと同じである。国家側としては，検察官には手持ちの証拠で有罪判決を得られる十分な根拠があったこと，裁判官には自由心証主義とはいえ疑わしきは被告人の利益にとの原則にそった裁判という観点から重大な誤りがなかったことの立証責任があるというべきではなかろうか。今後の検討課題である[19]。

4　消滅時効の起算点

　損害賠償請求権は不法行為のときより20年，損害及び加害者を知ったときより3年で時効にかかる（民法724条，国家賠償法4条）。ここで，有罪判決の違法を理由とする国家賠償請求権の20年の除斥期間の起算点について，有罪判決確定時（不法行為時）とするか，再審無罪判決確定時とするかが問題になる。有罪判決のときから国家賠償請求をなしうるという立場では前者の説に傾くであろうが，本稿のように確定判決を攻撃する場合には国家賠償はまず認められず，無罪判決を得てから国家賠償を求める場合にはもとの有罪判決の違法を広く主張しうるとすれば，後者の説しか成り立たない[20]。

※　本稿のテーマは形式上は国家賠償であるが，内容的には裁判そのものであ

---

(19) 私見は原野翹「現代国家と国家賠償法の意義」自正35巻11号7頁（1984年）と同方向である。併せて参照されたい。

る。民事訴訟法学，刑事訴訟法学からの検討を期待する。

> 【追記1】
> (1)　トラック運転手が業務上過失致死事件で有罪判決を受け，最高裁で逆転無罪となった遠藤事件（最判平成元・4・21 判時 1319 号 39 頁）の元被告人は，ずさんきわまりない事実認定で長期間被告人として苦痛を味わったとして，国のほかに1，2審裁判官と検察官を被告とする損害賠償訴訟を提起している（伊佐千尋「冤罪のツケを誰が払うのか」文藝春秋 1991 年 12 月号 360 頁以下参照）。この事件は，最高裁の昭和 57 年，平成 2 年の判例の立場では，「特別の事情」の解釈次第ではあるが，裁判官の事実認定は違法ではないとされよう。しかし，本稿の立場では違法と評価される（前記Vの末尾）。
> (2)　本稿では，冒頭に述べたように勾留など行政的性格を有する裁判については省略したが，原稿提出後注目すべき判決を入手したので，追加しておく。
> 　　窃盗未遂罪で起訴され，勾留された者が保釈請求をしたところ，「罪証を隠滅すると疑うに足りる相当な理由があるとき」（刑訴 89 条 4 号）に該当するとして，却下され，これに対し，被告人は逮捕時から一貫して自白しているので罪証隠滅のおそれはないとの理由で準抗告の申立てをしたが，これも棄却され，結局は第1回公判期日後（最初の保釈請求から 18 日後）に保釈されたので，裁判官の判断は，罪証隠滅を疑うに足りる相当な理由がないことが明らかであるにもかかわらず，これがあると判断した点において違法であるとして国家賠償を請求した事件がある。裁判所（札幌地裁平成元年(ワ)第 496 号損害賠償請求事件平成 2 年 10 月 18 日判決）は，昭和 57 年の最判の理論を保釈の裁判にも適用し，保釈の裁判にも裁判への干渉をできるだけ除去しなければならず，不服申立ての手段が尽きて確定した裁判の内容を再度国家賠償請求事件の形で争うことができるようにするのは裁判の終局性の尊重という制度的要請を損なうとした。
> 　　しかし，保釈の申請を却下し，準抗告を棄却する裁判は簡易なもので，行政処分に近いから，裁判の終局性の要請がそれほど強く認められるべきものか，疑問である。なお，①の類型の射程範囲に関しては，争訟の裁判以外の裁判官の行為にも適用されるなどとする説が多い（河付吉晃・判タ

---

(20)　古崎・前注(10)284 頁は前者に近いニュアンスであるが，判例（大阪地判昭和 48・4・25 判時 704 号 22 頁，広島地判昭和 55・7・15 判時 971 号 19 頁，大阪高判昭和 50・11・26 判時 804 号 15 頁）は後者である。

※　このほか，本稿で直接に引用しなかったが，久保茂樹「裁判判決と国家責任」『現代行政の統制』（成文堂，1990 年）197 頁以下は，フランス法の発展をわかりやすく紹介しており，有益である。また，直接には裁判官の責任には触れるものではないが，北村和生「フランス行政賠償責任における重過失責任 (1) (2・完)」法叢 127 巻 4 号，128 巻 1 号（1990 年）参照。

第2部　国家賠償法

677号135頁）が，裁判官の行為にも種々あり，丁寧な分析が必要であろう。

　さらに，この判決は，最判にいう「その付与された権限の趣旨に明らかに背いてこれを行使したものと認められるような特別の事情」とは，「裁判官が収賄をしたうえ一方に偏した内容の裁判をするといったような当該裁判官が違法又は不当な目的をもって裁判をした場合など，当該裁判官に課せられた客観的な行為規範についての著しい違反がある場合のことであると解され，事実認定に著しい採証法則，論理法則あるいは経験則への違背があること，法令の解釈適用に誤りがあることは，これに該当しないと解すべきである」とし，右の国家賠償訴訟における原告（元被告人）の主張はそれ自体国家賠償法上の違法の主張を含まないから，失当であるとされている。この点については，私見では，①の敗訴（確定）判決攻撃型ならそれなりの理由ともいえるが，保釈のような簡易な裁判の場合にまで妥当する理由とは思えない。

【追記2】　本稿では勾留など裁判以外の裁判官の判断の誤りに関する国家賠償については先の『追記』で簡単に述べただけであるが，『国家補償法』129頁，『行政法解釈学Ⅱ』468～470頁，『行政法再入門下第2版』257～9頁で述べている。

　三谷忠之「裁判官の国家賠償責任」民事訴訟雑誌44号（1998年）35頁以下は，裁判の違法を理由に国家賠償責任を認める方向で論じている。しかし，私見に触れず，古い学説を中心としている。

　遠藤国家賠償訴訟については，『行政法解釈学Ⅱ』466～467頁，『行政法再入門下第2版』258頁で詳しく述べている。

　Ⅱ1で言及した平成2年の最高裁判決については，その後，河野信夫調査官の解説がある（最判解平成2年296頁以下）。これは，刑事事件において再審無罪判決が確定した場合についても，昭和57年の最高裁判決と同様に解すべきであることを明らかにした最高裁の初めての判断であることを指摘しているが，そのように解された理由としては，これまでの判例，学説として，無制限説，適用制限説，適用否定説を紹介し，前訴裁判官が違法，不当な目的をもってしたような特別の事情がある場合には免責特権を認めない，例外的に違法性があるという。そして，どのような場合に「特別の事情」があるといえるかについては，「一般論としていえば，当該裁判官に，違法な裁判の是正を専ら上訴又は再審等によるべきものとすることが不当と解されるほどに著しい客観的な行為規範への違反がある場合，ということができる。具体的には，裁判官が職権を濫用し専ら個人的利益を図る意図の下に裁判をしたなど，裁判官による誠実な判断とは認められないような不合理な裁判をしたときなどを挙げることができよう。いずれにしても，単なる事実認定上の経験則違背や法令の解釈適用の誤りの違法は，専ら上訴等によって是正されるべきであって，これを国家

賠償法上も違法であるとして損害賠償請求をすることはできないものというべきである。」(301頁)

　これでは同じことを言っているだけで，Ⅱ2で批判した，判例の論理的飛躍は何ら説明されていない。

　また，重要な証拠をあえて無視するとか，主張に答えない判断逸脱，自由心証主義の濫用，弁論主義違反，へ理屈など，筆者が『行政の組織的腐敗と行政訴訟最貧国』で指摘する司法の暗闇は，「裁判官が職権を濫用し専ら個人的利益を図る意図の下に裁判をしたなど，」をしたときなどに当たるのではないか。裁判所とは別に，裁判員だけで裁判してほしいと思う。

　さらに，最判平成5年1月25日（民集47巻1号310頁）は，「逮捕状の更新が繰り返されている時点で，逮捕状の請求，発布における捜査機関又は令状発布裁判官の被疑者が罪を犯したことを疑うに足りる相当な理由があったとする判断の違法を主張して，国家賠償を請求することは許されない」（要旨）との判断をした。ただし，これは，裁判以外の裁判官の行為に対する国家賠償を認めない趣旨ではなく，捜査の密行性その他の理由，刑事訴訟と民事訴訟の関係といった理由によるものである（井上繁規調査官解説・法曹時報46巻5号101頁以下，1994年）。

第6章　消火のための破壊と損失補償
―― 消火栓上の駐車違反車の場合 ――　　（1991年）

◆ I　窓ガラス割って車両移動

　読売新聞1990年11月1日朝刊東京版は山口の小さな事件について，「火事！消火栓ふさぎ違法駐車の車　移動のために窓ガラス割る　持ち主に5万円補償」という記事を載せている。事実を補足すれば，山口市湯田温泉で民家3棟を全半焼した火事があり，現場から50メートル離れた消火栓上に，ハンドブレーキをかけ，シートをかぶせて違法駐車している車があったために，消防士が，シートを破り，窓ガラスを割って，ブレーキをはずして車両を移動して消火活動をした。ところが，山口市と小郡町が作っている広域消防組合は，車両の所有者から，シートと窓ガラス代（以下，窓ガラスと称する）約5万円の請求を受け，支払ったという。

　これは妥当であろうか。こうした事件がニュースになる，しかも，山口のたかが5万円の事件が東京版の記事になるのは，これではおかしくないかという庶民や記者の感情を背景としているのであろう。では法律的にもおかしいのか，それとも，庶民の感情には合わなくとも，法律的には財産権が保障されている以上やむをえないのか。たしかに，消防法にはこの場合に補償不要とはっきり分かる規定はないから，補償が必要だという解釈もありえないではない。

　この問題については，筆者はこの事件が起きる前に仮定の問題として検討し，こうした者に対し補償するのでは泥棒に追い銭であり，結論的に法的にも補償不要と解説していた（阿部「消火栓上においてある車両の除去権限」判例地方自治52号91頁参照）。この解説が目に止まったのか，この事件があったとき，筆者には朝日新聞，中国新聞の記者からも問い合わせがあった。ではどう考えるのか。関連条文をしっかり見て考えてほしい。

◆ II　要補償説 ―― 消防法29条3項説

　補償を要するという説の論拠は必ずしも明らかではないが，次のような点にあるらしい。補償の要否については消防法29条が規定している。その1, 2項

は補償を要しない場合であり，3項は補償を要する場合である。火災が発生しまたは発生せんとする消防対象物または延焼のおそれのある消防対象物については，消防法29条1，2項が破壊を許容し，しかも，補償を不要としている。しかし，本件の車両はこれに該当しないから，その適用を受けない。他方，これ以外の，燃えない物の破壊については消防法29条3項が規定している。つまり，同項は右に規定した消防対象物以外の消防対象物を消火・延焼の防止，人命の救助のために緊急の必要があれば処分することができるとし，この場合には，時価により損失補償をすると規定している。前記の消火栓上に駐車している車両は火災が発生しているわけでも延焼のおそれがあるわけでもないから，この規定に該当し，損失補償を要すると。これは一種の文理解釈である。

◆ Ⅲ　消防法29条3項の射程範囲

　しかし，消防法29条3項はいわゆる破壊消防の規定である。これが補償を要するとしている趣旨は，火災について原因も責任もない第三者の財産を消火など公共のために処分できるとするからである。ところが，この事件では，違法駐車車両が消火を妨害していたのであるから，この規定の予想外である。一般的にも，社会公共の安全を妨害してはならないことは憲法29条で保障される財産権の内在的制約の範囲内に属するから，社会公共への支障を生じさせた者に対し，妨害排除のために公権力を発動するときにこれに対し補償する旨の規定をおくことはまずない。したがって，私見では，消防法29条3項はこの場合にそもそも適用がない。

　これに対しては，では，消防法29条3項が根拠にならないとすれば，違法駐車車両の窓ガラスを壊すことを許す規定がなくなってしまうのではないか，それではかえって困るという反論があるらしい。

　この点を解決する1つの方法として，本件では，消防法29条3項で，破壊はできるが補償の適用はないとする解釈があるらしい。つまり，本件の車両も，文理上は同法29条3項に該当するので，破壊はできるが，破壊された理由は相手方の責めに帰すべき事由によるものであるから，同項の補償の規定の適用はないというのである。しかし，同法29条3項では破壊された物についてはなんらの留保なく補償の規定をおいているから，同項の規定のうち破壊を許容する部分だけ適用し，補償の部分は適用しないといった解釈は法律の構成を無視するものである。

消防法関係条文（2014 年に改正された現行法）

第2章　火災の予防

第3条①　消防長……，消防署長その他の消防吏員は，屋外において火災の予防に危険であると認める行為者又は火災の予防に危険であると認める物件若しくは……消防の活動に支障になると認める物件の所有者，管理者又は占有者で権原を有する者に対して，左の各号に掲げる必要な措置をとるべきことを命ずることができる。

(1～3号略)

　4　放置され，又はみだりに存置された物件……の整理又は除去

②　消防長又は消防署長は，火災の予防に危険であると認める物件又は……消防の活動に支障になると認める物件の所有者，管理者又は占有者で権原を有するものを確知することができないため，これらの者に対し，前項の規定による必要な措置をとるべきことを命ずることができないときは，……当該消防職員……に，当該物件について同項第3号又は第4号に掲げる措置をとらせることができる。この場合において，物件を除去させたときは，消防長又は消防署長は，当該物件を保管しなければならない。

第18条①　何人も，みだりに火災報知機，消火栓，消防の用に供する貯水施設又は消防の用に供する望楼若しくは警鐘台を使用し，損壊し，撤去し，又はその正当な使用を妨げてはならない。

第29条①　消防吏員又は消防団員は，消火若しくは延焼の防止又は人命の救助のために必要があるときは，火災が発生せんとし，又は発生した消防対象物及びこれらのものの在る土地を使用し，処分し又はその使用を制限することができる。

②　消防長若しくは消防署長又は消防本部を置かない市町村においては消防団の長は，火勢，気象の状況その他周囲の事情から合理的に判断して延焼防止のためやむを得ないと認めるときは，延焼の虞がある消防対象物及びこれらのものの在る土地を使用し，処分し又はその使用を制限することができる。

③　消防長若しくは消防署長又は消防本部を置かない市町村においては消防団の長は，消火若しくは延焼の防止又は人命の救助のために緊急の必要があるときは，前2項に規定する消防対象物及び土地以外の消防対象物及び土地を使用し，処分し又はその使用を制限することができる。この場合においては，そのために損害を受けた者からその損失の補償の要求があるときは，時価により，その損失を補償するものとする。

④　前項の規定による補償に要する費用は，当該市町村の負担とする。

第40条①　左の各号のいずれかに該当する者は，これを2年以下の懲役又は100万円以下の罰金に処する。

1　第26条第1項の規定による消防車の通過を故意に妨害した者
2　消防団員が消火活動又は水災を除く他の災害の警戒防御及び救護に従事するに当たり，その行為を妨害した者
3　第二十五条8項……又は第29条第5項……の規定により消火若しくは延焼の防止又は人命の救助に従事する者に対し，その行為を妨害した者

◆ Ⅳ　私見──消防法3条説

　私見では次のように考える。本件の車両を破壊することを許容する直接の規定はないが，消防法3条では「火災の予防に危険であると認める物件」「消防の活動に支障になると認める物件」の所有者，占有者などに対し，「放置され，又は，みだりに存置された物件の整理又は除去」を命ずることができるとし（1項），確知することができないために，この措置を取るべきことを命ずることができないときは，当該消防職員にその措置を取らせることができるとしている（2項）。
　この規定は火災の予防の章（第2章）にあるので，火災が発生した場合の規定ではないとも考えられるが，火災予防のために権限を発動できる以上，火災が発生した場合に権限を発動できるのは当然である。しかも，この3条は「消防の活動に支障となると認める物件」にも適用があるので，火災予防の場合に限定する必要はない。
　次に，窓ガラスを割ってしまった点について考える。先の3条についての説明からすると普通にはまず所有者を探して自分で移動させるもので，確知することができない場合に初めて消防の方が自力執行で移動させることができる。本件の場合にはその所有者が現場にいなかったことがこうした場合に該当するかどうかが問題になる。車両の所有者の氏名，住所は車両番号から調べることはできるが，火災が発生した場合には緊急の必要があり，ゆっくり調べている暇はない。そこで，この場合の「確知することができない場合」とは，事案の状況に応じて，迅速には知ることができない場合という意味に解する。とすれば，現場に確知することができない場合に該当する。そこで，消防としては当該車両を除去できることになる。
　さらに，消防には，窓ガラスを割る権限はあるか。消防には車両を除去する権限はあるが，窓ガラスを割る権限は明記されていない。しかし，窓ガラスを割らなければ車両を移動することができない以上，窓ガラスを割ることは緊急

やむをえないし，その加害行為は必要最小限のことに属する。

そして，車両の所有者としても，違法駐車をして消火活動を妨げている以上，補償なしで窓ガラスを割られることは受忍すべき行為である。したがって，この車両の所有者には補償する必要はない。

むしろ，法律上補償を要しないのに補償すれば違法行為になるので，この公金支出は住民訴訟で返還を命じられる筋のものである。

◆ V 蛇　足

なお，上記の例で消防の方がなぜ補償する方針をとったのか，理解できない。常識的にも補償は泥棒に追い銭であって，不合理であることは前述の通りである。法解釈も，健全な常識から出発すれば，普通はそれなりに合理的な結論に達するはずである。

消防のOB氏からも，この事件では，「消防さん良くやった，消火栓に駐車した乗用車の持ち主には，補償金を返還させるべきだ，この車を緊急に移動させた消防隊員の行動は，賞賛に値する」といった声が寄せられている（「消火栓が無くなっちゃった」近代消防1991年1月号154-5頁）。まさにその通りであろう。

実務上補償が要るということになると，消防士の行動を抑制することになりがちである。しかし，私見では，もし違法駐車車両の窓ガラスを壊すと補償がいるので，消防士が運転者を探そうとして時間を要し，そのために火災が広がったとすれば，消防が消火活動を適切に行わなかったということになって，逆に消防が火元や類焼者から賠償請求を受けることになるのである。消防の現場の方々はこの点に留意して，仮に補償が必要でも，車両は迅速に移動してほしい。

新聞によれば，山口市長は，「全国で初めてのケースで，判例もなく，上級官庁も判断に苦慮，最終的に消防法29条3項の適用が妥当」と報告したという。これも新聞記事によっているから，市長が本当にこういう見解であったかどうかは定かではないが，こうした考え方もありそうである。そこで，これについてコメントすると，先例があればそれによるという単純な発想がミエミエである。筆者から言わせれば，先例があればそれによるというのは楽な仕事だが進歩がないと思う。先例だ，通達だとばかり言って自分では考えないでなぜ給料を貰えるのかと，この場合に限らず役人の対応にはよく腹を立てているの

が私である。先例を参考にしつつもそれでよいのかと，物事の合理性を検討してほしい。また，上級官庁に頼って，自主的な判断ができない事情もミエミエである。こんなことではいつまで経っても地方自治は充実しないであろう。

　そもそも，消防法18条は，「何人も，みだりに……消火栓……の正当な使用を妨げてはならない」と規定しているから，消火栓の上に車両をおく行為は処罰の対象になる（消防法44条）し，さらに，道交法45条1項4号も同趣旨の規定をおくから，補償要求があったときは，補償不要の理論的根拠など説明しなくとも，処罰の規定があるほど悪いことをしたのだと教えればたいていの者は折れるであろうし，また，火災の火元や類焼にあった者から，消火栓が自由に使用できれば火災の被害は少なかったとして車両の所有者に損害賠償請求をすることもできよう。したがって，普通には消火栓上の車両の窓ガラスが壊されたくらいでは恥ずかしくって補償請求してこないものだし，補償請求を断ることも簡単なはずである。筆者がこうした事件が起きる前に補償不要の前記の原稿（判例自治52号）を書いたのは，こうしたことが現場では問題になると聞いたために，法律論の練習のつもりであって，観念論であるとばかり思っていたのである。実際に補償するところがあるとは驚きである。当局が，少額だし，自分の金ではないからと気楽に考えたのでなければ幸いだが。もっとも，車の所有者の方が処罰は受けるが補償はせよと主張した場合にはやはり上述のような理論的根拠は必要である。

　ちなみに，私見は読売新聞に紹介された。筆者は，「道交法違反とともに，消防の妨害を禁じた消防法40条にも反する。正当な理由による請求でもないのに，29条を適用，補償するのはおかしい」と話したことになっている。しかし，まず，第1に，筆者は読売新聞とは話したことがない。抗議を申し込んだところ，筆者が他の新聞記者と電話で話していたところを隣で聞いていたというのである。前代未聞で驚いたが，筆者は新聞にコメントする際は正確を期して，記事の文章を確認（電話での再確認，ファックスのやりとり）しているのであって，勝手に記事にされては困るのである。

　ついでであるが，筆者がこうした方針をとっているのは，これまで新聞にはさんざん誤解記事を掲載された苦い経験があるためである。新聞記者は個人の意見をなぜ改竄できるのか。正しくまとめられないのか。不勉強以前に馬鹿ではないかとよく腹を立てている。これは筆者だけではなく，新聞に談話を発表することを求められる者がほとんど口を揃えていうことである。上記のような

方針をとっても，なおかつ，「判旨の前半は賛成，後半は問題」といったコメントの前半部分だけ掲載され，阿部はなぜあんな判決に賛成したかと同僚から馬鹿にされることもあった。新聞記者ははっきり言ってもっと勉強してほしい。学生なら恥ずかしくて教授に質問できないことも人が忙しいときに満足な資料なく電話だけで平気で聞いてくるし，教授の説明をよく理解できないで記事にしていることが少なくないのである。新聞社の採用方針や人材養成方針が間違っているのではなかろうか。

次に，ここで紹介されている私見は消防法40条の消防活動妨害罪を根拠としているが，筆者は消火栓の上に自動車を置く行為は18条違反にすぎず，40条違反ではないと考える。18条は，前述のように「何人も，みだりに……消火栓……の正当な使用を妨げてはならない」と規定しているので，本件の場合にぴたりと当たる。これにたいし，40条は，「消防車の通過を故意に妨害した者，消防団員が消火活動……に従事するにあたり，その行為を妨害した者」を処罰する規定であって，より一般的な規定であるから，消火栓の使用妨害については18条の方が適用されるであろう。筆者は前記の新聞の取材に対しても，40条には言及しなかったので，私見をなぜ前記のようにまとめられたのか，とうてい理解できない。筆者は処罰も18条によると説明していたのである。とにかく恥をかいたものである。新聞紙上の訂正請求権を主張したいところであるが，日本の新聞社はまず認めないので，ここで訂正させていただく。

◆ Ⅵ　関連問題

なお，適法に駐車している車両を消火のために破壊する場合には補償が必要なのは言うまでもない。本件では，消火栓の上に違法駐車したのであるが，では，この中間で，消火栓とは関係なく，たとえば，団地内の狭い通路にいっぱいの違法駐車車両を破壊する必要がある場合には，どう考えるのか。やはり，相手方に帰責事由があるとして，補償不要と考えるのか。それとも，そうした車両は違法駐車ではあるが，消防法には違反していないので，消防法上は適法物件として，それを排除するには補償を要するのかという問題がある。私見では，消防法3条は消防法違反の物件についてしか適用できないものではないし，窓ガラスの破損程度ならその違反や消火活動の妨害という迷惑と比べても過大な損害を与えるものではないから，この場合も補償不要と考える。

また，消火栓の上に車両を駐車させる行為は前記のように道交法45条に違

第 2 部　国家賠償法

反するので，同法 81 条により警察は当該車両を移動できる。以下は，前述とほぼ同様の議論になる。

※損失補償の一般理論と日本法上の例については，阿部泰隆『国家補償法』（有斐閣，1988 年）に詳しいので，併せて参照されたい。

> 【追記】　本稿に先行して，1 で言及したように，判例地方自治 52 号でも私見を公表していたが，かなり重複するので，ここでは掲載を見合わせた。
> 　大阪市では，消火栓はたくさんあるから，どこかの消火栓を使ってホースを結べば済むので，本稿で提起した問題は起きないと聞く。第 1 部第 5 章では「破壊消防と結果責任」を扱っている。あわせて参照されたい。

第7章　4条解釈の誤り，消防の消火ミス等と失火責任法の適応・国家賠償責任　　　（1984年）

◆ I　はじめに

　消防職員の消火ミス，特に消火後の再出火（いわゆる再燃火災）について失火責任法の適用があり，消防職員に故意・重過失がない限り（つまり単なる軽過失では），消防職員の属する市町村は損害賠償の責任を負わないと解すべきであるか。それとも失火責任法の適用がなく，消防職員に軽過失でもあるかぎり市町村は責任を負うのか。この問題について，最高裁昭和53年7月17日判決（民集32巻5号1000頁，判時905号11頁，判タ372号81頁）は失火責任法適用肯定説（以下，適用肯定説という）を採用した。

　しかし，筆者は，この判決は国家賠償法（以下，国賠法という）4条の解釈と消防職員の消火ミスの性質の理解の点で重大な誤解を犯していると思料するので，到底賛成できない。失火責任法適用否定説（以下，適用否定説という）が妥当であると信じ，ここに私見を述べる。

　もちろん，学説上は適用否定説も一応有力に説かれているので，いまさら同じ説を追加しなくてもよさそうに見える。しかし，右最高裁判決後の状勢を見ると，下級審判例は勿論適用肯定説をとっているうえに，適用否定説をとる学説は，数こそ多いものの，もう1つ決め手を欠き，適用肯定説の反撃にあって，守勢に立たされているようにみえる。そこで，ここに従来の適用否定説にプラスした論拠をいくつか挙げて適用肯定説に反論する。

　あわせて，適用否定説が妥当する国・公共団体の活動（公権力の行使）の範囲や消防の消火ミス責任の性質，関連する解釈上の諸問題についても言及する。

　叙述の順序としては，まず従来の学説・判例を整理し，ついでに私見を開陳することにする。なお，本稿中の傍点は筆者が付加したものである。

　本稿中に引用する主要文献を予め掲げておく。判例は番号，論文は著者の姓とかっこ内の略語で引用する。ただし，前記最判のみ，「昭53最判」として引用する。

第 2 部　国家賠償法

【主要引用文献】

秋田地判昭和 47・11・10 判時 695 号 101 頁〔判 1〕。
名古屋地判昭和 50・10・7 判時 808 号 90 頁（昭 53 最判の 1 審）〔判 2〕。
仙台高秋田支判昭和 51・3・6 判時 818 号 63 頁　（右〔判 1〕の控訴審）〔判 3〕。
名古屋高判昭和 52・9・28 判時 870 号 76 頁，判タ 366 号 226 頁（昭 53 最判の 2 審）〔判 4〕。
名古屋高判昭和 55・7・17 判時 987 号 57 頁，判タ 423 号 97 頁（昭 53 最判の差戻審）〔判 5〕。
大阪高判昭和 55・9・26 判タ 431 号 92 頁〔判 6〕。
岐阜地判昭和 56・7・15 判時 1030 号 77 頁〔判 7〕。
横浜地裁川崎支部昭和 52（ワ）378 号昭和 57・8・19 判決（未公刊）〔判 8〕。
広島地判昭和 58・9・29 判時 1102 号 109 頁〔判 9〕。
芦川豊彦「昭和 53 最判判例研究」愛知学院大学法学研究 22 巻 4 号（1979 年）93 頁以下。
神田孝夫「昭和 53 和最判解説」ジュリスト昭和 53 年度重要判例解説 82-5 頁。
川井健「昭和 53 最判解説」判タ 390 号 166-9 頁。
木村実「〔判 2〕の評釈」判評 212 号 144-147 頁（1976 年＝昭和 51 年）。
古崎慶長『国家賠償法』（有斐閣，1971 年）（賠償法）。
―――「昭和 53 最判評釈」民商 80 巻 4 号 455-473 頁（民商）。
―――「昭和 53 最判解説」ジュリスト行政判例百選Ⅱ（1979 年）288-289 頁（百選）。
下山瑛二『国家補償法』（筑摩書房，1973 年）。
鈴木潔＝水沼宏「医療過誤・国家賠償」『実務法律大系 5』（青林書院新社，昭和 48 年）。
関哲夫「消防活動と国家賠償―再燃火災の事案を中心に」静岡大学法経研究 32 巻 4 号（1984 年）。
時岡泰「昭和 53 最判解説」『最高裁判所判例解説民事編昭和 53 年度』367 頁以下。
戸出正夫「消防署職員の消火活動と失火責任法」（Insurance 昭和 58・1・1 号，1983 年）（消火活動）。
―――「失火責任法について―その法史と立法理由」『財団法人損害保険事業研究所創立 40 周年記念損害保険論集』（1974 年）569-602 頁（失火責任法）。
―――「非常勤消防団員のしばやきによる損害と国家賠償法 1 条の適用及び失火責

第7章 4条解釈の誤り，消防の消火ミス等と失火責任法の適応・国家賠償責任

任法適用の可否」ジュリスト785号（1983年）93頁以下（消防団員）。
──「失火責任法における重過失の意義」『田辺康平先生還暦記念保険法学の諸問題』117頁以下（文真堂，1980年）（重過失）。
能見善久「昭和53最判評釈」法協97巻2号270-7頁（1980年）。
林修三「昭和53最判解説」時の法令1030号。
東松文雄「昭和53最判解説」『昭和53年行政関係判例解説』。
村井龍彦「消防職員の消火活動と失火責任法」愛媛法学会雑誌7巻2号（1981年）。
森孝三「昭和53最判評釈」ジュリスト673号（1978年）。

II 従来の学説・判例

1 従来の実例

消防職員の失火，広くは公務員の失火には種々の態様がある。これについて従来の判例・学説に現われた事案は次のようなものである。

① 消防職員の消火活動が不完全であったため再出火した場合（いわゆる再燃，消火ミス）。

従来の学説は主にこの例を念頭に論じてきた。判例も〔判1〕，〔判3〕，〔判8〕，昭53最判とその下級審〔判2〕，〔判4〕，〔判5〕はこのケースである。

② 消防職員の消火活動が不十分なため鎮火せず，他にも延焼したとされる場合（消火ミス）。

〔判6〕はその原告によるとこのケースである。

③ 警察官及び消防職員が，深夜路上に駐車中のトラックに積載されていた数頭の競走馬の馬体からの湯気や鼻息を火災による白煙と誤認して，トラック内に消火剤の噴霧及び放水を行い，この馬を死傷させた場合（誤認による消火ミス）。

〔判9〕がこのケースである。若干類似のケースとしては，自動火災報知器が火事でもないのに誤って作動した（その場合は多いという）ため，消防職員が火事と判断して建物のドアを毀して侵入する場合が考えられる。

④ 消防職員がしたしばやきのミスで附近の民家に延焼させた場合（失火）。

〔判7〕の事案がこれである。

⑤ 捜査官がローソクの火で証拠物件を捜索中，その火が物件に燃え移り建物を焼毀した場合（失火）。

古崎・賠償法241頁の例である。

⑥ 国・公共団体の所有する庁舎等から失火し，近隣の建物に類焼した場合（失火）。

2 昭和53年最判

本稿がとりあげる問題の中心的位置を占めるのは昭53最判である。この事案は再燃に関するものであるが，判旨はそれに限らず，広く公権力の行使にあたる公務員の失火について適用肯定説をとっている。すなわち，

「国又は公共団体の損害賠償の責任について，国家賠償法4条は，同法1条1項の規定が適用される場合においても，民法の規定が補充的に適用されることを明らかにしているところ，失火責任法は，失火の責任条件について民法709条の『民法』に含まれると解するのが相当である。……したがって，公権力の行使にあたる公務員の失火による国又は公共団体の損害賠償責任については，国家賠償法4条により失火責任法が適用され，当該公務員に重大な過失のあることを必要とする」。

3 判例・学説の概況

判例・学説の概況をみると，上記最判以前では適用肯定説としては，その1審の〔判2〕があり，適用否定説としては，その2審の〔判4〕，〔判1〕，木村，下山，鈴木＝水沼氏の諸説があった。適用否定説が優勢であったといえる。

ところが，上記最判が適用肯定説をとって以降はその差戻審の〔判5〕はもちろん，〔判6〕，〔判7〕，〔判8〕はともに上記最判に簡単に従って適用肯定説をとった。

これに対し〔判9〕は消防の消火ミスにつき失火責任法を適用せず，専ら国賠法1条1項の過失の有無を論じているので，結果としては適用否定説であって，筆者はこれに賛成するが，この事件では失火責任法の適用の有無は争われず，国賠法1条1項の過失責任主義が当然のごとく妥当するとみられているので，これは前記Ⅱ1の通り通常の消火ミスたる再燃事件とは異なる事案であるので，再燃火災に関する従来の適用否定説を修正したとはいえない。

学説では，調査官解説である時岡説はもちろん，古崎，関，林，東松説は適用肯定説であるが，適用否定説に傾く者として，神田，川井，芦川，戸出，村井説があり，森，能見説は必ずしも明言していないが，適用否定説に傾くニュアンスがある。

第7章　4条解釈の誤り，消防の消火ミス等と失火責任法の適応・国家賠償責任

以下，まずこれらの説を紹介する。

4　適用肯定説の論拠

(1)　失火責任法が公権力を行使する公務員の失火に適用されるという適用肯定説の概念は一般に国賠法4条にいう「民法」ないし同5条にいう「民法以外の他の法律」は失火責任法を含むことや失火責任法の立法趣旨である。

(2)　適用肯定説は国賠法4条にいう民法とは，民法典そのもののみを指すのか，それとも民法典のほかにその付属法規をも含み，しかも，失火責任法もここでいう民法に入るのかを論じ，後者の説をとってきた。そして，この説はこのことから直ちに，公権力の行使にあたる公務員の失火については失火責任法が適用されるのは当然と考えている。上記昭53最判の判決文を一読されたい。このほか，古崎説（賠償法240-241頁，百選289頁，民商470頁），時岡説（375頁），東松説（誤785頁）がそうである。というより，恐らくは上記最判は古崎説に従ったものと推測される。

(3)　また，上記の適用肯定説では，国賠法4条にいう「民法」は民法典に限るが，同法5条の「民法以外の他の法律」のなかに失火責任法を含ませる考えもあるが，結論は同様である（時岡373頁）とか，この考えについて，「5条は，なくてもよい全くの注意的規定であるから，同条にウエイトをおくのは正当でない。もっとも，この議論は，4条か5条かの違いであって，結論的に変わりはない」（古崎・賠償法240頁，同旨・民商463頁注(5)）といわれてきた（この点，関65-7頁同旨）。国賠法の4条と5条の位置づけに注意されたい。

(4)　昭53最判以前に適用肯定説をとった唯一の判例たるその一審〔判2〕は，国賠法4条にいう「民法」には民法附属法規を含むとの解釈を打ち出すほか，失火責任法の立法趣旨を論じ，適用肯定説をとった。すなわち，この判決によると，失火責任法の立法趣旨は，①　火災の発生については住民がお互いに注意すべきであること，②　類焼により他人に損害を加えることになるのは木造家屋が建てこんでいるわが国の社会事情によるもので，失火者1人の責任とすべきではないこと，③　失火者は自らの財産をすべて焼失するのが通常なので類焼による莫大な損害をも賠償させるのは酷であるという点にある（なお，戸出「失火責任法」は同法の立法趣旨に詳しい）。そして，上記判決は，この，①，②，③の理由が失火責任法にいう失火者から国又は公共団体を除外する理由になるかどうかを検討し，①は問題とならず，②の社会事情は国又は公共団体の

責任ではないから，このことから国又は公共団体について失火責任法を適用しない理由にはならず，③については，国又は公共団体にあてはまらないが，その財源に限度があるから決定的な理由にはならないとする。さらに，単に国又は公共団体というだけで私人より過大な責任を負わねばならぬとする理論は感情論であり，この理論に従うと失火者がたまたま公務員であるという事情によって被害者救済に不公平を生ずるという。

関説（65-67頁）が適用肯定説をとる一論拠はこれと同様に失火責任法の立法趣旨である。林説（62頁）が昭53最判に賛成する根拠としてあげるのは上記判決と同様に国・公共団体と一般私人の均衡論である。

5　適用否定説の論拠

これに対し，適用否定説は，公務員の失火につき失火責任法が適用されるという適用肯定説を一応前提としたうえで（これを明言するものとして，〔判1〕川井169頁），失火責任法の立法趣旨は消防職員の消火活動には適用されないというものである。

その理由としては，消防職員は国民の生命・身体・財産を火災から保護する責任を負う専門家であるから，その消火活動には高度の注意義務が課せられていること，消防の属する市町村は当該火災によってその所有財産を焼失したものでないこと，市町村は一般に賠償能力を有すること，したがって，市町村が加害者になった場合に宥恕すべき事情はないこと，消防職員の不手際等による出火は失火責任法における失火概念と違いすぎることなどがあげられている（〔判4〕，〔判1〕，鈴木＝水沼406頁，木村147頁，芦川100頁，神田85頁，川井169頁など参照）。

6　適用肯定説の反論

以上の適用否定説に対し，適用肯定説から反論がなされている。

公共団体が加害者になる場合に過失につき宥恕すべき事情のある場合が少ない点は，「重大な過失」の有無の評価に際し考慮すべきであり，私企業等といえども経済的基盤の強大なものもあれば，公共団体といえども財政力が貧弱なものもあるから弁済能力の点を判断基準とすることは適当ではない（時岡375頁）。国が民法715条により賠償責任を負う場合（例，郵便局の職員がタバコの吸殻を始末しないで出火させた場合）には，国の賠償能力が大であることを理由

第7章 4条解釈の誤り,消防の消火ミス等と失火責任法の適応・国家賠償責任

に失火責任法の適用を否定することはできないから,国賠法1条が適用される場合にも賠償能力の大小は理由にならない(古崎・民商466頁)。

消防職員が職責上負う高度の注意義務については,過失の程度の評価に際し考慮されるべきで,公権力の行使にあたる公務員のうち消防職員の消火活動上の過失と他の場合とを区別するだけの合理的理由を見出し難いから,消防職員についてのみ適用否定説をとることは相当でない(時岡375頁,同旨,古崎・民商464頁)。

公共団体が一般私人の生命等の保全を任務とすることを強調して適用否定説をとる立場(神田説)に対しては,それなら国賠法1条のほか,民法44条,715条によって国,公共団体が賠償責任を負う場合も適用否定説をとらねば一貫しないが,そこまで徹底しているのかと批判される(古崎・民商465頁)。

さらに,古崎説は次の主張をする。失火責任法適用否定説の底にあるものは,消防職員は消防について専門家であり高度の注意義務を負わされているのに,「軽過失」のとき免責されてしまうのでは,過保護であって不都合きわまるという素朴な法意識ないし法感情である。しかし,他方で「軽過失」のとき免責する合理的理由がないわけではない。それは,消防職員の失火と他の公務員の失火とを別異に取り扱うことに合理的理由がないということである。このようにみてくると,法意識ないし法感情にウエイトを置きすぎると,解釈を誤ることになり,結局昭53最判のいうように,明文で除外しない限り失火責任法の適用があるとするのが,いかにも形式論であるようで決してそうではないのである(百選289頁,〔判2〕もほぼ同旨)と。関67頁も時岡,古崎説に近い。

◆ III 国賠法4条の趣旨——適用否定説

1 従来の判例・学説の土俵

前記の適用肯定説はII 4に述べたように国賠法4条にいう民法には失火責任法が含まれるとするか,それとも同法5条により失火責任法が公権力の行使に適用されるとするか,いずれにせよ失火責任法は国賠法1条1項にとって特別法として優先適用されるとの前提に立つ。適用否定説もII 5にみたように,適用肯定説の設定した土俵=前提に乗っかったうえで,失火責任法の立法趣旨や消防の任務などを論じて,失火責任法の適用を制限ないし否定しようとしてきた。

その結果,先に述べたように,両説とも,失火責任法の立法趣旨が消防や広くは公務員にも適用されるかをめぐって争ってきたが,適用否定説の提出した

論拠は必ずしも強力ではなく，Ⅱ6でみた適用肯定説の反論にあって説得力は弱いものとなった。少なくとも水かけ論に終っている。

適用否定説の論法のこの弱さが適用肯定説を最高裁判例としてしまったうえ，その後の下級審判例が最高裁判例にそのまま従う状況を傍観せざるを得なくしてしまったといえる。先に両説を詳しく紹介したのはこの状況を理解してもらうためでもある。

2　国賠法4条，5条の趣旨 —— 私見

（1）しかし，前記の諸説が相撲をとっている土俵なり諸説の前提に疑問があるのである。その両説とも国賠法4条，5条の趣旨，すなわち，国賠法1条，民法，失火責任法，特別法の適用順序を理解していない。

まず，国賠法4条は「国又は公共団体の損害賠償の責任については，前3条の規定によるの外，民法の規定による」と定める。この趣旨は，国又は公共団体の活動のうち，公権力の行使によるものと公の営造物の設置・管理の瑕疵以外から生じた損害について，民法不法行為法の規定を適用して賠償責任を定めるとともに，他方，公権力の行使，公の公造物の設置・管理についての損害賠償について国賠法を適用するほか，賠償請求権の行使とか過失相殺などについては民法を適用するという2つの意味を含むとされている（通説，古崎・賠償法240頁，時岡371頁）。上記4条は「公権力の行使に当る公務員の加害行為による損害についてまで民法不法行為の規定を競合的に適用できることを認めたものではない」（東京地判昭32・5・14下民集8巻5号931頁）。民法の規定は「補充的」に適用されるのである。ここまでは昭53最判も（Ⅱ2）認めている。

国家賠償責任に適用される民法の規定としては，710～711条（慰謝料），713条（心神喪失者の責任能力），719条（共同不法行為），720条（正当防衛，緊急避難），721条（胎児の特例），722条（損害賠償の方法，過失相殺），723条（名誉毀損），724条（消滅時効），509条（不法行為による債権の相殺）があげられる（時岡372頁，古崎・賠償法245頁）。ここで，民法709条（不法行為），715条（使用者責任）はあげられていないことが注目される。

他方，国賠法5条は，「国又は公共団体の損害賠償の責任について民法以外の他の法律に別段の定があるときは，その定めるところによる」とする。この趣旨は，「郵便法・電信法などのように国又は公共団体の賠償責任について特別の定めをしているものについては，……まずそれが適用され，本法および民

第7章 4条解釈の誤り，消防の消火ミス等と失火責任法の適応・国家賠償責任

法の賠償責任に関する規定の適用を否定することにした」（古崎・賠償法249頁）点にある。そして，ここでいう「他の法律に別段の定」とは無過失責任を定めた消防法6条3項や責任を限定した郵便法6条以下などであって，失火責任法は含まれていない（古崎・賠償法250頁参照）。

なお，適用肯定説によると，失火責任法は国賠法5条にいう「民法以外の他の法律」に含まれるということであった（Ⅱ4に既述）が，これは適用肯定説の論者自身が認める右の叙述と矛盾する点で賛成できないのみならず，そもそも国賠法5条はその文言上も明らかに国又は公共団体の損害賠償責任に関して民法以外の法律に定められた特別規定のみを国賠法に優先させているのであって，そうした特例規定たりえない失火責任法はここでいう「民法以外の他の法律」たりえない。失火責任法は国賠法の4条においても5条においても「民法」に含まれるのである。また，以上によれば，5条は4条とは異なる独自の意義をもつものである。したがって，失火責任法を5条にいう「民法以外の他の法律」に含めたり，5条をなくてもよい規定とする適用肯定説（Ⅱ4(3)）には到底賛成できない。

この国賠法4条と5条を全体として統一的に読むと，従来の通説・判例（それは同時に本テーマの適用肯定説の論者の説でもある）によっても，5条により特別法が国賠法に優先して適用され，4条により国賠法が民法に優先して適用され，民法は国賠法に規定がない場合に補充的に適用されることになる。すなわち，法律の適用順序は特別法（郵便法，公衆電気通信法，消防法6条3項等），国賠法1条1項，民法（附属法を含む）となる。そして，失火責任法は民法の附属法であるから，民法との関係では特別法であっても，ここでは民法に含まれるのである。

ところで，失火責任法は過失責任主義をとる民法709条の特別法として重過失責任主義をとるが，国賠法も，この責任の主観的要件についてはすでに規定を置いている（過失責任主義）から，公権力の行使にあたる公務員の失火につき失火責任法を国賠法1条1項の補充規定として適用する余地はないのである。国賠法4条により適用される民法の規定中に前記の通り民法709条，715条が含まれていないのはこのためである。

適用肯定説の立場では，責任の主観的要件に関して失火責任法が国賠法1条1項に優先して適用されることに帰着するので，民法が補充的に「前3条の規定によるの外」適用される（国賠法4条）のではなく，前3条にかえて，適用

されることになってしまう。これでは国賠法1条1項をなんのために制定したかわからない。

このように適用否定説は立派に法的根拠を有するのであり，古崎説のいうこと（Ⅱ6）とは逆に，失火責任法の適用は明文で除外されているのである。適用否定説は同説のいうような素朴な感情論ではないのである。

(2) 昭53最判の時岡調査官解説375頁は，国賠法4条の民法には民法典のみならず民法附属法規も含まれると解することは文理上も素直な解釈であり，国家賠償法立法当時の解釈にもそうものとしたうえで，この見解は国賠法1条1項と自賠法3条との関係について自賠法3条が適用されるという立場とも軌を一にするという。この趣旨は自賠法は公権力の行使に適用されるので，失火責任法も同様に解されるということであろう。

この時岡説は下山説を念頭に置いて反論したものと思われるので，まず下山説（63頁）をみよう。これは，失火責任法や自賠法が国賠法1，2条と競合して適用されるかについて，損害塡補，被害者救済の見地から考え，失火責任法は責任緩和規定であるので国，公共団体には適用されないが，責任過（？加——阿部）重規定である自賠法3条は国賠法に優先適用されるとする。

この下山説に対しては，国賠法5条が国，公共団体の責任を軽減する規定の適用を認めている（例，郵便法68，69条）から疑問である（時岡375頁）とか，特別法（失火責任法）は一般法（国賠法）に優先するという法解釈の原則を「損害塡補」の見地から曲げてしまうとの批判（古崎・民商465頁）がある。これについては，失火責任法を国賠法の特別法ととらえる点を除いて賛成できる。したがって，下山説は賛成できない。しかし，だからといって，右の時岡説が自賠法を正当に位置づけ，適用肯定説が妥当であるということにはならない。

そもそも，官庁の車両の運行も一般には公権力の行使とはいえないから，事故が発生した場合も民法と自賠法だけの問題となる。そうすると，自賠法が優先適用されるのは勿論である。国賠法1条の適用が問題となるのは車両の運行が公権力の行使となりうる消防車や警察車の公務中の事故などであろう。

この場合において，国賠法1条と自賠法3条の関係はどう考えられるのであろうか。自賠法3条は自動車事故に際し過失の立証責任を転換して，自動車の運行供用者の責任を加重する規定である。これは自動車の運行が公権力の行使であるか非権力活動であるかを問わず，自動車の運行によって人の生命・身体

第7章 4条解釈の誤り，消防の消火ミス等と失火責任法の適応・国家賠償責任

が害された場合の被害者の保護規定であるから，民法の特別法であると同時に国賠法の特別法であると解すべきである。車両の運行が公権力の行使とされたとたんに自賠法3条の立証責任規定の適用がなくなるのは不合理である。自賠法3条は国賠法5条にいう特別法として国賠法に優先して適用されるのである。これは民法，国賠法が適用されている領域に自賠法があとから制定されたという沿革にも合致する解釈である。

これに対し，失火責任法との関係では，もともと公権力の行使に関しては国や公共団体の責任が認められておらず，民法の適用がある場合にのみ損害賠償責任が認められていた時代に，失火責任法は民法709条の修正法として誕生したのである。したがって，この時代には公権力の行使について失火責任法は適用されなかったのである。そして，従来民法709条も失火責任法も適用されておらず，それゆえ国家無責任の法理が妥当していた公権力の行使に関して戦後国賠法1条が制定されたのである。したがって，公権力の行使については専ら国賠法1条が適用されるのであって，もともと失火責任法の適用の余地はないのである。

そうすると，公権力の行使との関係において，失火責任法は適用されないが，自賠法は適用されるという解釈をすることには理由があるのであって，自賠法3条が国賠法1条に優先適用されるからといって，失火責任法も同様に解する理由はない。したがって，前記の時岡説には賛成できない。下山説は結論的には妥当であったが，理由づけが適切でなかったため，適用否定説の論拠を弱め，適用肯定説を定着させる結果を招いたのである。

(3) 以上により，公務員の失火についても，それが公権力の行使にあたるかぎり，国賠法1条1項が適用され，失火責任法の適用がないことは解釈論としては明らかである。失火責任法の適用の有無は公権力の行使であるかどうかに依存する。この点については，失火責任法の立法趣旨は参考にならず，論者がこれにつきさんざんしてきた論争は解釈論のレベルではほぼ無駄であったというのほかはない。適用肯定説がⅡ4・5で指摘する種々の不均衡の問題も，立法的にこの解決がとられている以上，解釈論としてはやむをえないものといわざるをえず，適用否定説に対する有効な批判とはならない。

ただ，公務員の失火につき失火責任法が適用されるかどうかについて同法の立法趣旨を根拠とした従来の議論は，第1には，立法論として参考になる。適用否定説がこれにつき提出した論点（市町村の弁償能力，国民に対する安全確保

299

責任等）は，国賠法1条が失火責任法に優先して適用されるという国賠法の立法理由を根拠づけるのに役立つ。第2には，前記の議論は国賠法1条の適用範囲を画するため，すなわち「公権力の行使」の意義を明らかにするため役立つ。これは次に項を改めて検討する。

◆ Ⅳ 「公権力の行使」の意義と従来の実例への適用

1 公権の行使の意義一般 —— とその実益（実害）＝公務員の対外的個人責任

（1） 公務員の出火でも，それが公権力活動や公物営造物の設置管理の瑕疵によるものでないかぎりは，民法の適用を受ける。その場合には民法の附属法たる失火責任法が特別法として優先適用される。本稿では国賠法の適用がある場合において失火責任法の適用があるかどうかだけを問題とする。このうち，公物営造物の設置管理の瑕疵による失火について失火責任法の適用があるかどうかについては，工作物の設置保存の瑕疵に失火責任法が適用されるかという別個の問題ともかかわる（森孝三「使用者責任・工作物責任と失火責任」『現代損害賠償法講座6』（日本評論社，1974年）参照）ので，本稿ではとりあげない。本稿は国賠法1条1項にいう公権力の行使にかかわる失火のみをとりあげる。

（2） 前記Ⅱ1に掲げた例は公権力の行使にあたるであろうか。これは公権力の行使の意義いかんに依存する問題である。これについては公権力の行使を命令強制作用に限定する狭義説，命令強制作用プラス非権力的公行政作用に及ぼす広義説，一切の行政活動とする最広義説の3説がある（古崎『賠償法』95頁，遠藤博也『国家補償法上巻』（青林書院新社，昭和56年）145決参照）が，公権力の行使でなければ民法709, 715条が適用されるし，これと国賠法1条1項との差は実際上ほとんどないため，この3説の争いは学説上の争いの盛況に比べて実益は少なかった。従来知られるところでは，主たる実益は公務員個人の対外的責任の存否であった。すなわち，民法が適用される場合には公務員も対外的に個人責任を負うのに対し，国賠法が適用される場合には反対に解されてきた（最判昭和30・4・19民集9巻5号534頁，最判昭和46・9・3判時645号72頁，最判47・3・21判時666号50頁等）。逆にいえば，国家の賠償責任は認めるが，公務員個人の対外的責任は否定すべきであるとみられるとき，公権力の行使と判定するというのが実際的な事情であったとみられる。そのような結論は合理的であるとして，公権力の行使の意義を広く解する見解が優勢になっているが，最広義説は私経済作用をも公権力の行使と見るという，いかにも文理と

沿革に反する解釈をするため支持者が少なく（乾昭三『注釈民法（19）』（有斐閣, 1965年）392頁, 村上義弘「公権力の行使」『前掲現代損害賠償法講座6』255頁以下ぐらいか）, 目下広義説が通説・判例である。

2 失火責任法との関連

　ところが, 本稿でとりあげるテーマとの関係では, 適用肯定説であれば, 公権力の行使であろうとなかろうと, 公務員の失火について失火責任法が適用されるので, 公権力の行使か否かは実益を有しないが, 適用否定説では, 公権力の行使であれば失火責任法の適用はなく, 公権力の行使でなければ失火責任法の適用があるという重大な差を生ずる。これは公権力の行使の意義について新たな実益を提供するものである。

　では, 国・公共団体の活動に対する失火責任法の適用という観点からみるとき, どの説が妥当であろうか。失火責任法の適用の実際を検討して考えよう。

　まず, 古崎説（民商468頁）によると, 火災による損害額は昭和52年で1294億円（火災1件当りで202万円）云々になるので, 火災の実態を統計的に観察したとき, わが国の家屋が木造で, 1度出火したとき莫大な損害が発生することは明治の昔と現在とで大差がないから, 失火責任法が時代錯誤の法律であると単純にきめつけるわけにはいかないという。

　これに対し, 戸出説（「消火活動」63頁）では, 1加害者件数当りの要償額は物的損害で471万円, 人的被害で65万円, 合計536万円にすぎないので, 現在の国民の所得水準や被害者保護の法思想, 保険の発達等を念頭に置けば失火につき加害者に過失責任を負わしても酷とはいえず, 立法理由の大きな柱がゆらぐし, 百歩譲って, 国民にかかる負担を強いるのが酷であるとしても, 国家が加害者となった場合は, 類焼損害額の1パーセントが公権力の行使にあたる公務員の失火（とうていこのような高い割合とは思えないが）であると仮定しても, 3億5600万円にすぎないので, 国家の負担能力を云々することは全く不要であると（「消防団員」97頁も同旨）。さらに, わが国の火災危険度は今日失火責任法立法当時の7分の1以下で, 諸外国と比べても低い（戸出「明治初期及び明治後期並びに現代の火災実態とその比較」損害保険事業研究所『創立50周年記念損害保険論集』（1983年）595頁以下）。

　右の戸出説は実証的で説得力がある。どんな寒村において公務員のミスで出火しても, 通常は賠償可能であろう。

3 結論——広義説

そうすると、立法論的には、失火責任法を廃止すべきことになるし、少なくとも公務員の失火については、公権力の行使であるかどうかを問わず、失火責任法を適用しないことが妥当である。しかし、解釈論としては、公権力の行使なる概念を全く無視することはできないから、前記最広義説はとりにくい。残るは広義説と狭義説であるが、なるべく失火責任法を国や公共団体に適用しない方が妥当であるという右の事情と、公務員の対外的個人責任とのからみでも広義説がとられていることに照らすと、広義説をこの場合にも採用すべきであろう。

村井説（52頁以下）は、従来の学説判例が消防職員の活動を当然のこととして公権力の行使と捉えていることに疑問を呈している。なる程、消防職員の活動を公権力の行使と捉えながら、消防活動に伴う責任については民法の特別法とされる失火責任法を適用するのは筋違いと、適用肯定説を批判するかぎりにおいて、この説は妥当である。しかし、同説が狭義説をとって、非権力的な救済活動にあたる消防職員の消火活動を公権力の行使でないとする点については、広義説からは賛成できない。

さらに、上記村井説が広義説をとらない理由には一般論としても納得し難い。同説は、広義説の長所について、国公立病院の医師等の過失による侵害が国賠法1条で救済され、同条の要件が民法715条に比し緩和されているため（選任監督上の注意義務による免責がない）被害者に有利であるが、国公立病院、学校等の管理作用について私立の病院、学校と比較するとき、特に有利に取扱うことの合理性、妥当性が問題である（54-55頁）という。しかし、国公立病院の医師の過失による損害は一般には私経済作用と考えられるから、広義説の立場ではこれを公権力の行使とすることはあるまい。最広義説の立場であってはじめて右の例を公権力の行使ととらえるのである（宮内竹和「公務員個人に対する損害賠償請求」来栖三郎＝加藤一郎編『民法学の現代的課題』（岩波書店、昭和47年）343頁）。なお、広義説が命令強制作用でない作用を公権力作用とする例は教育、行政指導、公表などである。そうすると、病院の例を持ち出しても、広義説が妥当でないことの論証にはならない。

4 実例の考察

以上の立場から前記 II 1 の実例を考察する。①、②、③は非権力的な救済活

第7章 4条解釈の誤り，消防の消火ミス等と失火責任法の適応・国家賠償責任

動である。これは同じ消防の活動でも，消防車の優先通行（消防法26，27条）消防警戒区域の設定（同28条），土地の使用，処分，使用制限（同29条）のような権力的手段とは異質であることは村井説（52頁）の指摘する通りであるが，前述の理由で国賠法1条1項にいう公権力の行使にあたるとみられる。③の〔判9〕も同説である。これは警察官の救助活動や消防の救急活動を国賠法1条1項にいう公権力の行使と捉える判例（長崎地佐世保支判昭和37・12・17下民集13巻12号2480頁，札幌地判昭和54・6・22，後述，Ⅵ2）とも調和する解釈である。

　④の例について〔判7〕は広義説の立場から，消防団員の職務活動を公権力の行使としている。ただ，この判例は昭和53年最判に従って，消防団員の失火についても失火責任法を適用するとしているので，しばやきを公権力の行使とするかしないかで実質的な差はでてこない。筆者は前記広義説の立場からしばやきを公権力の行為とし，失火責任法の適用を否定する。

　⑤の例について，古崎説（百選289頁，賠償法241頁）は，「公務員の公権力で行使であることを理由に失火責任法の適用を否定すると，私人の場合と却って権衡を失する」とされ，また，「自衛隊の隊員が野外演習中炊事の火の不始末によって山火事を出したような場合」（民商464頁）も同様とされる。しかし，国賠法1条1項は公権力の行使について民法の特例を定めたものであるから，国賠法の適用を受ける以上，私人の場合と権衡を失することは承知の上なのである。また，古崎説は公権力の行使の意義につき，広義説をとる。そうすると，非権力的公行政作用も公権力の行使となる結果，私人がなす類似の行為と比べて不均衡を生ずる（特に公務員の個人責任の有無について）が，古崎説はそれで良いとしているのである（『賠償法』101-103頁）。したがって，私人の行為との均衡論は適用否定説に対する有効な反論とはいえない。筆者は⑤の例は狭義説少なくとも広義説により公権力の行使とし，失火責任法の適用はないと考える。

　木村説（146頁）は⑥の例についてのみ失火責任法の適用を肯定するのに対し，古崎説（百選289頁）は，庁舎の管理は公権力の行使に当らないからこの限定の仕方には疑問があるとされる。

　古崎説は公権力の行使として消防活動にも失火責任法が適用されるかを論ずるので，右のような議論になろうが，公権力の行使には失火責任法の適用がないとの私見から見れば⑥は公権力の行使でないので，木村説が結論的には妥当

である。

◆ V 過失と重過失

1 過失と重過失の異同と実益

　失火責任法を適用するかしないかで結果は異なるか。1つの見方では，適用肯定説に立っても，消防職員の注意義務は高度のものであるから，一般人の過失なら軽過失と評価できるものでも業務上過失として重過失と評価できることを理由に，消防職員の注意義務が高度であることは適用否定説の根拠とならないという（〔判2〕，同旨，古崎・民商470頁，時岡・376頁，東松・785頁，関・67頁。森・98頁もこの方向か？）。

　これに対し，逆に適用否定説では過失の有無の判断に際し失火責任法の精神を十分尊重すべきで，民事法の一般基準に立てば，軽過失が認められる場合でも，その程度によってはその責任を否定する余地があるとする判例（〔判1〕）がある。

　そうすると，適用肯定説と適用否定説はそれぞれ過失の重過失化，軽過失の無過失化という操作を行うことにより実質的には接近しており，両説の争いの実益はさほど大きいとはいえないことになる。

　しかし，昭53最判の差戻審〔判5〕は，重過失とは，通常要求される程度の注意すらしないでも極めて容易に結果を予見できたにもかかわらず，これを漫然と見すごしたような場合を指すのであるから，結局ほとんど故意にひとしいと評価されるべき著しい注意欠如の状態をいうとして，結論として重過失を否定した。この差戻前の1審は失火責任法を適用し，重過失はないとして請求を棄却した（〔判2〕）のに対し，差戻前2審は失火責任法の適用を否定し，消防職員に過失ありとしていた（〔判4〕）。

　〔判8〕の事案では，Y_1が，食用油の入った鍋をガスコンロにかけ，ガスに点火したまま放置して現場を離れたため出火した。消防職員がその調理場内を消火して事情聴取中，Y_1のガス台上部の換気扇から排煙ダクトを通じ，わずか6センチメートルの近くに存在していたX方の建物の開口部の木材に延焼していた。消防職員が再度消火活動をしたが，X方内部は全焼した。裁判所は適用肯定説をとったうえ，消防職員には少なくとも重過失はなかったとして，Xの賠償請求を棄却した。重過失を否定した理由は，XとY_1方の間は暗くて狭く，X方の開口部は発見しにくかったし，X方は留守で，内部からの火災発

見通報がなく，しかも内部からの煙や火は外部には漏出しにくい状況にあったこと，消防職員は鎮火をした後も残火の調査は継続しており，鎮火とした後火災指令を発するまでの時間が13分にすぎなかったことなどにある。

このようにみると，過失責任か重過失責任かはある程度まで実際上重要な差があるので，適用否定説を主張することはこの点でも実益がある。

なお，もちろん重過失を認定した例〔判7〕はある。逆に，〔判6〕は，消防職員は消火活動にあたり一般私人より高度の注意義務を負うとしつつ，当該事案では重過失はもちろん軽過失もないとした。

附言するに，「失火責任法における重過失の意義」については，戸出・同名論文および森本宏『防火管理とは何をなすべきことなのか』（全国加除法令出版，昭和58年）332頁以下，〔判1, 2〕の事例における過失，重過失の有無の具体的判断については，石毛平蔵「いわゆる再燃火災事件もう1つの問題点」（月刊消防（東京法令）昭和59年1月号45頁以下）が有益である。

2　国賠法1条2項の求償権との関係

適用肯定説によれば，消防の属する市町村が責任を負うのは消防職員に重過失がある場合に限られるが，国賠法1条2項によると，市町村はこの場合には消防職員に対して直ちに求償できることになる。先の〔判2〕のように消防職員の注意義務を高度のものとみると，消防職員は一般人なら軽過失とされる程度の過ちを犯したにすぎない場合でも，市町村から求償を受けることになる。これは消防職員の責任を過度に強化したことになり，不合理である。適用肯定説はこの不合理を解消する解決策を示すべきである。1つの解決策としては，同じ消防職員の重過失でも，被災者が市町村に賠償責任を求めるときは容易に認め，市町村から消防職員に求償するときは，容易に認めないというように，同じ言語を別異に解する解釈が考えれる。しかし，これは超技巧的解釈であって，そうまでしないと合理的解決を得られないということは適用肯定説の破綻を示していると思う。私見のように消防が対外的責任を負うには軽過失で十分とするなら，こうした問題は生じないわけである。

◆ VI　行政の危険防止責任の観点

1　消火ミス責任の性格

公務員の失火といってもII 1に述べたように種々あるが，そのうちでも，消

防職員の消火ミスは火災から国民の生命・身体・財産を守るべき作為義務（消防法1条）の違反である。これは失火者自身の責任を軽減しようとする失火責任法が適用を予定している利益状況とは全く異なり，一般的に言えば，行政の守備ミスなり危険防止（管理）責任の問題である（拙稿判評232-3号，269-271号，『行政の危険防止責任』第1章参照）。したがって，消防の消火ミスについては国賠法1条1項が適用されるのである。失火責任法適用否定説はこの観点からも根拠づけられよう。

さて，行政の危険防止責任が問題となる通常の例では，行政は権限を発動するか否かについて裁量権を有しているので，行政の賠償責任が認められるのは，この裁量権がゼロに収縮し，行政が権限発動を義務づけられる場合に限られることになる。そして，一般には，裁量のゼロ収縮の要件として，予見可能性，結果回避可能性，行政規制権限行使への期待可能性があげられている。

しかし，消防は，国民の生命・身体・財産を守る作用であるし，火元は消火義務を課せられている（消防法25条）とはいえ，消火器やバケツリレー，水道ホースなど簡易な消火手段しか有しないのが通常であるから，消火に関しては行政の権限行使への期待可能性は当然に認められるところである。なお，ここでは反射的利益論も問題とならない。したがって，予見可能性と結果回避の可能性があれば消防当局は消火に努力すべきであったことになる。結局は過失の問題に帰着するので，この問題を裁量のゼロ収縮の観点から考察することは適切ではない。消火作業時に消防職員としての注意義務を果たさなかった結果，火災の拡大や再出火を招いたのであれば，違法であるとともに過失が認められることになる。火災でないのに火災と誤認して消火活動を行い損害を与えた場合（〔判9〕）の例も同様に考える。

再燃事件における消防の消火ミスを問う原告としては，類焼者（〔判1〕と昭53最判の例）と火元（神戸地裁姫路支部の出訴例，神戸新聞昭58・3・12）がある。火元といえども，消火の専門家である消防当局の適切な消火活動を求めうる地位にあるから，消火活動の不備を理由として国家賠償を請求しうるのである。

なお，一般の行政規制は第三者保護のためであるから，行政規制が不十分だからといって，被規制者たる企業に対し行政が責任を負うわけではない。たとえば，食品衛生監視が不十分だからといって，食中毒をおこした飲食店が行政責任を問いうるわけはない。食品の安全を確保するのは業者自身の責任であるからである。これに対し，消防は火元と類焼者をともに保護する責に任ずる点

第7章　4条解釈の誤り，消防の消火ミス等と失火責任法の適応・国家賠償責任が異なるのである。

2　警察と救急の類似例

上記の消防の消火ミスと同様に，行政が国民を救助する義務を負い，裁量収縮論や反射的利益論が問題とならない例がある。参考までに述べておこう。

まず，飼い犬咬傷事件（長崎地佐世保支判昭和37・12・17『行政の危険防止書』第4章）がある。これは警察官が飼い犬に咬まれた者を適切に救助しなかったとする国家賠償訴訟であるが，判決は警察官の被害者救助義務を認め，その根拠を警察官が一般的に個人の生命・身体・財産の保護などの職責を有していることに求めている。なお，この判決は警察官が救助措置決定の裁量から逸脱していないとして請求を棄却した。

救急車の不搬送事件（札幌地昭51(ワ)第1837号昭和54・6・22判決）を紹介する。Xらはその長男A（当時6歳）に夜11時頃異常を感じたので119番で救急車を呼んだが，救急車の隊長OはAの熱，呼吸，脈搏，顔色等に異常を感じなかったし，Aがその日に怪獣映画を見に行ったことから，そのため興奮してひきつけをおこしたものと考えて，Aを搬送しないで引きあげた。その後，XらはAの頭や身体が重くなるなどの症状が続いたため，翌朝午前3時26分頃再び救急車を呼んだ。そこで，再び出動したOはX方の石炭ストーブが不完全燃焼し，Xら，Aが一酸化炭素中毒にかかっていることを知って，病院に搬送したが，Aはすでに死亡していた。

裁判所は，消防の行う救急業務は国賠法1条1項にいう「公権力の行使」にあたるとしたうえ，Oは，「救急事故の現場に到着したときは，直ちに傷病者の状況を把握し，必要な措置を施して所定の救急病院に搬送する」べき職務上の義務を負うところ，1回目の出動の際，Aの症状が一酸化炭素中毒によるものであることに思い至らず，かえって前記のように怪獣映画の影響と即断して，Aを搬送しなかったことは，義務違背の違法と過失があると判断した。ここでも，反射的利益や裁量のゼロ収縮は問題となっていない。

3　消防の専門性・自主消防組織との関連

適用否定説に立つ〔判4〕は消防職員は専門家で，高度の注意義務を負い，失火責任法の立法趣旨からしても消防職員の消火活動の過失につき同法の適用はないとした。これは私見とかなり近い説とみられる。

これに対し，現在の社会において消防の専門能力を有するのは消防職員に限られない（自主消防組織の存在）し，しかも，自主消防組織を有する大企業は市町村と同等以上の賠償能力を有するから，消防隊が市町村と民間のいずれに属するかによって失火責任法の適用関係を異にするという解釈は必ずしも当をえないとの反論（関・66-67頁）もある。

　果してそうだろうか。自主消防組織の消火ミスで再燃し，近隣を類焼させた場合，もともとの出火と，自主消防組織の消火ミスをあわせて失火と評価できるのである。ちょうど，個人の家庭から出火し，消火器で消しそこなったのと同じことである。そうすると，現行法ではこの場合にもやはり失火責任法の適用があろう。ただ，自主消防組織を持つことを義務づけられている企業の注意義務はきわめて高度であるから，重過失は認定されやすくはなっている。

　要するに，自主消防組織の消火ミスは私人の出火ミスの一種である。これに対し市町村消防の消火ミスは出火ミスそのものではなく，出火による危険を排除すべき行政の責任の一種であって，全く性質を異にする。したがって，消防隊が市町村と民間いずれに属するかで法律の適用を異にしてもおかしくはない。

4　火元の過失と消防の消火ミスの関係

　このように火元は消防の消火ミスを理由に市町村に対し賠償を求めうるとしても，出火や再出火につき過失があった場合には過失相殺されることは十分にありうる。

　前記救急隊の不搬送事件ではX方の石炭ストーブが不完全燃焼をおこした原因は，母親がストーブの煙突につけてある火力調節用のダンパーを誤って閉塞の状態にしたためであるうえ，Aの異常にもかかわらず，右の誤りに気づかなかったのであるから，XらはAの死亡につき直接かつ最も重大な原因を与え，あるいはこれを防止し得なかった点で大きな落度があったし，XらはOから通風を良くするようにとの助言を与えられながら，これに従った措置をとらなかったとされている。判決はこの事情を理由に75パーセントの過失相殺をした。

　なお，この事件では被告の控訴中に，救急隊員には一酸化炭素中毒にかかっていることを疑うべき根拠は全く存在しなかったという鑑定結果がでたこともあって，原告が札幌市救急隊員に実質的な過失がないことを認める代りに，札幌市が原告に一審認容額に近い金額の見舞金を支出する旨の和解がなされたと

いうことである。

再燃火災の場合でも、いったん鎮火後に再出火しないかどうかを注意することは火元にも期待できることであるし、現実にも、消防隊は、鎮火後、火元に対し「消防隊は、可能な限り詳細に火災現場を点検し、鎮火と決定しました。しかし、焼け跡及びその周辺は、通常の場所と異なり、予見できない事由により再出火等の事故発生の危険がありますので引き続き、警戒を行ってください」といった文書を交付するようである。(全国消防会会報367号昭和55年10月)。そうとすれば、再出火が火元の監視ミスに起因するとされる場合も少なくない。火元と消防の責任の関係は具体的事実に即して個別に検討されるべきである（石毛「前掲論文」参照）。

再出火でなく、消火ミスによる火勢の拡大や火災でないのに火災と誤認する例については、火元の責任というより、消防の責任とみられる場合が多かろう。

ただ、いずれにしても、火災現場における判断は、デスクワークで、長時間かけ、多人数の合議ないし稟議で決する通常の行政判断と異なるから、結果的には誤っていても、過失という程のものにはなりにくいことが多いと思われる。前記〔判9〕は馬の湯気と鼻息を火災と誤認したのを「当時の緊迫した、かつ特殊な諸状況の下での迅速な対応としては」過失はないとしている。

5 類焼者に対する火元と消防の責任の関係

次に、類焼者との関係において、火元は失火責任法により重過失がなければ責任を負わないのに、消防が軽過失でも責任を負うのは不均衡ではないか、という問題がおきる。しかし、火元と消防とは責任の根拠を異にしていることに注意すべきである。火元は失火したのであり、消防は消火するという公法上の義務を負うところ、消火を怠ったか、消したと思ったのに消してなかったのである。したがって、責任発生の要件が両者で異なってもそれほど不合理ではない。

類焼者に対して火元と消防とが負う責任の分担関係を考える。右の責任はいわゆる不真正連帯責任である。類焼者との関係において火元と消防がそれぞれ全面的に責任を負うのか、それともそれぞれの帰責の程度に応じ分割責任を追うのかは恐らくは事案によっても異なり、個別の検討が必要であろう。

次に消防が類焼者に対して対外的に負う責任は火元との対内的関係ではどう扱われるであろうか。関氏は次のように述べられる（72頁）。従来の国家賠償

請求訴訟をみると，取りやすい所から取るという考え方が支配的で，国又は公共団体のみが矢面に立たされることが多く，ややもすれば他の原因者の責任追及がなおざりにされる傾向があった。再燃火災の事案でも，類焼被害者は消防責任を有する市町村のみを相手どって訴えを提起しており，火元の建物所有者の失火責任が追求された例はない。損害の公平な分担をめざし，当事者間の利害を調整するという視点からは，市町村による，他の原因者に対する訴訟告知・求償権行使の努力が必要であろう。

確かに，一般に行政の規制権限の不行使を理由とする国家賠償責任については，行政も対外的に責任を負うが，内部的（本来の加害者と行政の関係）には本来の加害者が責任を負うとするのが通説である（拙稿・判評233号・269号『追記』『行政の危険防止責任』第4部，第1部七，第2章，第3章，第4章）。しかし，消防の消火ミスや再出火は，火元の責任とは独立した消防自身の過失に起因する場合が少なくない。その限りにおいて，消防は火元との関係においても責任を分担すべきである。関説は一般的な言い方をしているが，市町村が火元に訴訟告知をし，求償権を行使しうるのは，火元が消防との関係で対内的にも分担すべき責任を負う範囲に限るのである。

最後に，消防の再燃防止懈怠と因果関係の中断という問題がある。前記Ⅴ1に紹介した〔判8〕はY_1の出火については重過失があるとしたうえ，消防職員がX方建物に延焼していたことを看過し一旦は鎮火したと考えて消火活動を中断した点につき，こうしたことは通常予見しえない事態であるともいえないから，Y_1の失火とX方の焼失との間に相当因果関係があるとした。

◆ Ⅶ 結　び

最高裁には早急に判例変更をしたうえで，本稿で示唆したような解釈上の諸論点を深めることを希望する。

> 【追記】　本稿のアイデアは筆者自身のものであるが，資料および論点の1部は筆者とともに目下「消防法解説」（近代消防昭和59年2月号より連載中）を対談形式で行っている神戸市北消防署長森本宏氏から教示を得ている。『消防行政の法律問題』（会国否加除，昭和60年）
> 　校正時に，再燃事件で，適用否定説を当然の前提として，消防の過失の有無のみを判断した判例（過失肯定＝長崎地昭和49(ワ)第330号昭和53・2・21判，過失否定＝盛岡地昭和49(ワ)第30号昭和56・12・12判）を入手した。

第7章 4条解釈の誤り，消防の消火ミス等と失火責任法の適応・国家賠償責任

【追記】 筆者は，その後同旨の見解を『国家補償法』174～5頁，『事例解説行政法』「35」，『行政法解釈学Ⅱ』550～551頁，『行政法再入門下第2版』312～3頁でも主張している。

その後，最判平成元年3月28日（判時1311号66頁）は，昭和53年最判を踏襲したものの，再燃火災に失火責任法の適用はないとする伊藤正己判事の意見が付されている。

「多数意見の引用する判例は，『公権力の行使にあたる公務員の失火による国又は公共団体の損害賠償責任については，国家賠償法4条により失火責任法が適用され，当該公務員に重大な過失のあることを必要とする』と説示し，このことから直ちに，第一次出火の際の残り火が再燃して発生した火災による損害につき，第一次出火の消火活動に出動した消防署職員の重大な過失の有無を判断することなく，右消防署職員の属する地方公共団体の賠償責任を認めた原判決は違法である旨判示している。私は，消防署職員であってもその宿直の際に火を失し火災を発生させたような場合については失火責任法が適用されると考えるが，火災の消火活動に出動した消防署職員の消火活動が不十分なため残り火が再燃して火災が発生したような場合には，失火責任法にいう『失火』には当たらず，同法の適用はないと解するのが相当であり，右の判例は変更されるべきものと考える。失火責任法が失火者に重大な過失のある場合のほか民法709条の適用を排除した理由は，(1) 失火者は自己の財産をも焼失してしまうのが普通であるから，各人がそれぞれ注意を怠らないことが通常であり，過失につき宥恕すべき場合が少なくないこと，(2) 我が国の家屋はおおむね木造であるから，市街地などで火を失したときは類焼によって莫大な損害を生じるので，すべての損害を失火者に負担させるのは余りにも酷であること，(3) 失火者に対して民事責任を問わない法慣習があったことなどである。いうまでもなく，消防署職員は消防の専門家で，既に出火があった場合に，専門家としての知識，経験，技能等を駆使して消火活動に当たることを職務上要求されているものであるから，その消火活動が不十分なため残り火が再燃して火災が発生したような場合は，文理上『失火』という概念に当たるということに無理があるのみならず，失火責任法の立法趣旨として挙げられる前記のような点を考慮して，地方公共団体の損害賠償責任を軽減すべき実質的な理由もないからである。なお，前記判例の立場に立ちつつ，消防署職員が消防の専門家であるとの事情は，重大な過失の有無の判断に当たり考慮すべきであるとの見解がある。しかし，当裁判所の判例は，失火責任法にいう『重大ナル過失』とは，通常人に要求される程度の相当な注意をしないでも，わずかな注意さえすれば，たやすく違法有害の結果を予見することができた場合であるのに，漫然これを見すごすような，ほとんど故意に近い著しい注意欠如の状態を指すものと解しているところ（最高裁昭和27年（オ）第884号同32年7月9日第三小法廷判決・民集11巻7号1203頁），消防署職員の消火活動についても失火責任法の適用があるとの立場に立ったときには，消火活動に当たった消防署職員に重大な過失があるとされる場合は皆無に等しい結果になると考えられるのであって，右の見

311

解は，多数意見の引用する判例の立場を擁護する根拠として有力なものとは思われない。
　しかしながら，本件についてみるに，原審の適法に確定した事実関係のもとにおいては，第一次出火の消火活動に出動した消防署職員らに過失があるとはいえないので，私の見解によっても，結局，本件上告は棄却を免れないといわざるをえない。」

　伊藤判事の意見は正当ではあるが，国家賠償法4条により，1～3条が適用される場合には民法は適用されないとされていることにより，民法の附属法である失火責任法は当然に再燃火災には適用がないことを理解していない。多数意見も，私見に反論していないので，筆者としては私見がなぜ採用されないのか，いまだ理解できていない。この問題は古崎判事の4条の読み違いを，最高裁が国家賠償法の権威者の説であるので，うっかり受け入れたことがポイントであると思う。

　小幡純子・行政判例百選第6版Ⅱ（2012年）は，消防職員の消火ミスにつき失火責任法の適用肯定説と否定説の両方を紹介するだけである。解説ものの限界であろうが，筆者には新味はない。
　西埜章『国家賠償法コンメンタール第2版』（勁草書房，2014年）1181頁以下は学説判例を紹介した後，いずれの学説も相当の説得力を有するのであるがとしつつ，本法の独自性を強調する本書の立場からすればとの留保を付けつつ，「阿部説が本法の解釈として最も整合性を有している」と評価している。その理由は，「消防職員の消火活動を含めて広く公権力の行使については，本法1条が規定しているのであり，それにもかかわらず失火責任法が適用されることになれば，本法1条の存在意義が著しく減殺されてしまう」ということである。やっと正しく評価されている。しかし，「阿部説と異なり，不適用説に立つについては，失火責任法の立法趣旨を考慮することも必要であろう」と述べて，神橋『行政救済法』（信山社，2012年）435頁を引用する。そこで，神橋著をみると，判例について失火責任法の本来の立法趣旨を考えればその妥当性には疑問が残ると記載されているので，私見と同じ方向ではないかと思う。
　私見では，失火責任法は，私人の失火による江戸中丸焼けを念頭に置くから，再燃火災ではその趣旨は適用外と思っている。
　さらに，消火活動が不十分なため残り火が再燃して火災が発生した場合，失火責任法の適用があるとして，さらに消防職員の重過失を否定した判例がある（宮崎地裁延岡支判平成28年3月30日　判例自治412号73頁）。判例通りである。

第8章　国・地方公共団体に対する強制執行，特に仮執行について　　(1990年)

◆ I　問題の所在

　国が債務者として敗訴した場合（国家賠償訴訟が多いが，それには限定されない）に，債権者は国に対して強制執行をすることが許されるか。さらには債務者が地方公共団体の場合はどうか。この問題については，後に紹介するように，かつては，国に対する強制執行は許されないといった説があったらしいが，最近では，国や地方公共団体に対する強制執行は行政財産に対するものを除けば当然に許されるとして，郵便局や地方公共団体の現金・官署の什器に対する執行，国・地方公共団体の有する債権の転付命令も現実に行なわれている。

　もっとも，確定判決に基づく執行については，被告であった国や地方公共団体も判決を確定させた以上覚悟しているし，会計法上支払事由になるため，強制執行を待たずに支払っていて，普通には問題を生じないようであるが，国や地方公共団体が下級審で敗訴して，それに仮執行宣言が付された（現民訴法259条）だけの場合には，後述するように会計法上支払の根拠があるかどうかに疑義があるためか，あるいは作戦上か，被告は必ずしも素直には払わないし，さらに往々にして上訴してその執行停止を取ろうと申請したりする（民訴法511，512条　現403条）ことも理由の1つとなって原告側も一刻も待たず，即時に仮執行にかかり，早いもの勝ちの両者時間の競争で，右記のように現実に執行がなされる場合があるわけである。また，原告側に現実に執行する力があるために被告の方も執行はやむなしとして，話合いで特定の郵便局を執行場所とすることもあるらしい（ヤラセ執行）。この両者は外部からは区別がつかないが，ともかく郵便局で執行がなされた著名な事件としては，各地のスモン訴訟，大東水害訴訟，横田基地訴訟，大阪空港訴訟，多摩川水害訴訟，クロロキン訴訟などがある。国に対する強制執行の実例については，郵政省の資料をここに添付する[1]。

---

(1)　同種のものはすでに村重慶一「国家賠償訴訟」『実務民事訴訟講座10』（日本評論社，

第2部　国家賠償法

　国や地方公共団体に対する強制執行（仮執行を含めて）が許容されるというこうした考え方は、昭和43（1968）年の古崎慶長論文[2]以来，通説となり，裁判実務でも当然のこととされたのみならず，被告となる国，特に法務省，仮執行の際に狙われる郵政省も理論的にはたいした反論はしていなかったところである[3]。しかし，現金に対する執行は，仮執行の場合でも，直ちに現金を持ち

1970年）338頁，中野貞一郎「国に対する強制執行」『民事手続の現在問題』（判例タイムズ社，1989年）428頁（初出は判タ466号，1982年），須藤典明「執行」村重慶一編『国家賠償訴訟法』（青林書院，1987年）251頁に出ているが，ここではその最新版を掲載したほか，被告行政庁，代わり金補填年月日を掲載した点が新しい。これを見ると，最近では代わり金は即日ないし翌日には補填されていること，億単位の執行は昭和56年（1981年）度までで，その後は行なわれていないことが注目される。後者の点では億単位の場合には被告側が仮執行を回避するために原告と話し合って別途小切手で払っている事が背景にあるのではないかと推測される。いずれも後述の考察に有用である。また，ここでの執行の中には本文で述べたヤラセ執行もかなり入っていると推測される。

　さらに，大分県に対する仮執行の例（ジュリ419号85頁），法務省のロッカー等が差し押さえられた例（村重慶一・前掲論文）が報告されている。

　最近，筆者が旅先でたまたま気づいたものでは，町長室の備品が差し押さえられるという事件が起きている（河北新報1989年9月26日（26面））。土地の売買問題で福島県広野町と争っていた訴訟で勝訴した同町の住民が仮執行宣言付きの判決に基づいて町に判決金の支払いを求めたところ，町側が町長の不在を理由に支払いを拒否したため執行官が役場の町長室と応接室の2箇所の応接セットを差し押さえたということである。判決は9月13日，仮執行が同25日，競売は翌月17日の予定ということである。その結果について問い合わせたところ，控訴して仮執行の取消を得て，供託金を積んで，差押えは解除されたということである。

　村重慶一・前掲論文339頁は，実務上，国は仮執行宣言の申立てに対して，執行免脱の担保が定められているときは直ちに担保供託の手続を取り，担保が定められていないときは可及的速やかに上訴の提起，執行停止の申立てをすることにして，国に対し執行のなされないように配慮している（注(3)で紹介する通達）ので，国に対して仮執行宣言を付することは実質的には無意味になっているとしているが，右記の例にみるように，まだまだ無意味とはいえない。

(2)　古崎慶長『国家賠償法』（有斐閣，1971年）308頁（初出，1968年）。
(3)　法務省は仮執行宣言付き判決に基づいて郵便局が保管する現金に対して差押えがなされた場合についての対応を通達している（法務省訟庶第554号，昭和39. 12. 24訟務局長発，「仮執行の宣言に基づく執行に対する措置について」訟務月報10巻12号1頁，前記注(1)中野著390頁以下に引用）が，ここではこうした仮執行が違法であるとは反論しておらず，ただ，執行免脱のための担保が定められているときは直ちに担保供託の手続をとる，執行免脱のための担保が定められていないときは可及的速やかに上訴の提起，執行停止の申立てをするとかなどである。

　郵政省も，金庫はいわゆる公物であり，強制執行の対象とならないことを執行吏に説明することとしているほかは，執行されたあとの対応を示しているだけである。

第8章 国・違法公共団体に対する強制執行 特に仮執行について

郵政大臣官房 経理部

郵便局の保管現金が差押えられた事例

執行年月日	被告行政庁	差押金額(円)	差押郵便局	代り金補てん年月日	事件名
昭和31. 2.22	法務省	1,811,263	大阪中央	昭和31. 3.12	国家賠償法1条による賠償事件
33. 3.22	林野庁	126,305	米子	33. 3.29	国家賠償法1条による賠償事件
39.12. 7	建設省	538,100	高知		道路管理の瑕疵
46.12. 4	文部省	15,271,490	福岡中央	46.12.24	エレベーターの管理瑕疵
48.12.22	郵政省	403,627	京橋	48.12.27	いすの管理の瑕疵
49. 2.27	運輸省	94,805,924	大阪中央	49. 2.28	大阪国際空港騒音事件
		17,471,793	大阪東		
		2,399,466	大阪南		
49. 3.11	運輸省	54,166,452	大阪中央	49. 3.11	雫石全日空機事故
49. 5. 9	建設省	4,314,119	大津	49. 5.10	道路管理の瑕疵
49.10. 2	文部省	40,228,680	東京中央	49.10. 2	横浜国大における学生の負傷事件
50. 5.31	文部省	7,301,740	神戸中央	50. 5.31	神戸大学における医療事故
50. 8.28	厚生省	15,540,200	大津	50. 8.28	国立八日市病院における医療事件
50.12. 2	運輸省	44,001,350	大阪中央	50.12. 2	大阪国際空港騒音事件
50.12. 3	〃	185,561,214	〃	50.12. 3	
51. 2.19	建設省	50,499,105	大阪中央	51. 2.19	河川管理の瑕疵
51. 3.12	建設省	2,643,972	熊本中央	51. 3.13	道路の管理の瑕疵
昭和50年度	6件				
51. 4. 1	建設省	3,315,392	大阪中央	51. 4. 1	道路管理の瑕疵
昭和51年度	1件				
52.11. 7	文部省	48,829,101	仙台中央	52.11. 8	東北大学における医療事故
52.11. 7	防衛庁	19,684,621	横須賀	52.11. 7	横須賀基地におけるクレーン車転落事故
53. 1. 7	林野庁	1,000,000	浜松	53. 1. 7	公務員の安全管理の事故
53. 3. 1	厚生省	66,749,416	金沢中央	53. 3. 1	金沢スモン
昭和52年度	4件				
53. 9. 7	文部省	21,249,770	長崎北	53. 9. 7	長崎大学における医療事故
53. 9.14	建設省	3,946,954	東京中央	53. 9.14	道路の管理の瑕疵
53.11.14	厚生省	27,589,996	福岡中央	53.11.14	福岡スモン
54. 1.26	建設省	368,962,973	東京中央	54. 1.26	多摩川水害訴訟
54. 2.23	厚生省	7,886,666	広島中央	54. 2.23	広島スモン
昭和53年度	5件				
54. 5.11	厚生省	120,876,275	札幌中央	54. 5.11	札幌スモン
54. 7.20	厚生省	5,837,993	静岡南	54. 7.20	静岡スモン
54. 8.22	厚生省	11,847,333	前橋	54. 8.22	前橋スモン
55. 3.17	農林水産省	7,424,221	和歌山	54. 3.17	水門の管理の瑕疵
昭和54年度	4件				

315

第2部　国家賠償法

執行年月日	被告行政庁	差押金額(円)	差押郵便局	代り金補てん年月日	事件名
昭和55.11.12	厚生省	21,851,016	仙台中央	55.11.12	仙台スモン
55.12.18	郵政省	4,757,292	福岡中央	56. 1. 7	職員の慰謝料請求事件
昭和55年度　2件					
56. 4.27	検察庁ー最高裁	11,302,163	弘前	56. 4.27	弘前大学教授夫人殺害に係る請求事件
56. 5.13	郵政省	2,757,199	大阪中央	56. 5.14	保険金支払請求事件
56. 6.13	防衛庁	27,994,000	八王子	56. 7.13	横田基地夜間飛行禁止等請求事件
56.10. 3	法務省	7,262,138	東京中央	56.10. 3	登記官の過失による損害賠償請求事件
57. 2. 2	厚生省	381,302,000	東京中央	57. 2. 2	クロロキン訴訟
昭和56年度　5件					
57. 6.22	文部省	27,374,567	東京中央	57. 6.22	千葉大学における医療事故（東京高裁 昭和55年（ネ）第2267号、2380号）
57.10.26	厚生省	18,455,759	札幌中央	57.10.27	保健所における医療事故（札幌地裁 昭和45年（ワ）第544号）
昭和57年度　2件					
58. 4.21	法務省	7,652,603	東京中央	58. 4.21	登記官の過失による損害賠償請求事件（東京高裁 昭和56年（ネ）第2342号、2343号）
昭和58年度　1件					
59. 8. 6	法務省	13,314,638	沼津	59. 8. 6	登記官の過失による損害賠償請求事件（静岡地裁 昭和57年（ワ）第358号）
59.10.12	運輸省	50,231,858	東京中央	59.10.12	航空大学校仙台分校事件（東京地裁 昭和52年（ワ）第7145号）
昭和59年度　2件					
65. 3.16	法務省	50,310,043	那覇中央	62. 3.16	登記官の過失による損害賠償請求事件（那覇地裁 昭和60年（ワ）第416号）
昭和61年度　1件					
62. 7.16	防衛施設庁	94,412,965	横浜港	62. 7.16	横田基地夜間飛行禁止等請求控訴事件（東京高裁 昭和56年（ネ）第1791号、2275号）
63. 2. 9	法務省	12,935,697	盛岡中央	63. 2. 9	登記官の過失による損害賠償請求事件（仙台高裁 昭和61年（ネ）第400号）
昭和62年度　2件					
63. 5. 6	法務省	3,147,236	神戸中央	63. 5. 6	刑務所内における事故（大阪高裁 昭和61年（ネ）第716号）
63.12.14	法務省	10,012,092	平	63.12.14	違法な捜査、起訴に対する損害賠償請求事件（福島地裁いわき支部 昭和57年（ワ）第35号）
昭和63年度　2件					
平成元. 6.14	国税庁	649,303	奈良中央	平成元. 6.14	違法な税務調査に対する損害賠償請求（大阪高裁 昭和61年（ネ）第1973号）
1.11.15	厚生省	80,959,213	広島中央	1.11.15	未熟児網膜症（広島地裁 昭和56年（ワ）第1023号）
平成元年度　2件					

第8章 国・違法公共団体に対する強制執行 特に仮執行について

去り終局的な満足をもたらす形式で行われ，郵政業務を妨害することがありうるので，比較法的研究が推進され(4)，法務省（当時）の須藤典明(5)は最近，動産や現金に対する強制執行も，それが行政目的に使用されている場合には，公共の福祉に反して許容されないという見解を表明するにいたった。ここに，新たな論争の地盤がある。

　筆者は，これらの文献を検討すると，従来の諸説は，わが国の国有財産法，物品管理法，会計法，予算決算及び会計令，地方自治法などの公物法，財務会計法規に関する考察が必ずしも十分ではないことに気づいた。また，執行を受ける郵便局も気の毒であるが，最近の強制執行不能（不許）説なり制限説は結論的に言っておよそ実態を分析せず観念的で実証的な論拠に欠け，かつ被告国の利益を一方的に偏重し，結果としての妥当性を欠くと思う。また，右記の早いもの勝ちの実務は国や地方公共団体相手の場合合理的ではないが，その是正策は不思議と余り聞かない。そこで，ここに実務の運用を調査し，これらを全体として，再検討したい。

　さらに，従来は国に対してそもそも一般的に仮執行ができるかという点に議論が集中したが，検討してみると，仮執行宣言がつくかどうかが訴訟の勝負を決める実際の重要な要因であるので，その制度のあり方を合わせて検討する必要がある。

　結論的には，仮執行を許容するかいなかという二者択一の発想ではなく，仮執行を認めつつそれによる公益の阻害をなるべくなくす方法を考案しようとするものである。

　考察の仕方としては，まずⅡで従来の諸説を吟味してその不十分な点を明らかにする。そこから得られた論点の示唆に基づき，次に，現金とそれ以外に分け，強制執行特に仮執行の許容性について論ずる。Ⅲは，行政財産，普通財産，物品であり，Ⅳは郵便局の現金に対する仮執行である。実際に強制執行されるのは普通にはすぐに満足的に執行できる現金を有する郵便局に対してであるので，それに重点をおく。結論的には，仮執行制度の運用を改善するとともに，国や地方公共団体は現金に代えて小切手で払えばよく，その法体系を整備すべきであるとするものである。なお，債権の執行については省略した。

---

(4)　中野・前注(1)，交告尚史「判決の執行を確保する手段」フランス行政法研究会『現代行政の統制』（成文堂，1990年）。
(5)　須藤・前注(1)243頁以下。

◆ Ⅱ 従来の学説の問題点

1 公物に対する強制執行の許否に関する論争 —— 美濃部達吉・田中二郎説

(1) 従来，公物に対する強制執行が許されるかどうかについて，争いがあったことになっている。ここで，否定説としてあげられるのが美濃部達吉説(6)である。これによると「公物は民事訴訟に依る強制執行の目的物となり得ない。民事訴訟法には其の旨を定めた特別の明文は無いが，併しそれは公物の不融通性から生ずる当然の結果で，現に公物の目的に供用せられて居る限りは，これを差押へ又は競売に付することが，其の公の目的を阻害することは言うまでもない。公共団体と雖も其の債務不履行の場合には債権者はこれに対し強制執行を為し得べきことは当然であるが，強制執行の目的と為り得るのは唯収益財産のみで，公共用又は公用に供せらるる財産に付いては，差押えを為し得べきものではない」。ここでは，融通物に対しては強制執行できるが，公物は不融通物だから強制執行はできないとするのである。今日行政財産と普通財産とを区別して，前者は強制執行の対象とならないとするのはこうした見解と同様の地盤に立つものであろう。

これに対して，田中二郎によれば，「公物は，公物なるが故をもって，当然，それに対する強制執行が不能であるとはいえない。国有公物については，強制執行は不能と解されているが，それは公物なるが故ではなく，国に対する強制執行が不能と考えられてきたからである（しかし，国に対する強制執行が当然に不能であるかどうか問題である）。したがって，公有公物又は私有公物に対しては，強制執行を不能とすべき理由はなく，ただ，公物については，公用に供するという公物本来の目的を達成させる必要上，これを差し押さえ，競落し，その所有権を取得した後においても，いぜん，公物として，公の目的に供用すべき制限を受けるを免れないことがあるだけである」。これは最新の版(7)の引用であるが，その「公物の法律的構造」と題する昭和15年の論文(8)にも同旨の記述がある。原龍之助(9)もこれとほぼ同様の記述をしている。田中舘照橘(10)

---

(6)　美濃部達吉『日本行政法（下）』（有斐閣，1940年）803頁。
(7)　田中二郎『新版行政法全訂第二版』（弘文堂，1976年）311頁。
(8)　田中二郎『公法と私法』（有斐閣，1955年）166頁。
(9)　原龍之助『公物営造物法』（有斐閣，旧版，1957年，49頁，新版，1974年，157頁）。
(10)　田中舘照橘「公物・営造物法」『精解行政法下』（光文書院，1971年）396頁。

もこれらの説を紹介している。

　ここで，田中説は美濃部説を批判したものと一般に理解されている。しかし，美濃部説は同じ書物の近くの頁[11]では，公物が私人の所有に属し，国または公共団体がこれを借り受けたりまたはその寄託を受けて，これを公の用に供している場合（私有公物）には，所有権の移転は許容されるとして，道路法6条（現行道路法4条に相当）にはその旨の明文の規定があるが，そうした規定がなくてもこれは当然の原則であるとしている。したがって，美濃部説も私有公物に対する強制執行を許容しているから，公物に対して一般的に強制執行が許されないと述べているかのように理解するのは誤解で，それは公物の大部分を占める公有・国有の公物（自有公物）を念頭においた説明と善解すべきである。

　そうすると，美濃部・田中説の間で，私有公物に対する強制執行は許容されるが強制執行後も公物として公の用に供しなければならないとする点では同じである。対立点は，自有公物に対して，当然に強制執行できないのか，それとも公用に供するという目的を妨げないかぎりにおいて，それに対する強制執行も可能と解すべきかにある。公物とは公用・公共用に供することを基本とした概念であるから，理屈としては後者の方が一見妥当に見える。

　(2)　しかし，これらの理論についてはいささか疑問を感ずる。

　まず，公物に対して強制執行しても，それを公の目的に供用すべき制限を受けるという理論は，公物とは行政主体が公の用に供している個々の有体物とされ，公物たるためには行政主体が公物の所有権を取得する必要はない（他有公物の存在）という理論と調和させた解釈と推測されるが，その理由は曖昧である。ところで，行政主体が他人の物を無断で公物にすることはできない（したとすれば無効）から，公物のなかには，行政主体が所有権を有する自有公物（国有公物・公有公物）のほかには，所有権を有する私人（あるいは他の行政主体）から当該行政主体が賃借権等の使用権原を得たもの（私有公物）とがあるだけである。そこで，その2つを分けて考察しよう。

　自有公物の場合，たとえば，公共団体が所有権を取得して公道として供用していたところ，道路敷地が強制執行される場合はどう考えるべきか。美濃部説は強制執行不能とするのに対し，田中説をそのままとると，この場合も強制執行は可能で，当該土地は私人の所有に帰すが，その私権は道路に対しては行使

---

(11)　美濃部・前注(6)799-800頁。

できないということになりそうである。しかし，他方，田中説は，道路敷が国有である場合には，国有財産法18条により行政財産とされ，そもそも不融通物なのであって，その強制執行は許容されないとしている[12]。これは公物についても強制執行できるというその説と矛盾する。おそらくは，公物に対する強制執行を論ずるときは，国有財産法18条を忘れていたのであろう。そうすると，田中説は美濃部説と同旨となり，公物の大部分を占める自有公物に対する強制執行は許容されないとする説に帰着する。したがって，公物に対する強制執行を可能とする田中説は —— 今日通説とされるが —— 通常の公物を念頭におくかぎりでは，妥当ではないというべきである。

　私有公物の場合，たとえば，私人の所有地を賃借して造られた公道について，強制執行などにより私人間で所有権の移転があった場合，民法的にいえば，売買は賃貸借を破るという法理により，行政主体は賃借権という権原を失う。美濃部・田中説はこの場合にもこの土地は公物（道路）として公の用に供すべき制限を受けるとする。この点について，道路法4条（都市公園法22条も同旨）は明文の規定をおいている。すなわち，道路については私権を行使できないが，所有権を移転するのは妨げないとしているので，道路となった以上，この規定が働き，以後に所有者となった者は，道路として公の用に供されているという制限つきの土地を取得したと解される。これに対して，道路法4条のような規定のない公物の場合，たとえば，民有地を借りて公立小学校を設置したら，その土地に対して強制執行がなされ，新所有者から明け渡しを求められた場合はどう考えるか。この学校の建物は行政財産であるが，土地の使用権は地上権でもない限り，行政財産ではない（地方自治法238条1項4号）とするのが多くの解釈である。つまり，グランドは公物ではあるが，行政財産ではない。これについて道路法4条のような規定がないにもかかわらず，私権を行使できないという公物優先解釈をとることが可能であろうか。美濃部説は前記のように，道路法4条は特別の法律がない場合でも私有公物に対しても妥当する当然の原則としている。

　しかし，今日では公物による私権の制限にも，法律の根拠を要するから，この説は維持しがたい。この説は，公法と私法が分かれ，実定法上の根拠がなくとも公益優先解釈が許容され，そこのけそこのけ公法が通るといった時代の説

---

(12)　田中二郎『土地法』（有斐閣，1960年）33頁注(3)。

ではないかと感ずる。

　なお，公物に対して強制執行しても，それを自由に利用できず，公の目的に供用しなければならない負担があるとすれば，その場合の公物の財産的な価値はいかほどであろうか。その評価も難しい。公物が近い将来廃止されて，完全な所有権が回復されることが期待されないかぎりは，公物（底地の所有権）の価値は，普通は，かぎりなくゼロに近いであろうから，普通の場合にはそれを強制執行する者はまずいないであろう。純理論的にはともかく，論ずるだけ無駄に近い問題である。それとも，完全な所有権を前提とする賃料をとれるのか，とすれば大問題であるが，まさかそうではないだろう[13]。

2　国に対する強制執行は許されないというかつての通説とフランス法

　わが国では，従来国に対する強制執行は不能であるが，公共団体に対する強制執行は許されるというのが通説であったとされている。こうした説明をする説として常にあげられるのが，前記の田中説（ここでは，「しかし国に対する強制執行が当然に不能であるかどうか問題である」との記述も見られる）と雄川一郎説[14]であるが，いずれにも理由らしいことは書いていない。古崎説[15]が「国に対する強制執行が不能であることを自明のこととし，……根拠を全く説明していない。問に応えるに問をもってする通説の説明には説得力を欠く」と強く批判するところである。

　ここでは学問を徹底すれば，明治憲法下の行政法と強制執行法の学説，さらにはその元になったドイツやフランスの学説や制度を探求しなければならないのであるが，結論に直接は関係がないので，省略する。

　ちなみに，フランス法では，国や公法人に対しては，行政裁判所の判決のみならず，民事裁判所の判決でも執行できないという主体説的な解決がとられている。その理論的な根拠はかならずしも明らかではないが，革命時からの法制で，行政に対する差止命令（injonction，アンジョンクシォン）禁止の原則が権力行為のみならずすべての行為について妥当しているのである。行政の保護という特殊な権力分立の原理であろう。わが国にかつてあったといわれる国に対

---

[13]　道路に関しては，最判昭和44年12月4日民集23巻12号2407頁参照。
[14]　雄川一郎「日本の国家責任法」ジュリ305号27頁，同『行政の法理』（有斐閣，1985年）所収。
[15]　古崎・前注(2)307頁。

する強制執行禁止説は案外こうしたフランス法に由来するのかもしれない。フランスでは，そのために，行政敗訴判決も執行できず，行政が支払いをしないため，判決が空手形になることがある[16]。日本ではフランスの行政裁判所であるコンセイユ・デタの判事は高級官僚養成所である国立行政学院（ENA）のなかでもトップクラスの秀才で構成されているから，その判決は行政部門で尊重されているのだ等と，信じられていたらしいが，実は違うのである。そこで，判決に従わない行政に対してはアストラントという強制金を課す制度ができた（1980年7月16日の法律）。これはまわりくどい制度である[17]。

行政に対する強制執行を禁止すると，こうした別の対応が必要になるので，わが国の問題としては，国や公共団体の財産に対する執行も特別合理的な理由がなければ許容されることにしておく方が合理的である。また，わが国ではフランス型の行政優位の権力分立原則はとられていないから，国や地方公共団体に対する強制執行を禁止するフランス的解釈・法制度はとりにくいであろう。

3　古崎慶長説

古崎説[18]は，「国に対する強制執行が絶対不能であるとする思想は，国家と人民とを絶対的支配関係として把握した旧時代の残滓でしかない」し，国に対しては強制執行できないとしながら，公共団体の財産に対して強制執行できるわけはどこにあるのか，と，前記の田中・雄川説に対して疑問を提起する。そして，行政財産は不融通物であるから，これに対する強制執行は不可能であるが，普通財産は融通物であるから，これに対する強制執行は可能であるとする。

ここで，古崎説は，国や地方公共団体に対する強制執行の能否の判断基準は，対象となる財産が融通性を有するかどうかにより決まるとしているわけである。これは十分成立する理屈で，田中・雄川説を克服したわけである。ただ，これは学説史的にみると，田中説の不合理を指摘して，IIの冒頭に紹介した美濃部説に戻ったものといえる。

次に，古崎説は，「国の現金に対する強制執行も可能であると考える。そのわけは，これを一般的に禁じた法規はないし，これを許しても，公益を害する

---

(16) その最近の状況については，Conseil d'Etat, L'exécution des décisions, 1988, La documentation française にくわしい。
(17) 交告・前注(4)参照。
(18) 古崎・前注(2)307-308頁。

ことにはなるまい」とする。その後この説が通説となったといわれる。これに特段理由つけることなく従う者として，村重慶一[19]，鈴木潔＝水沼宏[20]，かつての私見[21]がある。

4 中野貞一郎・須藤典明説

これに対し，国の現金が強制執行の対象となっても，公益を害さないと単純にいえるのかという問題を提起したのが次の説である。

中野貞一郎[22]は，まず，郵便局の現金に対する仮執行は郵便局の機能を完全に停止させるし，国は確実に支払うものであるから，事態の合理的な規制が可能かつ必要という出発点に立つ。しかし，解釈論としては，国に対する強制執行はできるとする積極説を正当として，結局はこの状況を打開するには立法上の措置に待つほかないのではなかろうか，としている。その立法的提案としては，西ドイツ民事訴訟法882条 a にならって執行開始までに一定期間の経過を要求するとか，執行対象について他に執行可能な動産があるにもかかわらず一般公衆の福利を害するにいたるべき物を差し押さえることは避けなければならない（ただし，これに違反しても現行法上は違法とは解されていない）とか，端的に国に属する現金の差押えを許さない旨の法条を設けることなどが示されている。この点はⅣの私見で考察するところである。

法務省の検事（当時）である須藤典明[23]は国や地方公共団体が所有している財産は，不動産であると動産であると，金銭であるとを問わず，現実に一定の行政目的のために利用され，もしくは一定の行政目的達成に利用するために保有しているものとそうでないものがあるが，その前者に対する強制執行は行政目的の達成を妨げ，結果的に多くの国民に有形・無形の不利益を被らせることになり，公共の福祉に反するので，憲法12条，13条，29条2項，民法1条3項等によって制限されているとする。

これは従来の問題意識に転換を迫る視点である。ただ，その論拠は公共の福

---

(19) 村重・前注(1)340頁，さらに，同「判決の執行」山田幸男＝市原昌三郎＝阿部泰隆編『演習行政法（下）』（青林書院，1979年）〔85〕も同様。
(20) 『実務法律大系5 医療過誤・国家賠償』（青林書院，1973年）397-399頁（鈴木潔＝水沼宏執筆）。
(21) 南博方編『注釈行政事件訴訟法』（有斐閣，1972年）286頁（阿部泰隆執筆）。
(22) 中野・前注(1)395頁以下（初出は，判夕466号9頁）
(23) 須藤・前注(1)249，255頁。

祉と抽象的な憲法論等で，それだけでは今日のレベルでは法の解釈論としては不十分であり，はたして公共の福祉の実態はなにか，行政目的を達成するために保有しているものへの執行は公共の福祉をどの程度阻害するかなど，実態を分析する必要があろう。

なお，この説には若干の誤解がある。まずは，美濃部説は公物の不融通性を根拠に，国に対する強制執行はできないとしながら地方公共団体に対する強制執行は認められるとするのは矛盾であるとして，前記の田中説が出てきたように説明している点は不正確である。美濃部説は地方公共団体についても，収益財産に対する執行はできるが，公物に対する執行はできないとしていたこと，Ⅱの初めに引用したところである。この説は，古崎が公物の不融通性を旧時代の残滓として否定していると紹介して批判しているが，古崎説が旧時代の残滓として批判したのはⅡ3で引用したように国に対する強制執行が許されないという説についてである。

5　その他の説

上谷清[24]は，国または地方公共団体も強制執行の債務者としての能力を有するし，一般私人等と変わることはないから，その有体動産執行を行うことも可能であるが，行政財産（国有財産法3条）たる有体動産に対して差押えができるかどうかは問題で，明文の規定は見当たらないし，当然差押え禁止とは解されないが，公益上の見地から少なくとも妥当ではない，どうしても強制執行しなければならない場合でも，たとえば行政財産は避け，なるべく普通財産に対して実施するのが妥当であろう，としている。

これは国に対する強制執行を適法とする説として引用されているが，問題が多い。これは古崎説，村重説より後であるにもかかわらず，これまでの学説判例への言及はまったくない。国有財産法では，国有財産の中心は不動産であって，通常の動産は物品管理法で管理され，国有財産法の対象外であるにもかかわらず，有体動産を国有財産と誤解している。行政財産について差押え禁止の規定はたしかに明文ではないが，国有財産法18条で譲渡禁止の規定があり，普通はこれを差押え禁止の趣旨を含むと解しているのであるから，こんなに簡単に，「当然差押え禁止とは解されない」，などとはいえない。なるべく普通財

---

(24) 『注解強制執行法(2)』（第一法規，1976年）129頁（上谷清執筆）。

産に対して執行せよなどというのは，原告への希望にすぎないのか，それに違反したら違法という法解釈なのか，明確ではない。こうして，この説は，国に対する強制執行の問題点を理解していないといわざるをえない。

園部逸夫＝藤原淳一郎[25]は，行政財産の差押えはできないと解するとして，国有財産法や地方自治法を引用しているので，逆に，普通財産の差押えはできると解するのであろう。しかし，理由はそれ以上ついておらず，現金の差押えも問題とはされず，また，前記の古崎説より後であるにもかかわらず，同説は引用されていない。

6 まとめ

このように，国に対する強制執行の許否に関する従来の諸説は目下のところまだかなり抽象的なレベルで争われているので，筆者は多少とも，考察を深めたいと考える。

◆ Ⅲ 行政財産・普通財産・物品への強制執行

1 行政財産

（1） 行政財産は不動産に限られないが，不動産が中心なので，不動産を念頭において考察する。これまで行政財産に対する執行は許容されないとされてきた。その根拠は，譲渡禁止の規定である。これが民事執行法131条の差押え禁止規定と同様に解されたわけである。形式的にも実質的にも十分理由がある見解ではある。

形式的には，譲渡禁止の規定があれば，競売もできない，その前提としての差押えもできないということになる。実質的にも，国や地方公共団体は他にも換価できる財産を有しているし，支払いも可能であるから，普通には（金銭債権の支払いを求める場合には），何も好き好んで，行政財産に対して執行することを認める必要はないともいえるのである。ちなみに，西ドイツの民事訴訟法（ZPO）882条a第2項は，国など公法上の法人に対する強制執行は，「債務者の公共的な任務の達成に欠くことのできない物またはその譲渡が公共の利益に反する物に対しては許されない。この要件の存否に関して争いがあるときは……裁判するものとする」としている。仮にその執行を認めても，差し押さえ

---

[25] 南博方編・前注(21)『注釈行政事件訴訟法』366頁（園部逸夫＝藤原淳一郎執筆）。

てから換価するまでの間に支払いがなされようから，競売は現実にもありえず，この法治国家では行政財産に対する執行を認める必要はない。

　(2)　しかし，他面，疑問もないではない。蛇足気味であるが，ちょっと述べておく。まず，形式的に言えば，譲渡禁止の規定は，国や地方公共団体の財産管理者に対する命令規定で，譲渡するなということであり，また，その相手方に対しては，譲渡を受けても無効であると宣告しているだけである。これに対して，裁判による執行は強制譲渡で，国有財産法や地方自治法の規定外であるともいえないことはない。民事執行法にも差押え禁止不動産の規定はない。公法というだけで私法立ち入るべからずといった法理が通用するわけではない今日では，強制執行を禁止するなら，国有財産法や地方自治法，あるいは民事執行法に1か条差押え禁止の規定をおけばよいことであった。ちなみに，わが国の民事訴訟法制定過程で参照されたといわれるいわゆるテヒョー訴訟法草案では，フランス流に国・公共団体に対する強制執行を禁止する規定をおいていた(26)のであるから，考えつかない問題ではなかったはずである。

　実質的に言っても，行政財産が差し押さえられたとしても，直ちに公務に差し支えるわけではない。とりあえずは債務者の占有下において使用収益（公務の執行）はさせる（民事執行法46条2項）のである。競売される前4週間以内に債務者が金策に走って，債務を弁済すれば，差押えは解除される（同法39条1項8号，2項）。実際に国会議事堂とか，最高裁の建物が競売されたら，公益を害することはおびただしいが，国や公共団体が金策に困って，その行政財産が公売されるという事態は普通にはとうてい想定できない。それとも中南米の債務超過国なみの事態を想定すれば，あるいは国債の元利を償還できなくなった国家破産的状態ではありうるということであろうか。小さな自治体が多額の債務を負担すれば，支払い不能に陥る事態は想定されるが，かといって，債権者の負担において解決するというのも不合理である。行政財産も売却されるというリスクがあればこそ，被告の方も，なおさら素直に払うのではあるまいか。1965（昭和40）年5月，単なる1民間企業にすぎない山一証券が経営不況に陥ったとき，日銀が緊急に融資したことがある（山一特融）くらいであるから，小さな自治体が支払い不能に陥った場合は，自治省が特別地方交付税を

---

(26)　三ケ月章「テヒョーの訴訟法草案における執行制度の基本構想」同『民事訴訟法研究第6巻』（有斐閣，1980年）227，232頁。

第8章 国・違法公共団体に対する強制執行 特に仮執行について

工夫するとか，あるいは，赤字再建団体に指定して再建するとか，考えるべきであろう。

（3） さらに，行政財産に対する強制執行を不要とする前記の見解は金銭債権の強制執行を念頭においているが，たとえば，国や地方公共団体に売却したり収用されたりした不動産を念頭におくと，いささか違うであろう。その不動産が公用・公共用に供された後に元の売買契約なり収用裁決が無効とされたり取り消された場合を想定すると，原状回復の請求として，その不動産の返還請求がなされる。この場合，国または地方公共団体は権原を適法に取得していなかったので，当該不動産を行政財産として供用したことは無効である（最判昭和 44. 12. 4 民集 23 巻 12 号 2407 頁参照）から，当該不動産を返還しなければならない。もし，その返還が任意になされないとすると，元の所有者である原告としては当該不動産が必要なのであるから，当該不動産に対して引渡しの強制執行（民事執行法 168 条）をすることができなければならない。国や地方公共団体はその不動産がすでに公用または公共用に供されているという理由で，あるいはそこで公権力が行使されているという理由で強制執行を免れうるという解釈もありうるであろう[27]が，その権原が消滅しているのであるから，それは身勝手な理屈といえよう。道路法 4 条による制限は道路用地を適法に取得した場合にのみ適用がある。

ただ，これが行政財産に対する強制執行であるかどうかには議論のあるところであろう。すなわち，もし，売買契約や収用裁決が無効になったら国や地方公共団体は所有権を失うから当該不動産は直ちに行政財産でなくなると解すれば，これは行政財産に対する強制執行というテーマにはふさわしくなくなる。しかし，いったん行政財産として供用開始された以上，元の権原が消滅しても，

---

[27] やや違うが，ある研究会で，類似のテーマが論じられたことがあるので紹介する。仲江利政は，裁判所の庁舎の所有権を争う訴訟で，妨害排除，使用禁止を求めることは可能であるが，その勝訴判決でもって，裁判所の職員の退去，裁判事務の禁止，記録の持ち出しなどの強制執行ができるかという問題を提起して，それは公権力の行使であるという理由で，否定的に解している。これに対し，筆者は次のように反論してみたのである。公物は実定法上不融通物であるから強制執行の対象とはならないが，公物であるためには私法上適法に権原を取得していることが必要であるから，所有権がないということが判決によって私法上確定されてしまった以上それは公物ではなく，私法上の権原に基づいて建物の収去が求められた結果として裁判事務が阻止されてもやむをえないのではないか。さもないと，民事判決が空手形になるおそれがあると。判タ別冊 2 号『行政訴訟の課題と展望』（1976 年）60，61 頁発言。

事実としては公用または公共用に供されている間は元の所有者に取り戻されるまではなお行政財産であるという解釈もありえないではない。後者の解釈をとる場合は行政財産に対する強制執行はなお認められるべき場合がある，ということになる。

このように解すると，それこそ公立学校用地や博物館用地が元所有者に取り戻されて公益上ゆゆしき事態が生ずるという反対説があろう。しかし，権利濫用理論によりこの強制執行を禁止しうることもありうるし，当該不動産が行政財産として不可欠であれば，事後収用[28]によりその権原を取得できるので，公共の利益はさほど害されないのである。

2 普通財産

(1) 普通財産には私権を設定できる（国有財産法20条，地方自治法238条の5第1項）。古崎説[29]は，このことから国がその不動産に担保権を設定することができるという前提で，その場合には，その強制執行は当然にありうることであるとする。そして，これを理由に，国に対する強制執行は不能であると説くのは矛盾であると批判している。しかし，この点はたいした重要な点ではないが，多少気になる問題点がある。

(2) 第一に，国や地方公共団体はその普通財産に担保権を設定することが許されるのか，そういうことはあるのだろうか。たしかに，自治省筋には，ここにいう私権の設定とは質権，担保権の設定も含むという解説はある[30]。しかし，自治省や大蔵省の担当官のインタビューをふまえて検討すると，次のようになる。担保権の設定は金を借りるためであろうが，国や地方公共団体は財政の健全化に努めなければならず（地方財政法2条，財政法4条参照），借金するときも，国債・地方債を発行するとか一時借入金（財政法4，7条，地方自治法235条の3，地方財政法5条）などで借金するのであって，不動産に担保をつけて自由に借金するわけではない。地方の場合，年度限りの借金は一時借入金で，担保なしでも返還してもらえるはずであり，年度を越える借金は地方債で，市町村にあっては都道府県知事，都道府県にあっては自治大臣の許可を要する

---

(28) 阿部「裁決」『不動産法大系7巻土地収用・税金』（青林書院，1971年，1976年改訂）152頁。
(29) 古崎・前注(2)307頁。
(30) 宮元義雄『地方財務』（第一法規，1967年）265頁。

第8章 国・違法公共団体に対する強制執行 特に仮執行について

(地方自治法 250 条，現行法では，同意を要する協議，地方財政法 5 条の 3) から，返済能力はあるとされ，担保を差し出すことはないと聞く。また，国有財産法の法文上も，担保権の設定は予想されていない。たしかに，注文上は，私権を設定できるとし，担保権の設定を含め，いかにもすべての私権を設定できるかのように見えるが，国有財産法は普通財産については，まず貸付の規定を置き，これを貸付以外の方法で普通財産を使用収益させる場合に準用するとしており (26 条)，私権の設定といっても，使用収益権の設定が予定されているだけである。1986 (昭和 61) 年の法改正により導入された信託の制度も，私権の設定ではあるが，法改正により明確なルールのもとに導入されたのであって (28 条の 2-5)，「私権を設定できる」というだけの規定のもとに不動産の信託が許されるとは必ずしも考えられなかったのである。しかも，普通財産に私権を設定できるとする国有財産法 20 条は，よく読めば，「普通財産は，第 21 条から第 31 条までの規定によりこれを貸し付け，交換し，売り払い，譲与し，信託し，又はこれに私権を設定することができる」と規定しているのであって，すべての私権設定ができるとしているのではなく，同法 21 条から 31 条までの規定によって私権設定ができるのであるが，そこには担保権の設定は規定されていないのである。普通財産は収益財産であるから，公法の特殊性はなく民法の適用があると思い込みがちであるが，国の財産の適正管理という見地から，民法をそのまま適用せずに，やはり国有財産法で特殊な規制をしているのである。地方自治法の規定はこれと正確には同じではないが，普通財産の管理処分の制度は，私権の設定といっても，貸付ないし貸付以外の方法により普通財産を使用させる場合を予定しているのであって，担保権の設定は予想されていない (同法 238 条の 5)。このように考えると，普通財産にも担保権の設定は許されないものといわなければならない。普通財産に担保権を設定できるとする前記の説も，特に理由をあげてはいないので，余り深く考えていなかったと善解すべきである。普通の書物は私権の設定といっても，担保権については解説していない[31]が，それは予想外だからであろう。

(3) むしろ，普通財産に対する強制執行を許容するとすれば，その根拠はそれを売り払うことができるという規定によるべきであろう。ただ，問題は，

---

(31) 大塚芳司『国有財産』(大蔵省印刷局，1989 年)，長野士郎『逐条地方自治法』(第 10 次改訂版，学陽書房，1983 年) 811 頁など参照。

普通財産といえども，国民・住民から預かっているのであって，私人として所有しているのとは異なるから，その売払いにも，私法と異なる特殊な規制があることである。すなわち，「国の財産は，法律に基く場合を除くほか，……適正な対価なくしてこれを譲渡し……てはならない」（財政法9条）し，普通財産の売払いをするときは当該買受人に対して用途並びにその用途に供しなければならない期日と期間を指定しなければならないとして用途指定を義務的なものとし，これが守られなかった場合には契約を解除することができるとしている（国有財産法29条，30条）。用途を指定しない売払いは原則として許されていないのである。その例外は国有財産法施行令16条の7で，競売に付する場合や少額の場合など，限定されている。地方自治法上は，「普通地方公共団体の財産は，条例又は議会の議決による場合でなければ，……適正な対価なくしてこれを譲渡し……てはならない」（237条2項，96条1項6号）が，売払いの場合の用途指定については，国有財産法とは異なって，義務的なものとはされていない（238条の5第6項）。しかし，一定以上の大口の財産の処分については議会の議決を要する（96条1項8号，施行令121条の2第2項）。実際上も，たとえば，天の橋立ての松原は普通財産であるが，公共の用に供されているから，売られては困るのであり，普通財産を私人が所有する財産と同視するのは行政の管理する財産を不当に私法によらせるという問題点がある。

　普通財産に対する強制執行はこれらの規定をそのかぎりで潜脱することになる。これをどう評価するかが意見の分かれ道となるべきである。そこで，普通財産を差し押えて換価するなどということは法的にも予定されていないし認める必要はないという見解も十分成立する。

　(4)　ちなみに，前述したように，フランスではさらにこれを徹底して主体説的に国や地方公共団体に対する強制執行はいっさい許さないという解決がとられている。しかし，その結果，フランスでは行政が金銭支払い命令判決に従わないという反法治国家的現象が生じ，強制執行の方法がないため，間接強制の方法として強制金の制度が作られたのである[32]。したがって，これは見本にはならない。

　(5)　わが国法のもとでは，現金，普通財産や物品に対する強制執行が認められると解釈されたからこそ，原告は交渉力を有し，国や地方公共団体は普通

---

　(32)　交告・前注(4)。

は素直に払うとも理解できるのである。したがって、現行法下の解釈論としては、以上の論点を比較検討すると、国や地方公共団体に対する債権者の最後の安全弁として、普通財産に対する執行は許容されるという通説は結論的には維持しておいた方が合理的であろう。この前提でも、国や地方公共団体は普通は換価される前に債務を弁済して差押えを解除してもらうであろうから、普通財産の管理に支障を生ずる結果にはなるまい。

(6) なお、普通財産がどこにあるか、目録が公示されていないので、原告としては、探すのが大変である。この点は、国や地方公共団体以外の者を被告とする場合でも、その財産がどこにあるかを探すのは大変だということで、似た問題ともいえるが、大きな差異は、一般私人の財産には、行政財産と普通財産の区別がないため、たとえば本社であろうと何であろうと差し押さえることができるのであるが、国や公共団体の財産にはその区別があり、目に見える公共団体の財産はたいてい行政財産であるから、執行の対象とする普通財産はなかなか見つからないのである。

3 物　　品

物品管理法では、物品は売払いを目的とするもの又は不用の決定をしたものでなければ、売り払うことができない（同法28条）。地方自治法施行令170条の4にも同旨の規定がある。ただし、地方自治法では物品に関する事務に従事する職員がその取扱いにかかる物品を譲受すれば無効との規定がある（同法239条2,3項）が、それ以外の場合にはこれらの規定に違反した売払いを無効とする規定はない。とすると、この売払いは私法上は有効と解されよう。ところで、従来強制執行の禁止の根拠を行政財産の譲渡禁止（違反は無効）の規定に求めてきたので、その観点からすれば、官署の備品什器の差押え[33]など、物品に対する強制執行は許されることになる。

これに対しては、それは公務を妨げるという反論はあろうが、行政財産について述べたように、物品が実際に換価されることはないであろうし、差押え禁止動産の規定にも該当せず（民事執行法131条）、債務者保管（同法123条3項）という方法もあるから、差し押さえられたというだけで当然に公益を害するというわけではなく、また、換価されたとしても、備品や什器等なら不動産

---

(33) 前注(1)の例、中野・前注(1)393頁（判タ466号6頁）参照。

第2部　国家賠償法

と違って普通には代替性があるから，公益を害するともいえない。大臣や市長の机や椅子が差し押さえられると世間体は悪いが，執務はできるわけで，それだけの理由で，差押えを禁止するわけにはいかないであろう。また，そう解さないと，原告の方は，特にいつでも現金を有する郵便局を有する国に対する場合はともかく，地方公共団体に対する場合には，武器がなくなり不利になりすぎる。こうした差押えに対して，行政庁側が不服なら断固控訴して，執行停止・取消をとれば良いことである。このように考えるとすれば，物品に対する強制執行は許容されるといえよう。ちなみに，自治体が高額な絵画などを購入することが最近はやっている。それは格好の執行対象であろう。

4　立法的解決

このように考えると，行政財産，普通財産，物品を問わず，それらに対する強制執行を認める説にもこれを否定する説にも理由がある。そこで，立法的解決を図るとすれば，中間案で，従来の通説通り，金銭の支払を目的とする債権を実現するための執行においては行政財産に対する強制執行を禁止し，普通財産や物品に対しては強制執行を許容するべきであろう。執行されて困る不動産は行政財産に管理替えすればよい。なお，国や公共団体が権原なしで保持している不動産の引き渡しの強制執行では行政財産として使用されているものに対しても許容されると明示すべきである。その旨，民事執行法に規定して，混乱を防止すべきである。

◆ Ⅳ　郵便局の現金に対する仮執行

1　前提問題の検討

(1)　はじめに

国・地方公共団体に対する強制執行といっても，実際に問題になるのは確定判決に基づくものではなく，仮執行宣言に基づくものであり，しかも普通は郵便局の現金に対してなすものである。仮執行宣言は被告側が免脱宣言に基づく担保を供託したり，上訴してその執行停止をとると効力を失うから，原告側は迅速にする必要があるとして，現金を有する郵便局を狙うのである。上記の財産に対する強制執行は理論的に問題が残っているとして検討したが，国との関係では実際には実益はあまりない問題である。しかし，郵便局を持たない地方公共団体との関係では，いぜん意味を持つ。

それでは郵便局の現金に対する仮執行は許容されるか。前記のように古崎説は，国の現金に対する強制執行を許しても，公益を害することはないと断じた。これに対して，須藤典明(34)は郵便局への仮執行はその日の預金払い出しや年金・恩給の支払いなどの業務が一時的にストップし，他の国民は右の支払いを受けられない場合もあるとして，公共の福祉に重大な影響を及ぼすことが予想されるとして，仮執行の制限を主張している。中野(35)もすでに同方向であった。

実際ははたして，いずれが妥当なのか。この問題においては，まずは，それがどれだけ公益を害するかを検討しなければならないし，仮執行制度がどのように運用されているのか，そこに改善すべき点がないのかも解明しなければならない。また，仮執行が公益を害する面があるとしても，解決の選択肢は仮執行の制限しかないわけではない。以下に検討するように，仮執行制度とその執行停止制度の改善，国の会計制度の改善，仮執行の制限など，種々の選択肢がある。原告側にも被告側にも誠実な対応が求められる場合もある。全体として，これらのうち，どれをどのように改善するのが総合的にみて合理的かを論ずることが必要である。

(2) 現金差押えの公益侵害性の程度

(ア) まず，現金の法的性質を説明すると，現金は民法上も，民事執行法上も動産である（同法131条3号参照）が，国有財産法上の財産ではなく（同法2条参照），物品管理法2条は物品とは国が保有する動産としつつ，現金はわざわざ除いている。現金は通常の動産とは異なる特殊な動産として，その扱いは会計法と予算決算及び会計令で規定されている。地方公共団体の場合についても，同様に現金はその財産ではない。財産とは公有財産，物品，債権及び基金と定義されている（地方自治法237条）が，このうち，現金は公有財産にははいっていない（同法238条）し，物品からも除かれている（同法239条1項）。基金は，特定の目的のために財産を維持し，資金を積立て，または定額の資金を運用するための制度で，現金を扱うのであるが，それは，当該目的のためでなければこれを処分することができない（同法241条3項）。

したがって，国や地方公共団体の現金を動産として，それに対する強制執行

---

(34) 須藤・前注(1)249頁。
(35) 中野・前注(1)390頁。

が許容されると考えるとすれば誤りである[36]。その現金の管理は会計法令に照らして考察しなければならない。

(イ) しかも，現金の性質もいろいろで，行政財産的な現金もあれば普通財産的な現金もある。たとえば，公務員の給料日に用意された現金を差し押さえたら，遅配する。普通は銀行振込で，官庁には現金はない（会計法17条，地方自治法235条の4参照）が，この3月のように現金払いになれば官庁に現金があるから差し押さえられる可能性はある。そうしたことは民間会社でもあるといえば，公務員の給料日にその現金を差し押さえてもかまわないことになりそうである。交通局の本日の売り上げとか，大学の授業料の収入で銀行に渡す前の分（国立大は私立大と違って銀行振込にせず相変わらず大学会計課に現金を持参させるという，危険で非能率なことをしている），さらには大蔵省印刷局で印刷したばかりの紙幣や造幣局の金貨やコインならさしあたりの使用目的はないから，それを差し押さえても，公益を害するというほどではあるまい。もしそうであるとすれば，原告側は中央郵便局を狙うより印刷局を狙った方が有効であるし，郵便局も執行官が来たら，半分冗談であるが，もっと沢山現金を保管している印刷局をご案内しますとでもいえばよいだろう。もっとも，紙幣は日銀が発行するものであるから，印刷局においてある紙幣はいまだお金ではなく単なる紙切れで，それを差し押さえても通用力がないともいえようか。この点は，日銀でも，大蔵省印刷局でも，問い合わせたが，検討していない問題ということであった。

(ウ) しかし，郵便局の現金は普通財産的なものというより，行政運営のために不可欠な支払い手段であるから，それに対する強制執行を許すと，須藤説が指摘するように，いちおう公益を害する可能性があるといえよう。問題はそれが仮執行を禁止すべきほどに公益を害するといえるかにある。

まず，郵便局の現金が即時執行され，貯金の払い戻しにも事欠くという不利益はどの程度であろうか。これまでの実例（冒頭に掲げた郵政省提供の表参照）を見ても，仮執行で郵便局の現金が対象となったのは，年に数件である。一番多い東京と大阪の中央郵便局でも，最近は平均すれば年に1件もない。仮執行が予想されるときは狙われそうな局にあらかじめ余分に現金を用意しておけば

---

(36) なお，中野は注(1)「初出論文」判タ466号6頁において，国有の現金は融通物たる普通財産としていたが，この論文を収録した前掲『民事手続きの現在問題』389頁では，修正されている。

第8章 国・違法公共団体に対する強制執行 特に仮執行について

対応できるはずである。前記のいわばヤラセの仮執行の場合にはもちろんそうである。

(エ) しかし，原告は国の組織であれば，どこを狙うのも法的には自由であるから，被告が予想していない局を執行することがあるようである。国が執行免脱の供託をして執行官のところに走るという場合，仮執行する原告側も，その前に執行するために行方をくらます必要があるのである。この場合には郵便局はたいへん迷惑である。そういうことは最近もあったが，筆者が聞くところでは，仮執行されたために現実に貯金の払戻し請求に対応できなくなったというほどの事は少なくとも最近はないらしい。何とか対応しているのである。そして，仮執行されて，現金が足りなくなった場合には，近隣の局から借りるか，日銀から借りる方法がある。日銀から借りられる局を日銀局といい，全国で約240局ある。そこが日銀から借りて，仮執行された局に緊急に輸送すればよい。

(オ) むしろ，問題なのは，現金仮執行のために，警備，通信，現金輸送などにかかる余分な費用は本来は国が敗訴するについて責任があった官庁の負担になるべきところ，そこからは何等補塡されず，郵便事業特別会計法に基づき独立採算制を採っている郵便事業特別会計の負担になっていることだというのである。さらに，仮執行された場合の処理としては，通達[37]に定められているが，郵便事業特別会計としては臨時払いとして経理して，戻ってきたら臨時受けとして経理しており，最近は当日か翌日くらいには戻って来る（前記の執行一覧表参照），という説明であった[38]。

郵政省の迷惑はこの程度のものであるから，郵政省には同情するが，原告に郵便局に対する仮執行を利用させないとまでいえるほど強い理由にはならないであろう。郵政省の迷惑に対する対策は別途考慮すべきである。

(カ) 自治体が敗訴したため，生活保護の支払日にその資金が差し押さえられるといった事態が生ずれば，公益を害しそうである。しかし，普通には現金は金融機関に扱わせ，役所には現金はほとんど置かないから，そうした心配はないし，もし，役所の窓口払いの現金が仮執行されるといった場合には，指定金融機関から緊急に現金を送付してもらえばよいのである。また，某都道府県では敗訴・仮執行が予想される事案では，原局が満額払えるように現金を用意し

---

(37) 訟月10巻12号2頁に引用。
(38) この点は郵政省当局者の言によるが，中野・前注(1)393頁注(4)も同旨の意見を述べている。

ておくということであり，某市では最近仮執行された事案があるが，会計室で払ったということで，公務に要する現金を取られて困ったというほどではなさそうである。

そうすると，現金への仮執行は地方公共団体の場合にも，仮執行を禁止するほど公益を害するわけではない。

結論的にいって，古崎説は妥当で，須藤説には賛成できないことになる。

(3) 仮執行制度の運用の実情

㈦ 従来の説明

仮執行制度はどのように運用されているか。それは，国や地方公共団体を被告とする場合に，その特殊性を考慮して適切に運用されているだろうか。

現行法（本稿初出当時の法律）では，仮執行宣言を付するかどうか，それを付した上で，担保付きでその免脱宣言をするかどうかは裁判所の裁量とされている。免脱宣言がついたとき，被告がそれに応じて担保を供すれば仮執行はできない。そして，原審が仮執行宣言を付したとき，被告は上訴して執行停止（民訴法511-512条，現403条）を申請することができる。

上訴に基づく執行停止については，上告の場合には，「其執行ニ因リ償フコト能ハザル損害ヲ生ズ可キコトヲ疎明シタルトキ」が要件となっている（民訴法511条，現403条1項2号）が，控訴の場合にはこうした要件がなく，保証を立てしめ，また立てしめずして強制執行の一時停止を命ずることができるとだけ規定されている（同512条，現民訴403条1項3号，条文が少し変っている）。そこで，控訴の場合に仮執行宣言を執行停止するかどうかは裁判所の裁量と解され，実務上は，仮執行宣言付きの判決に対し，控訴してその執行停止を申請すると，高裁は事件の記録も見ず，原審の判決文だけで，保証を供託させてほぼ執行停止する（無条件執行停止説）ようである。この点は，1971（昭和46）年に古崎慶長の詳細な実態調査報告があるし，それまでも類似のことが言われ

---

(39) 古崎慶長「大阪高等裁判所における民訴法512条の運用に関する調査報告書」法曹時報23巻11号121頁以下（1971年）。これは詳細かつ有益な調査で，部外者にはできないものであるから，その後もこうした研究が続くことが期待されるが，そのほかにどんな研究があるか，筆者にはわからない。これによると，控訴審において仮執行宣言の執行停止の申請があると，すべて保証金を供託することを条件に執行停止の決定をしており，それも即日がきわめて多い。

さらに，林淳（「仮処分を取消す仮執行宣言付判決の執行停止」明治学院大学法学研究239号（1976年）60頁）によれば，理論的には，この執行停止の許否については，適法な

ていた(39)。解釈論としても，上告の場合と手形・小切手事件における控訴に伴う執行停止が制限されている（同511条，512条の2）ことから，裏返しに読んで，裁判所は控訴の場合には申立てがあれば必ず執行停止しなければならないという説がでている(40)。

　ただし，筆者はこの解釈論には賛成できない。上告，手形・小切手事件において執行停止が制限されていることの裏返し（それ以外の通常の事件）は，当然に執行停止を認めることではなく，事案の状況を判断して決めよというにすぎないはずである。一審で執行停止を命ずることができるという規定を高裁でなぜ執行停止を命じなければならないと解釈するのか，理解できない。実務でも，執行停止を付けない例が後述のように若干はみられるのはこの説が必ずしも通用していないことを示している。以下，控訴の場合に執行停止を付けるかどうかは裁判所の裁量であるという解釈を前提として考察する。

　また，以下，上告に基づく執行停止は数少ないし調査の余裕がなかったので，省略し，執行停止は控訴審段階のものについて検討する。

(イ)　若干の実態調査

　右の運用は国や地方公共団体に対するものでもほぼ同じらしいともいわれるが，その研究調査は寡聞にして知らない。筆者には本格的かつ総合的な調査は困難であるが，都道府県，指定市，法務局，被告となった行政機関，原告側弁護士など多数の方々にその運用の実態を問い合わせたので，その結果をここに簡単に記したい。案外いろんな運用があり，裁判官が必ずしも画一的に処理し

　　執行停止の申立てがあれば当然に執行停止すべきであるとする無条件執行停止説と，控訴に理由があると認められるときのみ執行停止を認める制限的執行停止説があるが，実務の主流は無条件執行停止説をとっているといわれる。
　　村松俊夫（「執行の停止とその担保」『菊井先生献呈論集裁判と法下』（有斐閣，1967年）1032頁以下）によれば，控訴審では控訴の理由の有無を審理して執行停止をなしうるかどうかの裁量を裁判所が有するという意見が強いが，現行法（民訴法367条，現286条）は控訴の際控訴の理由を明らかにすることを要求していないし，実務上も，敗訴した原告が控訴裁判所に執行停止を求めてくるときにまだ裁判所から第1審判決の正本を受領しておらず，原裁判所の主文証明のみを提出してくることがあるし，急いで停止決定をもらわないと執行されるおそれがあるから，控訴裁判所が控訴の理由を審理することは非常な困難を要求される。そこで，実務では却下した例はほとんどないのではないかということである。さらに，村松俊夫『民訴雑考』（日本評論新社，1959年）150-188頁参照。
(40)　『注解強制執行法(1)』（第一法規，1974年）61-64頁（川上泉執筆）。

ているわけではないことに気づく。しかし，その運用にもいろいろ疑問が生ずる。なお，事柄の性質上，戦略的要素もあって，出所なり具体的な事情，事件名の記載をしないようにという条件付きで提供を受けている情報もあるので，ややあいまいな記載にとどめざるをえない。誤っている点があれば，ご教示をいただければ幸いである。

まずは最近の著名事件を —— 国，地方公共団体を被告とするもののほか，若干は民間会社を被告とするものも含めて —— 若干紹介してみよう。

カネミ訴訟のいわゆる1陣の一審判決（福岡地小倉支判昭和53. 3. 10 判タ361号136頁判時881号17頁）では仮執行宣言がつき，カネカが高裁でその執行停止を申請したが，高裁は原則として1人300万円を超える分を執行停止した。被告は控訴すれば当然に全部執行停止が取れるというものではなかった（福岡高裁昭和53年（ウ）第71号強制執行停止申立事件民事4部昭和53年3月11日決定）。

長良川・安八水害訴訟（岐阜地判昭和57. 12. 10 判時1063号30頁）では，原告1255名に最高572万円，最低2万2千円，総額15億円（金利込みで19億6千万円）の仮執行が認められ，仮執行の免脱宣言の申請は却下された。国（中部地建）が小切手を即日渡し，郵便局への執行はなかった。これは名古屋高裁（平成2年2月20日）で逆転し，仮執行宣言は取り消された。仮執行金は国債で運用した後，1986年に1人平均150万円を分配した。今，利子込みで26億円の返還を求められるという（朝日新聞1990年2月20夕刊）。

カネミ訴訟で国に対する請求が認容された2つの判決（福岡高判昭和59. 3. 16 判タ520号93頁判時1109号24頁，福岡地小倉支判昭和60. 2. 13 判タ548号83頁判時1144号18頁）では，いずれもカネカ，カネミと不真正連帯で，認容金額の3割の限度で国に支払い義務が認められ，仮執行宣言が付された。このうち，高裁の方では被告は仮執行免脱を申請せず，小倉支判の方は仮執行免脱申請を却下している。これも，国が小切手で払って，郵便局への執行はなかった。

大阪空港訴訟一審判決（大阪地判昭和49. 2. 27 判時729号3頁）は認容金額全部に仮執行宣言を付したが，担保を条件に執行免脱を認めた。これに対し，大阪空港訴訟控訴審判決（大阪高裁昭和50. 11. 27 判時797号36頁）は国に対する認容金額全額の仮執行を宣言し，執行免脱宣言の申請は却下した。原告はこの一，二審とも，郵便局に対し仮執行した（前記の郵政省の一覧表参照）。この一審判決の場合には免脱宣言がついたので，被告は執行免脱の担保を供託しよう

第8章 国・違法公共団体に対する強制執行 特に仮執行について

としたが，原告団の方が仮執行の準備が周到で，それより早く仮執行したようである。

多摩川水害訴訟一審判決（東京地判昭和 54. 1. 25 判時 913 号 3 頁）は仮執行を認容金額全額について認め，その免脱宣言申請は却下した。これも郵便局に執行した事件である。この判決は高裁で逆転した（東京高判昭和 62. 8. 31 判時 1247 号 3 頁）。

クロロキン薬害第 1 期訴訟の一審（東京地判昭和 57. 2. 1 判時 1044 号 19 頁）は，認容金額の 3 分の 1 について仮執行宣言を付した。原告らは国（郵便局）に仮執行したが，高裁で国に対する関係で逆転した（東京高裁昭和 63. 3. 11 判時 1271 号 3 頁）。

大東水害訴訟では一審（大阪地判昭和 51. 2. 19 判時 805 号 18 頁）が原告らに無担保で 1 人 60 万円（うち 55 万円については金利付き），総額 5000 万円余の仮執行を認めた。国側はすぐ控訴しなかったので，原告らは大阪中央郵便局で仮執行した。なお，この事件は周知の通り最高裁（昭和 59. 1. 26 民集 38 巻 2 号 53 頁）で逆転した。

東海道新幹線訴訟一審判決（名古屋地判昭和 55. 9. 11 判時 976 号 40 頁）は認容金額全額に付いて仮執行宣言を付し，仮執行免脱宣言の申請は却下した。原告は国鉄の用意した現金を仮執行した。

高裁（名古屋高判昭和 60. 4. 12 判時 1150 号 30 頁）は，認容金額を減額し，仮執行金額のうち約 2 億 1390 万円及びこれに対する仮執行日の翌日から完済まで年 5 分の割合による損害金の返還申立てを認めた。しかし，それには仮執行宣言はついていなかったので，お互いに執行できずに上告して，その間に和解した。認容金額は一審は 5 億円で全額仮執行し，控訴審の認容金額は 3.8 億円で，和解で，4.8 億円の賠償となり，原告は約 2000 万円返還したということである。

予防接種禍訴訟は東京訴訟一審判決（東京地判昭和 59. 5. 18 判時 1118 号 28 頁），東海訴訟一審判決（名古屋地判昭和 60. 10. 31 判時 1175 号 3 頁），大阪訴訟一審判決（大阪地判昭和 62. 9. 30 判時 1255 号 45 頁），福岡訴訟一審判決（福岡地判平成元. 4. 18 判時 1313 号 17 頁）のいずれも認容金額の 3 分の 1 について仮執行を認め，仮執行の免脱申請は却下した。被告の厚生省は仮執行金額を小切手で用意し，郵便局への執行はなされなかった。

繁藤災害訴訟では一審（高知地判昭和 57. 10. 28 判時 1059 号 32 頁）が認容金

額の3分の1の仮執行を認めたが，高裁（高松高判昭和63. 1. 22判時1265号31頁）で逆転した。

大阪の野犬幼児咬殺国家賠償事件の一審判決（大阪地判昭和63. 6. 27判時1294号72頁）では仮執行宣言（幼児の両親それぞれに付いて836万円うち760万円に付き事件発生時からの遅延損害金）がついたが，担保の提供（両親それぞれに付き500万円ずつ）による免脱宣言がついていたので，大阪府は担保を積んで仮執行を止めた。

大阪の警官拳銃持ち出し愛人射殺事件（大阪地判昭和61. 9. 26判時1226号89頁，大阪高判昭和62. 11. 27判時1275号62頁）では，仮執行宣言付き判決に対し控訴が遅れ，執行官が来たので出納室で執行されたという[41]。仮執行を止めるために迅速に控訴することはできないという例である。

平野川水害訴訟一審判決（大阪地判昭和62. 6. 4判時1241号3頁）は，大阪市に対する請求を認容し，それについて全額仮執行宣言を付した。大阪市は仮執行の免脱を申請していなかった。大阪市は6月10日に控訴して，執行停止を申請したが，その前に原告と被告との話し合いで，一部だけ仮執行し残りは執行停止という形式を取ったという。

いわゆる千葉川鉄大気汚染公害訴訟では川鉄が仮執行宣言付きで敗訴した（千葉地判昭和63. 11. 27判時平成元年8月5日号161頁，認容額約8000万円全部に仮執行宣言が付いた）ので，控訴し，執行停止を申請したが，東京高裁はこれを却下したと聞く。控訴審において仮執行の執行停止申請を却下した例は珍しい。理由はついていないので不明という。原告らは被告の執行停止の申請前にまず国債を差し押さえた。換価手続きの前に執行停止の申請がなされたが，それが却下されたので，換価されたということである。

横田基地公害訴訟の一審（東京地八王子支判昭和56. 9. 11判時1008号19頁）は認容金額全額について仮執行宣言を付けたが，担保を条件にその執行免脱を認めた。原告らは八王子郵便局で仮執行した。国は担保を供託して，供託証明を持って執行場所を探したが，それより先に，執行がすんでしまった。大阪空港訴訟の一審の仮執行と同様であろう。

(41) 本件については，阿部「解説」判タ706号昭和63年度主要民事判例解説130頁がある。『国家補償法の研究Ⅱ』所収。
(42) 本文の問題は法務日報35巻1号別冊2，3頁に記載されている。これについて，仮執行を問題視するものに，石川明「仮執行の免脱の立担保と仮執行」判時1254号15

第8章　国・違法公共団体に対する強制執行　特に仮執行について

その高裁（東京高判昭和62.7.15判時1245号3頁）は国に対し仮執行宣言と80％の担保を条件とする免脱宣言をつけて8941万円の支払いを命じた。国は担保を提供したが，原告の方は横浜地裁で執行申立てをして横浜港局で執行した。この仮執行の申立てについては国は違法であるとして，原告弁護士に損害賠償請求をしているということである（読売新聞1988年10月3日参照）(42)。

国道43号線訴訟一審判決（神戸地判昭和61.7.17判時1203号1頁）は認容金額全額について仮執行宣言を付け，その免脱宣言は付さなかった。翌18日総額1億6千万円余りについて小切手により支払がなされた。

熊本水俣病民事第3次訴訟（被告はチッソ㈱のほか，国，熊本県）一審判決（熊本地判昭和62.3.30判時1235号12頁）は，認容金額全額について仮執行宣言を付したが，3分の1の担保を条件に執行免脱宣言をした。被告が担保を供託し仮執行はなされなかった。

関西の某病院の医療過誤事件（大阪地昭和57(ワ)1398号平成元.10.30判決）では，約2462万円の免脱宣言なしの仮執行宣言が付いた。被告は国と担当医師で，控訴して執行停止を取る予定ではあったが，相談しているうちに原告の方から仮執行すると連絡してきて，控訴日の直前に仮執行された。郵便局に迷惑をかけないようにということで担当事務局で執行された形式を取った。

しかし，そうした扱いはまだ例外なのか，最近でも郵便局での仮執行例があるのは郵政省提供の一覧表にある通りである。その最近の例のうち，大阪高裁昭和61年(ネ)第716号（執行日昭和63年5月6日）は刑務所内の事故にかかる賠償請求事件であり，大阪高裁昭和61年(ネ)第1973号（執行日平成元年6月14日）は違法な税務調査に対する損害賠償請求事件であるが，ともに原告代理人と被告，郵便局が接触して，原告は特定の郵便局で仮執行すること，被告は即日に代わり金を郵便局に補填することという約束のもとに仮執行がなされたようである。

広島地判平成元年11月15日（判タ721号212頁）は国立病院の医療過誤事件で5305万円の設容金額全額の仮執行宣言を付した。それは広島中央郵便局で執行がなされた。

普通は仮執行宣言が付くが，仮執行宣言がつかなかった例として，拘置所内

頁，西村宏一「免脱宣言のある場合の現金に対する仮執行について」判タ663号34頁（1988年）がある。

での死亡事故に関し，5178万円の給付判決が出た例（札幌地判平成元. 6. 21 判時1330号97頁），厚木基地公害訴訟一審判決（横浜地判昭和57. 10. 20 判時1056号26頁），横田基地3次訴訟（東京地裁八王子支判平成元. 3. 15 判タ705号205頁），志登茂川水害訴訟（津地判昭和56. 11. 5 判時1026号43頁，ただし，これは高裁で逆転，名古屋高判平成元. 3. 29 判時1312号3頁）に気づいた。

　原告側が仮執行しない例もある。高砂市の消防に関する国家賠償請求事件（神戸地判平成元. 9. 25 判例地方自治68号81頁）では，認容金額300万円全額について免脱宣言なしの仮執行宣言が付いた（免脱宣言申請は却下）が，原告が仮執行しなかったので，控訴期限ぎりぎりで控訴しても執行停止が間に合った。

　福岡空港公害訴訟（福岡地判昭和63. 12. 16 判時1298号32頁）では仮執行宣言がついたが，原告はなぜか執行せず，国の方は同月19日に控訴し，即日執行停止を取った。保証金は半分強と聞く。

　大阪府のいわゆる天野川国家賠償事件（11歳の児童が1級河川の堤防の法面の穴で土砂崩落のため死亡した事件）では，免脱宣言なしで仮執行宣言がついた（大阪地判昭和63. 5. 27 判タ678号137頁）が，被告は控訴期限ぎりぎりに控訴したので，原告は仮執行しようと思えばできたが，しなかった。なお，この事件は高裁（大阪高裁平成元. 7. 28 判タ709号151頁）で，原告が逆転敗訴している。

　雫石事故国家賠償訴訟（東京高判平成元. 5. 9 判時1308号28頁）では全日空が国に対し28億8000万円の仮執行宣言付き（免脱宣言なし）判決を取ったが，仮執行はなされなかったと聞く。

　(ウ)　仮執行の運用の実情の整理

　以上の実例と聞き取り調査から知りえた一般的な状況を記す。もちろん統計的な調査とは縁遠い。

　①　古崎調査によれば，大阪高裁に控訴された一審判決で仮執行宣言がついているのは約40％しかないが，控訴事件の半数が金銭を目的とする訴えであるから，仮執行宣言付き判決がもっとあってよいのではなかろうかとされている。しかし，金銭請求認容判決のうち仮執行宣言がつく割合は正確にはわからない。むしろ，普通には付くのではないかとも聞く。認める際は一般には認容金額全部の仮執行を認めるのが多いが，予防接種禍訴訟やクロロキン訴訟など一部では仮執行金額は3分の1とされている。しかも，こうした実務は金額が多いものに限らない。繁藤災害訴訟の一審でも仮執行金は3分の1であるが，

その金額は3人の原告それぞれについて120，240，450万円にすぎない。

②　一般民事事件では仮執行宣言が付いても，執行しない原告が多いらしい。古崎調査によれば，仮執行宣言付き判決を得ても，執行文の付与を求めるのは3分の1位であるという。それは国・地方公共団体に対する場合でも同様のようである。その理由は，筆者にはつまびらかではないが，現金の執行以外は執行の手続きも面倒なこと，ここ数年の低金利時代には逆転敗訴の場合に付さなければならない年5分の金利も案外大きいこと（実際，逆転した場合に元金は返せても利子分の工面に苦労している原告団をいくつか聞く），一般民事事件でも，被告の財産隠匿・費消の可能性は，相手によるが，大きいとは限らないことなどによるのであろうか。金銭請求訴訟で仮執行しない割合がどの程度かはわからない。

ただ，ここに紹介した例は社会的にも有名な公害・集団訴訟が多い。そうした事件では，原告団も戦略上仮執行で電光石火の早業で現金を押さえることが多い。もともと，企業に対する公害訴訟で勝訴判決をとったらすぐ仮執行をしてきたので，国・地方公共団体に対しても，同様の戦術をとったのであろうか。すぐに仮執行しなかった福岡空港公害訴訟は例外であろう。

③　仮執行宣言の申請があるとき，被告の方は担保を条件とする免脱宣言の申請をすることができるが，かならずしもその申請をしない。仮執行の免脱は申請しても認められないのが多いように感ずるが，前記大阪野犬幼児咬死事件のように担保を条件に認められるのも少なくない。前掲古崎慶長によれば，免脱宣言はほとんど利用されていない。

④　担保を条件とする執行免脱宣言が出た場合には，原告の仮執行と被告の担保の提供といずれが先かで勝負が決まる。時間の競争である。担保の供託自体は法務局に供託するだけなので，ものの10分もあればできると聞く。金は現金でなくとも，日銀保証の小切手でよい。予算も，国の場合担当官庁の予算ではなく，法務局の予算なので，年度末などで予算がなくなった場合以外は担保のための金の都合はすぐつき，そうした手続のための決裁は迅速にできるようである。ある都道府県の話でも，執行の免脱宣言なら，控訴の手続を要せず，保証金を積むだけであるから，迅速に手続を進める。被告側が敗訴の場合を予想して準備していれば，普通は被告の担保の提供が先になる。

⑤　しかし，原告側が判決があったら即時に執行するように，事前に執行官などに根回しをしておいて，判決後すぐに郵便局に走る場合にはどっちが先か，

タッチの差で決まり，原告が先になることがある。大阪空港訴訟の一審，横田基地の一審の仮執行がそうであったようである。国の方は供託しても，執行官がどこにいるかわからないときは執行を止めることができないが，原告側は被告の予想しない郵便局に現れたりするので，いつでも現金を有している郵便局を全国各地に有している国は不利な立場にある。しかし，免脱宣言が付いた場合には，最近では普通には担保提供が先で，仮執行がなされることはまずない。とすれば，担保提供による免脱宣言付きの仮執行宣言は，仮執行宣言をつけないのとほぼ同じになってしまう。そうした例としては，前記の水俣病訴訟が典型である。これは原告は勝訴判決にもかかわらず一銭も入手できず，他の公害訴訟と比較しても不合理に見える。そのほか，国が免脱宣言に応じて供託して執行を免れた最近の例として，判例集に掲載された事件では京都地判平成元年5月16日（判時1328号96頁）（接見させなかった検察官の違法，認容金額20万円，保証金15万円）に気づいたが，そのほかにも少なくないようである。

　なお，前記の横田基地訴訟の二審の執行はこうした執行をめぐるトラブルが訴訟を惹起した例外的な事件である。

　⑥　仮執行宣言に免脱宣言が付かなかった場合には，原告の仮執行と被告の控訴・執行停止のいずれが先かで勝負が決まる。原告がのんびりしていれば，被告が執行停止をとってしまう。その例としては，前記の福岡空港公害訴訟，大阪府の警官愛人射殺事件，大阪市の平野川水害訴訟などがある。どちらが先かは事前の準備次第である面が多いようである。原告が仮執行を即時にするように事前に執行官などに根回しをして準備していれば，被告の執行停止は間に合わない。逆に，原告が判決があってから仮執行の準備をするならば，執行官もすぐには動いてくれないようなので，執行停止の方が先である。

　そこで，被告の方の対応を見よう。まず，敗訴はどんな理由でも不服だ，仮執行も止めなければならないと事前に決めておく場合には，判決があったら即時に控訴し，執行停止を申請するように，権限を降ろし（内部の専決規定で控訴権限を降ろしておく），金を用意しておく。この場合には仮執行と執行停止成功のいずれが勝つか時間の競争である。某大都道府県の説明では，仮執行宣言付きで敗訴したら，直ちに控訴して法務局に供託し，控訴審の裁判官に会って，仮執行の執行停止を取るということである。この間，2，3時間で，午後1時の判決の場合でもその日のうちに執行停止を取るのである。自治体の場合には郵便局のような現金を保管している場所がなかなか見つからないので，原告の

方も仮執行できる場所を探すうちに間に合わなくなるようである。そこで，仮執行は現実にはなされないというのである。

ただし，控訴審で執行停止をとるための時間について，ある団体の話では，2，3時間で取れるとは限らない。事件が係属した裁判部が宅調だったり証人尋問中だったりして時間がかかることもあるということであった。

これは地裁と高裁，法務局がそばにある地方公共団体の場合であるが，地裁と高裁が離れていれば，敗訴した地方公共団体は判決を受け取って，急いで控訴状を書いても，控訴状は地裁に提出されるので，高裁に届けられるのに時間を要し，即日に執行停止を取って供託を済ますのは困難であるという。

さらに，行政当局には敗訴判決があったらすぐ控訴するというわけには必ずしもいかない事情がある。判決があった瞬間に理由のいかんを問わずに控訴するのは，私人ならともかく，行政としては司法権軽視の非難を浴びたくないためもあって，できない。控訴するには検討した上なおかつ不満という建て前をとる都合上も時間がかかる。そこで，執行停止をとるために迅速に控訴したりはしないという。他方，国の場合には郵便局という現金を用意しておく場所を全国に有しているので，原告が仮執行を事前に準備していれば，その執行停止は実際上は間に合わないようである。この点は国が不利なところで，郵便局は国のアキレス腱ともいえよう。もっとも，国のように現金を有する場を持たない地方公共団体でも，執行官がきて，机や椅子を差し押さえられると，格好が悪いから，結局は払う方法を考えなければならないというので，あまり変わらないかもしれない。

他の某都道府県の話では，控訴しての執行停止となれば，控訴するためには知事決裁を要し，必ずしも迅速にはいかないし，また，控訴は議会の議決事項で（地方自治法96条1項12号。出訴と同じと解されている），知事に専決処分権があるのは議会の議決を取る暇がないときであるが，たまたま議会が開会中のときは専決処分はできず，しかし議会の日程が混んでいて控訴議決のための日程が取れないなどのため執行停止が間に合わず，仮執行されてしまうとか聞く。この都道府県では控訴権限を降ろしていないのである。また，国が共同被告の場合には控訴決定には時間がかかり，仮執行を阻止するのは容易ではないともいう。これは上述の話と平仄が合う。

国でなくとも，東海道新幹線訴訟で，旧国鉄は即時には控訴しなかったので，仮執行が先ということになり，仮執行されるなら払うということにしたようで

ある。この場合も，郵便局のように現金を有する部門を持たないので，仮執行はしにくいし，物品の差押えくらいなら，させておいて，即時に仮執行の執行停止を取ってがんばるという方法が被告にはあったとも考えられるが，それを避けたのはやはり上述のような検討したという格好をつけるための政治的配慮であろうか。

　公団・公庫が敗訴した場合にも同様の扱いが多いのではないかと聞くことがあった。

　⑦　以上を見ると，国や地方公共団体が仮執行される（あるいは仮執行を前提とする小切手による支払いをする）ケースには次のような種々なるものがあると推測される。

　まず，時間の競争で勝負して，被告の執行免脱の担保提供が遅れた場合，急いで控訴して執行停止を取ろうとしたが，間に合わなかった場合，

　被告が，負けるはずはないと油断していたら仮執行宣言付きで敗訴し，仮執行に対し払う余裕がなかった場合，原告は仮執行してこないだろうと油断をして，控訴・執行停止を急がなかったら，仮執行された場合，

　被告が控訴するかどうかを検討中に原告が仮執行金の支払いを要求したにもかかわらず，担当官庁が支払いをしないとか，あるいは担当官庁には原告から要求されたら小切手で支払うという意向があるのに，原告との意思疎通を欠き，郵便局が執行されてしまう場合，

　被告の方が控訴するには権限ある者の検討を要し，時間がかかるので執行やむなしと応ずる場合，これには，担当官庁が自分の方では原告には小切手を渡せない（後述のように，大蔵省が概算払いの協議に応じない）（あるいは原告の方が小切手ではいやだ，現金が欲しい）として，原告と郵便局と相談して，特定の郵便局で仮執行されることにし，即日代わり金を郵便局に補塡する，いわば，ヤラセのような場合と，担当官庁が原告と交渉して，小切手を用意するから，郵便局を執行しないでくれと申し出る場合があろう。

　郵便局のようなアキレス腱を有しない自治体や旧国鉄も，執行官がきたら，差押えなどかっこの悪いことをしたくないので，払う場合

　(エ)　実務の評価

　判例は仮執行事件の常として何等の理由も付していないので，真意はわからないが，こうした実務は国に対する仮執行，免脱宣言，その執行停止がどこまで必要なのかを本当に吟味しているか，単に機械的に私人間の民事訴訟と同様

の感覚で出しているのではないかという疑問を感じさせるし，もともと事案を
よく知っている原審が仮執行免脱の申請を認めなかったのに，高裁がほとんど
審理する暇もなく，せいぜい原審の判決を見るくらいで，記録を取り寄せずに
即時に執行停止をするのは不合理ではなかろうか，という問題がある。この実
務は仮執行宣言制度の機能を減殺する[43]という批判があるわけである。

　また，こうした実務のもとでは，仮執行宣言が出た場合には，原告の仮執行
が先か，被告の免脱宣言に基づく供託なり，高裁での仮執行の執行停止のいず
れが先か，タッチの差で決まるという不合理があり，被告は控訴するかどうか
を慎重に検討すると仮執行されてしまうし，いきおい大急ぎで控訴することも
ありうるし，原告の方はこれに対抗してどこか執行しやすいところはないかと
いうわけで，国を被告とする場合には郵便局の現金を狙うのである。郵便局に
対する仮執行がなされる大きな原因はこの仮執行制度にあり，その改善が緊要
である。

(4) 仮執行の必要性 ── 債権者と国との武器平等の要請

　国や地方公共団体に対する仮執行を制限すべきだという主張には，原告側の
仮執行の必要性に対する理解が足りないように思う。以下，これを説明する。

　仮執行の制度の目的の1つに，敗訴者が訴訟を遅延させ，上訴権を濫用して
支払いを引き延ばすことを防止し，かつ，債権者に早く満足させる必要がある
ことがあげられる。仮執行を活用できなければ，原告はきわめて不利であるが，
それは国や地方公共団体に対する訴訟では特に強調する必要がある。すなわち，
一審で勝訴しても，被告が上訴すれば日本の現実では10年20年と長期訴訟に
なる。その間，原告は債権を実現できず，経済的困難のため訴訟の追行をあき
らめることも多い。「命あるうちに救済を」というカネミ訴訟の原告の要求が
この事情を物語って十分である。損失補償の場合にはゴネ得現象で，土地所有
者はぼろ儲けできるのに，人身被害などの悲惨な犠牲者は長年金銭的救済にも
浴さず，その日の生活にも困って訴訟どころではなくなるのである。しかも，
履行遅延に対する利息はわずか年に5%にすぎず（超低金利時代であるごく最近
はともかく，一般的には履行を合法的に遅延させることは安い金利で借金できるの
と同様で），被告側には，履行を早く果たそうとするインセンティブは働かな

---

[43]　兼子一ほか『条解民事訴訟法』（弘文堂，1986年）573頁。
[44]　阿部『国家補償法』（有斐閣，1988年）305-307頁。筆者は本文の法定利息も，公
　　　定歩合連動制などが望ましいと考える。

い（もっとも，国・地方公共団体との関係では金利が高くても同じであろうか）(44)。さらに，被告が国や地方公共団体の場合には，役所としての筋で原則として判決がなければ払わないし，負けても上訴するのを原則とし，経済的な理由から上訴をやめようとするブレーキは働かない（いわゆる親方日の丸）のであろう(45)。役人は金が問題なのではなく，名目が大切であり，かつ，行政内部には金を払わないことを非難するシステムはなく，払いすぎたことを批判するシステムが存在する（財政当局，会計監査，議会）から，払いすぎないようにとしばしば過剰防衛するのであると推測されるのである。交通事故対策としても，国は強制の自賠責には加入するものの，任意保険には加入しないと聞く(46)から，被害者は国を被告に勝訴しないと賠償金を取れないという不利な地位に立つ。こうした加害者得，引き延ばしの法構造のもとでは，原告は疲れはて，被告が一方的に有利である。そこでせめて一審原告勝訴判決があれば，その仮執

(45) 佐々木吉男「国の不法行為債務の管理に関する若干の検討」『吉川大二郎博士追悼論集手続法の理論と実践下巻』（法律文化社，1981 年）615 頁の研究成果によれば，昭和 46 年 3 月 22 日付文部省大臣官房会計課総務班作成の「自動車事故，医療事故などの損害賠償の取扱要領」は，医療事故，国有財産に関する争い，営造物の瑕疵による事故は訴訟によって解決するのが原則で，①調停で事故の解決を図る場合は，その事故が法務省など関係機関において調停によることが国に利益があると認められた場合に限るとし，②第一審で敗訴した場合には専門家の意見を聴取し，判決内容を十分検討の上，上訴の要否を決定するが，専門家が判決理由を容認せざるを得ないと認めた場合で，かつ法務省など関係機関が上訴の利益がないものと認めた場合以外は，上訴することを原則とする。③控訴審判決の場合，第一審でも敗訴している場合はそれをもって事件を終了させてもやむを得ないが，いちおう専門家および法務省の意見を聴取する必要がある，というのである。文部省内会計事務研究会編著『国立学校会計事務必携（改訂版）』（第一法規，1984 年）880 頁も，同方向である。なお，右の「取扱要領」は『文部省会計例記』（帝国地方行政学会）1776 の 50〜64 に掲載されている。
　自治体の場合も，議会との関係があり，議会で納得してもらえるような説明が必要ということから，和解が少なくなり，行政全般に関わる問題については，妥協しないで争うという姿勢がみられるという。西原道雄ほか・共同報告「組織体における損害賠償交渉の機構と過程」法社会学 42 号（1990 年）134 頁。
(46) ただし，市のレベルでは事故率が高い車両に限り任意保険にはいっているという。前注(45)法社会学 42 号 138 頁。
(47) なお，この国側の親方日の丸の点では，原告側に有利に作用する場合もある。仮執行宣言がついた場合，私人なら至急控訴して執行停止を取るようなケースでも，国の方は金は自分のではないから取られてもしようがない，控訴の理由があるかどうかを検討するという名分が大切などという心理で，仮執行がなされてしまうことがあるのである。

行を原則として認め，ある程度の債権は満足させるのが公平である[47]。

　そうすると，仮執行が取り消されて，執行した金銭を返還しなければならないときでも，被告から原告へといちいち執行する必要があり，実際には費消されてしまって取り戻し困難な場合が生ずるなど，国や地方公共団体の債権の保全のうえでは不利であるという問題点が指摘される[48]。インタビューにおいても国側関係者にはこの点を強調する者が多かった。実際仮執行金を返還した原告団もあり，現に仮執行金は分配せずに貯金している原告団もあるが，生活に困って費消してしまった原告団もあり，その通りではある。

　しかし，そういうことは私人間の仮執行でも起きるリスクである上，もともと国や地方公共団体は，いま述べたように，原告をきわめて不利な立場に追い込んでいるのであるから，一審であろうと敗訴した場合には，この程度の不利があってはじめて公平である。というより，原告は執行するためには勝訴して債務名義を得なければならないが，被告は仮執行宣言付きの判決が取り消されると債務名義を得られるので，あとは執行するだけであって，原告が国や地方公共団体に対する仮執行に到達するまでになす苦労と比較すると，それほど苦労するわけではない。むしろ原告は上級審で逆転すると，返還しなければならないので，せっかくの仮執行金を使用できず，貯金したりするケースも多い。しかし，低金利の時代にはいくら貯金しても返還金に課される年5％の金利さえ貯まらず，しかも，貯金の利子に対する利子税のために手取りが減るので，せめて利子税分だけでも免除してほしいと主張するケースがあるようである。この事情は一過性で，高金利の時代になれば変わってくるが，ともかく，原告の取り損ないが多い損害賠償訴訟の加害者得の構造に照らし，被告の方の取り損ないという不利だけ一方的に主張するわけにはいかない。

　また，原告は上訴審で和解するときも，仮執行で取った分を交渉材料にするので，被告は不利になるとも言われるが，逆に原告が仮執行できずに和解するときはきわめて不利であるから，これもお互い様であって，被告の方にも不利がなければ不公平である。

　さらに，国や地方公共団体は，逃げ隠れしたことはなく，強制執行不正免脱罪にあたるような行動をすることもないので，それに対する仮執行は必要なく，あるとしても，無関係な郵便局の現金を対象とするのはいきすぎで，担当省の

---

(48)　須藤・前注(1)252頁，中野・前注(1)427頁。

現金か預金，普通財産を対象とすべきではないかという主張も考えられる。たしかに，郵便局は国のアキレス腱である。

しかし，現行の実務では，免脱宣言が付いている場合，被告は簡単に仮執行を止めうるし，被告が控訴して執行停止を申請すると控訴審が簡単にこれを認めるから，原告側もこれを阻止するために即時に執行せざるをえないということで，原告としては，郵便局への執行を禁じられると，一方的に不利になる。これは仮執行の理由の1つである原告の債権の満足機能にも反する。そこで，郵便局の現金に対する原告の仮執行を制限するならば，その前に，被告の免脱や執行停止を制限するのが筋である。しかし，その反面，仮執行宣言が簡単に出ることも問題である。

後述するように，仮執行宣言付きの被告敗訴判決がでたら，被告は原告代理人と協議して，小切手による支払いに応ずることが最近は少なくないが，これは国や地方公共団体が上訴して，仮執行の執行停止の手続をとる余裕のない間に郵便局などに仮執行がなされることを回避するためであるから，仮執行の制度が制限されれば，被告はこうした支払いに応じなくなり，原告はきわめて不利な立場になるであろう。

2 解 決 策

以下，解決策をいくつか考える。

(1) 仮執行の制限の適否

(ア) 筆者は以前仮執行があまりにもタイミングが良すぎて，郵便局の現金まで差し押さえて，公益を害するという見地から，国や地方公共団体の有する現金などに対する仮執行が許容されるとしても，一定の期限までは効力を発しない仮執行，あるいは一定期日までは効力を有する仮執行免脱の制度を作るかそのように運用すべきであると考えた[49]。

須藤論文は，国や公共団体の保有する現金に対する仮執行は，別途穴埋めをする暇のない間に現金を持ち去ることにより混乱を生ずるものであるから，それを回避するために，国や公共団体の保有している現金に対する執行を禁止するか，それとも，行政庁が予算的な手当てをするのに必要な合理的な期間（たとえば1週間）内の執行を制限するか，のどちらかの措置が望まれるとしてい

---

(49) 阿部『行政救済の実効性』145頁。

る(50)。中野も前記のように西ドイツ法にならって執行開始の要件として法定の待機期間の満了を要求する制度を提案している。

(イ) 今日再考するに、仮執行はタイミングがこのように良いことが生命線である。国に対する仮執行が実効性を有するのは、現金を対象とするから、換価手続を要する財産や債権に対する執行とは異なって、即時になしうるので、被告側に防禦手段を与えない（もちろん、仮執行免脱の申立ては却下されているので、被告に防禦手段がなかったわけではない）ことによるのである。わが国の実務ではちょっと時間的余裕を与えれば、被告は上訴して簡単に執行停止を取ってしまい、原告側の武器がほとんどなくなる。それは不合理である。

(ウ) そこで、上記のような制度を作るとしたら、代わりに、被告は一定期間執行停止の申請をしないという代償が必要である。つまり、仮執行について、たとえば、被告が資金の手当てができる1週間などの期間は仮執行できないという、期間に関する仮執行免脱の制度を置くならば、その申請をする場合には、被告が上訴しても、執行停止の申請はできないという制度をあわせて導入すべきである。この点、改説する。中野もこの問題点を指摘して、右の案については上訴提起にともなう原判決の執行停止の仮の処分の妥当な運用を期待しなければならないとしているが、私見はより厳しいものである。なお、前記の川鉄公害訴訟では高裁が珍しく仮執行の執行停止を認めなかったので、執行が可能になったのであり、望ましい判例である。

(エ) また、中野が参考にしている西ドイツ民事訴訟法（ZPO）882条aの第5項は、連邦またはラントに対する金銭債権の強制執行について一般的には4週間の待機期間をおきつつ、仮処分の執行にはその適用をしないとしている。ここで、西ドイツ法を本格的に検討する余裕はないが、簡単に述べると、仮執行宣言に基づく執行についても、待機期間があるが、その実務では被告が控訴しても勝訴の見込みがないと執行停止は取りにくいようである。むしろ機械的な執行停止は、実務ではしばしばなされるが、誤った債権者と訴訟好きの人の利益になるだけで、違法とされている。しかも、原告が仮執行するにも原則としては担保を積まなければならず、それは執行金額をこえるとなっているから、仮執行によって現金を入手できるわけではなく、単に被告の費消を防止するためのものにすぎず、裁判が逆転した場合、被告は、利子は別として元本だけは

---

(50) 須藤・前注(1)250頁。

確実に取り返せるのである。ただし，担保を積まない仮執行も例外として規定されている（ZPO 707，709，710，719，720 a 条）(51)。

(オ)　なお，村重慶一は，国が敗訴した場合，予算措置を講じた上でなければ現金を支出できないので，ある程度の時間的余裕がぜひとも必要であり，仮執行宣言には困惑する，いきおい仮執行を避けるために上訴，執行停止を取らざるをえなくなり，かえって被害者の満足が図れなくなるおそれがある(52)としている。これも仮執行宣言の制限の主張である。

しかし，国の方が仮執行を避けるために上訴をするから，原告の方も，ますます時間の競争で仮執行を急ぐことになる。また，その論文の出た1965（昭和40）年頃はそうであったとしても，今日では，前記のように郵便局の現金が差し押さえられたら，当日か翌日には担当官庁から代わり金が用意され，また，後述のように大口の執行の際は事前に大蔵省と協議して概算払いで小切手を用意する扱いがなされるようになったので，払う気があるなら予算措置に困惑するほどではなくなったと思われる。なお，前記のように，法務省筋では，控訴するかどうかはそれ自体検討をするのであって，とりあえず仮執行を停止するために控訴するようなことはしないという話を聞く。

(2)　仮執行宣言，その免脱宣言，執行停止の運用のあり方

(ア)　前記のように仮執行宣言は比較的簡単に出され，またその執行免脱も担保を条件として，しばしば安易に出され，これに対し，控訴してその執行停止を申請すると，保証金を条件として簡単に認められることが依然多いように思われるし，逆に仮執行宣言が出ない例でもその理由は不明で，これについて理論的な整理と指針はなさそうである。私見では，こうした運用は国相手と私人相手の場合の事情の差異を考慮しない不合理なものである。私見では，国相手の特殊性を考慮すると，仮執行宣言とその免脱宣言及び上訴した場合の仮執行の執行停止を合理的統一的に運用する必要がある。この点は本来は民事訴訟研究者の任務であって，筆者はやや専門外ではあるが，次のような感想を持つ。専門家の研究を期待したい。

(イ)　私人に対する執行は別として，国や地方公共団体に対する仮執行につい

---

(51)　西ドイツ民事訴訟法（ZPO）の注釈書 Baumbach/Lauterbach/Albers/Hartmann, Zivilprozessordnung, 46. Aufl., 1988, S. 1594, 1601.
(52)　村重・前注(1) 339頁。

第8章 国・違法公共団体に対する強制執行 特に仮執行について

ていえば，それを認める理由は，前記のように長期の裁判で経済的に困難をきたす原告らのための債権の早期満足機能である。被告にはどうせ財産はあり，最終的に敗訴すれば素直に払うから，費消・財産隠しの防止といった機能は認められない。被告には担保・保証を積む金もある。しかも，執行免脱の担保，上訴による執行停止の保証金は被告が国の場合指定代理をしている法務局の予算で出せるので，迅速に用意できる。そうすると，免脱宣言が付いた場合，普通には仮執行宣言の意味はなくなる。そこで，免脱宣言付きの仮執行宣言をつけるならはじめから仮執行宣言をつけないのが見識であろう。ただ，被告の方は，単年度主義の役所の予算の制約上，年度末にはすぐ金がでてこないということがありえて，困る可能性があるだけである。3月末日の判決で予想外に国が敗訴した場合法務局に予算がなくて一歩遅れることが少なくとも理論的にはありうる（実際にあったかどうかは知らない）。そんなことで勝負が決まるのはおかしい。そうすると，仮執行の免脱宣言やその執行停止のために被告に担保を積ませ，保証を立てさせることは合理性がなく，また，担保や保証を積めばこれらを認めることにも合理性はない。

(ウ)　さらに，仮執行の免脱宣言の場合，その担保の供託と原告の仮執行の時間の競争になっているのは前記の大阪空港事件や横田基地事件に見るとおりで，不合理である。担保の提供による仮執行の免脱を認めるならば，仮執行は数日は待つように決めなければならない。仮執行宣言に際し，仮執行は判決の送達日から起算して3日を経過してはじめて効力を生ずるとでも宣言するのである。仮執行宣言を付すかどうかには裁量があるから，それを一部限定するこうした仮執行宣言は当然許されるはずである。ただし，筆者は，被告には金があるから，担保の提供による仮執行の免脱自体不合理な制度であると考える。

(エ)　原告の方にも，判決の認容金額をそのまま仮執行させる判決が多いが，仮執行の必要性を上述の点に求めると，仮執行させる金額はそれと同じとは限らないはずである。特に，逸失利益の賠償のうち判決時点以後に到来する利益分（というより，上級審の判決がでると予想される時点以降に得られるはずであった利益分とする方が妥当か）は仮執行させる必要性に乏しい。予防接種禍訴訟やクロロキン訴訟で仮執行が3分の1だけ認められているのは金額が高額になるほかにこの点に理由があると考えると合理的であろう。これに反し，騒音公害訴訟などは1人あたりの認容金額は数百万円と少ないし，過去の賠償であるから，認容金額全額の仮執行でもこれまでの被害を思えば適切ともいえる。

353

なお，原告に担保を積ませて仮執行させる方法もあるが，それは国や地方公共団体相手では合理的ではない。担保を積んでまで仮執行しても，原告には仮執行金額と担保との差額しか入らず，担保には利子は付かず（供託法附則15条，現供託規則33条では年利0.024％），仮執行が取り消されて返還するときは年利5％の利子を付けなければならないから，被告に財産隠し，費消のおそれが大きい場合以外は仮執行する意味はない。そして，国や地方公共団体には財産隠し，費消のおそれはないから，そうした必要はないのである。

被告の方も仮執行宣言に不満なら即日控訴して執行停止をとればよいと反論されそうであるが，行政庁は，前記のように私人と異なり，判決理由を検討する建前上，即日控訴は実務上しにくいから，不利で，しかも高額な印紙を貼付しなければならない。この点も考えると，機械的に満額の仮執行を認めるのは適切ではない。

㈪　そこで，仮執行の宣言とその免脱宣言は一体的に判断して，本案認容金額のうち，原告らの生活や被害回復のために必要な金額のほか，前述した被告の訴訟引き延ばしによる原告らの不利益防止の観点から必要な金額を加味し（訴訟が長引けば仮執行割合は増える），上訴審での逆転の可能性，仮執行宣言が取り消された場合の原告から被告への返還の可能性などを斟酌し，適宜相当な金額の仮執行を認めるべきである。そして，原告らに担保は要求しないし，仮執行宣言の免脱宣言はしないということにする。

このように考えると，前記の事例のうち，仮執行宣言をつけなかった厚木基地訴訟一審判決や横田基地3次訴訟判決，免脱宣言をつけた水俣病訴訟判決などは仮執行の債権早期満足機能に照らし，適切ではなかったことになる。ある程度の金額を免脱宣言なしで仮執行宣言すべきである。仮に百歩譲って，仮執行宣言の免脱を認めるとしても，仮執行が全額とは限らないこととの均衡上も，担保の提供を前提としても仮執行金の一部だけの免脱しか認めないという運用を考えるべきであろう。

㈻　さらに，控訴した場合の仮執行の執行停止については，原審がこのように事案の全体を把握し，両当事者の事情も把握して，仮執行の宣言をしたのであれば，控訴審がたいした審理もしないで，保証が積まれたというだけで執行停止を命ずることは適当ではない。川鉄訴訟の控訴審が執行停止申請を却下した例が参照されるべきである。さらに，もし執行停止をするにしても，本案の審理をし，事案の状況を把握して，仮執行宣言が不適切であったと判断できる

第8章　国・違法公共団体に対する強制執行　特に仮執行について

ようになって初めてするべきである。その場合，保証を積んだかどうかは問題ではない。これまで，控訴審が簡単に仮執行の執行停止をしたといわれるのも，原審がこれまた簡単に仮執行宣言を出したためでもあって，両者の運用をともに変える必要があるのである。一審が仮執行宣言につき十分吟味して判断した場合には控訴審が簡単に執行停止することがないことを期待したい。そのためにも一審の仮執行宣言については多少の理由をつけるべきであろう。あるいは，より厳格にするならば，国や地方公共団体に対する仮執行宣言の執行停止については，控訴審でも，上告審の場合と同じく，回復の困難な損害が生ずる等を疎明した場合にのみ許容するという運用が必要であろう。そうすると，執行停止決定がなされるまで数日はかかるので，その間に仮執行がすでになされて執行停止は普通には間に合わない（場合によっては財産の差押えだけの段階で，換価を阻止できることもあろうが）ので，被告が不利に見えるが，仮執行の是非について，一審段階で判断しているならば，それもやむをえない。仮執行宣言やその免脱宣言，執行停止には裁量があるから，こうした運用は十分可能であろうし，むしろ，全額仮執行宣言を付け，保証も積ませては仮執行を執行停止する運用の方が国や地方公共団体に対する執行の特殊性を理解しない不合理な運用であろう。ちなみに，前述したように西ドイツでは機械的な仮執行の執行停止は違法とされているのである。この私見によれば，原告も郵便局に即日執行する必要がなく，郵便局の迷惑も回避されるのである。

　かりに百歩譲って即日の執行停止を認める場合には，それに1ヵ月とか期限をつけ，その間に原審の記録を取り寄せて再検討すべきである。

　㈛　この点で，西村宏一はいくつかの提案をしている(53)。まず，国，地方公共団体，大企業など支払能力に十分信頼のおける被告に対する金銭債権の請求については，特に，原告の生活維持のために緊急に必要とされる金額を除いて，仮執行の宣言をする事は無用ではないかとしている。仮執行の意義を，被告の財産隠しや費消の防止に求めればその通りであるが，それでもそこでいう原告の生活維持に必要な金額は当面のものではなく，高裁判決が出るまで生活を維持できるものでなければならない。さらに，仮執行の意義を，筆者のように，損害賠償訴訟における加害者得の法構造（『追記』『国家補償法』305頁）の是正にも求めれば，仮執行金額は原告の生活維持に必要な金額には限られない。

---

(53)　西村・前注(42)36頁。

355

次に，仮執行宣言及び免脱宣言を付する場合において，財産を隠匿する被告の場合を除いて，仮執行宣言の効力の発生を判決送達の日から数日後と定めること，これによって，被告に免脱宣言に基づく供託及び原告からの執行申立てが予想されうる執行機関への執行停止申立てのための準備に時間的余裕を与えることとされる。この前者の免脱宣言に基づく供託のための時間的余裕を与えることは賛成であるが，そもそも，金のある国などに担保を供しての免脱宣言をする事は適当とは思えない。後者の執行停止の申立てのために仮執行の効力発生を数日待たせる点では，満足な審理をしない高裁が十分審理の上した一審の仮執行宣言を簡単に覆すことになる点で賛成できない。

(ク) さらに，仮執行の執行停止を残すならば，それが認められたにもかかわらず，将来やはり原告の請求に理由があったことが確定した場合には，相当の付加金の支払いを命ずるという制度がないと，引き延しただけ得ということになり，不合理である。現行法では保証を立てさせるだけであるから，勝訴者が請求金額を取りやすくなるだけで，利息は法定利息どまりであるから，加害者得の構造は変わらないからである。

(3) 担当省による支払い

(ア) 以上の私見では，国や地方公共団体に対する強制執行，特に仮執行は制限しつつ残される。そうすると，国が仮執行される場合，郵便局は困惑するが，その対策としては，筆者はまず担当者による現金の代わりの小切手による支払い（地方公共団体はこのほか資金前渡官吏による支払，指定金融機関による支払い），さらには郵便局の小切手による支払を制度化することを提案する。まず，この最初の担当省による支払いを説明する。

(イ) 原告が勝訴した場合にもともとは郵便局が突然狙われたことも多かったのではないかと推測されるが，近時は原告と被告が相談して，郵便局を執行場所と決め，いわばヤラセのような執行が行われることも多いらしい。ところが，その後，被告側が郵便局に対する仮執行を避けるために小切手を用意する扱いがなされるようになった。それは正確には知らないが，前記の長良川・安八水害訴訟（岐阜地判昭和 57. 12. 10 判時 1063 号 30 頁）やカネミ訴訟（福岡高判昭和 59. 3. 16 日判タ 520 号 93 頁判時 1109 号 24 頁，福岡地小倉支判昭和 60. 2. 13 判タ 548 号 83 頁判時 1144 号 18 頁）で原告が勝訴した頃かららしい（あるいはもっと前からか？昭和 40 年代からあるとも聞く）。被告の国は仮執行宣言付きで敗訴したら小切手で払うと事前に約束し，原告側は郵便局に対する仮執行をしないと

いうわけである。この方法は最近でも予防接種禍訴訟で用いられているようであるし，前記の某病院の医療過誤訴訟でも2000万円台であるが，郵便局に迷惑かけるなということで直接原告に支払ったのである。

　(ウ)　ここで，国の支払いの手続を説明すると，国の支出の原因となる契約その他の行為を支出負担行為という（財政法34条の2）。これは歳出予算，継続費又は国庫債務負担行為に基づいて行なうものをいうが，このほか，すでに発生した国の債務負担（法律の施行，裁判所の判決等によって発生するもの）に関する予算執行の行為をも擬制的に含めているとされている(54)。そこで，国に損害賠償義務を課す判決は，ここでいう支出負担行為になる。そして，各省各庁の長は，財政法34条で承認された支払い計画の範囲内で，かつ，支出負担行為の確認または認証を受け，かつ，支出負担行為に関する帳簿に登記されたものでなければ，支出することができない（会計法14条2項）。小切手を振り出すときはその調査を要する（予算決算及び会計令44条，現行42条においては支出の決定の際調査を要するとの制度がある）。文部省関係では，賠償金は国立学校という項の中の目である，賠償償還及び払戻金という文部省予算から出す。この目に予算が不足していれば，大蔵省と協議して予算の流用をするという。そこで，敗訴判決があると予想される事前の時点では小切手を振り出すことはまだできないわけである。敗訴判決が確定すればもちろん支払えるが，仮執行宣言付き判決に面してはどうであろうか。

　(エ)　従来は，仮執行されそうなら郵便局に連絡して対応するように指示していたふしがある。たとえば，文部省関係の解説書(55)によれば，「判決に仮執行宣言が付くおそれがある場合には，事前に執行を受けることが予想される郵便局を管轄する地方郵政局に配慮方を依頼しておくとともに，郵政官署が執行を受けた場合に，早急に補塡の手続がとれるよう必要な予算措置の準備をすること」と記され，郵便局を介さないで直接払う方法については書いていないからである。そこで，実務上は前記のヤラセ執行が結構多かったようである。

　ところが，最近では担当省が直接小切手で払い，郵便局に迷惑をかけない方法がでてきている。ここで，1つの疑問が生ずる。郵便局への執行がなぜ残っているのであろうか。郵便局への執行がなされた場合には，担当省は代わり金

---

(54)　角谷正彦「公会計法」現代行政法大系10（有斐閣，1984年）80頁。佐々木・前注
　　 (45)がこの点の手続きに詳しい。
(55)　前注(45)『国立学校会計事務必携（改訂版）』880頁。

は即日補塡しているのであるから，それなら郵便局には迷惑をかけずにはじめから自分で原告に直接小切手を用意して渡せばよいのではなかろうか。しかも，ヤラセ執行でも執行は執行であるから，執行官に手数料を払わなければならないが，財産を探し抵抗を排除して執行するわけではないのに手数料を払うのはもったいない。ちなみに，執行官が任意弁済金を受領した場合の手数料は100万円以下1500円，300万円以下2500円なので，平均受領額300万円以下で，受領原告数1200人の大公害訴訟の例では，執行官費用は300万円と推定される。この執行費用は債務者の負担になる（民事執行法42条1項）ので，被告にとっても執行官を介在させない方が得であり，原告の方も，将来仮執行宣言が取り消されたら，執行費用まで返還しなければならない（同法42条3項）ので，同様であろう。そこで，検討する。

　国の支払いは債務が確定した場合になすのが原則である。以前の解釈は不明であるが，おそらくはもともとは，「仮執行宣言付き判決がでたというだけでは，原告側に執行権があるだけで，国の債務が確定したわけではない（むしろ，被告は債務はゼロとして争ったりしている）から，被告は執行は受忍しなければならないが，払えないということではなかったか。しかし，郵便局が仮執行されたら，担当省の郵政省に対する債務が発生するので，支払う根拠ができる。そこで，担当省はすぐ払うのである。国に対する仮執行を制限しようとする意見では，前記の村重慶一説にみるように国は予算措置に時間がかかるとよく言われたが，このヤラセ執行では，郵便局への仮執行が終るとすぐ代わり金を補塡するように手はずを整えるのであるから，国にとって必要なのは，支払いの法的根拠なり名分だけ[56]であって，予算措置はすぐできるようである。まして，執行費用の負担など，自分の金ではないから，気にもならない。それとも，原告が執行してくるかどうかわからないのに国の方から払うという申出をするのも損なので様子を見ていると郵便局を執行されるのであろうか。

　しかし，郵便局にも，用意できる現金にも限度があり，高額であれば，郵便局への現金輸送とか警備とか大変である。そこで，最近では例外として，郵便局を介さないで，担当省が直接小切手で払う方法が導入されたのであろう。

　そうすると，その法的根拠が問題になるが，国の実務は概算払いに求めてい

---

(56) 阿部「法の機能と人間の心理」『行政法の諸問題（上）』（有斐閣，1990年）60,74頁＝『政策法学の基本指針』109頁以下。

るようである。すなわち，国の債務は確定したのちに払うのが原則であるが，例外として，金額確定前に払う方法として概算払いの制度がある。それは損害賠償金についても認められるが，事前に大蔵大臣との協議を要する（会計法22条，予算決算及び会計令58条）。これによって支払おうとするときは，たとえば，文部省関係では，概算払い承認請求書及び参考書類を添えて，大臣官房会計課長に申し出るものとされている。そして，概算払いは債務の金額が未定のまま事前に支出するものであるから，その性質上事後に必ず精算を行い，過剰分については返納を，不足については追加支出をする事を本質とするものである。[57]と解説されている。

　そこで，担当省が原告に直接小切手で支払うかどうかは，担当省が大蔵省と協議するか，大蔵省が概算払いに応ずるかどうかにより決まることになる。それがどのような場合かは個別の協議により決められているようで，一般的なルールがあるかどうかはわからないが，大口の執行で郵便局が大混乱すると予想される場合には大蔵省も概算払いに応ずるらしい。前記の郵便局に対する仮執行の一覧表を見ると，昭和57年のクロロキン訴訟以降億単位の仮執行はなくなっており，億未満の事件では仮執行がなされているのはその傍証になろうか。

　そうすると，今日郵便局への執行がなされている分のかなりは，突然執行されたのではなく，概算払いをするよりは郵便局に現金を用意してとりあえず執行させ，それから担当省と郵政省の間で精算するほうがましだという判断によっているものと考えられる。

　しかし，今日では，概算払いといううまい制度があることがわかっているのに，なぜそうしたヤラセ執行などという手間暇かかる運用が残っているのであろうか。各方面に問い合わせたが，なかなかわからない。ルーテイン・ワークのために，理論的にもあまり考えないで事務を処理しているのであろうか。

　1つの説明では次のようである。概算払いという制度は，債務金額の確定前に概算でもって支払う制度であるが，債務自体が確定していることは必要とされている。ただ，履行期が未到来で，債務金額が確定していないというだけである。ところが，仮執行宣言付き判決がでても前記のように債務は確定しない。そこで，概算払いは，仮執行宣言付き判決があっても，会計法上は本来は許されない（少なくとも疑問がある）のであるが，郵便局への巨額の執行に伴う混

---

(57) 前注(45)『国立学校会計事務必携（改訂版）』361頁。

乱を避けるためにやむを得ずしている実務の緊急避難的扱いなので，一般化したくないというのが本音ではなかろうか。もし，この推測が正しければ，問題の根本は仮執行を予想していない会計法規にある。国の支払は債務の確定を要するのが原則であるが，仮執行宣言付き判決に応じて支払う場合も，原告側に債務名義はあるわけであるから，債務の仮確定（将来仮執行宣言付き判決が取り消されたら返還請求権が生ずるという条件付きの債務の存在）ということで，債務の確定に準ずるものとして規定を整備すればよいのではなかろうか。

あるいは，概算払いは例外で，大蔵協議が必要なので，担当省としてはなるべくならそうした手続きを要しない郵便局への執行を選択するのであるとも説明されよう。それなら，概算払いは例外であるが，仮執行の際は常に例外とすることも可能ではなかろうか。

別の説明では仮執行宣言付き判決でも，執行はされるのであるから，とりあえずはそれだけの債務がその時点では確定しているのだという解釈で対応できるということでもあった。しかし，それなら，ヤラセ執行はすべてやめて担当省が原告に直接払えばよいのではないかとも思うが，そうしていないのは，郵便局の迷惑や執行費用などはたいして気にならないからであろうか。もし，この方の説明が当っていれば，運用の改善の問題である。

本当のところは何かお教えいただければ幸いである。

なお，この担当省が小切手で支払う方法では，任意弁済という扱いにならないように，原告側には，執行文をとり，いつでも執行できるという用意をした上で，「仮執行に基づく受領」という一札を入れることを求めるようである。

(オ) 付言するに，なぜ郵便局にヤラセ執行させるという回りくどい方法をとるか，はじめから小切手を出せば簡単ではないかと考えて，各方面に事情を聴取したところ，なかなかわからず，いろんな説明があった。

たとえば，仮執行されないと，利子計算，執行費用を含め正確な金額がわからないので，郵便局に仮執行を受けてもらうとも聞くことがあった。しかし，計算は難しくないようである。

原告側が現金が欲しいとこだわる場合が少なくないが，国の場合には小切手支払いが原則で，資金前渡できる場合が厳格に限定されている（会計法15,17条，予算決算及び会計令51条以下）ので，郵便局を執行場所とするという話もある。そこで，ある行政庁が払うときも，用意した小切手を現金にして払うために苦労したとも聞く。しかし，原告側がなぜ現金にこだわるのかはわからな

い。一般私人間では支払いは現金によらなければならないので，現金を要求する者に対しては小切手では済まされない（民法402条）。しかし，国の小切手が支払不能ということはあるまいから，受け取らない理由はないはずである。法的にも，国の場合には各省各庁の長はその所掌に属する歳出予算に基づいて支出しようとするときは現金の交付に代え，日本銀行を支払人とする小切手を振り出さなければならない（会計法15条）。ここで，「現金の交付に代え」とあるので，小切手の交付は代物弁済の効力があるから，国の支払いは小切手によればよいのであって，債権者は現金でなければいやだと受取拒否することはできないのである。

　小切手は現金化するのに数日かかり，その間の遅延利息をどうするかという問題があるとも聞くが，国が渡す日銀小切手は銀行の口座に入れれば，即日現金化でき，利子がつくので，そうした問題はない。

　もっとも，国側としては，敗訴判決を予想していなかったので，支払の準備をしておらず，年度末などで予算措置を講ずることができないということもあろう。その場合には執行停止を取らないという条件で，支払を一定期間待ってもらうという契約を原告と結べばよいのではなかろうか。

　㋕　地方公共団体の場合には，指定金融機関の指定をしている普通地方公共団体における支出は現金の交付に代え，当該金融機関を支払人とする小切手を振り出し，または公金振替証書を当該金融機関に交付してこれをするものとする，または，金融機関をして現金で支払いをさせることができる（地方自治法232条の6，同施行令165条の4）とされている。

　ここで，指定金融機関の指定は都道府県には義務，市町村には任意となっている（地方自治法235条）ので，市町村の中には指定金融機関を指定していないところがあるが，それについては，上記の小切手支払いの特例の適用はないので，原則に戻って現金支払いの必要がある。

　地方公共団体の場合も，当該支出負担行為にかかる債務が確定していることを確認したうえでなければ支出をする事はできないのが原則であるが，その例外として，資金前渡，概算払いの規定がある（地方自治法232条の4第2項，232条の5，同施行令161条，162条）。ただ，この施行令には損害賠償金を資金前渡なり概算払いできるとは書いていないが，そこで委任されている規則で書く方法がある。ある指定都市の会計規則では，損害賠償金も資金前渡できると定めており，収入役は仮執行されそうなときは原局の資金前渡官吏に現金払いさせ

るために資金を前渡したそうである。そして，執行官がきたとき，その現金を机の上に積んで執行してもらったというのである。この方法では現金が欲しいという原告の要望にも応えられる。ある大都道府県でも，同様に資金前渡で対応したそうである。

　ただ，この方法で資金前渡するにも，国の場合と同様に，債務があることは必要であるが，仮執行宣言付き判決がでたら，債務の確定と理解するのかどうかは理論的に必ずしもはっきりしていないように思われる。

(4) 郵便局の小切手による支払い

　しかし，国としては敗訴判決自体，あるいは少なくとも仮執行宣言に不服なので，上訴して仮執行宣言の執行停止を即時に取りたいということもあろう。その場合には小切手を渡すわけにはいかず，前述のような国と原告側との話合いは成立しない。また，原告の方が仮執行宣言がついても仮執行してこないこともあるのに，国がわざわざ小切手で払いますなどと申し入れるのも戦略上損なので，黙っていることもあろう。この場合には，現在の仮執行宣言の執行停止の運用を前提とすれば，原告としては寸秒を争って郵便局の現金を狙うのが最善である。この点で，私見のように，被告が上訴しても，仮執行の執行停止はただちには取れないということにすれば，原告も急ぐ必要はないのであるが，被告は上訴して執行停止を取れるという現行の運用を前提として考察しよう。

　原告に期待したいことであるが，同じく郵便局に執行するにしても，予告をして，現金を用意させて欲しいことである。しかし，仮執行を予想していなかった郵便局を原告が突然執行の対象として選ぶことがある。執行免脱宣言がついている場合には国側は保証金を積んだという証明書を持って執行官の行き先を追いかけるから，原告側としても，行方をくらまして，予想していない郵便局で突然執行するという戦術をとることが考えられる。それは妥当ではないが，現在の実務であることを前提として考える。

　その場合の郵便局の対応であるが，筆者の案では，仮執行の対象となった郵便局が小切手を振り出してそれを執行された形式にすれば現金を取られずに済み，その小切手が現金化されるまでに，被告省庁から支払いを受ければ，実害は何もなく，万事うまく解決できる。そこで，法改正をして，郵便局は国に対する金銭債権の執行として現金が仮執行される場合には現金に代えて小切手で執行されることができる（あるいは，国・地方公共団体に対する債権者は強制執行の際小切手が呈示された場合には現金に対する執行はできない）と定めればよい。

前記のように国は現金に代えて小切手で払えるのであるから、仮執行でも同様にするのである。

　問題点としては、まず郵便局が小切手を発行できるかどうかであるが、一般にはできないが、日本銀行便局（その出納官吏、課長なり代理クラス）は日本銀行預託金の自己宛て振出小切手を切れる。ここで、日本銀行便とは、日本銀行の本店、支店または代理店を介して郵便局と本省（繰替払等出納官吏）との間で資金及び超過金の授受を行う方法をいい、日本銀行便により資金及び超過金を授受している郵便局を「日本銀行便局」という。1989年1月末現在242局が指定されている。次に、問題点として、郵政省が支払うにはそれが郵政省の支払い計画の範囲内でなければならないし、他省庁のためには払えないであろう。しかし、どうせ即日代わり金が補填されるのであるから、会計法に例外規定を設ければよいであろう。国が払うには債務負担行為がなければならないが、国が敗訴し、仮執行を受けてどうせとられる以上、郵政省とは関係のない事件でも、郵便局が小切手で支払う根拠となる債務負担行為として扱うこととするのである。郵政省は自分とは関係のない事件で小切手を切らなければならないのは不満ではあろうが、どうせ同じ国の財布であるし、狙われた郵便局が現金を執行され、現金を移動したり、一般預金者への支払いに困るといった問題を心配するよりははるかによいのではないか。

　このようにすれば、原告は仮執行でき、民事訴訟の原則を崩さないし、郵政省の方も、業務を妨げられるという問題は生じない。両者の均衡を考慮した提案として、ここに提案する次第である。

　これに対して、国に対する仮執行を禁ずるような案は民事執行の大原則を揺るがすもので、相当に大きな理由がないと認められるべきではない。また、国の現金に対する仮執行を禁止する案にも賛成できない。せめて小切手は払うようにしなければならない。

　なお、こうした法改正をする負担よりも郵政省の迷惑の方がまだ我慢ができるというのであれば、それもやむなしである。郵政省は国の機関であるから、国が敗訴した以上このくらいの迷惑はやむをえないという説も聞いたところである。あるいは、国の方としては、こんな制度改正をすると、どうぞ仮執行して下さいといわんばかりになって不利なのでだまっていたいのであろうか。

第 2 部　国家賠償法

◆ **V　むすび**

　結局，いろいろ検討してみると，国・地方公共団体に対する強制執行の能否（許否）といった一見理論的・実務的な大問題も，つきつめれば，泰山鳴動ネズミ 1 匹で，仮執行制度の運用を，国や地方公共団体に対する特殊性を考慮しないで，簡単に発しては停止したりし，原告と被告の時間の競争にしている司法実務に問題があり，また，敗訴した担当省（地方公共団体）が支出命令を出さない（国の場合には大蔵との協議で小切手を振り出せない）ことがあり，郵便局も小切手を渡せないという会計上の事務手続の硬直性の問題にすぎない。国と地方公共団体の組織と会計法令が仮執行宣言の制度を予想して機動的に作られていないというだけのことであり，国や地方公共団体に対する強制執行を禁ずるなどという大改正は不必要である。

　なお，国に対する強制執行が問題となるのは従来は国が郵便局というアキレス腱を抱えているためでもあったが，もし将来郵便事業を旧三公社並に独立させることがあれば国に対しても公団公庫なり自治体並にたとえば大臣の机，椅子など物品に対する差押えが問題になり，本稿のⅢで論じたことが国との関係でも意味を持つであろう。あるいは本稿では論じなかったが，国の有する債権の転付命令をとるために，原告が国の銀行口座を探すことがはやるのであろうか。

　【追記】　本章では一部改正法令に言及した。
　Ⅳで言及したカネミ油症事件の仮執行宣言は逆転して，国が返還を求めたが，被害者には現実に返還能力がない者が多いので，特別法が制定された（カネミ油症事件関係仮払金返還債権の免除についての特例に関する法律（平成 19 年法律第 81 号）。
　末尾で一言したが，現在郵便局は国から独立した特殊会社である。今日では，国に勝訴したという理由で郵便局へ強制執行することは不可であるから，郵便局への執行に関する叙述は過去のものとなったが，仮執行宣言と高裁におけるその執行停止のあり方に関する私見は，今日でも有用であると考える。
　また，国への強制執行，行政財産への強制執行などに関する諸学説の単純さを指摘した点でも，有用性が残っていると思う。

◆ 第3部 ◆
損失補償法
―適正補償のための解釈論及び立法論―

第1章　過大補償防止の法システムと上乗せ補償の提案
―― 適正補償のための解釈論及び立法論 ―― （1997年）

◆ I　はじめに

　補償は高すぎても，安すぎてもいけない。しかし，実際には，高すぎたり，安すぎたりしている。現場でなんとか辻褄を合わせているものもある。ただ，その実態はなかなかわからない[1]。
　この現状で真相に迫ることは，筆者のような外部の者には困難であるので，アット・ランダムではあるが，多少気づいたものを素材に，適正補償のための是正策を検討する。総合的な検討ができる立場にはないので，体系的ではない。なお，これは，人間の心理と法の運用の実際を知って，経済的にも合理的な法制度を作ろうとする筆者の作業の一環でもある[2]。
　なお，こうした是正策は，本来は実態を知っている現場から提案されるべきであるが，うっかり提案すれば，現場で何とか解決してきたものが問題とされ，インチキしていたのではないかなどと追及される心配があるので，みんな内緒で処理したくなる。どの起業者も，適正に補償していると称し，問題点を表に出さない。ある意味では現場の知恵である。
　しかし，それにとどまっているかぎり問題は永久に解決しない。会計検査院などは，不適正処理が見つかると現場を叱るが，それよりも，なぜ不適正処理をせざるをえなかったのかを検討して，その原因となっているシステムの改善について提案してもらいたいものである。
　本稿では，補償金が高すぎるもの，安すぎるものをいくつか検討して，多少，改善策に及ぶ。改善策は立法論と解釈論の両面にわたる。

---

(1) この問題に本格的に取り組んだものが故華山謙教授の「公共事業の施行と補償」『行政法大系6巻』297頁以下（有斐閣，1983年）及びそのもとになった同『補償の理論と現実』勁草書房，1969年）である。ダム補償などが行われると周辺の農地価格が急上昇するため，補償費では従来通りの農業を営むだけの代替地を取得できないとして代替地補償や生活権補償の例を挙げているが，本稿はそこまでは及ばない。
(2) 阿部泰隆『政策法学の基本指針』（弘文堂，1996年）第4章。

第3部　損失補償法

◆ II　過大（最大限）補償の心理

　補償理論によれば，憲法上の正当な補償とは，収用の前後において財産の価値に増減のないよう（プラ・マイ・ゼロになるよう）にすることである。収用されることによって生ずる精神的損失は補償されない。過大補償（焼け太り）は禁止される。しかし，それで，被買収者は応じてくれるであろうか。ちょうど売りたいと思った場合以外は，私ならイヤである。通常人も同様であろう。

　現場では，被買収者にお百度参りで，事業の公共性をご理解願うが，なかなか理解して貰えない。役所の中で「しんどい」（苦労の多い）仕事の一つは用地屋さんだといわれている(3)。それで，現場の担当者は法律上許される最大限の補償をする。補償の額に裁量がある場合も，なるべく安くするという発想はない。補償金は，自分の財布から出すものではなく，公から出るのであるし，しばしば予算余りで，使わなければならない状況に陥る。補正予算などが組まれると，事業費を消化するのに一苦労だと聞く。被買収者に反対されるのでは事業が進まないから，会計検査院から叱られない範囲で高く買収する。自分の仕事としても，補償費を節約したということで評価されるようにはなっていない。買収案件をまとめた方がよい。補償基準で定めた補償額で納得しない相手に対しては，収用をするのが法の建前だなどといっても，事業認定を取り，収用手続にかけ，最終的には最高裁まで裁判をするコストを考えれば，多少は現場で鉛筆をなめても，被買収者に納得して貰う方が効率的だ（楽だ）し，早く事業もできると考える。これは筆者の役人心理学の一側面である。こうして，現場では，可能な範囲で補償金を高く見積もる。その手法（手口）にもいろいろあるらしい。筆者はその手口をいくらも知らないが，一応知ったものを記す。

◆ III　農地などの宅地見込地域としての評価

1　村道は損道？

　ある用地実務家の話によれば，地元からみると市町村道なら恩典があるが，鉄道・高速道路には恩典がないから，補償を高くせよと要求されるという。土地所有者はそういう意識でいるので，鉄道・高速道路の用地買収の際には，地

---

(3)　この苦労話をマンガで書いたものとして，『補償交渉奮闘記』（阪神高速道路補償センター，1994年）。

方道路並みにはできない。その結果，自治体の補償は安く，公団（鉄道建設公団，道路公団）の補償は高い。そこで，同じ地域にこれらの公共事業が競合するときは，調整に困ると聞く。

同じ損失補償基準を使っているのに，なぜそんなことが起きるのかと訊ねると，公団は農地を宅地見込地域として評価するからである。これは農振地域でも，調整区域でも，同じであるという（ただし，どこでも常にそうだとは断言できない）。これでは村道のために収用されるのは本当に損道である。ただ，これを書いたものはないという。

2　宅地見込地域の不透明さ

では，宅地見込地域とは何か。それは宅地以外の地域から宅地に転換しつつある地域と定義されるが，その判定指標をみれば（建設省土地評価事務処理細則2条）[4]，次の各号に掲げる事項を総合的に考量するものとして，1から10までの事項が掲げられている。それは，①母都市への人口，世帯数及び住宅建設の動向，②母都市への企業の進出動向，③周辺の宅地開発地の分布状況及び開発後の宅地の利用状況，④母都市の都心までの距離，⑤最寄り鉄道駅までの距離，⑥幹線道路までの距離，⑦小学校及び中学校までの距離，⑧地勢及び地盤の状況，⑨開発行為の許可の可能性及び採算性，⑩その他開発に伴い必要となる事項，というものである。

これでは，裁量の幅が広く，同じ地域が宅地見込地域になるかならないかは起業者の考え次第であるし，収用対象地域間の公平も確保できないと思う。

最近の総務庁の行政監察[5]はこの実態を明らかにしている。これによれば，宅地見込地域の判定について，この10の指標のほか，都計法上の市街化調整区域の指定状況，農振法の農用地区域の設定状況などを勘案することが必ずしも明確になっていない。そのため，起業者の中には，市街化調整区域，農用地区域などにある農地などの判定にあたって，(1)この10の指標により判定するとし，都市計画の地域地区の指定状況，見直し方針などを十分勘案して判定を

---

(4) 建設省経整発3号昭和62年1月8日建設省建設経済局長。建設省建設経済局調整課監修『用地取得評価基準の解説』（東京法令，1991年）112頁，宮崎賢『用地補償と鑑定評価』（清文社，1994年）198頁以下。
(5) 総務庁『公共用地の取得に関する行政監察結果に基づく勧告』11頁，『公共用地の取得に関する行政監察結果報告書』53頁以下（1995年7月）。

行うこととしていないものが77％弱，(2)宅地化の見込み年限を基に宅地見込地と判定するとしているものが2％，(3)周辺の実勢地価が農地としての価格をこえている場合に宅地見込地として判定するとしているのが4％，(4)住宅地や主要国道などの周辺に所在する場合に宅地見込地と判定するとしているものが11％など，起業者の宅地見込地の判定方針は区々であり，この中には的確な判定を行っていないものも見られる，という。

　そして，E公団の40事例を見ると，現況が田，畑，山林29件のうち宅地見込地と判定したのが13件あり，このすべてが市街化調整区域内にあり，また，農振法上の農用地区内のものも4件となっている。B省の某局は，宅地見込地の判定基準としておおむね10年以内に宅地への転用が可能な地域としており，農用地区を含む現況農地を宅地見込地と判定している。その買収価格は1㎡3,980円から10,000円である。ある市では，周辺地の地価が，農地，雑種地の場合1㎡1万円以上，山林の場合1,000円以上の場合宅地見込地と判定している。D公団では，JR本線駅から道路距離で700ｍあり，かつ国道から分岐する幅員5ｍの道路に接していることから宅地見込地と判定している。D公団の26事例中，現況地目が田，畑，山林などである土地の取得を行っている24件中には，宅地見込地と判定したものが21件あり，このうち，市街化調整区域内の土地が12件，農用地区内の土地が6件となっている。

　なお，農地を買収するときは，農業規模が縮小するので，規模縮小補償の対象になるが，宅地見込地域として補償するときは，農業規模が縮小しても，規模縮小補償は行わない。そこで，どちらが有利かという問題がおきるが，同じ地域では同じルールでいくので，土地所有者の希望を聞いて，ここは農地，こちらは宅地といった評価はしないという話を聞いた。

　これでは，宅地見込地域の判定は大甘である。そうした疑問を実証する例を筆者もいくつか知りえた。それを挙げよう。

3　高速道路地権者大損事件

　岡山県某町では次のような事件があった（岡山地裁平成4年(ワ)第901号，土地残代金請求事件，平成8年1月24日判決による）。

　某町に県道と日本道路公団の高速道路が来る予定であった。しかし，その位置が決まらないまま，町は県から先に県道の予定地を買収することを依頼された。地権者は自分の土地が道路公団の買収対象地になれば高く売れるからとし

て，買収に応じなかった。そこで，1983年当時の町長と助役は，地権者に対し，次の条件を提示した。
① 県道及び高速道路用地の買収はいずれも1㎡当たり11,650円で行う。
② 将来，高速道路の路線が確定し，被告町が買収地を高速道路用地として道路公団に転売した場合には，被告町は，高速道路用地の元地権者に対し，転売価格と①の買収価格との差額を支払う。
③ 被告は金融機関からの借入れにより右買収価格を支払うが，右借入れの金利分は本件売主が負担する。

これならば，道路公団用地になる土地の地権者は道路公団に売ったと同じだけの補償金を得られる。そこで，地権者はこの条件を承諾して，本件土地を町に売り渡した。その後，1992年1月，町は本件土地を1㎡当たり63,900円で道路公団に転売した。

この間，地価は5倍に跳ね上がったが，その理由は，この時期はバブルの全盛期で，しかも，この県道が先にできて，高速道路予定地は県道の側ということだけではなく，地権者は高速道路だから高く買ってくれたと信じている。

なお，この事件では，町は②，③の約束を守らなかった。これでは，元地権者は大損である。そこで，かれらは転売差益の返還を求めて訴訟を提起した。訴訟上の論点としては，この町と地権者の間の約束のうち，①は議会の議決を経たが，②，③については，議会では議案にもされず，ただ，議会の議員によって構成される全員協議会で了承されたにとどまったので，それは有効か，無効としても，信頼保護違反などの理由で賠償請求できるのではないかといった点がある。

4　耕作放棄地が坪4万円

ある公共事業体が，事業用の基地を造るために数十haの耕作放棄地と雑種地を買収しようとしている。買収価格は一反1,100万円，坪4万円近いが，ここは市街化区域と調整区域の未線引きの都市計画区域で，開発できるので，埋立てすれば，坪10万円くらいになる。工事費を坪6万円と見積もれば，妥当な価格であるという。

これは原価法によっているのであろう。ここで，宅地見込地域の原価法の計算を見れば，買収価格は，宅地化後の更地価格に有効宅地率を乗じ，造成工事費用や完成までの年限を考慮した投下資本の収益などを控除して決める[6]。

しかし，私見では，この計算は，いかにも算数があっているように見えて，実際の取引可能性を無視しており，土地所有者に不当に有利になっている。実際に埋め立てて，宅地として販売すれば，これだけの広さの土地がみんな売れるわけではなく，リスクがある。宅地として本当に売れるのであれば，この公共事業体が計画する前にどこかの不動産業者がこの価格で買って，宅地化を推進するはずであるが，そんな動きはない。工業団地も来る予定が狂って，来てくれない。土地所有者にとっては，ここの土地が売れるのは滅多になく，ここで買って貰えれば確実に儲かるのであるから，千載一遇のチャンスであって，ぜひ売りたいというのが本音である。一部に売らないという反対派がいるが，それは別の理由による。したがって，その通常の取引価格はもっと安いはずである。

この土地の価格は，観念的な宅地見込みを基準とするのではなく，通常の取引価格，つまりは，実際にほかにいくらで買う者がいるかで決めるべきであろう。そうとすれば，この土地は非常に安くなるはずである。

5 そのほか

筆者の郷里の福島市でも，国道用地に引っかかると坪3万円（1反1,000万円）で買収して貰えるので，みんなウエルカムであるという。うちの土地を売りたいという者ばかりである。摺上川ダムでは，補償条件がよいため，水没希望者が多くて，当初の予定の倍も水没させたといううわさも聞いた。

このほか，公共事業がくると，補償で御殿が建つという話はゴマンとある。岐阜県の徳山ダムでは，前に岐阜県の御母衣（みほろ）ダム（1961年完成）で補償金をもらった人の数人が徳山村の土地を買った。補償金狙いであるという記事が週刊新潮に載っていたことがある。岐阜県御嵩町の産廃処分場予定地では一戸あたり1億2,000万円の補償で妥結しているのに，他の住民が水源汚染の不安を理由に反対しているといわれる。

6 阿部の嘆き

これでは補償費のムダ遣いで，アメリカの圧力で公共投資を10年間に630

---

(6) 土地評価事務処理要領（建設省経整発2号昭和62年1月8日建設省建設経済局長）9条，建設省建設経済局調整課監修・前掲用地取得評価基準の解説101, 208頁。

兆円も使っても，国民みんなの幸せにはつながらず，土地成金を増やすだけである。勤労して納税している他の国民との間も不公平きわまる。また，起業者の中にも金持ちと貧乏なものがあり，先に金持ち起業者が他の事業のことはわれ関せずに，自分の事業を円滑に推進するために，大盤振る舞いの公共事業をすると，その地域ではそれが補償基準になって，その後の事業がきわめてやりにくくなる。

　同じ公共用地なのに，買収価格がなぜ違うかというと，ひとつの大きな要因は，前記のように宅地見込地域として評価するかどうかの違いがあるためである。この点は現場の裁量が大きすぎる。

7　改善策の模索

　そこで，宅地見込地域の判定基準をより明確にして，地域により事業者によりあまり異なることのないようにする必要がある。むしろ，現況を原則として，宅地見込地域としての評価は原則として行わない方向で基準を作るべきではなかろうか。

　これは鑑定評価の専門家の領域で，筆者の専門とするところではないが，あえて印象を述べたい。補償額は，正常な取引価格を基準にすべきこととされ（公共用地の取得に伴う損失補償基準要綱7条），建設省の直轄の公共事業の施行に伴う損失補償基準の運用方針（建設事務次官通達昭和38年4月13日付け建設省発計第18号）によれば，宅地地域，宅地見込地域等内の土地は，原則として標準地比準評価法により評価するものとされ，「標準地の評価格は，取引事例比較法により求めた価格を基準として，収益還元法又は原価法により求めた価格を参考として求めるものとする。ただし，取引事例比較法により価格を求めることが困難な場合は，収益還元法又は原価法により求めた価格を基準とするものとする。」とされている。

　この考え方はいちおう妥当に見えるが，その現場での適用を考えると本当にそうであろうか。

　取引事例比較法によれば，どこかで高く売れた例がいくつかあれば，特殊な事情は補正する建前ではあるが，それが基準になりそうである。土地所有者はみんな自分のところも同じ値段で売れると期待しがちである。しかし，この公共事業が来ないとすれば，宅地見込地域であっても，現況が農地なら，近い将来全部が宅地価格で売れるわけではない。そんなに大きな需要はないのである。

373

そこで，大量の土地をこれまでの小さな取引事例を基準に買ってくれる公共事業はウエルカムである。反対を抑えるにはいい方法であるが，逆にいえば，これでは補償額は高すぎるのである。本来なら，宅地価格で売れるとしても，長年かかるところ，大量購入の場合にはそれを一挙に実現することも考慮して，価格を割り引いて算定する手法を工夫すべきである。たとえば，公共用地の取得に伴う損失補償基準細則13条は取引事例法による評価に際して事情補正制度をおくが，こうした事情を補正する制度をおいていない。私見では，こうした事情は補正要因として扱われるべきである。

もっとも，これではこの補償額で，隣の土地を買うことはできないから正当な補償にはならないと反論されるが，農地を宅地見込地として売った者は，宅地見込地を買って農業を続ける必要はないし，実際そのような行動は取らないから，通常の行動ではないそのような行動を保障する必要はない。また，その周辺の土地はこの公共事業によってつけられた価格でしか売りにでないともいわれるが，この地域では公共事業が来るというので，期待して相場が上がっても，公共事業の対象にならない土地は結局は買い手がいないのであるから，もとの相場に戻るはずである。買い手もいないのに，そのまま高値安定するものであろうか。もちろん，土地所有者は，公共事業で高く売れた例を見れば，自分も同じように高く売りたい，嫌なら売らずに先祖伝来の土地は子孫に残し，次のバブル，次の公共事業に期待すると考えるかもしれない。土地の保有コストが安いから，そうした行動にでる地主は多いであろうが，需要がなくなっても，需要が大量にあったときの地価のままであろうか。

前記の運用方針によれば，取引事例比較法により価格を求めることが困難な場合は，収益還元法又は原価法により求めた価格を基準とするものとするとされているが，取引事例比較法により価格を求めることが困難であるからといって，収益還元法又は原価法が妥当だという証明は成り立たない。選択肢がA，B，Cと3つあるとき，A，Bがダメだという証明をしたからCが適切だというのは，正解が必ず1つはあるはずだという共通テスト的発想である[7]。本来ならば，その場合でも，3つの方式を比較して，相対的に妥当な方法を探求すべきである。原価法も前記のように実情に合わないと思われる。

買収にかかる前に，土地の評価の方法，基準，標準的な地点の補償額を地域

---

(7) 阿部泰隆・前注(4)『政策法学の基本指針』184頁。

第1章　過大補償防止の法システムと上乗せ補償の提案

ごとに公表して，それが客観的に妥当なものかどうかを第三者も判断できるようにすべきである。誰がいくら貰ったかは秘密（個人のプライバシー）であろうが，これなら固定資産税の基準になる路線価とか，地価公示と同じようなもので，秘密には当たるまい。

> 【追記】　建物価格については，その形成要因のすべてが公示されるものではないから非公開であるが，土地価格は客観的なものであるから，「一般に他人に知られたくないもの」に該当せず，公開とされた（最判平成17．7．15判時1909号25頁等）。

　起業者が補償してから，会計検査で審査するという今の方法では，会計検査も，今更叱ってもどうにもならないということになりやすい。事前に会計検査院の許可を得て土地の評価ルールを作る必要がある。鑑定を取っているからなどと反論されそうであるが，筆者には過大補償があるところ（また，後述の借家権価格の補償理論）を見れば，鑑定評価によったのだからとブラック・ボックスにいれないで，その基準と適用が本当に合理的かどうかを具体的事例で監査する必要があると思われる。

　さらに進んだ意見をいえば，地価公示法9条は，収用事業の土地の取得価格は公示価格を規準とし（さらに，同法10，11条），建設省の直轄の公共事業の施行に伴う損失補償基準9の2は，都市計画区域内の土地の正常な取引価格を決定するときに公示価格を規準としなければならないとしている。ところが，土地の価格は地価公示法のほか，国土法，相続税法，地方税法（固定資産税評価基準）と別々に評価されている。これは縦割行政の弊害で，重複調査も無駄であるし，固定資産税，相続税はなるべく安く，売るときはなるべく高くという地権者の勝手な意向に添った結果になっている。本来なら，土地の評価は，取引事例の調査や鑑定などをふまえながら統一的決めて，それをこのすべての場合に使えるようにすべきである。地価が高ければ税金も高いが，補償金も高く，地価が安ければ税金も補償金も安くなるように，連動させるのである。買収の場合に宅地見込地として税金も評価してもらいたいなら，固定資産税も宅地見込課税でなければならないはずなのである。そうすれば，固定資産税を安くせよという声は少しは低くなるであろうし，補償金値上げ要求も，固定資産税に反映するので，他の地権者の反発を招くであろう。中国革命の父孫文の発想を借りたものである。

　そして，それでは高くならないから売らないという者への対策としては，後

375

述のように上乗せ補償制度をおく方が公平である。ダムなどの場合には生活環境が激変するから，生活権補償の意味があるといわれるが，それなら正面から生活再建措置を講ずるのが正攻法である。

◆ Ⅳ　補償金アップの手段としての営業補償

1　現　行　制　度

　補償金アップの手段としてよく使われるのは営業補償の上乗せといわれる。起業者は営業所得を判定するため原則として過去3年間の確定申告書を収集する(8)が，補償額を上乗せしようとする場合には，被買収者には営業所得を遡って修正申告して貰って，実は元の申告額よりももっとたくさん利益を上げていたとして，それを基礎に営業損失の補償をするのである。関西新空港の漁業補償の際には，補償金がどんどんつり上がった(9)。修正申告は被買収者が自分からする場合もあるし，起業者の職員が入れ知恵する場合もあるらしい。同様の方法は，損害賠償の場合にも使われる。

　納税者（被買収者）にとっては，「損して得とれ」という手法である。これは裏の手口というより現行法では適法であるから，表で堂々と使われる。

　これでは，普段は節税（というより脱税）して，収用の際には儲けることができ，ローリスク・ハイリターンである。余りにも不当である。しかも，この手口を使えるのは営業者だけである点でも不公平である。

　そこで，修正申告へのペナルティを工夫できないかという問題になるが，税務署（税法）からすれば，もともとがインチキ申告していたではないかといって制裁を加えたりすると，修正申告せずに最後までごまかし通されるので，素直に修正申告して，税金を追加納税してくれるお客を拒否する理由はない。修正申告をした者には過少申告加算税（原則10%，一定以上は5%）が課されるのが原則であるが，「修正申告書の提出が，その申告に係る国税についての調査があったことにより当該国税について更正があるべきことを予知してなされたものでないときは，適用しない」とされているのである（国税通則法65条1，2，

---

(8) 建設省関東地方建設局用地部監修『最新営業補償の実務』（ぎょうせい，1993年）4，21，29，30頁。

(9) 阿部泰隆『国家補償法』（有斐閣，1988年）300頁以下。漁業補償の不明朗さについては，池田敏雄「漁業補償をめぐる法的諸問題」『行政法の諸問題下』（有斐閣，1990年）541頁以下。

第1章　過大補償防止の法システムと上乗せ補償の提案

5項)。

2　解　決　策

　この解決手法は難しい。税法の方を変えるのが難しいなら，一つの方法として，営業補償の算定の考え方を，税法にリンクさせる案を提案する。営業補償は確定申告（又は更正，決定処分）で決められた所得を基礎として算定することとし，「買収（収用）があるべきことを予知してなされた修正申告を基礎としてはならない」という法律を作るのである。少なくとも，損失補償基準にこの趣旨の規定を入れるのである。

　これに対しては，営業利益は客観的なもので，確定申告したかどうかにはかかわらないはずだという反論があろう。確定申告をしていなかったが，所得はたくさんあるという者は日本にはたくさんいると思われるが，彼らに補償しなくてよいのかと反論されよう。これをさらに進めれば，財産権を収用するときの「正当な補償」とは，真実の損失を補うべきものであって，確定申告書に記載された利益を基礎としたのではたりないという議論になるであろう。

　しかし，それでは，普段は安く申告し，収用の際にはたくさん補償金を貰えることになり，きわめて不合理であろう。立場を変えて，起業者主に国・公共団体から見れば，税金も補償金も国・公共団体の金であるが，取る時は普段はごまかされ，払う段になれば目一杯払わされるのは不合理である。税金と補償は別だなどと縦割行政で考えると，こうした不合理はなくならない。

　そこで，普段安く（あるいは，赤字で）申告している（あるいは，確定申告していない）以上，収用や買収の際には安く評価されるリスクを負うのが公平であり，納税者の義務であると考えるべきである。また，このような制度にすれば，普段から適正な申告をするインセンティブが働き，多少は適正な申告をする者が増えて，税務行政の合理化，効率化にも寄与する。この制度で害される利益は，インチキ納税者のそれだけである。インチキする以上，それによって被る不利益は覚悟すべきであって，普段の確定申告でごまかしてきた営業利益は，起業者主に国・公共団体に対して「正当なもの」と主張することはできず（禁反言の法理），「正当な補償」の根拠たりえないと解すべきである。そうすると，こうした制度を導入した場合に，財産権を侵害して，違憲だという議論はクリアーできると考える。

　確定申告したあと，もっと税金を払いたいという殊勝な者については，修正

申告を認めるが，損失補償額は，「買収（収用）があるべきことを予知してなされた修正申告を基礎としてはならない」として，税金は頂くが，補償はしないとする。こうすれば，税法に迷惑をかけずに，適正な補償をすることができる。

確定申告をしていないが，所得があるという者に関しては，起業者は確定申告書以外の資料を収集して所得を判定してきたが，今後はこうした運用をしないことに改正すべきである。

この改革案は，所得をきちんと申告していない日本の現実では，実現可能性に乏しく，非現実的だと反論されそうであるが，不合理な方に合わせて不合理を積み重ねるのか，いっそ合理的なシステムに抜本改正する一歩でも踏み出そうとするかの違いである。

この考え方は，法律で導入すれば，当然に許されるが，閣議決定である損失補償基準要綱でも，各起業者の補償基準要綱でも，「正当な利益」に対する「正当な補償」という考え方からすれば，導入可能であると考える。「正当」の解釈いかんにかかわるものである。

◆ V　事業中止の場合の先行補償の返還条項の提案

公共事業の際には，先に補償する。事業が結局は行われない場合の補償金返還条項を付けないのが一般的のようである。このことは一般にはやむをえないかもしれない。たとえば，道路，ダム予定地として土地を買収するとき，実際に事業が行われるまでは契約の履行を停止して補償金を払わない（事業が失敗するときは売買契約はキャンセルする）とすれば，被買収者としては先の生活設計が立たない（どうせ立ち退くのなら早く立ち退いて，次の人生を切り開きたいということもある）し，事業者としても，せっかく売買契約にまでこぎつけたのに，途中で心変わりをされては困るから，事業は確実に推進するという信念で，返還条項などつけないで買収する方がよいであろう。事業が失敗したら，買い取った土地は改めて（おそらくは安く）売るしかないが，その損失は事業を開始する者にとってのリスクであろう。

しかし，補償金を払っても，何も引き渡してもらえない場合がある。漁業補償がそうである。漁業に影響のある事業を行うときは，漁業権者に対しては，先に補償して，文句を言わせないようにしてから事業を推進するのが実務である。埋立ての場合には漁業権の消滅補償をしてから埋立免許を取得するし，原

発の場合，温排水への影響補償をしてから設置するのである。そして，もし事業を断念する場合も，契約書には補償金の返還請求条項を入れていないようである。そこで，事業が断念される場合，漁場への影響がないので，漁業権者は失う物がない。漁民は補償金を貰いながら従前通り何の影響も受けずに漁業を営めるという奇妙なことになる。地権者が土地を失う土地買収とは違うのである。

　これは土地収用で自宅を売りながら，従前通り永久にただで住んでいるようなものである。これは過大補償以前の，損失のない者への補償である。

　こうした実務は事業が失敗することを予想しないという役人無謬論によっているものであろう。人間のやることには失敗があるし，普通の契約は皆同時履行のルールによっているのであるから，漁業補償は本来ならば事業による影響の発生を条件に支払うこととすべきであった。すでに払ってしまった場合も，事業を断念するならば，漁民に補償金の返還を請求することができる条項を入れるべきであった。

　このことは，宍道湖・中海の干拓・淡水化の例で紹介したことがあった[10]が，前記の某公共事業体の補償でもそうである。

　最近の例では，原発反対派が住民投票で勝った新潟県巻町の例がある。これが国や東北電力を拘束しないのは当然であり，東北電力は巻町の説得に今後も努力する方針である。しかし，いずれはあきらめて撤退するかもしれない。その際，東北電力が，すでに払った30億円（この金額を非公開にしているが）もの協力金や漁業補償（温排水対策）を取り返せるのであろうか。町は協力しないといった以上，協力金は返還すべきであろう。また，東北電力はもともと町の原発誘致議決を信じて準備を進めてきたのであるから，これが裏切られるのであれば，賠償を請求できそうである（最判昭和56・1・27民集35巻1号35頁）。これに対し，漁業権の主体は，原発反対派とはイコールではないから，町が原発の建設に反対しようと，漁民はいちおうは補償金を返さないと主張できるであろう。本来なら，事業失敗の場合の補償金返還条項を入れておくべきであった。

　解釈論としては，この契約は事情変更の原則によりあるいは目的達成不能を

---

(10)　阿部泰隆『国土開発と環境保全』（日本評論社，1989年）172頁。巻原発については，『地方自治法制の工夫』427頁。

理由に解約し，補償金を返還させるという解釈が妥当とも思われる。

もちろん，このように考えても，起業者が事業に失敗を認めて退却することは，責任問題も発生することから，なかなかありえないので，この議論はたいした意味がないとも反論されよう。しかし，退却したら補償金を取り返せるとすれば，退却しやすいし，被買収者も事業の推進に協力するので，少しは意味がある。さらに，筆者としては，公共事業評価法をつくって，問題のある公共事業に引導を渡す仕組みを用意したい。そうすれば，その際の戦後処理の方法として，この手法は意味があることになろう。

◆ Ⅵ　裏の手口

さらに，買収にどうしても応じてくれない場合には，何とかごまかせる範囲で，補償金を裏で上乗せすることもあるらしい。もちろん，これを正面から聞けば，そんなことはない，損失補償基準要綱に基づいて適正に補償しているという反論が返ってくるだけである。そこで，補償金を上手に上積みする裏の手口はなかなか教えてもらえない。その手口としては，古井戸があったとか，立派な樹木があった，家に使っている材木には桧が多かったなどとして，どこかで撮った写真を証拠に補償金を払うという方法があったらしい。某所のヒアリングでは，昔はともかく最近はそんなことはしないとも聞いた。

しかし，最近でも，こうした裏の手口が使われているようである。報道によれば，奈良県高田土木事務所が県道拡幅工事に伴う用地買収の際，土地所有者に新たに生じた税負担を補てんしようと，用地内に実際にはない井戸があるかのように書類を偽造，架空の移転補償費をひねり出して約68万円を土地所有者に支払っていたことがわかった。

所有者の1人は，農業を続けることで相続税の支払いを猶予された水田約220㎡を所有しており，相続税を猶予されていた期間の利子税約70万円が買収に応じたために新たに課せられることになった。このため，高田土木事務所は，新たな税負担を補てんしようと，架空の井戸の図面や別の場所で撮影した井戸の写真を付け，水田内に井戸があるかのように装う偽の書類を作成し，約68万円の移転補償費を払った。奈良県用地対策室は，「公共の用地を提供してくれた所有者の不利益を補うために，やむなくやったこととはいえ，架空の書類などあってはならないやり方だった」としているという（日経新聞1996年7月3日夕刊15面）。

相続税の支払いを猶予されている農地の問題も，買収が進まない大きな原因であると聞く。

これは別途対策を要するが，通常は買収価格が高いので，この程度の問題は買収価格で吸収されるのではないか。それでも，筆者の上乗せ補償案であれば，その分も解決しよう。

こうした裏の手口は，法的に言えば虚偽公文書作成罪に当たる。これは犯罪なのだと職員を教育することが大切で，やってないはずだからとして，やった場合の制裁を等閑視してはならない。

◆ Ⅶ 環境整備事業の高額さ

1 水特法のある事例

1975年に制定された水特法（水源地域対策特別措置法）の適用第1号である某ダムでは，貯水池内には73世帯の水没家屋があったが，河の側の低い土地に盛土造成して地盤を高くし（最高20m），そこに住めるようにした。これにより，3集落に60世帯が移転した。これはみぞ・かき補償に近いが，水特法の適用により行った。そして，この地域では総工費66億円を投下して，22項目のダム周辺整備事業が行われている。その事業は，消防，学校，キャンプ場，道路，集落の生活基盤整備などである。その費用は，下流の千葉，栃木県が受益者として負担している。

2 その評価

これをみると，わずか60世帯に66億円，つまりは，1軒に1億円以上の金を投下している。それなら，いっそ，その金の半分でも，個人に与えて，事業をやらないほうがみんなハッピーではないかとも思われるが，損失補償以外に個人に金を出す制度はない。

雲仙災害でも，1,000億円かけて，スーパー堤防を造るが，それなら被災者にある程度の金を与えて転居してもらった方がお互いに得ではないか。

雲仙では溶岩に埋まった土地をもとの価格の70％で買収した。建設省は溶岩を除くのに30％の費用がかかるから，70％の価値があるという説明をしている。しかし，あの溶岩を除くのにその程度の費用で済むのか。これを被災者は被災者支援のための特例と理解している。地元支援の趣旨はわからないでもないが，これでは土地所有者だけが支援される不公平を生ずる[11]。

◆ Ⅷ 土地区画整理法違反建築物の移転補償

1 空理空論の法制度

　土地区画整理の事業計画が公告された後に許可を得ずに建築された建築物の移転除却は土地区画整理法76条4・5項により，建設大臣または都道府県知事の権限になっている。これは建築基準法9条の定める違反建築物の除却と同様に無補償で行えるが，区画整理の施行者の権限とはされていない。こうした公権力は，建設大臣か県知事の仕事であって，市町村長や区画整理の施行者に任すわけにはいかないというのがこの法律の発想である。しかし，大臣や県知事は，それは自分の仕事ではないという意識からか，面倒なことはイヤだからか，実際上それを行使することは少ないようである。

　そこで，区画整理の施行者は，やむをえず，この問題を自分で解決しなければならない。そこで使える権限は同法77条による直接施行であるが，これは，適法な建物の移転・除却と同様であるから，除却する場合には同法78条により補償金を払わなければならない。これでは，土地区画整理の事業計画が公告された後には許可を得ずに建築してはならないという法制度は空文に帰し，違法に建築しても損しないという不合理なことになってしまう[12]。

2 解決策

　この解決策としては，権力の行使は区画整理の施行者に任されない高尚なものだなどという，実際を無視した空理空論をやめ，区画整理法の無許可建築物については，施行者が補償なしで移転除却できるという規定をおけば済むことである。なお，区画整理の事業遂行のための許可制度が合憲である以上，無許可の建物の無償取壊しが合憲であることは当然のことである。原因は建物建築主にあるからである。

　あるいは，区画整理の施行者は，建設大臣または都道府県知事に対して，土地区画整理法76条4・5項の権限を発動するように申請することができるとい

---

(11) 『大震災の法と政策』（日本評論社，1995年）267頁。
(12) これは大場民男弁護士の公法学会発言（1995年10月）による。公法研究58号269頁（1996年）。しかも，組合が直接施行しようとして市町村長の認可（土地区画整理法77条6項）を申請すると，認可しない市町村長が多いようである。大場『土地区画整理』（新日本法規，1995年）187頁。

う規定をおいても多少は役立つであろう。

IX 法令違反建築物の除却の効率化

　今の例は土地区画整理法違反の建物を同じ法律に基づいて移転除却する場合であるから，補償不要という方法を工夫する必要があり，また，それは可能であった。

　これに対して，河川法違反，建築基準法違反などの建物を収用するときは，実務上補償しなければならないと解されている[13]。この建物は法令に違反するとはいえ，収用法とは別個の法令に違反するのであるし，違反しているとはいえ，それぞれの法律の運用上除却させられるとはかぎらないから，この見解は正当と見るべきであろう。

　しかし，これらの建物は，法的にみれば，違反している以上いつ代執行などで取り壊されるかわからない不安があり，その分その市場価格も安いはずである。移築工法ならともかく，それを取得するとか再築する場合には，この事情を考慮して補償金を減額すべきであろうと考えられる。

　また，これらの違反を是正するかどうかは，基本的には管轄行政庁の裁量になるが，起業者がこれに補償して，管轄行政庁があとでそれを除去するなどのことがあれば，国家の資源の無駄遣いであり，縦割行政もいいところである。そこで，行政庁間の連携のシステムを工夫する必要があろう。管轄行政庁の権限の発動を促すために，起業者から管轄行政庁に権限の発動を促すように，申請する制度を作ることが考えられる。さらには，たとえば，河川の占用物件を収用したいとき，河川の占用許可を河川法上取り消せるならまずはそれを取り消すように促す制度はどうか。

　民事上の不法占有物件を区画整理で移転させるときも，補償を要するというのが一般の見解であるが，不法占有物件を（仮）換地に移転させるのは無駄である。権利者はどっちみちその明渡しを求めなければその土地を利用できないのであるから，不法占有物件の明渡しは権利者の仕事である。ただ，その民民の紛争が片づくまで区画整理が進まないのでは，施行者も困るから，無駄だと

---

[13] 内閣法制局1発第24号「公用制限に違反する建築物に対する法77条の適用について」（昭和33年8月13日），小高剛「いわゆる『みぞ・かき補償について』」名城法学36巻別冊（1986年）42頁，同「移転補償の最近の課題」大阪市大法学雑誌35巻1号49頁（1988年），竹村忠明『土地収用法と補償』（清文社，1992年）525頁など。

わかっても，明渡しの直接施行をすることになる。しかし，もし，地権者支援制度を作って，その追出し訴訟を支援すれば，総合的にみても安くつく。行政が民民の紛争に介入する訳にはいかないという反論はありうるであろうが，事業の迅速な実現という公共性を理由に，明らかな妨害行為の除去を支援するくらいなら正当化されるのではあるまいか。

◆ X 借家権の評価

1 借 家 法

(1) 現行借地借家法のもとでは，借家契約は原則として更新される。その際の継続賃料は，少なくとも地価の上昇が続いてきた最近までは正常賃料よりは安いのが実態であった。そこで，長期借主の借り得部分が発生する。従来の運用では，それを権利として構成して借家権の存在を認めてきた。そこで，借家権を消滅させる場合，借家人に借家権価格を補償することになるのである。

借家権価格を算定する方式である不動産鑑定評価基準には，割合方式，差額賃料還元方式，控除方式，比準方式，補償方式の5つがある[14]。

(2) 筆者は鑑定理論には疎いので，あるいは的外れといわれるかもしれないが，しかし，この鑑定方式はおよそ納得できない違憲の代物ではないかと思う（以下，この5つの方式の説明は注の竹村著による）。

まず，割合方式は，賃貸借の対象である当該建物及びその敷地の完全所有権につき，借家人に帰属する権利割合を判断し，その割合を乗ずることにより算定する。土地所有者，借地人，借家人の間で補償金を一定割合（たとえば，4：3：3）で配分するといった慣行が各地で形成されている。都市再開発の際，従前の借家人は，新しい建物に入居することができず，追い出されるといわれてきたが，実は土地代の30％も貰って，別に新しい建物を借りることができるともいわれる。

これでは，公共事業の際に借家人は儲かってしまうが，その根拠はおそらくは，地価値上がりの利益を土地所有者に独占させずに，その儲けを借家人にも配分すべきだという発想であろう[15]。

---

(14) 不動産鑑定評価基準（土地鑑定委員会，1990年），竹村・前注(13)588頁以下，655頁以下，澤野順彦「借家権の財産的価値」ジュリスト790号97頁以下（1983年），宮崎・前注(4)用地補償と鑑定評価228頁以下。

(15) 吉田克己「借家法改正は住宅問題を解決できるのか」法セミ1991年8月号35頁。

しかし，借家人はもともと土地について権利金を払っていないのであるから，立退きの場合に，土地代の一定割合を受領できるのは不合理である。借家人が本来明け渡す義務がないのに明け渡さなければならないからといって，その補償を土地代の一定割合と算定する根拠はない。借家人を追い出せば，土地所有者は土地を高度利用できて儲かるではないかというが，土地所有者は土地を法令の範囲内で利用する権利を有し，開発利益の吸収などの制度がなければ，地価の値上がり分を懐に入れる権利を有するのであって，その儲けを借家人に与えなければならない根拠はない。借家人が儲かる方こそ，根拠がなく不合理なのであって，土地所有者から借家人に利益を移転すれば正当化されるものではない。土地所有者の儲けは譲渡所得税で対処すべきである。そもそもこれまでその土地を高度利用できなかったのは，借家人が正常賃料を払わずに頑張っていたためで，そのような不正常な状態から権利が発生するという発想がおかしい。

現在の状況では，家主はひさしを貸したら母屋を取られると同じく，貸すとかえって損する不合理を生じ，少なくとも長期間貸すほど損するから，貸すにしても短期で回転率のよい物に限るという傾向が生じ，また，更地にしておいた方がよいという非効率性を生ずる。

鑑定の専門書[16]はもう少し別の専門的な説明をしている。これによれば，価格は権利の存在を前提とする。借地借家法31条では建物の賃貸借の場合「建物の引渡し」と規定し，土地について規定はないので，借家権価格は否定されるように見えるが，建物賃貸借の効力は土地に及ぶと解し，この規定を「建物及び敷地の引渡し」と読み替えることによって，割合方式の根拠が与えられるという。

しかし，仮に建物の賃貸借の契約が土地の引渡しを含むと解したところで，借家人が，引渡しを受けた瞬間に土地に対して一定割合の権利を，なんらの対価なくして取得できると解するのはおよそ合理性を欠く。そんな解釈は，家主から財産権を無償で剥奪する違憲の議論である[17]。

差額賃料方式は継続賃料が正常賃料よりも安い（借り得部分がある）ことに着目し，その差額を資本還元して借家権価格を算出する方式である。しかし，家賃は，継続賃料でも，近傍の同種の家賃と同様になるように定めることに

---

[16] 竹村・前注[13]593頁以下。

なっているのであって（借地借家法32条），それを安くせよと法律が保障しているわけではない。長年借りていた場合に，追い出しが困難なことの反映として，たまたま運用上家賃が事実上安くなっているだけで，家主が法律のルール通り近傍の同種の家賃を取るとして裁判所に訴えれば，正常賃料を取れると解すべきである。もっとも，ここでいう「近傍の同種の家賃」を長年借りていて安くなっている近傍の同種の家賃と解すれば，このような解釈にはならないが，資本主義国家であって，家主だからといって，借家人の生活保護をする義務がないこの国では，ここでいう「近傍の同種の家賃」とは，同じ建物を新規に市場に出せばつく賃料の意味と解すべきである(18)。なによりも，同じ物を借りるのに，前から借りていた者は新規に借りる者よりも安く借りることができることを法律が保障しているというのは，長期間貸していることに家主の方がメリットを認めないかぎりは，理解に苦しむことである。

明渡しには正当事由が必要で，借家人に追い出されないという保障をする事は，労働者の解雇の自由の制限と同じく，弱者保護としてそれなりに理由があるが，だから家賃を安くせよという理屈はないのである。このように，法的に成り立たないはずの継続賃料を基準に，借家権という法的に保障されるものを創造するのは，方法論としても間違いであると思われる。

さらに，家主が借家人の窮状にかんがみ親切にも家賃をまけてあげたら，その分が借家権になるなどというのは，親切を仇で返すような解釈である。何人も親切を継続して行えと請求する権利はないのである。

もっとも，裁判所も不動産鑑定基準も，継続賃料を安く算定しているといわれている(19)ので，それを基礎として借家権価格が形成されるのは当然だとい

---

(17) 最高裁も低廉な使用料を払っただけの行政財産の使用許可からは，借地権のような権利は出てこないとしている（昭和49.2.5民集28巻1号1頁）。筆者はこの判決の前に同様の意見を提出していた。（阿部泰隆「行政財産の使用許可の撤回と損失補償」ジュリ435号75頁以下＝『行政法の解釈』（信山社，1990年）所収，『国家補償法』294頁以下参照）。借家権でも同じである。市場家賃よりも低廉な家賃から借家権がでてくるという発想は，この判決とも辻褄が合わない。

(18) 借地借家法に関する注釈書である幾代通編『注釈民法(15)』（有斐閣，1966年）432頁（幾代執筆），542頁（篠塚昭次執筆），同新版（1989年）636頁，798頁（篠塚昭次執筆）には，この点に関する適切な記述はない。内田貴「管見『定期借家権構想』」NBL606号15頁，1996年）も，継続賃料を新規正常賃料に一致させることは借家法の問題というよりその運用の問題であり，増減請求権の運用を，新規の市場賃料に合わせる方向で行えば解決するという。

第1章　過大補償防止の法システムと上乗せ補償の提案

われようが，それは筆者に言わせれば違憲の解釈であるから，無視すべきである。

　ここで継続賃料を算定する不動産鑑定評価理論を見れば，賃貸事例比較法は結局は長年借りて借り得部分が発生した他の家賃に引きずられて，新規賃料よりは安くなるであろうし，差額配分法は家賃相場の上昇分を家主と借り主に配分するという発想で，継続賃料は常に新規賃料よりも安くなる。これが不合理であり，家主の財産権を侵害して，違憲であることは先に述べたとおりである。

　収益価格控除方式は，「(当該建物及びその敷地価格)－(当該貸家及びその敷地の収益価格)」を借家権価格とするもので，結局は家賃が安ければ，その分借家人の権利になるというもので，差額賃料方式の欠陥を引きついでいる。また，この方法は敷地にも算定根拠を求めているので，その不合理は割合方式と共通である。

　比準方式は，自由市場における借家権取引事例との比較で借家権価格を算定する。借家権は一般に自由には譲渡・転貸できないので（民法612条），この方式は一般には妥当しないが，借家権の取引が一般的な傾向として認められる地域で成り立つ方式だということである。しかし，借家権を第三者に売ることができるとしても，家主が返還を求めるとき，借家権を消滅させるだけの補償を要するかどうかは，別次元の問題である。うっかり貸せば，借家権の取引価格分を返還しないと返してもらえないとすれば，家主としても，それだけの権利金を取っているのが常識であって，この比準方式が成り立つとすれば，それは権利金の範囲内であるというべきであろう。

　補償方式は，「(権利金など一時金相当額)＋(正常家賃－現在家賃)」の資本還元額で借家権価格を求める。この後半は，結局は差額賃料方式と同じであるから，それに対する批判が妥当する。

　借家権価格というキーワードで判例（第一法規，CD-ROM）を見れば，20件

---

(19)　福井秀夫「借地借家の法と経済分析」八田達夫＝八代尚宏編『東京問題の経済学』（東大出版会，1995年）191頁以下。ここで，福井は，判例と不動産鑑定基準が継続賃料の抑制主義をとっていることとその不合理さを分析し，借家法の自由化，定期借家権への移行を主張している。福井は，判例は固まったから，その不合理を是正するには立法論でという立場である。それは正当であるが，解釈法学者としては，最高裁の判例変更は実際上は期待できなくても，やはり違憲は違憲と主張しておく必要があるし，違憲の主張は立法論への有力な援軍になるはずである。

以上検索できたが，いずれも，借家権価格は鑑定士に鑑定させているだけであるうえ，判例自身も借家権価格への疑問を述べており[20]，上記の鑑定理論への疑問は一向に解消しない。以上のように，借家権価格の根拠はいずれも成り立たない。

（3）　借家人はその建物には住めなくなっても，同等の建物に同様の条件で住めれば損はしないのであるから，更新を原則とする現在の借地借家法のもとでも，公共事業などによる立退きの場合に，借家人には権利金，移転料及び同

---

[20]　たとえば，次のように述べる判例がある。「鑑定においてはいわゆる差額家賃に基づく収益減価の方式による試算及びいわゆる割合方式に基づく借家権価格の試算を行いその際本件建物の敷地と見るべき 36.23 ㎡（建ぺい率から逆算）について更地価格を 1 ㎡当たり 270 万円等と評価した上，右両方式による試算のうち割合方式を重視して本件建物の借家権価格を金 2,810 万円と評価しており，一般論としてその手法及び判断の過程自体には特段の不合理な点は見出せない。しかしながら，「借家権価格なるものは未だ借地権価格ほどには社会的に熟成した基準があるとはいえない上，仮にこれを客観的に把握できるとしても，個別具体的事情の下で判断されるべき正当事由の補強条件としての立退料の額が右借家権価格と通常同一ではあり得ないことも明らかである。右鑑定においては右割合方式における借地権割合を 75%，借家権割合をその 40% として評価している点は，本件建物及びその敷地の立地条件，賃貸借関係の経緯に照らしやや過高過ぎるとの疑問があるほか，前記認定の本件建物の老朽度と残存耐用年数，賃料が長期間極めて低廉に据置かれてきたこと，被告においても立退に伴う出費と新しい住居確保のための負担等経済的理由以外には老朽化著しい本件建物に執着する必然性はないこと等本件の一切の事情を勘案すれば，本件において解約申入れの正当事由を補強するに相当な立退料の額は鑑定人田口浩の鑑定の結果による借家権価格金 2,810 万円の約 4 分の 1 にあたる金 700 万円をもって相当とし，前認定のとおり原告にはその提供の意思があるものと推認される。

したがって，原告が補強条件として金 700 万円で提供する限り，本件解約申入れには正当事由が存在するというべきである。」（東京地判昭 63. 9. 16 判時 1312 号 124 頁）。「不動産鑑定士は昭和 61 年 12 月末日現在の本件建物賃借権の価格を 1 億 2,568 万 8,000 円と鑑定評価している（一般に建物賃借権については未だ客観性のある取引相場が形成されるまでには至っていないことや再開発によって生ずる利益及びその配分についても客観性を有するものとはいえないから，直ちにその額を本件立退料とすることは相当ではないが，一つの理論的試算として参考とすべきものである。」（東京高判平成 1. 3. 30 判時 1306 号 38 頁）。

内田貴・前注(18)によれば，判例が借家権価格に言及するのはバブル期に至ってであった（東京地判昭和 63. 9. 16 判時 1312 号 124 頁，東京地判平成 3. 4. 24 判タ 769 号 1192 頁など）。「しかし，『借家権価格』なるものは，現実には比喩的表現の域を出ない。実際，借家権のマーケットなど存在しないのであり，実態は，解約が制限されているという，事前的な権限配分がもたらした交渉上のごね得の色彩の強いものであった。」ということである。

様の借家を借りるための出費を考慮して算定した立退料を払うだけにすべきである。新規の賃料は従前の賃料よりも高くなるというが，従前の賃料を法的に保障すべきものではないから，それを無期限に保障するのは不合理で，現行法のもとでも，その賃料の差額を一定期間補償すれば十分というべきである。

　実際，公共事業で立ち退くときは，「公共用地の取得に伴う損失補償基準要綱」では，新規に借家を借りる費用，新旧家賃の差額の2年以内分の補償が行われるだけである(21)。これは前記の借家権補償と区別して，借家人補償というそうであるが，これだけで十分ではないか。

　もっとも，この借家権価格の補償と借家人補償は，二者択一で，いずれかしか認められない。このいずれにするかは民事関係では当事者の合意によるが，公共事業においては法令の規定により定まるという。借家権補償（対価補償）が認められているのは，土地収用法5条2項，都市再開発法91条，住宅地区改良法11条であり，借家人補償（経費補償）が認められるのは，土地収用法77条による建物移転に伴い借家人に対し同法88条の通損補償をする場合であるという(22)。

　これらの法律で定める借家権価格についても前記の観点から再検討を要する。これらの法律では借家権に補償するとしているが，その内容まで規定していないので，それは解釈に任される。前記のように借家権価格の理論が成り立たないという私見からすれば，これらの法律にいう借家権も，「公共用地の取得に伴う損失補償基準要綱」の考え方によるべきである。

　これは解釈論であるが，それが今更無理なら，借家の期限を限定する立法ないし継続賃料を新規賃料と同額とする（継続賃料の決定の際には周辺の正常賃料以外は考慮してはならないとする）立法が必要になる。そうすれば，期限満了の際に立退料の支払は不要になるから，借家権価格は発生しない。

> 【追記】　権利金の支払いのない借地契約で借地権価格をつくり出し，立退料の支払いを命ずるのは違憲と主張したが，最高裁で三下り半となった。『まちづくりと法』428〜451頁。

---

(21)　小林忠雄編『最新改訂版公共用地の取得に伴う損失補償基準要綱の解説』（近代図書，1993年）124頁。『公共用地の取得に伴う損失補償基準』（1962年10月12日用地対策連絡協議会理事会決定）34条，建設省経済局調整課監修・『用地補償ハンドブック改訂版』（ぎょうせい，1993年）96頁。

(22)　竹村・前注(13)619頁。

2 罹災都市借地借家臨時処理法

　阪神・淡路大震災で適用された同法は，壊れた建物の従前借家人に，その後に再建される建物への優先入居権，建物が再築されない場合の借地権の設定権を認めている。災害で住居を失う借家人の保護のためである。

　これに対して，筆者[23]は，罹災都市借地借家臨時処理法の復活に疑問を提起した。この制度では，家主は元借家人を優先入居させると，家賃が，従前の家賃も考慮して安く設定されるので，市場経済原理に合わず，再建の意欲を失いかねないから，かえって借家が不足して借家人のためにはならないし，借地権の設定には高額の資金が必要で，普通の借家人には実際にはほとんど役立たないから，この法律は百害あって，益なしであるというものである。

　これに対しては，反論がある。民法の原則によれば，借家が滅失すると，借家契約が消滅して借家人には何の権利もなくなるはずである。そうすると，家主は借家人を一文も払わずに追い出して，土地を高度利用できるので，震災を奇貨として儲けることになる。それはけしからんとする立場では，罹災都市法で借家人にこうした権利を与えると，この権利の買取りという形で，借家人に何がしかの立退料が払われるので，この法律は借家人を保護するのに役立って，よいことだというのである[24]。

　これに対して，筆者はまた反論したい。これでは，この法律は，借家人が借家を確保するのには寄与せず，単に立退料をきわめて曖昧な形で獲得できるようにするだけである。そんなことはこの法律の本意ではなかろう。また，もともと，災害で借家権が消滅し，土地には何の権利も持たないのに，借家人が立退料を貰えるのも，不合理である。ちなみに，筆者の知り合いのMさんの家の借家は家賃2万2,000円のところ，震災で家が壊れたので，150万円の立退

---

(23)　阿部・前注(11)大震災の法と政策 319 頁以下。なお，罹災都市法の廃止の提案は，その後に再建される建物への優先入居権，建物が再築されない場合の借地権の設定など借家人保護の部分を念頭においている。これに対し，借地権の登記をしなかった（これが普通である）借地人は，建物が滅失した場合に借地権を失うはずであるが，それを防ぐための特例（同法 10，11 条）は妥当な立法である。私見で，罹災法の復活に疑問を提起したとき，うっかりして，借家関係だけを念頭においたもので，ここにおわびして修正する。真意は，罹災法のうち，借家関係だけを廃止すべきだという趣旨である。

(24)　西原道雄監修『罹災法の実務』（法律文化社，1996 年）序，藤原精吾「震災地における借地借家問題」法時 67 巻 9 号 25 頁（1995 年）。

料を出したという。いったん貸せば，6年分の家賃を返さなければ，天災で壊れた場合でも明け渡してもらえないのは（震災で立ち退けば，6年分ただで入っておれたことになるのは）どうみても不合理である。

なお，震災を奇貨として家主は儲かるなどというが，それはせいぜい建て替えようと思っていた古屋の持ち主の場合で，新しい貸家の持ち主の場合，震災で大損しているのである。一般論はできない。

これでは，むしろ，この法律は法律関係を複雑にして，家主の財産権を不当に制限し，借家の再建を阻害するマイナス効果が大きいとみるべきであろう。

なお，以上の説明は，法律の経済的な機能に着目したのであるが，実はこの法律は違憲であると考える。もともと，この法律の立法理由は，戦後，焼け野原に元借家人が無権原でバラックを建てたとき，それを正当化するためであった。終戦直後なら，今と違って，国家は仮設住宅を造ってもくれなかったし，地主の利益を犠牲にしても，借家人の住宅を確保する絶対的な必要性があったし，農地の廉価強制買収までした非常事態であったから，この法律は地主の財産権を侵害して違憲というほどではなかったであろう。

しかし，仮設住宅も十分用意されていて，元借家人が焼け跡にバラックを建てるという動きも見られない（せいぜい公園のテント村があるだけである）今回（阪神淡路大震災，1995年）の大震災で，元借家人に実際上は使えない権利を与えて，家主から立退料の支払いを強制して財産権を剝奪し，その土地活用を阻害する合理的な理由はない。しかも，借家人は立退料を貰って，仮設住宅に入り，さらに，低家賃の公営住宅に入れば，怪我したり死亡したりしなければという前提であるが，地震さまさまということになる。財産権を制限するにはそれなりの合理的な根拠を要し，弱者救済のための財産権制限の場合には合憲の推定が働くとも言われるが，それにしてもずさんな立法であって，家主から借家人に，根拠のない所得の移転を強制するこの法律は違憲というべきではないか。この法律の合理性に関しては多数の疑問が提起されているが，違憲論は寡聞にして見あたらないので，あえて問題を提起したい。

【追記】　この法律は2013年にやっと廃止された。

3　密集市街地における防災街区の整備の促進に関する法律

この法律の仕組みでは，防災再開発促進地区を指定する。そして，

除却勧告→所有者による居住安定計画の策定→支援措置
などが予定されている。

賃貸人が借家人に更新拒絶の通知又は解約の申入れをする際は旧借家法，借地借家法の正当事由の適用がない代わりに，借家人は市町村に対し公営住宅などに入居させることを求めることができるとしている。必要あるときは，家賃を減額し，国はこれに補助をする。

要するに，従前賃借人に手厚い保護をして，木造密集住宅街を再建しようとするものである。

賃借人が立ち退かないので，建て替えができないケースに対応しようとするものであろう。

しかし，反面，従前安く借りていた者はいつまでも優遇される，という大きな問題点がある。

賃借人の保護は必要であるが，せめて老朽化・建替えを理由とする明渡し制度をおけば，こんな無駄はなくなるはずである。行政としては，借家人の保護は，もう少しマクロに見て，借家の供給を確保する施策を講ずることによってなすべきであろう。

4 借地借家法の改正私案

私見では，新規の住宅に関するかぎり，定期借家権の制度を一般的に導入するべきであると考えるが，少なくとも建築後一定期間（たとえば20年）経てば，借家人の継続居住の利益よりも建物更新の社会的な利益が勝る（社会的厚生が大きくなる）と見て，更新しないという約定を適法とする規定をおくべきである。既存の契約に関しても，たとえば，5年後にはこの新規定を適用する。現行制度では，借家人の立ち退く時期がバラバラであるため，建て替えようとすれば，全員立ち退くまで長期間家賃を満足に取れないまま放置して，かつ最後には高額の立退料を払わなければならない。これでは家主の建て替えの意欲を阻害する。古い木造アパート（関西流にいえば文化住宅）がたくさん残って，大震災の際多数の圧死者を出した原因である。

これに対し，この私見では，家主は建て替えようとする時期を決めて，そのときまで賃貸して賃料を得ることができ，安定した経営のもとで建て替えに踏み切ることができる。しかも，立退料なしで建て替えができるので助かる。借家人の方は，さほど古くない住宅に移ればよい。家賃は上がるであろうが，古

い住宅に長年住んでいた結果の家賃の借り得分は本来保障されない代物だと考えればやむをえない。

◆ XI 古屋の補償

　古屋が買収されたり，区画整理で移転を迫られるとき，被買収者は実際上は家屋を新築する。しかし，その際，新築費用を補償すれば焼け太りになるとして，古屋の価格だけ補償される。もっとも，それは本来ならその古屋にまだまだ住めるのに，今新築しなければならないので，古屋の本来の建て替えまでの期間運用できたはずの金利分は補償するという考え方に立っている[25]。
　そこで，古くなったので，そろそろ建て替えようと思っていた者にとっては，価値のない家屋に補償して貰えるばかりか，取壊し費用も貰えて，嬉しいかぎりである。
　区画整理は土地のただ取りだなどと反対する者が多いが，それでも，家が古くなると賛成者が増えるという。今回の震災の区画整理に反対が多かったが，ひびが入って，建て替えようと思っている家なら，早く区画整理をして欲しいはずである。区画整理は昔は抵抗を押し退けても実行したものであったが，今は話合い路線が一般に定着しているので，区画整理が実際に完成するまでには何十年もかかるのが結構ある。
　区画整理は建前では公益のために私権を制限する制度であるが，最近の区画整理は，通過道路を造るためだけではなく，当該街区を公的資金で改善する福祉行政になっている。そこで，当該街区内の問題なら，事業の進展が遅れようと，その地域だけの問題で，公益にはたいした影響はないから，ゆっくりやればよい。
　これに対して，通過道路を造る部分は公益のためである。本来土地収用でもできる部分である。これをのんびりとやられては，公益の実現がおろそかになる。始める以上は迅速に終了すべきである。
　そこで，収用にかかるはずの分は，迅速に推進できるように上乗せ補償をする必要があるが，そのほか，古屋の場合，補償金を得ても，借金をしなければ，

---

(25) 公共用地の取得に伴う損失補償基準細則（1963年用対連理事会決定）第4，第15，小高剛前掲「移転補償の最近の課題」47頁以下，同『用地買収と補償』（有斐閣，1987年）120頁。その問題点については，小沢道一『逐条解説土地収用法下改訂版』（ぎょうせい，1995年）158頁以下。

家の再建ができないケースが多い。そして，低所得者の場合，その余裕がない。補償金で小さな土地を買うか，マンションに入ればよいとも思われるが，従前と同じ広さの土地に住みたいという人間の心理を無視するわけにもいかないと思われる。それでも，収用であれば，従前の土地を売らなければならないのであるから，その機会に小さな土地か安い土地を探せばよいと思われるが，区画整理の場合には従前地に照応する土地を換地されるのであるから，それを売らずにそのまま住みたいと思うのが人間の常である。

では，いっそ，家を再建できるだけの補償金を出すか。しかし，それでは，低所得者だというだけで，高額の補償金を得られることになり，補償の公平性の原則に反する。

この問題は老人特例相続時清算型融資（リバース・モーゲージの一種）[26]の導入によって解決される。すなわち，この地権者はこの土地に一生涯の無償使用権を設定して，起業者の出資による信用保証協会（仮称）に譲渡する。その対価は，更地の値段ではなく，一生の無償使用権の設定により減価される。その減価の程度はその地権者（及びその家族）の平均余命と金利，地価の動向に左右される。したがって，正確なことはいえないが，2,000万円の土地があり，金利を4％，地価は動かずという前提で，60歳の単身者なら，600万円から800万円ほど借りられるという計算になる。この老人が亡くなれば，そのときこの土地の無償使用権は消滅するから，この土地を購入した団体はそれを更地にして売る。

この制度では，この老人が平均より早く亡くなると損するが，逆に，長生きすれば得する。早く亡くなった場合，差額を返せといっていたのでは，この制度は成り立たない。これは不合理ではないかなどという者がいるが，これは生命保険の理論を活用したものである。生命保険では，保険料をいくらも払わずに死んだら得し，長生きすれば保険料がただ取りされるので損してしまうが，みんなそれを覚悟で，将来のリスクに備えているのである。リバース・モーゲージも，同様であって，一つも不合理ではない。生命保険は，長生きできる自信があれば入る必要はないが，リバース・モーゲージは長生きできる自信があれば入った方が得だというように，逆になるだけである。

こうすれば，その老人は，自分の土地に一生住める。死んだら土地を取り上

---

[26] 阿部・前注(11)324頁以下。

げられるではないかといっても、遺族がよそに住んでいれば、困ることはない。遺族がそこに住んでいる場合には、追い出されて困るではないかという反論があろうが、実はそれは、この土地が収用や区画整理にかかった場合でも起きることである。すなわち、この古屋が収用や区画整理に引っかかったとき、建て替えるだけの借金能力がないのであれば、その土地を売って、小さな土地を買うか、マンションを買うか、借家住まいをするしかないのである。

こうした手法で解決できる場合がどれだけあるかは筆者の知るところではない。こうした制度の創設・運営のコストとそれによって得られる問題解決事例の質量の評価によって決まるであろう。

◆ XII ドイツ流のゴネ得排除方式からの示唆

1 建設法典の条文

ドイツでは、補償額は収用官庁が収用の申請に関して決定した時点における取引価格であるのが原則である（日本流の用語では裁決時主義）（建設法典95条1項）が、以下の一定の価格上昇は考慮外とされる（95条2項）。

1) 土地の利用の許容範囲が変更されるのを見込んで発生した価格の上昇で、その変更が近い将来期待されなかったもの。
2) 迫っている収用のために発生した価格の変化。
3) 所有者が収用を回避するために、適切な条件のもとにおける申請者の購入・交換の要請を受け入れることができるはずであったが受け入れなかった時点以後の価格上昇、ただし、所有者がそのために資本または労働を投下した場合を除く。
4) 現状変更禁止の間に、建築許可官庁の許可なしに企てられた価格の上昇を伴う変更。
5) 収用手続の開始の後に、官庁の命令ないし収用官庁の同意なしに企てられた価格の上昇を伴う変更。
6) 通常の合意とは奇妙に異なり、補償額を高めるためになされたといってよい事実が認められる場合。
7) 所有者が40条から42条までの場合に主張したら考慮されないような土地の価格。

395

第3部　損失補償法

2　その内容

　これについて，筆者がラインラント・ファルツ州トリア州管区 Peters 氏にインタビューした (1993. 11. 19) 結果を記す。

　道路建設のためには計画確定手続をするが，その手続が行われるというだけでは，道路予定地の地価は上がらない。

　まずは鑑定を取って，適正な価格で売却の申出 (Angemessene Angebot) をする。この価格が適正であれば，収用時までに価格が上昇しても，それで価格は固定される (preisfixiert)。これが誤りだと，収用時の価格によることになるので，起業者は損するかもしれないが，交渉中に価格が上がるわけではない。鑑定は，民間から取れば高いが，役所内でできる。土地の価格は表示されているので，土地代の鑑定は役所内でできる。家の評価は例外的には中を見ないとできないが，普通には行政も評価できる。この交渉も普通は長くかからず，6〜12 か月くらいである。

　その根拠は建設法典 95 条 2 項 3 号である。

　新しい工業団地を建設するようなときは，計画のときから価格が固定される（期待価格は排除される）が，基準時がいつかが問題で，まだ農地なのか，すでに宅地見込地 (Bauerwartungsland) なのかが争われたりする。

　ラインラント・ファルツ州の管区内の通牒によれば次のようである。

　建設法典 153 条 1 項によれば，再開発の場合においても，再開発の見込みによって生ずる価格の上昇，再開発の準備または実施によって生ずる価格上昇は，利害関係者がこの価格上昇を自身の費用により許容される方法で発生させたかぎりにおいてのみ考慮される。これによれば，開発によって影響を受けた価格を上昇させる措置は考慮されないことになる。算定の細目は価格令 (Wertverordnung) に規定される。それは次のような手続過程で行われる。

　価格令 3 条 1 項によれば，土地の状態はいわゆる特性 (Qualität) 調査基準時点で調査される。このことは，建築法典 153 条 1 項 1 号を考慮すると，もっぱら開発措置の見込みによって，その準備または実施によって生じている価格上昇はすべて，考慮されるべきではない。開発措置と価格上昇との因果関係は，法律が基準日を定めていないので，事例毎に個々に解明されるべきである。これに関して一般的に言うことはできない。この見込みを根拠づけるものとしては，正式の措置のみならず，市町村議会での審議，住民運動の活動で成功を約束するものまたは選挙戦における公約なども入る。

土地の特性が決まれば，第2段階として，土地の価格は，建築法典95条1項2号に従って，収用決定において補償額に関して決定される日において探求される。ここで，土地所有者が，収用を回避するために，適切な条件を持つ起業者の購入の申出を受け入れようと思えば受け入れることができた時点以後に発生した価格の上昇は補償の額の確定の際には原則として考慮されないことを賢慮しておかねばならない。これにより，以後の価格上昇が阻止される。

3　日　本　法

日本では，機械的に事業認定時価格固定主義をとった（土地収用法71条，任意買収の場合には公共用地の取得に伴う損失補償基準要綱47条）ため，基準は明確だが，事業認定が早く行われなければ，結局は地価の上昇に応じた補償をしなければならなくなった。現状変更禁止も事業認定が必要となっている（土地収用法28条の2）ため，事業認定が行われるまでは，勝手に土地の利用を変更するとかして，価値を上昇させることも許される。しかも，都市計画事業の場合1年ごとに事業認可（事業の承認）を受け，そのたびごとに新たなる価格固定時点で補償額を算定する（都計法71条）ので，事業が長年かかると公共事業による開発利益が土地価格に織り込まれる。都市計画法71条は土地収用法71条の効果を減殺する効果をもたらす[27]。

これに反して，ドイツのシステムでは，事業認定時固定主義ではなく，収用が迫っているために発生した価格上昇は考慮されない。人為的に価格を操作することが困難である。その他，上記の1，3号は参考になる。

日本のシステムは機械的であるために，適用は容易であるが，人為的に操作できるために，不合理なゴネ得を発生させる面があるのである。

なお，ドイツでは，土地収用手続の前に，土地所有者に，「適切な条件で任意の売買をするという努力を真摯に行い，失敗したことが」要求されている（BauGB 87条）ので，最初から収用という権力を発動することは許されていないが，その交渉の間に生じた地価上昇を収用裁決の際には排除するようになっているわけである。

---

(27)　竹村忠明・前注(13)『土地収用法と補償』461頁，価格固定制については，小沢道一・前注(25)『土地収用法下』36頁以下に，都計法71条の仕組については，建設省都市計画課『逐条問答都市計画法の運用《第2次改訂版》』（ぎょうせい，1989年）618頁以下に詳しい。

日本でもこのドイツ流の制度に関心を持って，制度の改正を試みるべきであろう。

◆ XIII　上乗せ補償——ゴネ損方式の提案

以上のように，過大補償や裏口補償がなされるのは，もともとプラ・マイ・ゼロの補償では，地権者が納得せず，買収交渉に時間がかかり，収用手続に持ち込めば，時間，費用，苦労のどの点でも割が合わないからである。したがって，プラ・マイ・ゼロの補償理論は観念的で，現場に苦労を強いるものである。しかも，裏口補償は不明朗であるし，こうした裏の手口を使える者だけが得する。

現実の補償では，協力奨励金を払っているものもあったが，公共用地審議会の答申（1962年）では，「協力の有無によって，補償額に差異を設けることは損失補償が適正なものでなければならないことと矛盾するので，このような項目は，設けるべきではない。」とされている。たしかに，そのとおりではあるが，そうすると，買収交渉を促進するために結局は裏の手口が使われることになるのである。特に起業者でも民間企業の場合には多額の地元対策費が使われているといわれている。

そこで，私は，こうしたインチキをなくす手法を工夫した。そして，他方，補償金を上積みすることを正面から許す法制度を提案する[28]。被買収者の協力を得るための手法を表に出すのである。

これに対しては，焼け太りではないかという反論が予想されるが，任意では売りたくないのに，強制的に取られるのであるから，焼け太り分（上積み）があっておかしくはないのである。離婚でも，両方が任意に別れたい場合と比較して，一方が別れたくて，他方が別れたくない場合には，別れたい方が余分に払わなければ，話がまとまらない。離婚事由がある場合には裁判でも別れられるが，それにはコストがかかるので，その分を払ってもさっさと別れるという選択肢もあるのである。なお，筆者は，震災で古い家が壊れた場合，新築費用を出す地震強制保険は焼け太りで許されないと主張している[29]が，それは国家が壊したものではなく，自然によって破壊されたものであるためである。国

---

(28)　阿部『国家補償法』309頁。
(29)　阿部『大震災の法と政策』100頁以下。

家が強制的に壊す場合には，多少の焼け太りがあってもおかしくはない。

　この上乗せの割合は，たとえば，土地なら何千万円までは20％，1億円以上は10％などと一律段階的に決めることが適当であろうか。その割合は一般人100人集めて，何％上乗せなら移転しますかと聞いて，多くの者が納得するラインを探せばよい。状況によって差を付けることにすれば，現場では適切に運用できず，常に最高割合で補償することになるだけだから，一律にするのがよい。

　こうすれば，買収・収用されて嬉しいという者が増えるはずであるから，それでもインチキ補償を取った者からは倍額返還させる制度をおき，担当者も懲戒処分にすべきである。

　ただ，こうして，20％割増しにするだけであれば，この補償金ではイヤだ，あるいは補償金を上積みする裏の手口があるのではないかと思う被買収者が買収に応じないことも少なくあるまい。そこで，この補償金は提示してから一定期間内（たとえば，3か月の熟慮期間）だけ保障し，それからたとえば9か月で上乗せ部分がちょうどゼロに収縮するようにすべきである。筆者がかねて提唱する「ゴネ損方式」である。

　そうすれば，たいていの地権者は早期に妥結した方が良いと考えて応ずるであろうから，残ったのは，金の問題ではないという，収用反対の確信犯か，事情があって，話がまとまらない場合に限られよう。反対者がごく少数なら強権発動も実効性を持つ。

　そこで，この割増し補償金の提示の時期がポイントになる。話合いがあまり進まないうちに補償金を提示すれば，3か月以内に応じないと割増分がなくなるぞという脅しだと取られて，収用反対派を勢いづかせることになる。やはり多くの者が割増補償金で納得するという見込みが立った段階で補償金の提示を行うべきである。そして，それにも応じてくれない者については，収用しかないと覚悟を決めるべきである。

　今でも，補償金の割増手法に似ているものとして，租税特別措置法の5,000万円控除などの特典がある。そして，これも，買収の申出をしてから6か月以内に応じた者にだけ適用されるとされており，早期妥結の経済的インセンティブになるはずである。しかし，これまでは，この制度は予定通りには活用されていない。なぜかといえば，申出をしてから6か月経っても応じてくれない者に対して収用権を発動するという覚悟ができていないために，この期間を延長

して欲しいと頼まれればイヤとはいえず，結局は，申出をした時期をあとにずらして，とにかく売買の話合いが妥結したときから遡って6か月以内に買収の申出をしたことにしてしまうからである。これではせっかくの法律も生きてこない。買収交渉が延々いつまでも続いてしまうのである。

これを避けるには，この特典を活用しようとすれば，一斉に買収の申出をして，それを公にし，あとでごまかせないようにすべきである。

前記の割増補償についても，多くの者の協力が得られるという見込みが立った段階で同様に買収の申出をして，それを公にすべきである。

第 2 章　過小補償対策

(1997 年)

例は多数あると思われるが，思いついたものを記す。

◆ I　事情判決の場合はゴネ得の反対の権力横暴

　前述したように，一般に，起業者が補償金を節約しようとして，違法に安く積算することはまずないというのが筆者の見方である。しかし，私見によれば，現行制度上算定される補償金が違法に安い場合がある。それが行訴法 31 条の事情判決の場合である。

　最近の事例を紹介しよう（広島地判平成 6.3.29 判例自治 126 号 57 頁）。

　本件の原都市計画決定（原決定）によれば，原告の土地は都市計画道路事業の対象地から外れていたが，広島県知事はこの計画からはずれて道路建設事業を行ってしまい，大竹市は，この県施行区間に引き続き県知事の事業認可（第一次事業認可）を得て道路建設事業を行い，原告の所有地のすぐ側まで道路を建設した。それは，原決定から約 10 m 北側にずれており，そのまま延長すれば原告の土地にぶつかるようになっていた。

　広島県知事は 1976 年 3 月 30 日，この第一次事業認可とそれに基づく既成工事はそのままでは違法であることを認め，それを都市計画決定に遡及的に合致するように，もとになった都市計画決定の方を変更した（本件変更決定）。これによれば，原告の土地は道路事業の対象になる。そして，広島県知事は，この変更決定に基づいて，まだ道路工事をしていなかった原告の土地だけを対象として，本件都市計画事業を認可した。広島県収用委員会は，この事業認可に基づき原告の土地を収用する裁決をした。原告はこの本件事業認可の取消・無効確認訴訟，収用裁決の取消訴訟を提起した。

　もし，原告の土地を，第一次事業認可のまま収用したとすれば，それには都市計画決定に沿わない瑕疵があるから，当然に違法である。ところが，本件では，第一次事業認可が違法であることが発覚したので，それを遡及的・事後的に適法化すべく，都市計画決定の方を第一次事業認可に合うように変更し，この変更決定に基づいて本件事業認可をした。本件事業認可は都市計画決定（変

更決定）には適合しているわけである。

そこで，本件の主たる論点は，都市計画決定に沿わない（違法な）都市計画事業を途中まで施行後に，都市計画決定の変更によって，この違法な都市計画事業を事後的に適法化し，さらに，この変更決定に基づいて原告の土地部分につき都市計画事業を認可して続行することができるかにある。

なんといい加減な事件があったものであるが，裁判所は，この事案について，都市計画地方審議会の審議に瑕疵を認めて，この変更決定と事業認可を違法としたが，取り消すことにより公の利益に著しい障害があるとして，行訴法31条の事情判決を適用して請求を棄却した。

この判決については，筆者は異論があるが，詳しくは別に述べたので，ここでは扱わない(30)。

ここで問題とするのは，その事情判決の補償額の部分である。判決は，「原告らが土地建物の収用によって被る損害は，適正な補償を受けることにより回復することができる」としているが，これでは，補償金を得ていれば，損害なしとして扱われて，事情判決が下されやすいことになる。

しかし，仮に事情判決を下すにしても，もともと違法として取り消されるべきものを，判決時点で適法化するのであるから，その時点で取消請求権がいわば公共のために収用されたようなものである。現にこの判決が事情判決を下すに当たって考慮したのは，都市計画地方審議会の議を経てからすでに十数年が経過し，本件道路を前提とする社会経済活動は20年来に及ぶという事実で，その判断基準時は一審判決時である。したがって，補償金の算定時点はもとの収用裁決の時点ではなく，判決確定時点でなければならない。行訴法31条も，事情判決を下すかどうかを判断するさいには，「損害の賠償」などを考慮することになっているので，事情判決を下すさいには，被告側が現時点における補償額を提供することが前提になるはずである(31)。

> 【追記】この事件では，この都市計画の変更による収用裁決が適法とされた。およそ法治国家ではない。『最高裁上告不受理判決の諸相Ⅱ』第1章。

---

(30) 阿部泰隆「解説」判例自治158号（1997年4月号）91頁。
(31) 阿部泰隆『行政救済の実効性』（弘文堂，1985年）308頁以下参照。

◆ II　補償の機能しない土地利用の制限

　昔の宮殿跡であるとして，文化財保護法の特別史跡に指定された土地では（同法69条），現状変更は許可制となった。その運用は一般にかなり厳しく現状凍結的であり[32]，重要な部分に関しては，原則として現状変更を認めず（例外として史跡の保存上支障のないものについて許可することがある。つまりは，部分的な修理しか認めない），将来環境整備事業を行うものについては土地の公有化を推進するなどとされている（その基準は保存管理基準で定められている）。全面建替えを禁止するならば，現状変更の不許可によって通常生ずる損失については，1975年の法改正により補償される建前になった（同法80条）。しかし，実際には住宅の全面建替えなら，国の買上げに協力して欲しい，そのために建て替えないで我慢して欲しいと指導し，不許可にすることはないので，この補償規定は働いていない。国は，この史跡を復元するために買い取る方針でいるが，テレビによれば，周辺の地価よりはるかに安いという。また，その譲渡所得の特別控除は土地収用の場合（5,000万円控除）より安い（2,000万円控除，租税特別措置法34条）。なんとかならないかと地権者に嘆かれている。

　特別史跡の土地所有者には現状保存の義務が課せられるが，それに対しては通常生ずる損失の補償がなされる建前であるから，土地所有者は損失を被らないはずである。しかし，実際には，通損補償の制度は機能していないから，土地所有者は無補償で規制されているに等しい。土地所有者が行政指導に従わないで，許可してくれと主張すれば，法律問題になるが，訴訟は大変な負担になるので，なかなか提起されない。

　また，この現状では，立法論としては，土地所有者からの買取請求制度をおくべきであるが，文化財保護法は地方公共団体の買取りに対して国が補助する制度（奈良市が管理団体になる奈良市大安寺の場合，国庫補助80%，県と市がそれぞれ10%負担）をおいているだけで（81条の2），こうした制度をおいていない。国の予算が足りないために，土地所有者は権利制限を受けるだけで，長年蛇の生殺しの状態におかれる（自然公園法，自然環境保全法も同様である）。この土地に対しては土地収用も予定されていない（土地収用法3条参照）ので，土地所有者としては頑張れば住んでいることができるから，それにもかかわらず売っ

---

(32)　椎名慎太郎『遺跡保存を考える』（岩波新書，1994年）157頁。

た場合における譲渡所得に対する所得税の軽課措置は土地収用の場合より条件が悪い。これはいかにも理屈にあっているようであるが，補償もせずに住みにくい状態に追い込み，実際上は売るしかないようにしておいて，買い取る場合の税制上の条件がよくないのは不合理である。しかも，買取りは予算の都合（文化庁で年間 100 億円程度，しかし，そのうち 40% ほどは先行取得した土地の金利に回るので，実質は 60 億円程度）でなかなか進まず，その間，土地所有者は建物の全面改築ができないという苦痛を味わわされることになる。

　この規制の厳しい地区では固定資産税は免除されているが，買い取られた場合の代替地の斡旋はない。

　この場合の買取り価格は，規制されて下がった価格を基礎とするのではなく，規制がなかりせばあったであろう価格を基準にしている。補償なしで規制しておいて，そのうえで下がった価格で買い取るのは，殴って，瀕死の重傷を負わせたうえで，殺したときに，どうせ瀕死の重傷になっているから，逸失利益はないと主張するようなもので，不合理であるからである。しかし，市街化調整区域に指定されたために地価が下がっている土地を買収するときは，下がった地価を基準とする。これは地価を下げたのと買収する主体・目的が異なるからである。前記の議論は地価を下げたのと同じ目的で買収する場合にのみ妥当する。もっとも，文化財保護法で特別史跡に指定されるため，どうせ開発できないからというので，普通なら市街化区域に指定される地域を市街化調整区域に指定した場合には，補償はその周辺の市街化区域内の土地の価格を基準とすべきである。

◆ Ⅲ　法令改善費の補償

1　制度の趣旨

　公共用地の取得に伴う損失補償基準要綱 24 条 2 項によれば，「建物の移転に伴い建築基準法その他の法令の規定に基づき必要とされる施設の改善に要する費用（いわゆる法令改善費）は，補償しないものとする」とされている。その理由は，この損失補償基準要綱を作成した公共用地審議会「公共用地の取得に

---

(33)　小林忠雄・前注(21)119 頁。
(34)　小高剛前注(13)「移転補償の最近の課題」47 頁以下，特に 55 頁以下，前注(13)「いわゆる『みぞ・かき補償』について」43 頁以下。さらに，小沢・前注(27)書下 169 頁以下参照。

伴う損失の補償を円滑かつ適正に行うための措置に関する答申」(1962年)によれば,「これらの法令に基づく義務は,財産権に内在する義務として通常受忍すべきものである」からということで,別途,融資の斡旋など,補償と相まって行うべき生活再建のための措置によって処理すべきであるとされている。建設省の直轄の公共事業の施行に伴う損失補償基準(建設省訓令昭和38年5号)28条2項では,その例として,「建物等の移転に伴い木造の建築物に代えて耐火建築物を建築する等」が補償しないものとされている。しかし,木造の建物に代えて簡易耐火(準耐火)構造の建物を建築するに必要な費用を補償する程度のことは認めて差し支えないとされている[33]。

これに関してまとまった研究は小高剛[34]のものである。ここでは,法令改善費に二つの場合があることが指摘されている。一つは,施設を法令に適合させ改善するために直接必要な費用,すなわち,建物の構造耐久力の強化,消防用設備,公害防止のための施設の設置または改造等,建物にかかる改善費などのいわゆる本体費用のみを指すものである。第二は,法令により定められた一定の改善猶予期間内であるにもかかわらず,公共事業の施行により建物などの移転を余儀なくされ,それに伴い本体費用の支出を早められたことによる経済的負担である。

2 法令改善による効用の増加？

この前者に関して補償しないのは,小高の説明によれば,「施設の改善によって当該施設の交換価値及び担保価値は増大し,通常は利用価値も増大するものと思われるから,もし本体費用を補償すれば,かえって公共事業のために移転を余儀なくされた被補償者とそうでない施設保有者との間で公平を欠くことになり,見方によっては被補償者に一種の不当な利益を与えることにもなりかねない。」ということである。

一般的にはその通りであろうが,筆者は,法令改善費の折半なり一部の割合的補償という発想が必要な場合もありそうだという感想をもっている。たとえば,従前防火地域及び準防火地域以外の地域にあった建物が公共事業で移転を余儀なくされたとき,移転先の選択は法的には被買収者次第であるとはいえ,業種や市街地の構造などからして実際上移転先の選択の自由がなく,防火地域または準防火地域にしか適地が見つからないということもおきる。その際には,一定の建築物は耐火または準耐火構造としなければならず,そうでなくても,

屋根は不燃材料で造り，開口部には防火戸を設けなければならず，防火地域内では耐火または準耐火建築物としなければならず（木造は禁止され），準防火地域内でも，木造建築物は，外壁及び軒裏で延焼のおそれのある部分を防火構造にするなどの負担を課される（建基法61条以下）。

たしかに，耐火構造（鉄筋コンクリート造り，れんが造りなど）または準耐火構造の建築物はそれなりに価値がある。その建築費用をすべて補償するとすれば，まさに焼け太りであろう。

しかし，それにかかる費用はすべて建物の価値増加をもたらすであろうか。防火仕様なり準防火仕様にするのは，防火地域または準防火地域における，より大きな火事のリスクを減殺するためで，それ以外の地域の通常仕様の建物と比較して，リスクが低くなるのかどうかはわからない。リスクが軽減されないとすれば，費用をかけても安全になるわけではない。移転したくないと思う被補償者から言えば，その費用はどぶに捨てることを強制されたと同じである。

また，前記の審議会答申の「財産権内在的義務」という説明に関して言えば，普通に防火地域で建築しようとする場合には，防火仕様にする義務は財産権内在的義務であろうが，防火地域に移転したくないのに，実際上移転か廃業を強制され，やむなく防火地域に移転したら，防火仕様を義務づけられた場合には，防火仕様の出費を強要される結果になるのであって，被補償者の内在的な義務だという説明では，納得できるであろうか。被補償者は，前から防火地域に任意で住んでいる（営業している）者との公平よりも，従前地との均衡を要求しているのではないか。

そこで，法令改善費のうち，従前の建築物の効用と比較して，効用の増加に寄与しない分は，たとえ市場価値の増加に寄与しても，補償の対象とするという発想が必要ではないかと思う。少なくとも，政策的には考慮すべきではないか。

たとえば，国家公務員が寒冷地に転勤を命ぜられると，寒冷地手当が支給される。寒冷地に最初から住んでいる者は，そんな手当を支給されなくても諦めているが，転勤を強制される者は，寒冷地に住んでいる者との比較ではなく，寒冷地でない地域に住んでいる者との公平を要求するのである。

ちなみに，公共事業の施行に伴う公共補償基準要綱（1967年2月21日閣議決定）12条は，「既存公共施設等に代替する公共施設等を建設し，又は既存公共施設等を移転するにあたり，法令の規定により当該公共施設等を一定の構造等

のものとする義務が課されている場合においては，その必要の限度において，……算定した補償額をこえる部分の一部を補償することができるものとする。」と定め（建設省の直轄の公共事業の施行に伴う公共補償基準 12 条も同じ），「公共補償基準要綱の運用申し合わせ」(1967 年用地対策連絡会) 第 11 は，ここでいう「法令の規定により当該公共施設等を一定の構造等のものとする義務が課されている場合とは，既存公共施設等に代替する公共施設等が建築基準法の規定により建築物の種類，使用材料及び施設等について一定の構造等のものとすることが義務づけられている場合等をいい，この場合における補償額は，改良に要する費用のうち当該施設の種類，規模及び構造等を総合的に考慮して算定した必要最小限度の費用について適正に算定するものとする」としている。

3　法令改善義務の繰り上げ

　次に，小高が挙げる第二の場合，つまり，法令により定められた一定の改善猶予期間内であるにもかかわらず，公共事業の施行により建物などの移転を余儀なくされ，それに伴い本体費用の支出を早められたことによる経済的負担を考えよう。小高によれば，これは強制的なものであり，移転を強制されない者との間の不均衡は著しいから補償すべきものとされる。この経済的負担は通常は借入金によるから，その補償は借入金にかかる利子負担相当分とし，補償時から法定の猶予期間終了時までの期間を補償期間として，その期間内の利子負担相当分を一定の現価率によって現価に換算して算定することになるということである。

　これは前述のように中古建築物の移転補償などにも活用されている考え方で，理屈にあっていると思われる。総務庁[35]も，負担時期が繰り上がったことにより増加した法令改善費用について，土地所有者が受ける融資に対する利子補給などの補償が可能になるように損失補償基準要綱及び起業者の損失補償基準などの見直しを検討するようにと勧告している。

> **【追記】** 西埜章『損失補償法コンメンタール』（勁草書房，2018 年）は損失補償に関する一般理論と個別法の注釈よりなる 1000 頁を超える大著である。
> 　大規模な公共事業の場合，住民の移転先への土地需要が著しく高まり，その

---

(35)　総務庁・前注(5)公共用地の取得に関する行政監察結果に基づく勧告 2 頁以下，公共用地の取得に関する行政監察結果報告書 16 頁。

地価が急上昇するので，従前の地価の補償では同じ条件の土地を取得することができない（『国家補償法』304頁参照）。同等の条件の土地を取得できるだけの金銭補償は生活権補償ではなく，権利性のある財産権補償の範囲内というべきである（福井秀夫「憲法29条3項に基づく『正当な補償』概念」行政法研究19号1頁以下）。

　そして，この考え方は，原発事故で転居する者が多数増えて，近隣の土地需要が広範囲に高まった場合にも応用される。

事項索引

あ 行

安全認定 …………………………… 197
　――の誤り …………………………… 197
　――の公定力 …………………………… 218
慰謝料 …………………………… 45
一応の合理性 …………………… 205, 215
一敷地一建築物の原則違反 ………… 209
違法性相対説ないし二元説
　………………………… 143, 178, 180, 184
違法性同一説 ………………… 178, 183
違法な権力行使には過失を推定せよ … 275
裏の手口 …………………………… 380
上乗せ補償 …………………………… 398
　――の提案 …………………………… 367
遠藤国家賠償訴訟 ………………… 278
遠藤事件 …………………………… 277
遠藤博也説 ………………………… 180
　――による違法性の相対化 ……… 149
大阪空港訴訟 ……………………… 338

か 行

過失と重過失の異同と実益 ……… 304
過小補償対策 ……………………… 401
過大補償防止の法システム ……… 367
金沢大学医学部事件 ……………… 167
カネミ訴訟 ………………………… 338
仮執行制度の運用の実情 ………… 336
仮執行宣言，その免脱宣言，執行停止
　の運用のあり方 ………………… 352
企業誘致政策の廃止と自治体の賠償
　責任 …………………………… 17, 79
危険責任説 ………………………… 108
危険への接近 ……………………… 53
逆転勝訴確定判決根拠型 ………… 261
行政の危険防止責任の観点 ……… 305
空港・新幹線公害 ………………… 23

区道通行認定留保事件 …………… 169
国の周知徹底義務 ………………… 252
国や地方公共団体に対する強制執行 … 314
クロロキン薬害訴訟 ……………… 339
警官拳銃持ち出し愛人射殺事件 … 340
刑事裁判における逆転無罪判決後の
　国家賠償 ………………………… 269
憲法29条3項類推適用説 ………… 107
憲法に基づく直接請求 …………… 55
公営団地計画廃止事件 ………… 21, 86
公権力の行使の意義 ……………… 300
抗告訴訟判決の国家賠償訴訟に対する
　既判力 …………………………… 143
工場誘致奨励金遡及廃止事件 …… 87
高知落石事故 ……………………… 14
公物に対する強制執行の許否に関する
　論争 ……………………………… 318
公務員個人の賠償責任 …………… 271
公務員の説明・情報提供義務 …… 235
勾留など行政的性格を有する裁判
　…………………………… 261, 277
国道43号線訴訟 ………………… 341
国賠法1条2項の求償権との関係 … 305
国賠法4条 ………………………… 295
国家賠償訴訟における違法と抗告訴訟
　における違法の異同 …………… 178
国家補償の谷間を埋める試み …… 5
ゴネ損方式の提案 ………………… 398

さ 行

裁判と国家賠償 …………………… 261
事業中止の場合の先行補償の返還条項
　の提案 …………………………… 378
繁藤災害訴訟 ……………………… 339
事情判決の場合はゴネ得の反対の権力
　横暴 ……………………………… 401
失火責任法 ………………………… 289

409

事項索引

事業損失の補償化……31
借地借家法の改正私案……392
借家権の評価……384
収用的構成……27
消火栓上の駐車違反車の場合……281
消火のための破壊と損失補償……281
消防同意……197, 214, 217
消防の消火ミス……289
消防の附帯意見……216
消防の離隔距離……221
消防法3条説……284
消防法29条3項の射程範囲……282
水源地域対策特別措置法……381
生活保護申請妨害の水際作戦の違法……246
接道義務……206
組織過失の考え方……194
組織過失への移行の提唱……189
損失補償請求訴訟……197, 219
存続保護はないが，財産的保護は残る……222
村道は損道？……368

た 行

耐震偽装事件との違い……228
大東水害訴訟……339
宅地見込地域の不透明さ……369
たぬきの森事件……197
多摩川水害訴訟……339
治外法権者による不法行為と国の補償責任……59
チクロ事件……221
適正補償のための解釈論及び立法論……367
填補額の異同……39
ドイツ流のゴネ得排除方式からの示唆……395
東海道新幹線訴訟判決……339
東京都建築安全条例……197
土地区画整理法違反建築物の移転補償……382
取消判決不経由型……261

な 行

長良川・安八水害訴訟……338
西ドイツの犠牲補償請求権との比較……101
2条の瑕疵……23
農地などの宅地見込地域としての評価……368

は 行

賠償か補償か……12
賠償と補償の間……5
敗訴判決攻撃型……261
破壊消防と結果責任（賠償と補償の接近）……135
破壊消防と結果責任の解釈……33
秦野市地下水保全条例事件……256
犯罪被害者補償……106
非遡及主義をとる児童扶養手当の認定問題……252
火元の過失と消防の消火ミスの関係……308
平野川水害訴訟……340
福祉手当受給手続教示義務……246
不作為違法確認訴訟判決の国家賠償訴訟に対する既判力……166
古屋の補償……393
米価の時期別格差の廃止……89
法解釈における過失……197, 199, 215
法令違反建築物の除却の効率化……383
法令解釈に関する職務上の義務違反……189
法令改善費の補償……404
補償金アップの手段としての営業補償……376
補償の機能しない土地利用の制限……403

ま 行

窓ガラス割って車両移動……281
密集市街地における防災街区の整備の促進に関する法律……391
水俣病認定遅延国家賠償事件……143, 170
水俣病民事訴訟……341

判例索引

民事事件における原判決取消後の国家
　賠償 ……………………………273
民事法における説明義務なり情報提供
　義務 ……………………………235
勿論解釈 ……………………………98

や　行

役人の詭弁 …………………………200
野犬幼児咬殺事件 ……………12, 340
郵便局の現金に対する仮執行 ……332
郵便局の小切手による支払い ……362
郵便局の保管現金が差押えられた事例
　……………………………………315
横田基地公害訴訟 …………………340

予防接種禍をめぐる国の補償責任
　…………………………………93, 339
予防接種事故 ………………………34
予防接種法 …………………………117
4条解釈の誤り ……………………289

ら　行

離婚によるいわゆる年金分割の申請
　期間と説明義務 ………………258
罹災都市借地借家臨時処理法 ……390
類焼者に対する火元と消防の責任の
　関係 ……………………………309
路地状空地 ……………………203, 199

判　例　索　引

◇大審院・最高裁判所
最判昭和43年3月15日 ……………262
最判昭和45年8月20日………………15
最判昭和53年7月17日 ……………289
最判昭和56年1月27日 …………17, 82
最判昭和56年4月14日 ……………191
最判昭和57年3月12日 ……………262
最判平成5年1月25日 ……………279
最判平成5年3月11日 ……………190
最判平成11年1月21日 ……………190
最判平成16年1月15日 ……………191
最判平成17年7月15日 ……………375
最判平成18年3月23日 ……………192
最判平成19年11月1日 ……………192

◇高等裁判所
東京高判昭和52年11月17日 ………12
大阪高判平成5年10月5日 ………253
東京高判平成5年10月28日 ………192
名古屋高裁金沢支判平成17年7月13日
　……………………………………246
東京高判平成21年1月14日 ………197

東京高判平成21年9月30日 ………236
東京高判平成22年2月18日 ………248
大阪高判平成26年11月27日 ………249

◇地方裁判所
熊本地玉名支判昭和44年4月30日…22
金沢地判昭和46年3月10日 ………167
東京地判昭和53年5月29日 ………169
熊本地判昭和58年7月20日 ………170
高松地判昭和59年4月10日 ……35, 94
東京地判昭和59年5月18日 ……34, 93
名古屋地判昭和60年10月31日 ……94
京都地判平成3年2月5日 ………252
京都地判平成12年2月24日 ………240
和歌山地判平成16年3月31日 ……239
福岡地裁小倉支判平成23年3月29日
　……………………………………246
京都地判平成23年3月30日 ………241
東京地判平成24年9月27日 ………250
さいたま地判平成25年2月20日 …247
東京地裁平成26年2月4日 ………201
東京地判平成28年9月30日 ………250

411

〈著者紹介〉

阿 部 泰 隆（あべ　やすたか）

　1942 年 3 月　福島市生れ
　1960 年 3 月　福島県立福島高校卒業
　1964 年 3 月　東京大学法学部卒業
　1964 年 4 月　東京大学助手（法学部）
　1967 年 8 月　神戸大学助教授（法学部）
　1972 年 6 月　東京大学法学博士（論文博士）
　1977 年 4 月　神戸大学教授（法学部）
　2005 年 3 月　神戸大学名誉教授（定年退職）
　2005 年 4 月　中央大学総合政策学部教授（2012 年 3 月まで）
　・弁護士（東京弁護士会，2005 年より，兵庫県弁護士会，2012 年 9 月より）
　・事務所：弁護士法人大龍

〈主要著作〉

『行政法の解釈』（信山社，1990 年）
『行政の法システム 上・下〔新版〕』（有斐閣，1997 年）
『行政法の解釈(2)』（信山社，2005 年），
『行政法解釈学 Ⅰ，Ⅱ』（有斐閣，2008〜2009 年）
『市長「破産」』（信山社，2012 年）（吾妻大龍のペンネーム）
『行政法の解釈(3)』（信山社，2016 年）
『行政法再入門 上・下〔第 2 版〕』（信山社，2016 年）
『廃棄物法制の研究〔環境法研究Ⅱ〕』（信山社，2017 年）
このほかは，はしがき（凡例）参照。

国家補償法の研究Ⅰ
その実践的理論

2019年（平成31年）2 月15日　第 1 版第 1 刷発行
3650：P432　¥8000 E-012-030-010

著　者　阿　部　泰　隆
発行者　今井　貴・稲葉文子
発行所　株式会社 信 山 社

〒113-0033　東京都文京区本郷 6-2-9-102
Tel 03-3818-1019　Fax 03-3818-0344
info@shinzansha.co.jp
笠間才木支店　〒309-1611 茨城県笠間市笠間 515-3
Tel 0296-71-9081　Fax 0296-71-9082
笠間来栖支店　〒309-1625 茨城県笠間市来栖 2345-1
Tel 0296-71-0215　Fax 0296-72-5410
出版契約 No.2019-3650-7-01011　Printed in Japan

Ⓒ阿部泰隆, 2019　印刷・製本／亜細亜印刷・渋谷文泉閣
ISBN978-4-7972-3650-7 C3332　分類50-323.916-a003

JCOPY〈(社)出版者著作権管理機構委託出版物〉
本書の無断複写は著作権法上での例外を除き禁じられています。複写される場合は，
そのつど事前に，(社)出版者著作権管理機構（電話03-3513-6969，FAX 03-3513-6979，
e-mail : info@jcopy.or.jp）の許諾を得て下さい。

行政法研究　宇賀克也 責任編集

第21号
◆1　日本の住民投票制度の現状と課題について〔武田真一郎〕
◆2　原発訴訟管見〔櫻井敬子〕
◆3　授益処分取消制限法理の理論的基礎―信頼保護の憲法的位置づけについて〔桑原勇進〕
◆4　家事事件手続法と行政法―「行政的裁判」・家庭裁判所・実体法上の法的地位〔横田光平〕

第22号
◆1　情報通信と行政法理論〔多賀谷一照〕
◆2　水銀排出規制と石炭火力発電の将来―EU水枠組み指令とドイツ〔山田　洋〕
◆3　都市縮退時代における都市計画法制の転換〔三好規正〕
◆4　アメリカ司法審査論の導入とその限界〔高橋正人〕

第23号
◆1　行政裁量の審査密度―人権・考慮事項・行政規則〔榊原秀訓〕
◆2　ADRと行政―環境紛争を題材に〔越智敏裕〕
◆3　アメリカにおける規則制定手続の新動向〔正木宏長〕
◆4　カトリーナ・ワイマン「正当な補償の基準」〔翻訳：矯妹・楊雅舒・角松生史〕

第24号
◆1　空家法制定後の条例動向〔北村喜宣〕
◆2　空き家問題への法的対応―日本・アメリカ・フランス・ドイツ
　Ⅰ　日本における空き家問題の登場と法的対応〔角松生史〕
　Ⅱ　アメリカの市町村における空き家対策〔ジェームス・J・ケリー・ジュニア〔松生史訳〕〕
　Ⅲ　フランスにおける空き家の収用―住環境が劣悪な住宅を事例に〔ロマン・ムロ〔高村学人訳〕〕
　Ⅳ　ドイツ法における空き家問題管理の中心的手段としての都市建設上の発展構想〔アルネ・ピルニオク〔角松生史・野田崇訳〕〕
　Ⅴ　パネルディスカッション（上記の他、吉田克己、長谷川貴陽史、亘理格、尾崎一郎）
◆行政法ポイント判例解説
　じん肺管理区分決定の法的性格　最一小判2017（平成29）・4・6民集71巻4号637頁〔原田大樹〕

第25号
◆対談　次世代医療基盤法の意義と課題〔宇賀克也・岡本利久〕
◆1　客観訴訟と上告制度〔山岸敬子〕
◆2　都市計画法32条の公共施設管理者の不同意と処分性―平成25年高松高裁・平成24年徳島地裁判決の分析を中心に〔田村泰俊〕
◆3　消費者行政法の実践〔橋本博之〕
◆4　原告適格要件と本案勝訴要件の関係について〔山下竜一〕
◆5　行政調査論の基礎的構成〔須田　守〕
◆行政法ポイント判例解説
　教員採用試験に関する大規模な不正について損害賠償金を支払った公共団体からの求償権行使の制限
　最判平成29・9・5裁時1684号4頁、判タ1445号76頁〔板垣勝彦〕

〒113-0033 東京都文京区本郷6-2-9-102 東大正門前
TEL:03(3818)1019　FAX:03(3811)3580　E-mail:order@shinzansha.co.jp

http://www.shinzansha.co.jp

行政法研究　宇賀克也 責任編集

第26号
〈巻頭言〉所有者不明土地問題について〔宇賀克也〕
◆論説◆
◆1　不明所有者と裁定―土地所有者不明問題から〔小林博志〕
◆2　先端技術と規制―技術の発展に対応する規制手法と行政組織〔寺田麻佑〕
◆3　「独立命令」全面違憲論の批判的考察〔村西良太〕
◆4　本質性理論再論―法律による捜査活動規制論の準備作業として〔山田哲史〕
◆5　所謂国家有機体論の再定位〔足立治朗〕
◆行政法ポイント判例解説
　厚木基地（行政）訴訟
　最判平28・12・8民集70巻8号1833頁〔仲野武志〕

第27号
〈巻頭言〉消費者安全調査委員会の特色と課題〔宇賀克也〕
◆特集◆諸外国における行政法の法典化
Ⅰ　ヨーロッパにおける行政法の法典化の動向
◆1　ドイツとヨーロッパの行政手続法―法典化の理念と特別法との間で
　　〔ヴォルフガング・カール（訳：山本　隆司）〕
◆2　フランス行政法の法典化―「公衆と行政との関係に関する法典」〔飯島淳子〕
◆3　EU行政手続法模範草案の分析〔山本隆司〕
Ⅱ　各国における行政法の法典化
◆4　権利救済手続の裁判化と一元化の動向―オーストリア行政裁判制度改革を素材として〔大江裕幸〕
◆5　デンマークの行政手続の概要と理由付けに関する規定〔交告尚史〕
◆6　南アフリカにおける行政法の法典化〔北島周作〕
◆行政法ポイント判例解説
　原告適格と生活環境影響調査
　岐阜地判平成29年4月12日裁判所HP〔桑原勇進〕

第28号
〈巻頭言〉当事者訴訟における仮処分について〔宇賀克也〕
◆論説◆
◆1　市の要件規定の意義―規定の変遷とその適用状況から〔小西　敦〕
◆2　行政上の義務履行確保及び金銭的な行政制裁に関する一考察―平成29年外為法改正の検討過程を題材に
　　〔遠藤幹夫〕
◆3　行政不服審査における不当裁決の類型と不当性審査基準〔平　裕介〕
◇東アジア行政法学会国際学術総会（第13回大会）
◆Ⅰ　「個人情報の保護」と「環境」―東アジア行政法学会第13回学術総会報告〔宇賀克也〕
◆Ⅱ　日本における個人情報保護制度の展開と法的課題〔豊島明子〕
◆Ⅲ　人口減少時代の都市と都市環境の保全〔野田　崇〕
◆行政法ポイント判例解説
　個人情報保護条例に基づく開示請求に対する一部不開示決定の取消訴訟における主観的出訴期間
　最判平成28・3・10判時2306号44頁〔宇賀克也〕

〒113-0033　東京都文京区本郷6-2-9-102　東大正門前
TEL:03(3818)1019　FAX:03(3811)3580　E-mail:order@shinzansha.co.jp
信山社
http://www.shinzansha.co.jp

環境法総論と自然・海浜環境　環境法研究Ⅰ
廃棄物法制の研究　環境法研究Ⅱ
　　　　　最新刊　阿部泰隆

早くも改訂！

行政法再入門（第2版）上・下　阿部泰隆

　　行政法の解釈(1)〜(3)　阿部泰隆
　　ひと味違う法学入門　阿部泰隆
　　住民訴訟の理論と実務　阿部泰隆

◆行政訴訟第2次改革の論点　阿部泰隆・斎藤浩 編
◆市長「破産」─ 法的リスクに対応する自治体法務顧問と司法の再生
　　　　　　　　　　　　阿部泰隆（吾妻大龍（ペンネーム））
◆行政書士の業務─その拡大と限界　阿部泰隆
◆最高裁上告不受理事件の諸相 2　阿部泰隆
◆自治体の出訴権と住基ネット　兼子仁・阿部泰隆 編
◆内部告発［ホイッスルブロウァー］の法的設計　阿部泰隆
◆法政策学の試み　第1集〜　神戸大学法政策研究会 編

日本立法資料全集シリーズ
行政手続法制定資料〔平成5年〕　塩野宏・小早川光郎 編著
国家賠償法〔昭和22年〕　宇賀克也 編著

宇賀克也 編　木村琢麿・桑原勇進・中原茂樹・横田光平
ブリッジブック行政法（第3版）

木村琢麿　◇プラクティスシリーズ
待望の改訂！プラクティス行政法（第2版）

環境法研究　大塚直 責任編集

信山社